REGIME JURÍDICO
DA REABILITAÇÃO URBANA

REGIME JURÍDICO DA REABILITAÇÃO URBANA

COMENTADO

INTEGRA O COMENTÁRIO À PROPOSTA DE LEI N.º 24/XII

Fernanda Paula Oliveira
Dulce Lopes
Claúdia Alves

REGIME JURÍDICO DA REABILITAÇÃO URBANA
COMENTADO

AUTORAS
Fernanda Paula Oliveira
Dulce Lopes
Claúdia Alves

EDITOR
EDIÇÕES ALMEDINA, S.A.
Rua Fernandes Tomás, nºs 76, 78, 80
3000-167 Coimbra
Tel.: 239 851 904 • Fax: 239 851 901
www.almedina.net • editora@almedina.net

DESIGN
FBA.

PRÉ-IMPRESSÃO, IMPRESSÃO E ACABAMENTO
G.C. – GRÁFICA DE COIMBRA, LDA.
Palheira Assafarge, 3001-153 Coimbra
producao@graficadecoimbra.pt
Novembro, 2011

DEPÓSITO LEGAL
335998/11

Apesar do cuidado e rigor colocados na elaboração da presente obra, devem os diplomas legais dela constantes ser sempre objecto de confirmação com as publicações oficiais.
Toda a reprodução desta obra, por fotocópia ou outro qualquer processo, sem prévia autorização escrita do Editor, é ilícita e passível de procedimento judicial contra o infractor.

 GRUPOALMEDINA

BIBLIOTECA NACIONAL DE PORTUGAL – CATALOGAÇÃO NA PUBLICAÇÃO

PORTUGAL. Leis, decretos, etc.

Regime jurídico da reabilitação urbana / coment. Fernanda Paula
Oliveira, Dulce Lopes, Cláudia Alves. - (Legislação anotada)
ISBN 978-972-40-4701-0

  I – OLIVEIRA, Fernanda Paula, 1967-
  II – LOPES, Dulce, 1977-
  III – ALVES, Cláudia

CDU   349
         351
         711

NOTA DAS AUTORAS

Dois anos volvidos desde a publicação do Regime Jurídico da Reabilitação Urbana, e aproveitando a, ainda que incipiente, experiência resultante da sua aplicação prática, considerámos importante trazer à luz do dia algumas das reflexões que têm nos vindo a ocupar, aproveitando as sinergias resultantes de uma "mistura de saberes" tão profícua em áreas como a que nos ocupa. Com efeito, muito embora o presente comentário corresponda, no seu essencial, a uma "visão jurídica" do regime em referência (consequência da formação de duas das suas autoras), o mesmo pretende ir mais além e servir ainda de "guia prático" para a actuação de outros técnicos que intervêm nos processos (complexos) de reabilitação urbana (daí a intervenção neste trabalho de uma arquitecta com particular interesse pela reabilitação urbana).

Chegadas ao fim deste "árduo" (mas entusiasmante) trabalho de reflexão/ /debate/ confronto de ideias, fomos surpreendidas – não fosse o direito do urbanismo caracterizado pela mobilidade/ instabilidade das respectivas normas – por uma nova Proposta de alteração a este regime jurídico: a Proposta de Lei nº 24/XII, aprovada no Conselho de Ministros de 29 de Setembro de 2011, cujo fito imediato é o de dar resposta às alíneas *i)* e *iv)* do ponto 6.2. do *Memorandum* de Entendimento celebrado entre Portugal e a União Europeia, o Banco Central Europeu e o Fundo Monetário Internacional.

Uma vez que se trata de uma alteração pontual do regime vigente deste 2009, o qual mantém, apesar dela, a sua matriz essencial (embora pretendidamente mais simplificada), optámos por manter a publicação nos moldes inicialmente alinhavados, mas integrando nela o comentário às alterações constantes daquela Proposta de Lei. Pretende-se, com isto, contribuir, de forma activa e positiva para um debate, que julgamos dever ser feito sobre o tema, com pretexto naquela alteração e desta forma (pretensiosismo das autoras) contribuir para a melhoria do regime em vias de alteração.

Fernanda Paula Oliveira (jurista)
Dulce Lopes (jurista)
Cláudia Alves (arquitecta)

Coimbra, Outubro de 2011

ABREVIATURAS

ACCRU Área Crítica de Recuperação e Reconversão Urbanística

ARU Área de Reabilitação Urbana

CE Código das Expropriações, aprovado pela Lei nº 168/99, de 18 de Setembro, republicado pela Lei nº 56/2008, de 4 de Setembro.

CPA Código do Procedimento Administrativo, aprovado pelo Decreto-Lei nº 442/91 de 15 de Novembro, e alterado pelo Decreto-Lei nº 6/96, de 31 de Janeiro.

CPTA Código de Processo nos Tribunais Administrativos, aprovado pela Lei nº 15/2002, de 22 de Fevereiro, alterado, por último, pela Lei nº 59/2008, de 11 de Outubro.

CRP Constituição da República Portuguesa

FDU Fundo de Desenvolvimento Urbano

FII Fundo de Investimento Imobiliário

HF Holding Fund (Iniciativa JESSICA)

LBPOTU Lei de Bases da Política de Ordenamento do Território e de Urbanismo, aprovada pela Lei nº 48/98, de 11 de Agosto e alterada pela Lei nº 54/2007, de 31 de Agosto.

ORU Operação de Reabilitação Urbana

PAT Programa de Acção Territorial

RGEU Regime Geral das Edificações Urbanas, aprovado pelo Decreto-Lei nº 38 382, de 7 de Agosto de 1951, alterado, por último, pelo Decreto-Lei nº 50/2008, de 19 de Março.

RJIGT Regime Jurídico dos Instrumentos de Gestão Territorial, aprovado pelo Decreto-Lei nº 380/99, de 22 de Setembro e alterado pelos Decretos-Lei n.os 53/2000, de 7 de Abril, e 310/2003, de 10 de Dezembro, pela Lei nº 58/2005, de 29 de Dezembro, pela Lei nº 56/2007, de 31 de Agosto, pelo Decreto-Lei nº 316/2007, de 19 de Setembro, pela Declaração de Rectificação nº 104/2007, de 6 de Novembro, pelo Decreto-Lei nº 46/2009, de 20 de Fevereiro, pelo Decreto-Lei nº 181/2009, de 7 de Agosto e pelo artigo 8º do Decreto-Lei nº 2/2011, de 6 de Janeiro.

RJUE Regime Jurídico da Urbanização e Edificação, aprovado pelo Decreto-Lei nº 555/99, de 16 de Dezembro, e alterado pelo Decreto-Lei n.º 177/2001, de 4 de Junho, pela Lei n.º 4-A/2003, de 19 de Fevereiro, pela Lei n.º 60/2007, de 4 de Setembro, pelo Decreto-Lei n.º 18/2008, de 29 de Janeiro, pelo Decreto-Lei n.º 116/2008, de 4 de Junho, pelo Decreto-Lei n.º 26/2010, de 30 de Março e pela Lei n.º 28/2010, de 2 de Setembro.

RJRU   Regime Jurídico da Reabilitação Urbana, aprovado pelo Decreto-Lei n.º 307/2009, de 23 de Outubro.

REGIME JURIDICO DA REABILITAÇÃO URBANA

Preâmbulo

A reabilitação urbana assume-se hoje como uma componente indispensável da política das cidades e da política de habitação, na medida em que nela convergem os objectivos de requalificação e revitalização das cidades, em particular das suas áreas mais degradadas, e de qualificação do parque habitacional, procurando-se um funcionamento globalmente mais harmonioso e sustentável das cidades e a garantia, para todos, de uma habitação condigna.

O Programa do XVII Governo Constitucional confere à reabilitação urbana elevada prioridade, tendo, neste domínio, sido já adoptadas medidas que procuram, de forma articulada, concretizar os objectivos ali traçados, designadamente ao nível fiscal e financeiro, cumprindo destacar o regime de incentivos fiscais à reabilitação urbana, por via das alterações introduzidas pelo Orçamento do Estado para 2009, aprovado pela Lei nº 64-A/2008, de 31 de Dezembro, no Estatuto dos Benefícios Fiscais, aprovado pelo Decreto-Lei nº 215/89, de 1 de Julho, e a exclusão da reabilitação urbana dos limites do endividamento municipal.

O regime jurídico da reabilitação urbana que agora se consagra surge da necessidade de encontrar soluções para cinco grandes desafios que se colocam à reabilitação urbana. São eles:

a) Articular o dever de reabilitação dos edifícios que incumbe aos privados com a responsabilidade pública de qualificar e modernizar o espaço, os equipamentos e as infra-estruturas das áreas urbanas a reabilitar;

b) Garantir a complementaridade e coordenação entre os diversos actores, concentrando recursos em operações integradas de reabilitação nas "áreas de reabilitação urbana", cuja delimitação incumbe aos municípios e nas quais se intensificam os apoios fiscais e financeiros;

c) Diversificar os modelos de gestão das intervenções de reabilitação urbana, abrindo novas possibilidades de intervenção dos proprietários e outros parceiros privados;

d) Criar mecanismos que permitam agilizar os procedimentos de controlo prévio das operações urbanísticas de reabilitação;

e) Desenvolver novos instrumentos que permitam equilibrar os direitos dos proprietários com a necessidade de remover os obstáculos à reabilitação associados à estrutura de propriedade nestas áreas.

O actual quadro legislativo da reabilitação urbana apresenta um carácter disperso e assistemático, correspondendo-lhe, sobretudo, a disciplina das áreas de intervenção das sociedades de reabilitação urbana (SRU) contida no Decreto-Lei nº 104/2004, de 7 de Maio, e a figura das áreas críticas de recuperação e reconversão urbanística (ACRRU), prevista e regulada no capítulo XI da Lei dos Solos, aprovada pelo Decreto-Lei nº 794/76, de 5 de Novembro.

Assim, considera-se como objectivo central do presente decreto-Lei substituir um regime que regula essencialmente um modelo de gestão das intervenções de reabilitação urbana, centrado na constituição, funcionamento, atribuições e poderes das sociedades de reabilitação urbana, por um outro regime que proceda ao enquadramento normativo da reabilitação urbana ao nível programático, procedimental e de execução. Complementarmente, e não menos importante, associa-se à delimitação das áreas de intervenção (as "áreas de reabilitação urbana") a definição, pelo município, dos objectivos da reabilitação urbana da área delimitada e dos meios adequados para a sua prossecução.

Parte-se de um conceito amplo de reabilitação urbana e confere-se especial relevo não apenas à vertente imobiliária ou patrimonial da reabilitação mas à integração e coordenação da intervenção, salientando-se a necessidade de atingir soluções coerentes entre os aspectos funcionais, económicos, sociais, culturais e ambientais das áreas a reabilitar.

Deste modo, começa-se por definir os objectivos essenciais a alcançar através da reabilitação urbana, e determinar os princípios a que esta deve obedecer.

O presente regime jurídico da reabilitação urbana estrutura as intervenções de reabilitação com base em dois conceitos fundamentais: o conceito de "área de reabilitação urbana", cuja delimitação pelo município tem como efeito determinar a parcela territorial que justifica uma intervenção integrada no âmbito deste diploma, e o conceito de "operação de reabilitação urbana", correspondente à estruturação concreta das intervenções a efectuar no interior da respectiva área de reabilitação urbana.

Procurou-se, desde logo, regular de forma mais clara os procedimentos a que deve obedecer a definição de áreas a submeter a reabilitação urbana, bem como a programação e o planeamento das intervenções a realizar nessas mesmas áreas.

A delimitação de área de reabilitação urbana, pelos municípios, pode ser feita através de instrumento próprio, precedida de parecer do Instituto da

Habitação e da Reabilitação Urbana, I. P., ou por via da aprovação de um plano de pormenor de reabilitação urbana, correspondendo à respectiva área de intervenção. A esta delimitação é associada a exigência da determinação dos objectivos e da estratégia da intervenção, sendo este também o momento da definição do tipo de operação de reabilitação urbana a realizar e da escolha da entidade gestora.

Com efeito, numa lógica de flexibilidade e com vista a possibilitar uma mais adequada resposta em face dos diversos casos concretos verificados, opta-se por permitir a realização de dois tipos distintos de operação de reabilitação urbana.

No primeiro caso, designado por "operação de reabilitação urbana simples", trata-se de uma intervenção essencialmente dirigida à reabilitação do edificado, tendo como objectivo a reabilitação urbana de uma área.

No segundo caso, designado por "operação de reabilitação urbana sistemática", é acentuada a vertente integrada da intervenção, dirigindo-se à reabilitação do edificado e à qualificação das infra-estruturas, dos equipamentos e dos espaços verdes e urbanos de utilização colectiva, com os objectivos de requalificar e revitalizar o tecido urbano.

Num caso como noutro, à delimitação da área de reabilitação urbana atribui-se um conjunto significativo de efeitos. Entre estes, destaca-se, desde logo, a emergência de uma obrigação de definição dos benefícios fiscais associados aos impostos municipais sobre o património.

Decorre também daquele acto a atribuição aos proprietários do acesso aos apoios e incentivos fiscais e financeiros à reabilitação urbana. O acto de delimitação da área de reabilitação urbana, sempre que se opte por uma operação de reabilitação urbana sistemática, tem ainda como imediata consequência a declaração de utilidade pública da expropriação ou da venda forçada dos imóveis existentes ou, bem assim, da constituição de servidões.

As entidades gestoras das operações de reabilitação urbana podem corresponder ao próprio município ou a entidades do sector empresarial local existentes ou a criar.

Se estas entidades gestoras de tipo empresarial tiverem por objecto social exclusivo a gestão de operações de reabilitação urbana, revestem a qualidade de sociedades de reabilitação urbana, admitindo-se, em casos excepcionais, a participação de capitais do Estado nestas empresas municipais. Em qualquer caso, cabe ao município, sempre que não promova directamente a gestão da operação de reabilitação urbana, determinar os poderes da entidade gestora, por via do instituto da delegação de poderes, sendo certo que se presume, caso a entidade gestora revista a qualidade de sociedade de reabilitação urbana e o município nada estabeleça em contrário, a delegação de determinados poderes na gestora.

O papel dos intervenientes públicos na promoção e condução das medidas necessárias à reabilitação urbana surge mais bem delineado, não deixando, no entanto, de se destacar o dever de reabilitação dos edifícios ou fracções a cargo dos respectivos proprietários.

No que concerne a estes últimos, e aos demais interessados na operação de reabilitação urbana, são reforçadas as garantias de participação, quer ao nível das consultas promovidas aquando da delimitação das áreas de reabilitação urbana e da elaboração dos instrumentos de estratégia e programação das intervenções a realizar quer no âmbito da respectiva execução.

A este respeito, é devidamente enquadrado o papel dos diversos actores públicos e privados na prossecução das tarefas de reabilitação urbana. De modo a promover a participação de particulares neste domínio, permite-se às entidades gestoras o recurso a parcerias com entidades privadas, as quais podem ser estruturadas de várias formas, desde a concessão da reabilitação urbana à administração conjunta entre entidade gestora e proprietários.

Especialmente relevante no presente decreto-lei é a regulação dos planos de pormenor de reabilitação urbana, já previstos no regime jurídico dos instrumentos de gestão territorial, aprovado pelo Decreto-Lei nº 380/99, de 22 de Setembro, como modalidade específica de planos de pormenor, quer no que respeita ao seu conteúdo material e documental quer no que diz respeito às regras procedimentais de elaboração e acompanhamento. Procura-se ainda a devida articulação com os planos de pormenor de salvaguarda do património cultural.

O objectivo visado é, sobretudo, o de permitir uma melhor integração entre as políticas de planeamento urbanístico municipal e as políticas de reabilitação respectivas, sendo, em qualquer caso, de elaboração facultativa.

Importantíssimo efeito associado à aprovação dos planos de pormenor de reabilitação urbana é o de habilitar a dispensa de audição das entidades públicas a consultar no âmbito dos procedimentos de controlo prévio das operações urbanísticas na área de intervenção do plano sempre que aquelas entidades hajam dado parecer favorável ao mesmo. Trata-se de uma significativa simplificação dos procedimentos de licenciamento e comunicação prévia das operações urbanísticas.

Também o controlo de operações urbanísticas realizadas em área de reabilitação urbana é objecto de um conjunto de regras especiais consagradas no presente regime jurídico.

Destaca-se, neste aspecto, a possibilidade de delegação daqueles poderes por parte dos municípios nas entidades gestoras, expressa ou tacitamente, o que se faz também acompanhar de um conjunto de regras procedimentais destinadas a agilizar os procedimentos de licenciamento quando promovidos por entidades gestoras.

No que respeita aos instrumentos de política urbanística, procuraram reunir-se as diversas figuras que se encontravam dispersas na legislação em vigor, agrupando-se os mecanismos essenciais à materialização das escolhas públicas em matéria de reabilitação.

Especialmente inovador no actual quadro jurídico nacional, embora recuperando um instituto com tradições antigas na legislação urbanística portuguesa, é o mecanismo da venda forçada de imóveis, que obriga os proprietários que não realizem as obras e trabalhos ordenados à sua alienação em hasta pública, permitindo assim a sua substituição por outros que, sem prejuízo da sua utilidade particular, estejam na disponibilidade de realizar a função social da propriedade. O procedimento de venda forçada é construído de forma próxima ao da expropriação, consagrando-se as garantias equivalentes às previstas no Código das Expropriações e garantindo-se o pagamento ao proprietário de um valor nunca inferior ao de uma justa indemnização.

Para além de instrumentos jurídicos tradicionalmente utilizados no domínio do direito do urbanismo (por exemplo a expropriação, a constituição de servidões ou a reestruturação da propriedade), permite-se ainda aos municípios a criação de um regime especial de taxas, visando-se assim criar um incentivo à realização de operações urbanísticas.

Considerando a especial sensibilidade da matéria em questão, consagra-se um capítulo à participação de interessados e à concertação de interesses, tratando-se especificamente dos direitos dos ocupantes de edifícios ou fracções.

Finalmente, dedica-se o último capítulo à matéria do financiamento, aspecto fulcral na reabilitação urbana.

Embora esta matéria não seja objecto de regulamentação exaustiva, não deixa de ser relevante o facto de se prever aqui a possibilidade de concessão de apoios financeiros por parte do Estado e dos municípios às entidades gestoras, abrindo-se ainda a porta à constituição de fundos de investimento imobiliário dedicados à reabilitação urbana.

Foram ouvidos os órgãos de governo próprio das Regiões Autónomas e a Associação Nacional de Municípios Portugueses.

Assim:

No uso da autorização legislativa concedida pela Lei nº 95-A/2009, de 2 de Setembro, e nos termos das alíneas a) e b) do nº 1 do artigo 198º da Constituição, o Governo decreta o seguinte:

PARTE I
DISPOSIÇÕES GERAIS

ARTIGO 1º
Objecto

O presente decreto-lei estabelece o regime jurídico da reabilitação urbana em áreas de reabilitação urbana.

Comentário

Sumário:
1. Política de reabilitação urbana
2. Necessidade da política de reabilitação urbana
3. Evolução da Política de reabilitação urbana em Portugal
4. Sistematização do regime e a proposta de Lei nº 24/XII

1. Até data recente, a reabilitação urbana era vista como um parente pobre das demais políticas urbanísticas ou, pelo menos, das demais tendências de ocupação do território.

A difícil operacionalização da reabilitação urbana, a preferência pela construção nova, mais ajustada a novas exigências de qualidade e, muitas vezes, disponibilizada a mais baixos preços, e a crença numa inesgotável capacidade de expansão urbana das cidades, tornavam a reabilitação urbana uma opção pouco atractiva para os investidores e, mesmo, para os proprietários.

Actualmente, as políticas de reabilitação urbana são vistas como uma das mais desejáveis tendências de ocupação do território, já que com elas se contraria um modelo de desenvolvimento urbanístico assente na expansão urbana, com o consequente alargamento de perímetros e perda de área necessária a uma ocupação natural e racional do território.

A reabilitação é, assim, percebida como primeiro óptimo, já que permite a consolidação e ocupação de áreas urbanizadas e edificadas, evitando os desperdícios territoriais, financeiros, ambientais e sociais que caracterizam a expansão urbana. São, efectivamente, por demais evidentes as consequências positivas desta política pública em termos territoriais (impedindo a consumpção de novos espaços), financeiros (promovendo a racionalização das infra-estruturas e equipamentos existentes), ambientais (provendo à valorização do património construído e do ambiente urbano das cidades) e sociais (funcionando como mecanismo de identificação e integração sócio-cultural, bem como de desenvolvimento ou revitalização do tecido económico da *urbe*).

O momento em que se passou desta visão estreita da reabilitação urbana para um seu entendimento como opção estratégica de ocupação do território é pouco preciso. Se é possível traçar grandes linhas de evolução, estas parecem ser mais nítidas num horizonte temporal amplo, como, aliás, foi feito no âmbito do texto *Guidance on Urban Rehabilitation* Council of Europe Publishing, Estrasburgo, 2004, p. 21 e ss.

Neste, aponta-se como tendência, nos anos 60 e 70, a reabilitação dos centros históricos e a ligação indissociável deste ao património cultural; nos anos 80, afirma-se a reabilitação urbana como política urbana e de desenvolvimento local, nos anos 90, acentua-se o papel dos planos territoriais e o desafio do desenvolvimento sustentável, enquanto que nos anos 2000 se dá especial ênfase à cultura urbana e ao reconhecimento da diversidade cultural.

Qualquer das perspectivas anteriores é essencial para uma consideração integrada da reabilitação urbana, pelo que, mais do que um vector isolado, é essencial uma composição harmónica de todas as tendências que se foram acamando em matéria de reabilitação urbana. É este *mix* de perspectivas e interesses que deve servir de orientação para a reabilitação urbana na actual década, de forma a que, mais do que um exercício doutrinário, se converta esta numa política operacional e com efeitos visíveis.

2. As situações de degradação urbana a que a reabilitação urbana visa dar resposta são complexas e multifacetadas (para uma análise "quantitativa" da reabilitação urbana em Portugal, cfr. o texto datado de Ana Pinho e José Aguiar, "Reabilitação em Portugal. A mentira denunciada pela verdade dos números!", *Arquitecturas*, nº 5, 2005.), podendo observar-se fenómenos entrecruzados de degradação física, económica e humana nas áreas de reabilitação urbana, tais como:

– a substituição de construções antigas por novas dissonantes, em termos físicos, e de actividades tendencialmente mono funcionais;
– degradação progressiva de edifícios de interesse cultural e patrimonial, seja individualmente, seja como conjunto como conjunto, que, apesar de não poderem ser demolidos não são conservados e aguardam ruína;
– obsolescência física e funcional do parque edificado, i.e. a desadequação do parque habitacional e terciário às actuais exigências funcionais;

- a inadequação das redes e infra-estruturas urbanas (de entre as quais a falta de condições de acessibilidade e mobilidade) e a inexistência de equipamentos e espaços de uso público, bem como de serviços de qualidade nos centros históricos ou em zonas urbanas ocupadas dominantemente por classes desfavorecidas;
- a desqualificação do comércio e dos serviços tradicionais e a deslocalização de actividades económicas dos centros urbanos para novas centralidades;
- a desertificação e envelhecimento dos centros, pela incapacidade de atracção de população jovem e a predominância de habitantes envelhecidos ou de fracos recursos financeiros, com fraca capacidade reivindicativa.

É usual apontar-se como factores que foram decisivos para as verificadas situações de degradação urbana, os seguintes (cfr. Ana Almeida, "O Regime Jurídico Excepcional da Reabilitação Urbana (Decreto-Lei 104/2004, de 7 de Maio), Revista do CEDOUA, n.º 21, 2008, p. 81).

- a inexistência de adequados planos de urbanização, de pormenor ou de instrumentos de programação que enquadrem as preocupações de protecção do património cultural e do património edificado num quadro normativo mais amplo, tendo-se bastado com a delimitação dos núcleos históricos e a inventariação e estrita conservação do património existente;
- a falta de coerência ou ausência de uma visão estratégica do planeamento urbano, que passou a assentar no desenvolvimento de novas áreas em detrimento da reabilitação dos espaços urbanos consolidados;
- a falta de aproveitamento do trabalho desenvolvido pelos Gabinetes de Acção Local e Gabinetes Técnicos Locais, muito em virtude da sua não integração formal na orgânica municipal;
- a definição de programas de incentivo e de financiamento aos centros históricos – nomeadamente o programa PROCOM e o programa URBCOM – que não apreenderam os centros históricos no seu todo, como desejável sede de complementares funções residenciais, de comércio e de serviços, apenas considerando a sua vertente comercial e o espaço público;
- o facto de o custo da reabilitação ser, em regra, superior à da construção nova (havendo, mesmo acrescidas dificuldades na obtenção de crédito à reabilitação), não tendo havido, igualmente, uma política de

fiscalidade amiga da reabilitação, que desincentivasse a nova edificação e promovesse a intervenção no edificado;
– a circunstância de a legislação do arrendamento urbano ter potenciado o desinteresse (e a descapitalização) dos proprietários pelo estado de conservação dos seus imóveis, aumentando o fosso tradicionalmente fonte de conflitos entre proprietários e ocupantes dos imóveis;
– a descoordenação entre políticas sectoriais, sobretudo a de mobilidade e transporte, a cultural e a comercial, conduziram a uma insuficiente procura dos centros históricos, gerando graves problemas de insegurança;
– a ausência de critérios de localização de actividades comerciais e de prestação de serviços em toda a zona urbana conduziu à deslocalização de actividades tradicionalmente ligadas aos centros urbanos para zonas peri-urbanas, gerando novas centralidades *desarticuladas* entre si;
– a insuficiência e desarticulação de investimentos públicos e privados para o desenvolvimento urbano e a complexidade e dispersão dos mecanismos de apoio financeiro;
– a incapacidade de reivindicação e influência na transformação do espaço por parte dos habitantes dos centros históricos ou de zonas degradadas, dadas as suas características de dependência física ou económica;
– a dispersão, indivisão e complexidade da propriedade urbana;
– a dificuldade de adaptação às exigências actuais, por falta de condições físicas e de espaço público disponível ou por impossibilidade ou extrema onerosidade da utilização do solo ou do subsolo, em virtude da potencial existência de vestígios arqueológicos;
– A incoerência da política de habitação, que não promoveu o mercado de arrendamento, mais ajustado à ocupação de zonas históricas.

3. Uma breve sinopse da reabilitação urbana em Portugal mostra-nos, até data recente, um enquadramento normativo parcelar e fragmentário.

Efectivamente, dentro do edifício urbanístico, a consideração das exigências da reabilitação urbana era pouco visível, surgindo, em grandes pinceladas, por três vias principais (para uma outra aproximação sistemática ver Rui Manuel Amaro Alves, *Políticas de Planeamento e Ordenamento do Território no Estado Português,* Fundação Calouste Gulbenkian para a Ciência e Tecnologia, 2007, p. 340 e ss.):

i. A aprovação de programas estatais de apoio aos Municípios, seja de financiamento da recuperação de imóveis degradados [é o exemplo do Programa de Recuperação de Imóveis Degradados (PRID), aprovado pelo Decreto-Lei nº 704/76, de 30 de Setembro e relançado pelo Decreto-Lei nº 449/83, de 26 de Dezembro], seja de um misto de comparticipação financeira e de apoio administrativo-institucional, cuja face visível são os gabinetes técnicos locais que, durante muito tempo, tiveram a seu cargo a elaboração de planos ou acções direccionados para áreas de reabilitação urbana (cfr. DESPACHO 4/SEHU/85, de 4 de Fevereiro).

ii. A previsão de institutos direccionados para a reabilitação urbana de áreas com especiais necessidades e carências, como sucedia com as áreas de recuperação e reconversão urbanística, previstas na Lei dos Solos (Decreto-Lei nº 794/76, de 5 de Novembro), e com a Lei nº 91/95, de 2 de Setembro, que criou um regime especial para as áreas urbanas de génese ilegal.

iii. A previsão de mecanismos excepcionais de intervenção, que se aplicam a áreas legislativamente delimitadas. É o caso do regime jurídico desenhado para a concretização da Expo 98, da Porto – Capital Europeia da Cultura 2001, do enquadramento normativo do Programa Polis (cfr. Joana Mendes, "Programa Polis – programa ou falta de programa para a requalificação das cidades", *Revista do CEDOUA*, nº 7, 2001, p. 83-100) e, mais recentemente, do Decreto-Lei nº 117/2008, de 9 de Julho, que procedeu à constituição da sociedade Frente Tejo, S.A., sociedade anónima de capitais exclusivamente públicos, que tem objecto a realização das operações de requalificação e reabilitação urbana da frente ribeirinha de Lisboa.

Foi apenas com o Decreto-Lei nº 104/2004, que, apesar da designação (regime excepcional de reabilitação urbana), se regulamentou esta matéria de forma global. Desiderato este que havia já sido tentado, mas sem sucesso, pelo regime jurídico de renovação urbana, previsto no Decreto-Lei nº 8/73, de 8 de Janeiro, diploma segundo o qual incumbia ao Fundo de Fomento da Habitação e às câmaras municipais a elaboração e execução de planos de urbanização de pormenor destinados à renovação de sectores urbanos sobreocupados ou com más condições de salubridade, solidez, estética ou segurança contra risco de incêndio. A regulamentação do mesmo era, porém, muito extensa, debruçando-se sobre a execução (sobretudo coerciva) das disposições de planeamento e as consequências dela decorrentes (designadamente as possibilidades de aumento de rendas e a regulamentação da ocupação dos imóveis reabilitados), sendo, assim, um percursor dos actuais diplomas que regem a reabilitação urbana.

O Decreto-Lei nº 104/2004, incluía disposições tanto sobre as dimensões de planeamento ou programação da reabilitação urbana, como sobre a execução daqueles ditames normativos, fazendo, assim, um acompanhamento "do início ao fim da linha" das operações de reabilitação urbana. Foi também com este diploma que se previu a constituição de sociedades de reabilitação urbana, e se definiram os contornos da sua actuação.

Provavelmente por isso, i.e., por apelar para instrumentos empresariais de direito privado – e também pela limitação do objecto da reabilitação urbana às zonas históricas e às áreas críticas de recuperação e reconversão urbanística –, tenha aquele Decreto-Lei merecido o epíteto de excepcional. Para uma crítica à utilização deste conceito de contornos muito imprecisos, sobretudo se comparada com o conceito de centro histórico que enforma, ainda que não explicitamente, a legislação do património cultural, cfr. Suzana Tavares da Silva, "Reabilitação urbana e valorização do património cultural – dificuldades na articulação dos regimes jurídicos", Boletim da Faculdade de Direito, Vol. LXXXII, 2006, p. 368-382). No entanto, note-se que a mobilização do regime jurídico previsto no Decreto-Lei nº 104/2004 (mesmo das disposições claramente excepcionais ou exorbitantes) poderia ser feita na ausência da constituição de sociedades de reabilitação urbana, cabendo, neste caso, aos Municípios a condução de tal tarefa (artigo 36º).

O Decreto-Lei nº 307/2009 (RJRU), que estabelece actualmente o regime jurídico da reabilitação urbana em áreas de reabilitação urbana (em desenvolvimento da Lei de autorização nº 95-A/2009, de 2 de Setembro), confirma e acentua esta vocação global da reabilitação urbana, convertendo-a em definitivo numa política (municipal) normal e alinhada com as tendências modernas do direito administrativo, a empresarialização, a contratação público-privada e a simplificação procedimental.

De acordo com Suzana Tavares da Silva, o legislador optou por adoptar um *conceito amplo de reabilitação urbana*, que não se atem a aspectos da vertente imobiliária ou patrimonial, mas que aponta antes para uma *disciplina integrada, coordenada* e *dirigida* das intervenções (Suzana Tavares da Silva, "Reabilitação Urbana: Conceitos e Princípios", *in O Novo Regime da Reabilitação Urbana*, Temas CEDOUA, Coimbra, Almedina, 2010, p. 9). De facto, não há que esquecer que, como política global, a reabilitação urbana deve ser considerada aos vários níveis de actuação e escalas de planeamento, de modo a que a estratégica local (para a área de reabilitação urbana) não seja prejudicada ou contrariada por opções delineadas para outras áreas da *urbe*, designadamente quanto aos critérios de instalação de actividades económicas. Alertando para o risco da remissão pura e simples para o nível de pormenor, cfr. Adelino Manuel dos Santos Gonçalves, "Questões de pormenor no planeamento de salvaguarda", *Revista do CEDOUA*, Nº 17, 2006, p. 35-50.

4. O Regime Jurídico da Reabilitação Urbana encontra-se sistematizado de forma a dar tratamento a cinco aspectos fundamentais nos quais assenta: *áreas de reabilitação urbana* (artigo 7º e Capítulo II, artigo 12º a 28º); *operações de reabilitação urbana* com os respectivos *instrumentos de programação* (artigo 8ºe Capítulo III, artigo 29º a 35º); *entidades gestoras* (artigos 9º e 10º e Capítulo IV, artigo 36º a 38º); *modalidades de execução* (artigo 11º e Capítulo V, artigo 39º a 43º) e *instrumentos de execução* (Capítulo VI, artigo 44,º a 68º).

Do ponto de vista da globalidade do diploma ele é sistematizado da seguinte forma:

- Parte I – Disposições gerais
- Parte II – Regime da reabilitação urbana em áreas de reabilitação urbana
    - Capítulo I – Disposições gerais
    - Capítulo II – Regime das áreas de reabilitação urbana
    - Capítulo III – Operações de reabilitação urbana
    - Capítulo IV Entidade Gestora
    - Capítulo V – Modelos de execução das operações de reabilitação urbana
    - Capítulo VI – Instrumentos de execução de operações de reabilitação urbana
    - Capítulo VII – Participação e concertação de interesses
    - Capítulo VIII – Financiamento
- Parte III Disposições transitórias e finais.

O regime jurídico definido no presente diploma, e assim sistematizado, embora pressuponha, como se verá mais adiante, que a reabilitação urbana integra a gestão urbanística normal (e não já excepcional) dos municípios, parte do princípio que a mesma se concretiza em *áreas de reabilitação urbana definidas nos termos do presente Decreto-Lei*. Por isso o artigo 1º aqui em anotação define ser o âmbito do presente diploma "o regime jurídico da reabilitação urbana em áreas de reabilitação urbana".

A Proposta de Lei nº 24/XII, aprovada em Conselho de Ministros de 29 de Setembro de 2011 (em anexo nesta publicação) visa alargar o âmbito deste diploma, sujeitando a um regime especial (que não excepcional) a reabilitação de edifícios com certas características ainda que *situados fora de áreas de reabilitação urbana previamente aprovadas* (cfr. artigo 77-º-A e 77º-B na versão daquela proposta), motivo pelo qual se propõe para a redacção do artigo 1º: "*O presente decreto-lei estabelece o regime jurídico da reabilitação urbana*".

Passará, assim, a fazer parte do regime definido neste diploma, a ser aprovada aquela proposta de lei, não apenas, como agora, o regime da reabilitação urbana *em áreas de reabilitação urbana* (Parte II do diploma, na sistemática daquela proposta de lei), mas também um regime especial aplicável a determinado tipo de edifícios independentemente da sua localização ou não naquelas áreas (Parte III do diploma, naquela sistemática).

No seguimento destas alterações, propõe-se, na Proposta de Lei nº 24/XII, a seguinte sistemática para o presente diploma:

- Parte I – Disposições gerais
- Parte II – Regime da reabilitação urbana em áreas de reabilitação urbana
    - Capítulo I – Disposições gerais
    - Capítulo II – Regime das áreas de Reabilitação Urbana:
    - Capítulo III – Planeamento das operações de reabilitação urbana
    - Capítulo IV Entidade Gestora
    - Capítulo V – Modelos de execução das operações de reabilitação urbana
    - Capítulo VI – Instrumentos de execução de operações de reabilitação urbana
    - Capítulo VII – Participação e concertação de interesses
    - Capítulo VIII – Financiamento

- Parte III – Regime Especial de reabilitação urbana
- Parte IV – Disposições sancionatórias
- Parte V – Disposições transitórias e finais

ARTIGO 2º
Definições

Para efeitos de aplicação do presente decreto-lei, entende-se por:

a) «Acessibilidade» o conjunto das condições de acesso e circulação em edifícios, bem como em espaços públicos, permitindo a movimentação livre, autónoma e independente a qualquer pessoa, em especial às pessoas com mobilidade condicionada;

b) «Área de reabilitação urbana» a área territorialmente delimitada que, em virtude da insuficiência, degradação ou obsolescência dos edifícios, das infra-estruturas, dos equipamentos de utilização colectiva e dos espaços urbanos e verdes de utilização colectiva, designadamente no que se refere às suas condições de uso, solidez, segurança, estética ou salubridade, justifique uma intervenção integrada, podendo ser delimitada em instrumento próprio ou corresponder à área de intervenção de um plano de pormenor de reabilitação urbana;

c) «Edifício» a construção permanente, dotada de acesso independente, coberta, limitada por paredes exteriores ou paredes meeiras que vão das fundações à cobertura, destinada a utilização humana ou a outros fins;

d) «Imóvel devoluto» o edifício ou a fracção que assim for considerado nos termos dos artigos 2º e 3º do Decreto-Lei nº 159/2006, de 8 de Agosto;

e) «Entidade gestora» a entidade responsável pela gestão e coordenação da operação de reabilitação urbana relativa a uma área de reabilitação urbana;

f) «Fracção» a parte autónoma de um edifício que reúna os requisitos estabelecidos no artigo 1415º do Código Civil, esteja ou não o mesmo constituído em regime de propriedade horizontal;

g) «Habitação» a unidade na qual se processa a vida de um agregado residente no edifício, a qual compreende o fogo e as suas dependências;

h) «Operação de reabilitação urbana» o conjunto articulado de intervenções visando, de forma integrada, a reabilitação urbana de uma determinada área;

i) «Reabilitação de edifícios» a forma de intervenção destinada a conferir adequadas características de desempenho e de segurança funcional, estrutural e construtiva a um ou a vários edifícios, às construções funcionalmente adjacentes incorporadas no seu logradouro, bem como às fracções eventualmente integradas nesse edifício, ou a conceder-lhes novas aptidões funcionais, determinadas em função das opções de reabilitação urbana prosseguidas, com vista a permitir novos usos ou o mesmo uso com padrões de desempenho mais elevados, podendo compreender uma ou mais operações urbanísticas;

j) «Reabilitação urbana» a forma de intervenção integrada sobre o tecido urbano existente, em que o património urbanístico e imobiliário é mantido, no todo ou em parte substancial, e modernizado através da realização de obras de remodelação ou beneficiação dos sistemas de infra-estruturas urbanas, dos equipamentos e dos espaços urbanos ou verdes de utilização colectiva e de obras de construção, reconstrução, ampliação, alteração, conservação ou demolição dos edifícios;

l) «Unidade de intervenção» a área geograficamente delimitada a sujeitar a uma intervenção específica de reabilitação urbana, no âmbito de uma área de reabilitação urbana delimitada em instrumento próprio, com identificação de todos os prédios abrangidos, podendo corresponder à totalidade ou a parte de uma área de reabilitação urbana ou, em casos de particular interesse público, a um edifício.

Comentário

Sumário:

1. Reabilitação de edifícios e reabilitação urbana
2. Área de reabilitação urbana e operação de reabilitação urbana
3. Unidade de intervenção e unidade de execução
4. Conceitos de edifício, habitação e fracção
5. Conceito de imóvel devoluto
6. Outros conceitos

1. No texto de referência *Guidance on Urban Rehabilitation, cit.*, do Conselho da Europa (p. 75), a reabilitação urbana é vista como um processo de revitalização ou regeneração urbana a longo prazo, que tem como objectivo de melhorar componentes do espaço urbano e o bem-estar e qualidade de vida da população em geral. A reabilitação é, assim, considerada parte de um projecto/plano de desenvolvimento urbano, exigindo uma abordagem integrada que envolva todas as políticas urbanas.

Trata-se, assim, tal como sucede com as demais políticas urbanísticas, de uma política "de fusão", em que se misturam e priorizam interesses públicos e privados de vária ordem, seja a conservação integrada do património cultural, o acesso a uma habitação apropriada, a promoção da coesão social e territorial e a contribuição para o desenvolvimento sustentável das cidades através da gestão cautelosa do ambiente.

Ao nível legislativo, a primeira definição de reabilitação urbana surgiu com o Decreto-Lei nº 104/2004. Por esta se entendia *"o processo de transformação do solo urbanizado, compreendendo a execução de obras de construção, reconstrução, alteração, ampliação, demolição e conservação de edifícios, tal como definidas no regime jurídico da urbanização e da edificação, com o objectivo de melhorar as suas condições de uso, conservando o seu carácter fundamental, bem como o conjunto de operações urbanísticas e de loteamento e obras de urbanização que visem a recuperação de zonas históricas e de áreas críticas de recuperação e reconversão urbanística".*

A imprescindibilidade da "conservação do carácter fundamental" da área a reabilitar para identificar uma operação de reabilitação urbana, veio delimitar o âmbito de aplicação (espacial e material) daquela legislação, não dando seguimento, assim, às propostas doutrinárias que viam na renovação urbana um supra-conceito possível que englobaria a totalidade de operações de intervenção no existente, ainda que de alteração fundamental deste (cfr. o conceito amplo de renovação urbana proposto por Fernando Alves Correia, "Principais Instrumentos de Tutela do Ambiente Urbano em Portugal", *A Tutela Jurídica do Meio Ambiente – Presente e Futuro*, Coimbra Editora, Coimbra, 2005, p. 96 e ss. Em sentido ainda mais amplo, cfr. Luís Filipe Colaço Antunes, *Direito Urbanístico – Um outro Paradigma: A Planificação Modesto-Situacional*, Coimbra, Almedina, 2002, p. 206, para quem a reabilitação engloba não apenas a conservação e o restauro, como também a renovação e requalificação urbanística).

O RJRU, por seu turno, distingue entre reabilitação do edifício (vista numa perspectiva de ajustamento e adaptação funcional do imóvel) e reabilitação urbana, enquanto *"A forma de intervenção integrada sobre o tecido urbano existente, em que o património urbanístico e imobiliário é mantido, no todo ou em parte substancial, e modernizado através da realização de obras de remodelação ou beneficiação dos sistemas de infra-estruturas urbanas, dos equipamentos e dos espaços urbanos ou verdes de utilização colectiva e de obras de construção, reconstrução, ampliação, alteração, conservação ou demolição dos edifícios".* Convém, a este propósito, fazer duas precisões:

i. Apesar de o legislador ter distinguido entre reabilitação de edifícios e reabilitação urbana, apenas esta constitui o objecto daquele diploma, já que o RJRU se baseia na delimitação de áreas de reabilitação urbana e não na reabilitação isolada de edifícios [ainda que admita que as unidades de intervenção, e bem assim, as unidades de execução, que identificam a área a sujeitar a uma operação específica de reabilitação urbana, possa coincidir, em casos de particular interesse público, a um edifício, cfr. artigo 2º, alínea l)]. A reabilitação de edifícios é, ainda assim relevante, mas de forma instrumental, para a caracterização das operações de reabilitação urbana simples e para a concretização (individualizada) dos instrumentos de política urbanística. Não obstante, projectos legislativos tem havido para aliar à reabilitação urbana a reabilitação de edifícios, incentivando esta, mesmo fora de áreas de reabilitação urbana, como forma de, por um lado, não colocar a intervenção dos privados na dependência estrita da Administração e, por outro, de promover a irradiação, a todo o território, dos desideratos últimos da reabilitação urbana. É neste sentido que deve ser entendida a proposta de Lei nº 24/XII, quando passa a integrar uma Parte III referente à reabilitação de edifícios com certas características localizados ou não em áreas de reabilitação urbana.

ii. O conceito de reabilitação urbana, apesar de assentar na conservação substancial do edificado, admite todo um conjunto de intervenções que podem consistir na alteração ou demolição do existente ou em nova edificação. Esta precisão comporta duas consequências, uma positiva e uma outra negativa. A primeira reside no facto de a identificação dos instrumentos de actuação de reabilitação urbana não ser feita de forma excludente, sendo apenas no momento da eleição dos mecanismos concretos de intervenção que exigências jurídicas como as da proporcionalidade limitam o cardápio à disposição da Administração (sobre esta questão, cfr. Fernanda Paula Oliveira e Dulce Lopes. "Reabilitação Urbana: Uma Noção e uma Via de Concretização", Em Cima do Joelho (ECDJ), nº 9, 2005, p. 76 e ss. Pronunciando-se em sentido idêntico no ordenamento jurídico vizinho, cfr. Santiago González--Varas IBÁÑEZ, "La rehabilitación urbanística. Legislación, problemas, líneas de futuro", *Revista de Derecho Urbanístico y Medio Ambiente*, Ano XXXIII, nº 172, em especial p. 1068 a 1070). Ou seja, apesar de haver uma linha de preferência pelos instrumentos que promovam a conservação do património incluído essencialmente nos centros das cidades, como forma de preservação ou recuperação da sua atractividade, (pluri)centralidade e multifuncionalidade, tal não exclui que, em situações justificadas, se possa lançar mão de instrumentos que promovam uma intervenção mais intensa nessa área, tendo em vista os objectivos que, com a reabilitação urbana se visam atingir. A segunda consequência, desta feita negativa, resulta do facto de o regime jurídico disposto no RJRU não se ter como aplicável a situações em que as operações a levar a cabo conduzem a uma alteração fundamental da área de intervenção, situação em que estaríamos já perante uma actuação de renovação urbana. Se os limites da reabilitação urbana não são agora de área (não se limitando a zonas históricas e a áreas críticas de recuperação e reconversão urbanística), são-no de conceito, uma vez que se exige uma manutenção, em todo ou em parte substancial, do património urbanístico e imobiliário da área de reabilitação. Deste modo se inviabiliza a utilização do diploma no caso de reconversão tão-só de bairros sociais ou de regeneração de áreas industriais, não obstante o conceito amplo de áreas de reabilitação urbana, previsto no artigo 12º, nº 1; mas já não se inviabiliza a utilização do diploma no caso de "reconversão de AUGIs" uma vez que neste caso está presente o objectivo de manutenção das características essenciais das áreas e edifícios existentes. Uma situação que se poderia ver excluída do âmbito da reabilitação urbana, numa leitura *prima facie* do RJRU, seria a das operações de colmatação em espaços urbanos. No entanto, neste caso é possível delimitar, desde que com critério, a área de reabilitação urbana, de modo a abranger aqueles espaços, que podem, posteriormente, corresponder a uma unidade de execução ou de intervenção. Nestas situações, porém, haverá sempre que mandar aplicar as exigências urbanísticas que são pensadas para as operações de expansão urbana, como sejam as de justa compensação de benefícios e encargos urbanísticos.

2. De acordo com o RJRU, a estruturação das intervenções de reabilitação urbana é feita com base em dois conceitos fundamentais: o de "área de reabilitação urbana", que se reporta a uma tarefa de delimitação que tem como efeito determinar a parcela territorial que justifica uma intervenção integrada e o de "operação de reabilitação urbana", entendida como a concatenação concreta das intervenções a efectuar no interior da respectiva área de reabilitação urbana. Estes conceitos serão melhor precisados mais adiante quando nos debruçarmos concretamente sobre as respectivas características e regime.

3. O presente diploma define a noção de área de intervenção como a área geograficamente delimitada a sujeitar a uma intervenção específica de reabilitação urbana, no âmbito de uma área de reabilitação urbana delimitada em instrumento próprio e aproxima o modelo da sua delimitação espacial e dos seus efeitos da figura das unidades de execução, previstas no Regime Jurídico dos Instrumentos de Gestão Territorial. Aliás, ambas as figuras são relevantes para a concretização de operações de reabilitação urbana, uma vez que a unidade de execução continua a ser a figura eleita na situação de concretização de planos de pormenor de reabilitação urbana.

A operação de reabilitação urbana deve centrar-se a uma "escala urbana pequena e eficaz", por isso prevê o RJRU que a execução das mesmas possa ter lugar no seio de unidades mais restritas e a uma escala territorial mais limitada (unidades de intervenção e unidades de execução).

Note-se, porém, que a delimitação de unidades de intervenção e de execução não é essencial à execução de operações de reabilitação, podendo a área de reabilitação urbana ser objecto de execução "individual" (mas de acordo com a estratégia e programação definidas). Só assim não sucederá se se pretender entabular uma parceria com entidades privadas, mecanismo apenas possível nas situações de reabilitação urbana sistemática e no âmbito de unidades de intervenção ou execução (artigo 11º, nº 5) ou a delimitação for da iniciativa dos proprietários, caso em que a entidade gestora deve ponderar a execução nos termos do regime da Administração conjunta (artigo 35º, nº 4).

Refira-se no âmbito da Proposta de Lei nº 24/XII, uma precisão terminológica quanto aos conceitos de *área de reabilitação urbana e unidade de intervenção*, que se prende com a opção nele vertida de que são as operações de reabilitação urbana (e não já necessariamente as áreas de reabilitação urbana) que são aprovadas por instrumento próprio ou plano de pormenor.

4. A reabilitação urbana pode e deve desempenhar um papel relevante, de *garantia* na disponibilização de habitação de qualidade (segundo Fernando Alves Correia, *Manual de Direito do Urbanismo*, Vol. I, Coimbra, Almedina, 2008, p.138, um dos princípios constitucionais do direito do urbanismo, no qual integramos a reabilitação urbana, é, precisamente, o da sua consideração como *garantia* da efectivação do direito à habitação), posto que, naturalmente, a ocupação das áreas de reabilitação urbana, depois desta ocorrer, seja permeada por imperativos de equidade social. Caso contrário, a reabilitação de zonas urbanas degradadas corre o risco de ser apenas física e, por isso, necessariamente curta e frágil, e a reabilitação de zonas históricas mas com um elevado número de fogos devolutos, corre o risco de alterar as dinâmicas espaciais da segregação, mas não de as eliminar.

Por esse motivo, e não obstante a reabilitação poder envolver a refuncionalização de espaços incluídos na área de reabilitação urbana, um dos seus objectivos é o da disponibilização de habitação nesses espaços, habitação esta que compreende tanto o fogo, como as suas dependências.

Este diploma define igualmente, ainda que não fosse estritamente necessário, o conceito de edifício, nele englobando quaisquer construções permanentes destinadas a utilização humana ou outros fins e, dentro destes, o conceito de fracção. Por fracção entendem-se as unidades independentes, distintas e isoladas entre si, com saída própria para uma parte comum do prédio ou para a via pública, ainda que não tenham de estar constituídas em propriedade horizontal.

5. A remissão prevista na definição de «Imóvel devoluto» prevista na alínea d) deste artigo apela para a aplicação das seguintes disposições:

"Artigo 2º do DL 159/2006
1. [...] considera-se devoluto o prédio urbano ou a fracção autónoma que durante um ano se encontre desocupado.
2. São indícios de desocupação:
a) A inexistência de contratos em vigor com empresas de telecomunicações e de forneciemento de água, gás e electricidade;
b) A inexistência de facturação relativa a consumos de água, gás, electricidade e telecomunicações.

Artigo 3º do DL 159/2006
Não se considera devoluto o prédio urbano ou fracção autónoma:
a) Destinado a habitação por curtos períodos em praias, campo, termas e quaisquer outros lugares de vilegiatura, para arrendamento temporário ou para uso próprio;
b) Durante o período em que decorrem obras de reabilitação, desde que certificadas pelos municípios;
c) Cuja conclusão de construção ou emissão de licença de utilização ocorreram há menos de um ano;
d) Adquirido para revenda por pessoas singulares ou colectivas, nas mesmas condições do artigo 7º do Código do Imposto Municipal sobre as Transmissões Onerosas de Imóveis, aprovado pelo Decreto-Lei nº 287/2003, de 12 de Novembro, bem como adquirido pelas entidades e nas condições referidas no artigo 8º do mesmo Código, desde que, em qualquer dos casos, tenham beneficiado ou venham a beneficiar da isenção do imposto municipal sobre as transmissões onerosas de imóveis e durante o período de três anos a contar da data da aquisição;
e) Que seja a residência em território nacional de emigrante português, tal como definido no artigo 3º do Decreto-Lei nº 323/95, de 29 de Novembro, considerando-se como tal a sua residência fiscal, na falta de outra indicação;
f) Que seja a residência em território nacional de cidadão português que desempenhe no estrangeiro funções ou comissões de carácter público ao serviço do Estado Português, de organizações internacionais, ou funções de reconhecido interesse público, bem como dos seus respectivos acompanhantes autorizados."

6. Relativamente a outros conceitos, tais como os de obras de construção, reconstrução, ampliação, alteração, conservação ou demolição dos edifícios é aplicável o Regime Jurídico da Urbanização e Edificação.

ARTIGO 3º
Objectivos

A reabilitação urbana deve contribuir, de forma articulada, para a prossecução dos seguintes objectivos:

a) Assegurar a reabilitação dos edifícios que se encontram degradados ou funcionalmente inadequados;

b) Reabilitar tecidos urbanos degradados ou em degradação;

c) Melhorar as condições de habitabilidade e de funcionalidade do parque imobiliário urbano e dos espaços não edificados;

d) Garantir a protecção e promover a valorização do património cultural;

e) Afirmar os valores patrimoniais, materiais e simbólicos como factores de identidade, diferenciação e competitividade urbana;

f) Modernizar as infra-estruturas urbanas;

g) Promover a sustentabilidade ambiental, cultural, social e económica dos espaços urbanos;

h) Fomentar a revitalização urbana, orientada por objectivos estratégicos de desenvolvimento urbano, em que as acções de natureza material são concebidas de forma integrada e activamente combinadas na sua execução com intervenções de natureza social e económica;

i) Assegurar a integração funcional e a diversidade económica e sócio-cultural nos tecidos urbanos existentes;

j) Requalificar os espaços verdes, os espaços urbanos e os equipamentos de utilização colectiva;

l) Qualificar e integrar as áreas urbanas especialmente vulneráveis, promovendo a inclusão social e a coesão territorial;

m) Assegurar a igualdade de oportunidades dos cidadãos no acesso às infra-estruturas, equipamentos, serviços e funções urbanas;

n) Desenvolver novas soluções de acesso a uma habitação condigna;

o) Recuperar espaços urbanos funcionalmente obsoletos, promovendo o seu potencial para atrair funções urbanas inovadoras e competitivas;

p) Promover a melhoria geral da mobilidade, nomeadamente através de uma melhor gestão da via pública e dos demais espaços de circulação;

q) Promover a criação e a melhoria das acessibilidades para cidadãos com mobilidade condicionada;

r) Fomentar a adopção de critérios de eficiência energética em edifícios públicos e privados.

Comentário

Sumário:

1. Articulação da reabilitação urbana com outras políticas
2. Reabilitação urbana e direito do urbanismo
3. A reabilitação urbana no novo modelo da política urbanística

1. Como decorre do presente artigo, a reabilitação urbana visa o cumprimento de um conjunto muito variado de objectivos, o que denota o seu carácter complexo. Esta complexidade decorre, entre outras coisas, do facto de se suscitarem, neste domínio, um conjunto de questões que encontram resposta no âmbito de outras (e distintas) políticas públicas com as quais mantém especiais pontos de contacto.

Antes de mais, refira-se, a reabilitação urbana é, ela própria, assumida no diploma aqui em anotação, como uma política pública – no sentido de uma actividade predominantemente racional e, em certa medida, técnica, dominada por objectivos pré-seleccionados por uma vontade política, caracterizada por uma hierarquização segundo determinadas prioridades e por uma escolha racional dos meios mais aptos à satisfação das finalidades formuladas pelos decisores políticos (cfr. Maria Adelaide Teles de Menezes Correia Leitão, *in* "O Planeamento Administrativo e a Tutela do Ambiente", *in Revista da Ordem dos Advogados*, Ano 56, Janeiro de 1996, nota 26). Esta é a consequência – ainda que se considere ser um dever dos proprietários assegurar a reabilitação urbana dos seus edifícios e fracções (designadamente por intermédio da realização das obras necessárias à manutenção ou reposição da sua segurança, salubridade e arranjo estético) –, de se determinar que a adopção das medidas necessárias à reabilitação das áreas que delas carecem é uma incumbência de entidades públicas (do Estado, das Regiões Autónomas e das autarquias locais: artigo 5º do presente diploma).

A identificação, bastante exaustiva, dos objectivos para os quais a reabilitação urbana deve contribuir é bem prova disso, já que é possível reconduzir grande parte deles a objectivos de outras políticas com as quais a reabilitação urbana mantém especiais relações.

Alguns dos objectivos assinalados no presente artigo são, desde logo, de cariz estritamente urbanístico. É o caso da reabilitação (física) de edifícios e tecidos urbanos [alíneas a), b), f)], da modernização de infra-estruturas [alínea f)], da melhoria do ambiente urbano através, designadamente, da requalificação de espaços verdes e equipamentos de utilização colectiva, bem como da recuperação de espaços urbanos funcionalmente obsoletos de forma a que possam atrair funções urbanas inovadoras e competitivas [alíneas j), e o)].

Dada a particular relação da reabilitação urbana com a política urbanística, far-lhe-emos uma referência mais desenvolvida no comentário 2 a este artigo.

Mas a reabilitação urbana tem objectivos mais amplos, relacionados com outras políticas públicas. É o caso, apenas para nomear as mais relevantes:

(i) das *políticas habitacionais*: cfr. o objectivo de *melhorar as condições de habitabilidade e de funcionalidade* do parque imobiliário urbano [alínea c)] e o de *desenvolver novas soluções de acesso a uma habitação* condigna [alínea n)]. Sobre a ligação entre reabilitação urbana e direito à habitação cfr. Dulce Lopes, "Reabilitação Urbana em Portugal: evolução e caracterização", *in O Novo Regime da Reabilitação Urbana*, Temas CEDOUA, Coimbra, Almedina, 2010, pp. 32 e ss.

(ii) da *politica de protecção e salvaguarda do património cultural*: cfr. o objectivo referido na alinea g) – *garantir a protecção e promover a valorização* do *património cultural* – do enunciado na alínea e) – *afirmar os valores patrimoniais, materiais e simbólicos* como factores de identidade, diferenciação e competitividade urbana – e do explicitado na alínea g) – *promover a sustentabilidade cultural dos (...) espaços urbanos*]. Sobre a ligação entre reabilitação urbana e património cultural cfr. Dulce Lopes, "Reabilitação Urbana em Portugal: evolução e caracterização", *cit.*, pp. 28 e ss.

(iii) da *política ambiental*; vide o objectivo da *promoção da sustentabilidade ambiental (...) dos espaços urbanos* – alínea g) –, da *requalificação dos espaços verdes, os espaços urbanos e os equipamentos de utilização colectiva (ambiente urbano)* – alínea j) –; e o do *fomento da adopção de critérios de eficiência energética em edifícios públicos e privados* – alínea r) –, sendo este último também, claramente, um objectivo das políticas energéticas. Sobre este fomento de eficiência energética no âmbito da reabilitação urbana, cfr. Alexandre Fernandes, "Certificação Energética e Reabilitação Urbana", *in Reabilitação Urbana*, Vida Imobiliária/Uria Menendez, Proença de Carvalho, 2010, p. 21 a 24. Cfr. também o *Guia de Termos de Referência para o Desempenho Energético e Ambiental* realizado em parceria entre Porto Vivo – Sociedade de Reabilitação Urbana da Baixa Portuense, a Agência de Energia do Porto e a Direcção Regional de Cultura do Norte, onde se propõem as soluções mais adequadas para a reabilitação de imóveis do Centro Histórico do Porto, respeitando os princípios de protecção patrimonial, eficiência energética e sustentabilidade ambiental.

(iv) das *políticas de cariz social ou de coesão económico-social,* como o objectivo da *promoção da sustentabilidade (...) social e económica dos espaços urbanos* – alínea g) –; do fomento da revitalização urbana, orientada por objectivos estratégicos de desenvolvimento urbano, em que as acções de natureza material são concebidas de forma integrada e activamente combinadas na sua execução com *intervenções de natureza social e económica* – alínea h) –; da garantia da integração funcional e da *diversidade económica e sócio-cultural* nos tecidos urbanos existentes – alínea i) –; da qualificação e integração das áreas urbanas especialmente vulneráveis, de forma a promover *a inclusão social e a coesão territorial* – alínea l) –; e da promoção da *igualdade de oportunidades dos cidadãos* no acesso às infra-estruturas, equipamentos, serviços e funções urbanas – alínea m)].

(v) e das *políticas de transporte e de mobilidade*: o caso da melhoria geral da mobilidade, nomeadamente através de uma melhor gestão da via pública e dos demais espaços de circulação [alínea p)] e da promoção, criação e melhoria das acessibilidades para cidadãos com mobilidade condicionada [alínea q)].

A multiplicidade e variedade dos objectivos referenciados no presente artigo permite o seu agrupamento consoante com eles se visem a reabilitação arquitectónico-urbanística, a reabilitação económico-social ou a reabilitação cultural.

Para a primeira, a reabilitação urbana deve contribuir para recuperar, modernizar e requalificar os edifícios e o conjunto em que se inserem, incluindo as infra-estruturas urbanas, os espaços verdes, os espaços urbanos e os equipamentos de utilização colectiva que se encontrem degradados, em degradação ou sejam funcionalmente inadequados. A reabilitação urbana visa, desde modo, não apenas a recuperação de edifícios e a melhoria das suas condições de utilização, mas também recuperar e requalificar os espaços urbanos que estejam funcionalmente obsoletos.

Mas não basta ter edifícios e espaços urbanos recuperados; é preciso também que esses sejam habitados e tenham vida, o que significa a necessidade de fomentar uma interligação entre as funções residenciais e as funções económicas, dotando os espaços reabilitados de estabelecimentos comerciais, de serviços e de actividades sociais, lúdicas, culturais e outras que as tornem atractivas para a população. Neste âmbito a reabilitação urbana tem também como objectivo fomentar actividade económica e sociocultural de uma forma diversificada e sustentável nas áreas reabilitadas, que promovam a integração funcional, a inclusão social, a coesão territorial, a igualdade de oportunidades dos cidadãos no acesso às infra-estruturas, aos equipamentos, aos serviços e às funções urbanas. Em causa está, aqui, assim, uma reabilitação económica e social.

Por fim, do ponto de vista cultural, a reabilitação urbana deve contribuir para a valorização do património cultural, protegendo-o e promovendo-o, designadamente através de novos usos, como o turístico. Uma reabilitação do ponto de vista cultural deve encontrar formas de promover o património e, em simultâneo proteger e promover a cultura enquanto actividade económica que também é, contribuindo para revitalizar o centro urbano.

Sobre estas três vertentes da reabilitação cfr. Marleen Cooreman, O Regime Jurídico da Reabilitação Urbana – A resposta necessária para um novo paradigma de urbanismo?, dissertação de Mestrado, Universidade do Minho, policopiada, 2011, pp. 26-28. No mesmo sentido cfr. João Paulo Zbyszewski, *Regime Jurídico da Reabilitação urbana. Anotado e comentado e Legislação Complementar*, Lisboa, Quid Juris, Sociedade Editora, 2010, p. 16.

Tendo em consideração tudo quanto foi referido, bem se percebe que a reabilitação urbana vise muito mais do que uma mera intervenção no edificado ou no parque habitacional. Reabilitar é revitalizar as cidades, repovoar os centros urbanos, atrair investimento, aumentar a sustentabilidade ambiental, dinamizar negócios, melhorar o ordenamento do território e aumentar a mobilidade das pessoas e a mobilidade territorial das famílias.

2. Não obstante, um dos domínios com o qual o Regime Jurídico da Reabilitação Urbana mais se relaciona é o *direito do urbanismo*. A este propósito é debatível se a reabilitação urbana deve ser compreendida como um *capítulo especial* do direito do urbanismo ou como um ramo dotado de autonomia, ainda que intimamente ligado àquele.

Para alguma doutrina, a reabilitação urbana que consta do actual regime (pelo menos se a compararmos com o seu enquadramento no Decreto-Lei nº 104/2004), constitui uma *política autónoma*, que nasce da necessidade de dar efectividade a outras políticas, e que, por essa razão, e pelo facto de assentar num regime jurídico que é necessariamente restritivo de direitos fundamentais, procura nos novos princípios do direito público um recorte jurídico independente. No entanto, como também reconhece esta doutrina, embora de forma crítica, o estudo dos princípios gerais que delimitam e orientam a "nova política de reabilitação urbana", leva à conclusão de que a solução legislativa alcançada acaba por não se revelar tão inovadora quanto se poderia esperar, optando por "pedir emprestados" demasiados instrumentos ao direito do ordenamento do território, de onde conclui estar em causa, no final, *um verdadeiro regime urbanístico especial*", o que equivale a *"urbanizar"* esta política, coarctando alguns aspectos da sua autonomia. Neste sentido cfr, Suzana Tavares da Silva, "Reabilitação Urbana: Conceitos e Princípios", *in O Novo Regime da Reabilitação Urbana, cit.*, p. 11.

Para outra doutrina, a reabilitação urbana integra-se directamente no âmbito do direito da edificação, que, a par do direito do planeamento urbanístico, constitui um dos núcleos fundamentais do direito do urbanismo. É o caso de André Folque, *Curso de Direito da Urbanização e da Edificação*, Coimbra Editora, Coimbra, 2007, p. 11 e 12.

Na nossa óptica, quanto mais peso assume o vector do planeamento urbanístico em Portugal e quanto mais se (re)compreende a actuação dos poderes públicos em sede urbanística – essencialmente como de *regulação* ou de *promoção* (e não de execução directa) das operações de ocupação do território –, mais sentido faz aproximar a reabilitação urbana do direito do urbanismo, convertendo-se aquela em *capítulo especial* deste.

A afirmação da reabilitação urbana como uma parte especial do direito do urbanismo assenta nos seguintes vectores:

i. A expressa consideração da reabilitação como função pública incluída no âmbito material dos direitos do ordenamento do território e do direito do urbanismo, como resulta dos artigos 3º, alínea f) e 6º, alíneas h), i) e j), da Lei de Bases da Política de Ordenamento do Território e do Urbanismo (LBPOTU);

ii. O recurso a instrumentos urbanísticos, seja a instrumentos de planeamento, em particular de planos de pormenor, seja a instrumentos de execução dos planos ou de gestão urbanística, como sucede com as expropriações e demolições ou as unidades de execução, como os utensílios base para a definição de uma política de reabilitação urbana;

iii. A comunhão de interesses relativamente ao direito do urbanismo geral, uma vez que também na reabilitação urbana o foco principal é colocado na (re)definição dos usos e ocupações do solo proibidas, admitidas ou condicionadas;

iv. A partilha de princípios que enformam o direito do ordenamento do território e do urbanismo, designadamente de princípios que constituem uma marca distintiva do direito do urbanismo, como sucede com os princípios da ponderação, da compatibilidade de usos e da separação de usos incompatíveis.

A aproximação entre o direito do urbanismo e o regime jurídico da reabilitação urbana permite-nos lançar mão da regulamentação que integra aquele para chegar a soluções de interpretação e integração de lacunas sempre que o RJRU não apresente uma solução imediatamente mobilizável para o caso.

Esta integração da temática da reabilitação urbana no âmbito do direito do urbanismo não pode, porém, fazer esquecer as especificidades que a mesma reveste e que enformam as preocupações e acções dos poderes públicos no momento da definição e execução das políticas de reabilitação urbana, fazendo dela uma parte especial do direito do urbanismo.

A natureza especial da reabilitação urbana prende-se, sobretudo, com o facto de o seu objecto se encontrar já física e humanamente comprometido, ao contrário do que sucede com o núcleo central do direito do urbanismo, mais dirigido à regulamentação de espaços dominantemente desocupados. Por isso se sente naquela uma maior necessidade de aliviar os parâmetros e indicadores urbanísticos que espartilham o uso do solo e de proteger os direitos e expectativas legítimas dos particulares, nos quais se incluem não apenas os proprietários, mas ainda outros ocupantes dos locais a reabilitar.

Estas especialidades conduzem a que seja prevista uma regulamentação particular de alguns *instrumentos*, por exemplo, identificando-se a modalidade de plano de pormenor de reabilitação urbana, regulando-se, de forma mais precisa, os termos em que é possível a intervenção coerciva em áreas de reabilitação urbana ou ajustando-se exigências cuja aplicação nestas áreas poderia ser de difícil concretização, como sucede com a perequação de benefícios e encargos, os próprios parâmetros urbanísticos.

Estas especialidades reflectem-se ainda ao nível da ponderação de *interesses* a efectuar no âmbito do direito do urbanismo e ao nível dos *princípios* que este ramo de direito deve prosseguir. Por um lado porque existe, como veremos no comentário seguinte, uma tensão intrínseca e, por isso mesmo, a necessidade de articulação íntima da reabilitação com a expansão urbana; por outro lado, porque há princípios que adquirem, no âmbito da reabilitação urbana, uma força normativa especial, como sucede com o princípio da protecção do existente que assumiu, no diploma que aqui estamos a comentar uma marcada feição extensiva (cfr. artigo 4º, alínea h, e artigo 51º), por oposição à regulamentação da garantia do existente prevista no artigo 60º do Regime Jurídico da Urbanização e Edificação (RJUE).

Sobre esta posição – da reabilitação urbana como uma parte especial do direito do urbanismo – cfr. Dulce Lopes, "Reabilitação Urbana em Portugal: evolução e caracterização", *cit.*, pp. 22. e ss.

3. É no seio das politicas políticas urbanísticas – ou melhor, no seio das mais recentes tendências destas políticas – que a reabilitação urbana tem vindo a assumir um particular relevo, por estar em consonância com uma *nova lógica* de ocupação do território para que estas políticas apontam e com um novo e distinto *paradigma de urbanismo* e de *gestão urbanística*: em vez de um *urbanismo de expansão* (com alargamento exponencial de perímetros urbanos e a consequente expansão irracional das infra-estruturas no território), um urbanismo de *contenção dos perímetros,* em que as necessidades urbanísticas são satisfeitas, por um lado, com a mobilização dos solos expectantes dentro dos perímetros urbanos (nos quais devem ser concretizados projectos que os considerem de forma global e integrada) – a que poderíamos chamar de *urbanismo de colmatação* – e, por outro lado, com a utilização (após reabilitação) do edificado existente, precedida da requalificação espaços públicos que os servem – um urbanismo de *reabilitação urbana.*

A origem dos problemas a que um novo paradigma urbanístico visa dar resposta encontra-se particularmente na expansão irracional das infra-estruturas urbanísticas pelo território, as quais, por sua vez, foram consequência de uma gestão urbanística que assentou essencialmente em planos directores municipais desprovidos, por um lado, de *orientações executórias* (desconsiderando, em regra, o *momento* e os *termos* da sua *execução*) e, por outro lado, de uma avaliação dos *meios financeiros* necessários para a concretização das opções neles previstas.

Um planeamento deste tipo – que admitiu (de forma ampla) ocupação urbanística sem, contudo, a programar –, potenciou o surgimento casuístico (ao sabor das iniciativas dos promotores) de operações urbanísticas, em regra concretizadas nos limites da propriedade de cada um, bem como de licenciamentos dispersos e desgarrados uns dos outros (ainda que conformes com os planos directores municipais em vigor). Ou seja, os planos limitaram-se a admitir ocupação urbanística, tendo-se os municípios remetido, na gestão do território, para uma atitude passiva, aguardando que os privados, nos seus próprios *timings* (isto é, de acordo com a sua própria ordem de prioridades) lhe apresentassem as suas concretas pretensões, em regra circunscritas aos limites da sua própria propriedade (a qual, por ser normalmente fraccionada, não tem as dimensões adequadas para permitir projectos que potenciem um desenvolvimento urbano integrado), limitando-se a licenciá-las desde que não contrariassem os planos.

A gestão urbanística ocorreu, assim, ao sabor da programação definida pelos privados e correspondeu ao licenciamento casuístico e fragmentado de operações urbanísticas, desde que não violassem os planos.

A única forma de contrariar esta tendência é a de introduzir no planeamento e na gestão urbanística aquilo que lhe faltou. Referimo-nos à *programação* das intervenções, que deve ser feita pelas próprias entidades públicas (em particular pelos municípios) e que passa por serem estas a definir os *tempos* e os *termos* das intervenções no território, identificando o que importa concretizar de imediato, por ter prioridade absoluta, e aquilo que, por não ter o mesmo grau de importância, não interessa que ocorra ou apenas interessa que aconteça em determinadas circunstâncias.

Mais, numa óptica de que o limite da propriedade de cada um não é a unidade territorial (ou edificatória) apropriada para a concretização de intervenções urbanísticas racionais e integradas, a Administração (em especial os municípios) deve dispor de mecanismos que lhe permita incentivar (e "empurrar") os proprietários para processos executórios e, sempre que necessário, associativos, com vista a concretizar projectos de dimensão adequada a um crescimento harmonioso e racional da *urbe*.

As palavras de ordem para a concretização de um *novo modelo de ocupação territorial* são, assim, as de *programação*, de promoção ou condicionamento das operações urbanísticas a *soluções de conjunto* e de promoção de *parcerias* entre privados e destes com a Administração na concretização dos planos. Neste sentido cfr. Fernanda Paula Oliveira, «Os Caminhos "a Direito" para um Urbanismo Operativo», *in Revista do Centro de Estudos do Direito do Ordenamento, do Urbanismo e do Ambiente,* nº 14, Ano VII_2.04, p. 9 e ss., "As Virtualidades das Unidades de Execução num Novo Modelo de Ocupação do Território: Alternativa aos Planos de Pormenor ou Outra Via de Concertação de Interesses no Direito do Urbanismo?" *in Direito Regional e Local, nº 2*, Abril/Junho,

2008, p. 17 e ss. e *Novas tendências do direito do urbanismo. De um urbanismo de expansão e de segregação a um urbanismo de contenção, de reabilitação urbana e de coesão social*, Coimbra, Almedina, 2011, pp. 48 e ss.

É precisamente nesta lógica que o RJIGT determina que:

  (i) A transformação da ocupação do território – "execução do planeamento territorial" – deverá não apenas ser *coordenada*, mas também *programada* pelo município (artigo 118º, nº 1);

  (ii) Os particulares têm o *dever de concretizar*, cumprindo a *programação municipal* (artigo 118º, nº 2);

  (iii) Por regra, as operações urbanísticas devem ocorrer através de parcerias entre proprietários, com eventual participação do município e/ou outros promotores ("unidades de execução" – artigos 119º, 120º e 122º a 124º);

  (iv) Os proprietários têm o direito e o dever a uma distribuição perequativa dos benefícios (edificabilidade) e dos encargos (com infra-estruturas e equipamentos públicos) decorrentes de uma ocupação urbanística (artigos 135º, 136º e 118º, nº 3).

E é ainda nesta lógica que o Programa Nacional da Politica de Ordenamento do Território define, de entre os objectivos para as políticas urbanísticas, o de *cerzir as cidades*, promovendo a sua *coesão territorial* e permitindo a concretização de infra-estruturas imprescindíveis ao correcto funcionamento de toda ela.

Ora, este novo tipo de gestão urbanística para que apontam os vários instrumentos jurídicos actualmente em vigor pode bem ser alcançada por intermédio da reabilitação urbana, aqui no sentido de *requalificação* ou *revitalização* de áreas inseridas no interior das cidades, dotando-as das necessárias infra-estruturas e outras condições que permitam uma sua ocupação sustentável, a melhoria do respectivo ambiente urbano em geral e, ainda, de atractividade, centralidade e multifuncionalidade das mesmas.

Com efeito, como veremos, também a concretização de operações de reabilitação urbana aponta para a necessária *programação* pública das intervenções a efectuar (de acordo com a sua ordem de prioridades e não em consonância com os *timings* dos proprietários), para a delimitação de *áreas que apontem para intervenções integradas* (áreas de reabilitação urbana e unidades de intervenção ou de execução) e para a promoção de *parcerias* entre privados e destes com a Administração ou com terceiros na concretização das operações em causa.

Mais, a actual necessidade de justificação e de programação da expansão urbana para que apontam a LBPOTU e o RJIGT são exigências urbanísticas que, indirectamente, demonstram a imperiosidade de proceder à intervenção no existente, requalificando-o. Efectivamente, no momento da tomada de decisão sobre prioridades de intervenção, é necessário demonstrar a indispensabilidade de expansão por referência à insuficiência ou inadequação do tecido urbano consolidado e da necessidade de construção de novos imóveis por referência à adaptação ou reconstrução dos existentes, o que traduz uma preferência legal da reabilitação urbana relativamente à expansão da *urbe*.

Por este motivo a reabilitação urbana, posiciona-se como uma via para contrariar o modelo de gestão urbanística tradicional (de controlo de operações casuísticas de iniciativa dos interessados) e para afastar um desenvolvimento urbanístico assente na *expansão urbana* (com todos os custos inerentes: territoriais, financeiros, ambientais e, mesmo, sociais), permitindo a *consolidação* e *ocupação* do já edificado integradamente com a intervenção em espaços expectantes dentro das cidades. Apresenta-se, deste modo, como uma forma de gestão urbanística que obedece à mesma lógica (ao mesmo paradigma) da gestão urbanística para que aponta o RJIGT: uma lógica de execução sistemática e não de apreciação casuística dos projectos, como parece decorrer do RJUE (execução assistemática), muito embora vocacionada para intervenções no existente, ao contrário das unidades de execução, mais vocacionadas para áreas de colmatação.

No âmbito desta lógica, e articulando os vários regimes em vigor, pode concluir-se pela sua mobilização em situações diferenciadas. Assim:

(i) Estando em causa *solos urbanizados (bem) consolidados*, a gestão urbanística processar-se-á preferentemente por intermédio de operações urbanísticas realizadas nos termos do RJUE;

(ii) Se se tratar de *solos urbanizados a consolidar (colmatar)*, a gestão deve ser operada por intermédio da prévia delimitação de unidades de execução nos termos do RJIGT, quando se justifique que as intervenções sejam suportadas por uma solução integrada de conjunto (v.g. quando existe um espaço vazio no meio da cidade que deve ser preenchida por um projecto conjunto); se tal se não justificar, a gestão urbanística é feita à luz dos procedimentos do RJUE;

(iii) *Nos solos urbanizados (mal ou deficientemente) consolidados* (designadamente degradados), a gestão deve ser feita por intermédio de operações de *renovação urbana*, avulsas ou, desejavelmente, integradas num programa mais amplo ou então de *áreas de reabilitação urbana* delimitadas ao abrigo do Regime Jurídico da Reabilitação Urbana

(iv) *Nas zonas (solos) de urbanização programada (zonas urbanizáveis)*, a gestão operará por intermédio de unidades de execução a delimitar pelo município nos termos do RJIGT. Pode, contudo admitir-se uma gestão feita por intermédio de operações urbanísticas avulsas nos termos do RJUE quando estejam em causa parcelas situadas em contiguidade com a zona urbanizada ou com áreas que tenham adquirido características semelhantes àquela através de acções de urbanização ou edificação e desde que o município considere que as soluções propostas asseguram uma correcta articulação formal e funcional com a zona urbanizada e não prejudicam o ordenamento urbanístico da área envolvente. Só assim se evita a dispersão permitindo a contenção e consolidação dos perímetros urbanos existentes.

ARTIGO 4º
Princípios gerais

A política de reabilitação urbana obedece aos seguintes princípios:

a) Princípio da responsabilização dos proprietários e titulares de outros direitos, ónus e encargos sobre os edifícios, conferindo-se à sua iniciativa um papel preponderante na reabilitação do edificado e sendo-lhes, nessa medida, imputados os custos inerentes a esta actividade;

b) Princípio da subsidiariedade da acção pública, garantindo que as acções de reabilitação urbana relativas a espaços privados são directamente promovidas por entidades públicas apenas na medida em que os particulares, quer isoladamente quer em cooperação com aquelas, não as assegurem ou não possam assegurá-las;

c) Princípio da solidariedade intergeracional, assegurando a transmissão às gerações futuras de espaços urbanos correctamente ordenados e conservados;

d) Princípio da sustentabilidade, garantindo que a intervenção assente num modelo financeiramente sustentado e equilibrado e contribuindo para valorizar as áreas urbanas e os edifícios intervencionados através de soluções inovadoras e sustentáveis do ponto de vista sócio-cultural e ambiental;

e) Princípio da integração, preferindo a intervenção em áreas cuja delimitação permita uma resposta adequada e articulada às componentes morfológica, económica, social, cultural e ambiental do desenvolvimento urbano;

f) Princípio da coordenação, promovendo a convergência, a articulação, a compatibilização e a complementaridade entre as várias acções de iniciativa pública, entre si, e entre estas e as acções de iniciativa privada;

g) Princípio da contratualização, incentivando modelos de execução e promoção de operações de reabilitação urbana e de operações urbanísticas tendentes à reabilitação urbana baseados na concertação entre a iniciativa pública e a iniciativa privada;

h) Princípio da protecção do existente, permitindo a realização de intervenções no edificado que, embora não cumpram o disposto em todas as disposições legais e regulamentares aplicáveis à data da intervenção, não agravam a desconformidade dos edifícios relativamente a estas disposições ou têm como resultado a melhoria das condições de segurança e salubridade da edificação ou delas resulta uma melhoria das condições de desempenho e segurança funcional, estrutural e construtiva da edificação e o sacrifício decorrente do cumprimento daquelas disposições seja desproporcionado em face da desconformidade criada ou agravada pela realização da intervenção;

i) Princípio da justa ponderação, promovendo uma adequada ponderação de todos os interesses relevantes em face das operações de reabilitação urbana, designadamente os *interesses dos proprietários ou de outros titulares de direitos sobre edifícios objecto de operações de reabilitação;*

j) Princípio da equidade, assegurando a justa repartição dos encargos e benefícios decorrentes da execução das operações de reabilitação urbana.

Comentário

Sumário:

1. O relevo dos princípios
2. Princípio da responsabilização e princípio da solidariedade intergeracional
3. Princípio da subsidiariedade
4. Princípio da sustentabilidade
5. Princípio da integração e princípio da coordenação
6. Princípio da contratualização e princípio da participação
7. Princípio da protecção do existente
8. Princípio da justa ponderação
9. Princípio da equidade
10 Outros princípios: princípio da proporcionalidade

1. Os princípios jurídicos que aqui se elencam, como aliás em geral, assumem uma particular importância e têm uma função relevante, quer na interpretação e aplicação das normas constantes do presente regime jurídico, quer no âmbito do controlo judicial das decisões que neste domínio se tomam. Com efeito, o cumprimento destes princípios, em domínios, como o da reabilitação urbana, que apelam cada vez mais para novos esquemas *de discricionariedade de implementação"* (Suzana Tavares da Silva, "Reabilitação urbana: conceito e princípios", *cit.*, p. 11), permite não apenas servir de guião à actuação das entidades públicas com responsabilidades decisórias (e executoras) das operações de reabilitação urbana, como também como padrão de controlo judicial dessas actuações. Os princípios têm, contudo, vindo a adquirir um relevo renovado. Assim, se no início a nossa jurisprudência lhe reconhecia valia *apenas* no âmbito da discricionariedade administrativa, negando o seu préstimo em face da actuação vinculada (por força do principio da legalidade), esta tendência tende a mudar ainda que de forma, para já, limitada (e dominantemente no campo tributário). No Acórdão do Supremo Tribunal Administrativo de 19 de Novembro de 2008, proferido no processo 0325/08, e perante um caso de *"manifesta injustiça"*, o Tribunal articulou que *"O princípio da justiça é um princípio básico que deve enformar toda a actividade da Administração*

Tributária, como resulta do preceituado nos arts. 266º, nº 2, da CRP e 55º da LGT. Embora estes princípios constitucionais tenham um domínio primacial de aplicação no que concerne aos actos praticados no exercício de poderes discricionários, introduzindo neste exercício aspectos vinculados cuja não observância é susceptível de constituir vício de violação de lei, a sua relevância não se esgota nos actos praticados no exercício desses poderes discricionários (...)Não se pode afirmar, que, nos casos de exercício de poderes vinculados, a obediência a uma determinada lei ordinária se sobrepõe aos princípios constitucionais referidos, pois estes princípios fazem também parte do bloco normativo aplicável, eles são também definidores da legalidade e, como normas constitucionais, são de aplicação prioritária em relação ao direito ordinário". No Acórdão da mesma Instância de 6 de Abril de 2009, proferido no processo 0377/08, ainda que não no domínio urbanístico, o Tribunal admitiu que *"em casos especialíssimos, mesmo no contexto da actividade estritamente vinculada, possa figurar-se o desrespeito por um ou outro desses princípios (por exemplo, a violação dos princípios da boa fé ou da protecção da confiança)"*, mas exclui o relevo desta ressalva no caso concreto (cfr., com particular interesse o voto de vencido do Juiz Conselheiro Rosendo Dias José). No Acórdão de 19 de Maio de 2010 (processo nº 0214/07) entendeu o Tribunal que, ainda que o princípio da justiça tenha o seu campo de aplicação predominante no exercício de poderes discricionários, não é de descartar, *ictu oculi*, a sua aplicação no exercício de poderes vinculados, podendo em situações como a sob discussão *"dar-se proeminência ao princípio da justiça, em desvalor do princípio da legalidade"*.

Ora, é no domínio urbanístico que aqueles ventos de mudança mais potencialidade têm para ser ouvidos e ter efeitos consequentes, uma vez que as circunstâncias de facto que enformam as actuações urbanísticas dos privados têm contornos que, muitas vezes, não se circunscrevem ao quadro legal e regulamentar previamente traçado, exigindo a mediação de princípios jurídicos fundamentais para serem adequadamente resolvidas. Nestes termos, Dulce Lopes, "Proporcionalidade, um instrumento fraco ou forte ao serviço do direito do urbanismo?", *Estudos em Homenagem ao Prof. Doutor J. J. Gomes Canotilho*, no prelo.

O relevo dos princípios aqui enunciados surge, pois, na lógica de relevo crescente dos princípios jurídicos no Direito Administrativo geral, os quais se apresentam como preciosos auxiliares da *criação, interpretação* e *aplicação* de outras normas jurídicas, já que não apenas *guiam a interpretação* e a *aplicação das regras* quando estas conferem discricionariedade à Administração, como impedem a *aplicação de regras contrárias aos seus comandos*, afastando a aplicação daquelas quando são contrárias aos próprios princípios, aplicando-se, ainda, directamente ao caso concreto, nas situações em que *inexistem regras aplicáveis*.

Em geral sobre os princípios referidos no presente artigo cfr. Suzana Tavares da Silva, "Reabilitação urbana: conceito e princípios", *cit.*

2. O *princípio da responsabilização* aqui enunciado corresponde a um princípio de imputação de custos: o que dele decorre, em articulação com o artigo 6º, é que o dever de suportar financeiramente a reabilitação do edificado cabe aos respectivos proprietários e demais titulares de direitos sobre os edifícios.

Concretizando-se as operações de reabilitação urbana na realização de *operações urbanísticas* reguladas no RJUE [obras de intervenção no edificado, que podem ser de conservação, de reconstrução, de alteração (exterior ou interior), de ampliação e, mesmo, de obra novo, como sucede quando se substitui um edifício pré existente obsoleto por outro mais adequado do ponto de vista funciona], o proprietário ou titular de outros direitos sobre o imóvel assumirá não apenas os custos da *reabilitação do edificado* como poderá ainda assumir os custos com *a renovação das infra-estruturas* através da repercussão daqueles custos na Taxa pela Realização, Reforço e Manutenção de Infra-estruturas Urbanística (TMU). Porém, na maior parte das vezes a reabilitação do edificado não implica, comparativamente com a situação anterior, qualquer sobrecarga nas infra-estruturas existentes que justifique a cobrança da taxa (pense-se em obras de conservação, excluídas, mesmo, de qualquer controlo preventivo, e nas obras de alteração ou de reconstrução), para além de o artigo 67º do RJRU apontar claramente no sentido de os regulamentos municipais incluírem um regime especial de taxas de forma a incentivar a realização deste tipo de intervenções, o que está, aliás, em consonância com a Lei nº 53-E/2006, de 29 de Dezembro (Regime Geral das Taxas das Autarquias Locais), que admite a possibilidade de as taxas poderem ser utilizadas com funções incentivadoras ou desincentivadoras de actividades privadas

Por tudo isto, em regra o financiamento da renovação das infra-estruturas será feito por outras vias expressamente previstas no RJRU – concessão de apoios financeiros às entidades gestoras (artigo 74º, nº 2), contracção de empréstimos por parte das entidades gestoras (artigo 76º) constituição de fundos de investimento imobiliário (artigo 77º) –, ficando os encargos financeiros da reabilitação do edificado a cargo do proprietário.

Directamente relacionado com este princípio surge o *princípio da solidariedade intergeracional,* o qual, nos seus termos mais tradicionais, corresponde a uma repartição no tempo (diacrónica ou por diferentes gerações) dos custos em bens de investimento (no caso, dos custos da reabilitação urbana). São algumas as normas constando do RJRU que incorporam soluções de solidariedade intergeracional como, por exemplo, a instituição de *fundos de investimento imobiliário*, que respondendo a exigências imediatas de natureza financeira (obtenção de rendimento disponível imediato para custear as operações de reabilitação) permitem diluir os custos das operações de reabilitação urbana pelas gerações futuras. Neste sentido cfr. Suzana Tavares da Silva, "Reabilitação Urbana: Conceitos e Princípios", *cit.* p. 14, que se refere às duvidas na existência de interessados em investir em projectos de retorno reduzido ou até duvidoso, "*o que obrigará, certamente, a alguma imaginação do mercado de capitais para tornar estes fundos mais atractivos, para além dos benefícios fiscais já consagrados*".

3. O *princípio da subsidiariedade da acção pública* diz respeito à *execução* das operações de reabilitação urbana relativas a espaços ou edifícios privados e não já à *programação* destas operações que cabe, como se referiu no comentário ao artigo anterior e melhor se analisará mais adiante, aos municípios. Assim, ainda que devam, em primeira linha, ser os proprietários ou titulares de outros direitos a promover as acções de reabilitação urbana, estas terão de respeitar sempre os instrumentos de programação que tenham sido aprovados para as respectivas áreas de reabilitação urbana – referimo-nos à estratégia de reabilitação urbana ou ao programa estratégico de reabilitação urbana.

É também em cumprimento deste princípio, articulado com o da proporcionalidade, que se justifica a intervenção pública supletiva quando os proprietários e titulares de demais direitos não tenham, de forma voluntária, executado as acções de reabilitação urbana que lhes compete (realização de obras coercivas, arrendamento forçado, expropriação e venda forçada).

Aliás, já o RJUE (artigo 89º e ss) e o Decreto-Lei nº 157/2006, de 8 de Agosto (artigo 12º e ss.) prevêem a possibilidade da câmara municipal, oficiosamente ou a requerimento de um interessado – o inquilino por exemplo – intimar o proprietário à realização de obras coercivas necessárias à correcção de más condições de segurança ou de salubridade ou à melhoria do arranjo estético do edifício e quando este não as realize pode a câmara municipal tomar a posse administrativa do imóvel e executar ela mesma as obras, recuperando o investimento através de processo de execução fiscal ou do recebimento de parte das rendas a que o senhorio tem direito. Mas também esta solução prevista na lei não tem produzido os seus efeitos, porque as câmaras municipais não dispõem de condições financeiras que lhes permitam realizar, de forma sistemática, as obras da responsabilidade dos senhorios pois a recuperação do investimento pode revelar-se morosa e, ainda, porque as prioridades dos investimentos dos dinheiros públicos têm sido outras.

4. A formulação do *princípio da sustentabilidade* constante deste normativo integra as três vertentes que em regra se apontam ao mesmo: *económica ambiental* e *social.*

Na sua *vertente económica*, este princípio apela para a auto-suficiencia financeira das operações de reabilitação urbana, o que significa que as mesmas devem ser decididas e programadas de forma a permitirem um retorno dos investimentos efectuados num prazo de tempo razoável. Do ponto de vista *ambiental*, a sustentabilidade apela para que tais operações se traduzam numa melhoria ambiental acentuada da área de reabilitação urbana (designadamente do ambiente urbano na mesma, através, por exemplo, da criação ou requalificação de espaços verdes, da utilização de energias renováveis e da promoção de eficiência energética dos edifícios públicos e privados).

É actualmente à *vertente social da sustentabilidade* que se tem dado maior relevo, a qual impõe que as acções de reabilitação urbana sejam promovidas de forma a *tornar atractivos* os espaços reabilitados, permitindo a sua *integração no tecido urbano* potenciando o aumento da procura de habitação na mesma (movimento de população de fora para dentro) e, ao mesmo tempo, a abertura destas áreas à cidade (movimento de pessoas de dentro para fora). Devem ainda tais operações, por força deste princípio, ser realizadas de forma promover a *mistura social* (de classes sociais, de distintas faixas etárias, de diferentes etnias e/ou culturas), com o que se alcançará coesão social. Sobre a dimensão social da sustentabilidade no direito do urbanismo cfr, *Novas tendências do direito do urbanismo. De um urbanismo de expansão e de segregação a um urbanismo de contenção, de reabilitação urbana e de coesão social cit.*, pp. 107 e ss.

Todas estas componentes devem encontrar expressão clara na estratégia de reabilitação urbana e no programa de reabilitação urbana que programam as correspectivas operações.

5. O *princípio da integração* é um relevante princípio a ter em consideração, desde logo, aquando da delimitação de áreas de reabilitação urbana. Dele decorre, designadamente, que uma área de reabilitação urbana deve corresponder a uma área concretamente definida de forma integrada, que se apresente como um todo articulado (contrariando as intervenções por edifícios isolados). Mais, dele decorre também que a delimitação destas áreas deve ter em conta a cidade como um *sistema de continuidades*, pelo que, para além de dever estar devidamente harmonizada com as opções de desenvolvimento urbano do município, deve também articular-se com outras áreas de reabilitação urbana já delimitadas ou a delimitar e com as restantes áreas da cidade não necessitadas de reabilitação. Para mais desenvolvimentos sobre esta necessária integração das áreas de reabilitação urbana no resto da cidade cfr. Adelino Gonçalves, "Áreas Urbanas para (Re)habilitar as Relações entre a Cidade e o Património?", *in O Novo Regime da Reabilitação Urbana, cit.*, pp. 75 e ss.

Num outro sentido, afirma-se que a reabilitação urbana faz parte de um *urbanismo integrado* ao nível dos objectivos e ao nível do procedimento.

Ao nível dos objectivos, porque, como vimos no comentário ao artigo anterior, esta é uma política permeada não apenas por interesses patrimoniais (recuperação e modernização do parque habitacional que apresente sinais de degradação física e salvaguarda dos bens do património cultural), como também por cuidados sociais (equidade territorial e social, das situações de escassez, envelhecimento e empobrecimento da população) e por preocupações ligadas à promoção do ambiente urbano (renovação e adequação do equipamento social e das infra-estruturas públicas, promoção de energias ou instalação de actividades "limpas", criação de espaços verdes e de uso colectivo e reversão da situação de poluição visual e sonora). Reabilitação urbana integrada significa, assim, que a reabilitação física dos edifícios tem de ser acompanhada da revitalização da economia local e de acções de natureza social que promovam a coesão, combinando intervenções de natureza económica, social e cultural.

Esta confluência de abordagens não pode deixar de ter uma refracção nos procedimentos que a visam concretizar, já que torna necessário o envolvimento de todos os interessados: entidades públicas estaduais e municipais, privados proprietários e privados financiadores. Por isso ao princípio da integração alia-se irremediavelmente o *princípio da cooperação* consagrado na alínea f) do artigo aqui em anotação que para além do mais apela para a convergência, articulação, compatibilização e complementaridade das várias acções de iniciativa pública entre si e entre estas e as de iniciativa privada.

É na óptica deste princípio que no texto de referência *Guidance on Urban Rehabilitation* do Conselho da Europa, *cit.*, p. 75, a reabilitação urbana é considerada parte de um projecto/plano de desenvolvimento urbano, exigindo uma abordagem integrada que envolva todas as políticas urbanas. Trata-se, assim, tal como sucede com as demais políticas urbanísticas, de uma política "de fusão", em que se misturam e priorizam interesses públicos e privados de vária ordem, seja a conservação integrada do património cultural, o acesso a uma habitação apropriada, a promoção da coesão social e territorial e a contribuição para o desenvolvimento sustentável das cidades através da gestão cautelosa do ambiente.

Não há ainda que esquecer que, como política global, a reabilitação urbana deve ser considerada aos vários níveis de actuação e escalas de planeamento, de modo a que a estratégica local (para a área de reabilitação urbana) não seja prejudicada ou contrariada por opções delineadas para outras áreas da *urbe,* designadamente quanto aos critérios de instalação de actividades económicas (também neste sentido cfr. Adelino Manuel dos Santos Gonçalves, "Questões de pormenor..., *cit.,* pp. 35-50).

6. Muitas vezes a convergência de interesses e de intervenções públicas e/ou privadas é alcançada pela via da celebração de contratos. Por isso, também no domínio da reabilitação urbana, como nos âmbitos mais alargados do direito do ordenamento do território e do direito do urbanismo, o *princípio da contratualização* assume relevo.

Uma concretização deste princípio ocorre, desde logo, com a possibilidade de as entidades gestoras lançarem mão de *concessões de reabilitação urbana* (art. 42º do RJRU) ou de *contratos de reabilitação urbana* (art. 43º do RJRU) para a execução de operações sistemáticas (que envolvem a *requalificação* das infra-estruturas) – cfr. artigo 11º, nº 5 do RJRU). O recurso a estes contratos pressupõe o respeito pelo *direito da concorrência* (artigos 42º, nº 3 e 43º, nº 5).

A consagração expressa de um princípio da contratualização neste domínio, integra-se numa tendência mais ampla de um urbanismo de concertação, pois aponta no sentido de que a reabilitação urbana deve corresponder a um processo amplamente participado, participação esta que deve começar mesmo antes do início formal do procedimento de delimitação de uma área de reabilitação urbana, uma vez que os pressupostos estratégicos desta e os estudos que os fundamentam não podem estar furtados ao debate público. Por este motivo o *princípio da contratualização* encontra-se estritamente relacionado com o *princípio da participação*, correspondendo ao grau mais acentuado desta. Sobre os vários destes graus em matéria de planeamento e a contratualização como o mais acentuado de entre eles, cfr. Fernanda Paula Oliveira e Dulce Lopes, "O Papel dos Privados no Planeamento: Que Formas de Intervenção?", *in Número Comemorativo do 10º Aniversário da Revista Jurídica do Urbanismo e do Ambiente,* Dezembro de 2003, nº 20, p. 43-79.

A realização de sessões de esclarecimento, a apresentação do projecto de delimitação da área de reabilitação urbana e a recolha de opiniões (participação-audição) devem ser apenas um primeiro passo, complementado por uma atitude mais intensa de troca de opiniões, de concertação e de contratualização dos interesses dos diversos agentes da operação projectada, criando um projecto comum que seja o resultado da convergência dos interesses privados e públicos em presença.

A este propósito, o preâmbulo do RJRU refere um reforço das garantias de participação dos proprietários e dos demais interessados, quer ao nível das consultas promovidas aquando da delimitação da área de reabilitação e dos instrumentos de estratégia e programação das intervenções a realizar quer no âmbito da respectiva execução.

Mas a este respeito o legislador enquadrou essencialmente as parcerias com várias entidades privadas (sobretudo entidade terceiras) ao nível da execução do plano (os referidos contratos de concessão e de reabilitação urbana), não sendo visível, no articulado deste diploma, um ganho significativo em termos participativos. Pelo contrário, não obstante a referência flexível e abrangente à figura dos Programas de Acção Territorial (PAT) no artigo 16º e a inscrição de uma fase de discussão pública aquando da aprovação de uma área de reabilitação urbana por instrumento próprio, situações preocupantes há de desvalorização da participação e concertação de interesses, quais sejam a definição estreita de interessados que é dada no artigo 69º, nº 3 e a promoção de mecanismos de negociação e concertação de interesses mas com a precisão que tal ocorre "nomeadamente nos casos em que os interessados manifestem formalmente perante a entidade gestora vontade e disponibilidade para elaborar e concertar, nessa sede, a definição do conteúdo da decisão administrativa em causa" (artigo 72º, nº 1), o que constitui uma abertura para limitar a abrangência da tarefa oficiosa de negociação municipal.

É claro, no entanto, que a promoção da tríade participação/concertação e contratação não pode constituir um obstáculo à criação e utilização de mecanismos que permitam à administração alcançar, ainda que impositivamente, a efectiva afectação dos imóveis e dos solos às funções a que estão destinados nos instrumentos de política dos solos. Mas estes devem ser instrumentos de *ultima ratio*, apenas mobilizáveis nas situações em que a colaboração dos interessados não seja possível ou viável, em face das características da operação.

No domínio da contratualização está também a captação do tão desejado investimento privado antes da própria intervenção ter lugar, nomeadamente através da assunção das responsabilidades de intervenção pelos proprietários e do investimento de terceiros.

7. O *princípio da garantia do existente* admite, neste regime jurídico, tal como no RJUE (artigo 60º) intervenções no edificado que não respeitem as normas, designadamente de planeamento, vigentes à data da sua concretização. Tem no entanto um âmbito mais amplo quer porque não se limita apenas a permitir operações que *não agravem* as desconformidades préexistentes (ou que as desagravem, ainda que não cumpram as normas em vigor), mas também porque permite expressamente intervenções *agravadoras desta desconformidade* sempre que tenham como resultado a melhoria das condições de segurança e salubridade da edificação (muito embora interpretemos a garantia do existente do RJUE de forma a permitir também este tipo de intervenções: cfr. Fernanda Paula Oliveira, Maria José Castanheira Neves, Dulce Lopes e Fernanda Maçãs, *Regime Jurídico da Urbanização e Edificação, Comentado*, em parceria com, 3ª edição, Coimbra, Almedina, 2011, comentário ao artigo 60º) ou sempre que, da intervenção agravadora, resulte uma melhoria das condições de desempenho e segurança funcional, estrutural e construtiva da edificação e desde que, neste caso, o sacrifício decorrente do cumprimento das normas violadas não se revele desproporcionado em face da desconformidade criada ou agravada pela realização da intervenção. A presente vertente do princípio da garantia do existente corresponde àquela que a jurisprudência alemã apelida de *garantia excepcional* ou *extensiva*, embora seja mais ampla do que ela porque, ao contrário do que sucede naquele ordenamento jurídico – onde a mesma apenas pode ser mobilizada quando as obras de ampliação visem garantir a funcionalidade do edifício de forma a evitar que a construção fique sem objecto –, neste basta uma melhoria dessa funcionalidade para que o princípio possa ser invocado. Sobre esta garantia do excepcional do existente cfr. Fernando Alves Correia, *Manual de Direito do Urbanismo*, Vol. III, Coimbra, Almedina, 2010, pp. 678-679.

Se se atentar no disposto no nº 3 do artigo 51º do RJRU, este princípio não se fica pelas obras de reconstrução, alteração ou, em medida mais limitada, de ampliação de edificações existentes, permitindo ainda a "*garantia do inexistente*", ao admitir o incumprimento das normas em vigor por parte de *novas edificações* desde que destinadas a substituir outras pré existentes.

De forma a evitar verdadeiras deturpações do princípio da legalidade, a admissão destas intervenções ao abrigo garantia do existente deve ser devidamente fundamentada.

Note-se, porém, que aqui, tal como no RJUE, este princípio corresponde apenas à *regra geral*, mobilizável quando os instrumentos de planeamento em vigor (por exemplo, o plano de pormenor de reabilitação urbana especificamente elaborado para a área) não disponham de forma diferente, o que significa que este princípio não vale como um limite discricionariedade planificadora (o plano pode determinar expressamente a demolição de um edifício e as regras a que deve obedecer a nova edificação, as quais podem nada ter a ver com os parâmetros do edifício a demolir).

Para mais desenvolvimentos sobre este princípio cfr. comentário ao artigo 51º.

8. Do *princípio da justa ponderação* resulta que o município, quer na delimitação da área de reabilitação urbana, quer na escolha do tipo de operação, quer ainda na determinação do modelo de execução, deve buscar a solução que corresponda ao equilíbrio justo de todos os interesses em presença.

Com efeito, sendo vários os interesses em confronto no âmbito da reabilitação urbana – públicos e privados; nacionais, regionais e locais; económicos, sociais, culturais, etc, – e apresentando-se os mesmos, frequentemente, em posição de conflito real ou potencial, a ponderação ganha uma importância fundamental neste domínio já que ela corresponde a uma forma de aplicação do direito naquelas situações complexas em que ocorre um conflito de interesses, fornecendo à entidade publica a identificação dos critérios e dos passos do processo de tomada de decisão para a resolução do mesmo. Este processo decompõe-se em fases sucessivas, que abrangem a *identificação* dos interesses em conflito, a atribuição a cada um deles do *peso ou importância* que lhes pertence, tendo em conta as circunstâncias do caso e, por fim, a *decisão sobre a prevalência* de um (ou vários) sobre o outro ou outros.

É sem dúvida a última fase do processo de ponderação – aquela onde se toma a decisão de fazer prevalecer um interesse perante o outro ou outros, os quais devem, por isso, retroceder ou ser preteridos – a que maior relevo assume: a decisão a que se chega nesta fase encontra a sua fundamentação argumentativa nas fases anteriores, em especial na argumentação aí desenvolvida, com base em todos os dados disponíveis sobre a importância que, no caso, deve ser dada a cada um dos interesses em confronto.

É a este propósito que o *princípio da proporcionalidade* adquire relevo no domínio da ponderação de interesses, já que a decisão encontrada pode ser anulada judicialmente se a preferência de um interesse em relação a outro for desprocional ao seu peso relativo. Por isso a doutrina tem acentuado a proximidade entre *ponderação* e *proporcionalidade*, afirmando que se trata de "parentes próximos" que correspondem a uma mesma operação de pensamento.

Quando uma área de reabilitação urbana é delimitada por plano de pormenor, a ponderação está garantida, não fosse o procedimento de planeamento por natureza um procedimento de ponderação de interesses. Por força do disposto na alínea i) do presente artigo, esta ponderação também tem de ocorrer quando a área de reabilitação urbana é delimitada por instrumento próprio, pelo que o procedimento tendente a esta decisão tem de se apresentar, igualmente, como um procedimento de ponderação.

9. O último princípio que consta da longa lista dos princípios jurídico a que se subordina a reabilitação urbana é o *princípio da equidade* no sentido de que se deve assegurar, na execução das operações de reabilitação urbana, a justa repartição dos respectivos encargos e benefícios.

A formulação deste princípio no âmbito do presente diploma corresponde a um alargamento destas exigências de perequação por comparação ao regime constante do RJIGT: é que, nos termos deste, os mecanismos de perequeação pressupõe necessariamente instrumentos de planeamento, enquanto no RJRU os mecanismos perequativos podem ser mobilizados quer a área de reabilitação urbana seja delimitada por plano de pormenor quer por instrumento próprio o que, como melhor se verá, não configura um instrumento de planeamento. Ultrapassa-se, desde modo, uma deficiência do regime anterior (constante do Decreto-Lei nº 104/2004), que não previa expressamente a mobilização deste princípio no âmbito da reabilitação urbana, tendo a previsão de mecanismos de perequação sido afastada de alguns documentos estratégicos que os previam (e nos quais se justificavam), por existirem dúvidas pertinentes da sua mobilização à margem dos planos.

São várias as previsões legais que concretizam este princípio: a previsão da possibilidade de constituição de um *fundo de compensação* para a gestão dos mecanismos de perequação compensatória no âmbito das operações de reabilitação urbana (artigo 68º), e a possibilidade de estabelecimento de um *regime especial de cálculo das compensações* devidas ao município pela não cedência de áreas para implantação de infraestruturas urbanas, equipamentos e espaços urbanos e verdes de utilização colectiva, no pressuposto, que aceitamos, de que estas taxas e compensações podem funcionar também como mecanismos indirectos de perequação (artigo 67º, nº 3).

10. Uma vez que as decisões mais relevantes no âmbito da reabilitação urbana cabem a entidades públicas (a decisão de delimitação da unidade de execução, do tipo de operação de reabilitação urbana a concretizar, e dos instrumentos a mobilizar para a respectiva execução, apenas para referir as mais importantes) valem neste domínio todos os restantes princípios que regulam em geral a actividade administrativa, ainda que não venham expressamente referidos no artigo aqui em anotação. Alguns assumem, porém, mais relevo que outros. É o caso do princípio da proporcionalidade, tendo em conta a existência neste domínio de decisões que têm uma clara repercussão negativa (restritiva ou mesmo extintiva) de direitos dos particulares, muito embora ele não assuma aqui uma configuração distinta da que obtém no âmbito da actividade administrativa geral.

De acordo com este princípio, é cometido às entidades públicas o dever de equilibrar a medida da satisfação dos interesses e direitos de cada um com os interesses dos demais, *maxime* com os que se identificam com a comunidade política (interesses públicos), justificando-se, assim, a imputação a este princípio de um sentido positivo muito próximo do da ponderação de interesses.

São três os subprincípios ou "testes" coenvolvidos na aferição do respeito pelo princípio da proporcionalidade, todos eles de verificação cumulativa: o teste da adequação, o teste da necessidade e o teste da proporcionalidade em sentido estrito. Ora, cada um destes testes tem igualmente de ser realizado quando as decisões em causa são de natureza planificadora.

Assim, e em primeiro lugar, o teste da adequação exigirá que a medida que venha a ser adotada (por exemplo a expropriação do imóvel a reabilitar, ou a determinação de realização de obras coercivas) seja idónea ou apta à obtenção da finalidade eleita, o que significa a exigência de que a relação meio-fim pela qual o decisor optou se traduza num critério de idoneidade, aptidão ou utilidade. A este propósito, é visível que, quanto mais indeterminados forem os objectivos que fundamentam uma determina actuação pública maior será o leque de medidas que se podem considerar idóneas para os alcançar, motivo pelo qual este é apenas um teste basilar, raramente não superável pela Administração.

A este teste devem acrescer os dois passos suplementares de aferição da proporcionalidade das medidas projectadas ou eleitas pelo plano. O primeiro, da *necessidade*, exige a opção pela medida que provoque um *mínimo de interferência* nos direitos, interesses e bens jurídicos que se prevê poderem ser lesados. Esta preferência pelo meio que cause um impacte menos significativo nos bens jurídicos em confronto acaba por implicar, na perspectiva paralela, um *"direito à menor desvantagem possível"*. Este teste não é ultrapassado sempre que se conclua que os objectivos definidos na estratégia ou no programa estratégico e reabilitação urbana podiam ter sido alcançados com meios menos onerosos para os proprietários, designadamente através de medidas distintas da expropriação ou da demolição dos seus imóveis. Nem é ultrapassado quando nem sequer são equacionadas alternativas menos restritivas da esfera jurídica daqueles.

Do último teste – da proporcionalidade em sentido restrito – retira-se que uma decisão neste domínio só será proporcional se dela decorrerem, de forma razoável ou adequada, mais benefícios, tendo em vista a consecução do fim proposto, do que prejuízos para os restantes direitos, interesses ou bens jurídicos em confronto. Daqui decorre que uma solução, ainda que seja a menos lesiva possível, pode, mesmo assim, continuar a ser *excessivamente restritiva*, quando se coloca na balança a medida dos interesses por ela afectados – a sua "carga coactiva" – e a medida dos interesses por ela prosseguidos.

A virtualidade deste subprincípio da *proporcionalidade em sentido estrito* é a de ele permitir não apenas uma possível correcção dos meios escolhidos, mas também uma reconsideração dos fins a atingir por ele. De facto, ponderando devidamente o âmbito lesivo das medidas a adoptar para prosseguir o objectivo de reabilitação urbana gizado, necessário se torna reavaliar o próprio fim, tornando-o eventualmente menos ambicioso mas, ao mesmo tempo, mais suportável pelos destinatários das suas medidas de execução. Esta revisibilidade do fim apenas poderá ser contrariada se se concluir pela sua estrita imprescindibilidade e imperatividade.

Para uma análise do funcionamento em geral do princípio da proporcionalidade cfr. Dulce Lopes, "Proporcionalidade, um instrumento fraco ou forte ao serviço do direito do urbanismo?", *Estudos em Homenagem ao Prof. Doutor J. J. Gomes Canotilho,* no prelo.

ARTIGO 5º
Dever de promoção da reabilitação urbana

Incumbe ao Estado, às Regiões Autónomas e às autarquias locais assegurar, no quadro do presente decreto-lei e dos demais regimes jurídicos aplicáveis, a promoção das medidas necessárias à reabilitação de áreas urbanas que dela careçam.

Comentário
Sumário:
1. Reabilitação urbana como poder-dever do Estado
2. Actores públicos da reabilitação urbana

1. O dever de promoção está directamente relacionado com os princípios pelos quais se deve orientar a política de reabilitação urbana prevista no artigo 4º, designadamente com os princípios da responsabilização e da subsidiariedade. Por isso mesmo, esta é uma tarefa jurídico-pública que não tem de ser assegurada por via de acção ou de execução directa pelas entidades públicas, podendo estas, na generalidade das situações, desempenhar um papel de "Estado incentivador e garantidor" (cfr. Suzana Tavares da Silva, *Um Novo Direito Administrativo*, Coimbra: Imprensa da Universidade de Coimbra, 2010, p. 86.)

2. A importância da assunção da responsabilidade de reabilitação pelos privados não invalida, porém, antes confirma, a necessária complementaridade e compatibilização entre a acção pública e a acção privada em matéria de reabilitação urbana.

Apesar de se ter passado de uma actuação "dirigista" das entidades públicas para uma sua actuação de programação, incentivo e de colaboração com os particulares, não se pode olvidar que há dimensões da reabilitação urbana que devem ser asseguradas por aquelas entidades, *maxime* pelos Municípios: pensamos na intervenção em infra-estruturas, equipamentos sociais ou imóveis próprios, que devem ser, como já referimos, objecto de definição estratégica e global conjuntamente com as operações de reabilitação do edificado de titularidade privada (cite-se, a este propósito, a criação do Fundo de Reabilitação e Conservação Patrimonial e a constituição do Fundo de Salvaguarda do Património Cultural).

No entanto, o grosso da actuação das entidades com responsabilidade em matéria de reabilitação urbana, guia-se pelos vectores da definição das estratégias e programa de intervenção, do apoio à iniciativa privada e respectivo controlo, e da intervenção supletiva para dar cumprimento àquela estratégia e àquele programa, sempre que os obrigados iniciais – os proprietários – não possam ou não queiram fazê-lo.

A definição das estratégias e programas de intervenção em matéria de reabilitação urbana estão actualmente cometidas, no essencial, ao nível municipal, ainda que com o apoio do Instituto da Habitação e da Reabilitação Urbana (Decreto-Lei nº 223/2007, de 30 de Maio) e de outras entidades públicas. De facto, são os órgãos Municipais que detêm a competência para a delimitação das áreas de reabilitação urbana, qualquer que seja o instrumento eleito para o efeito.

Já a tarefa de gestão das áreas de reabilitação urbana (que inclui tanto dimensões de apoio, como de controlo e, mesmo, de intervenção), pode ser assegurada tanto pelo Município como por empresas do sector empresarial local (artigo 10º, nº 1 e artigo 36º, nº 1). Trata-se este de uma confirmação legal de que aquelas empresas preenchem um dos tipos abertos da Lei nº 53-F/2006, de 29 de Dezembro: a promoção do desenvolvimento local [cfr., ainda, o artigo 21º, nº 2, alínea b) deste diploma]

É precisamente neste âmbito, da gestão das áreas de reabilitação urbana, que se coloca a necessidade de criação de uma *entidade de ligação* que sirva de plataforma directa de entendimento com os interessados e centralize as actuações de reabilitação urbana, como forma de coordenação das actuações de actores múltiplos e de canalização das fontes dispersas de financiamento.

Por último, assinale-se o facto de a gestão das operações de reabilitação urbana poder ser feita em parceria com entidades privadas, seja no âmbito de uma concessão de reabilitação urbana (situação em que o Município pode, de acordo com o disposto na concessão, proceder à delegação de poderes de autoridade ao concessionário), seja no âmbito de um contrato de reabilitação urbana (em que a intervenção da entidade contratada é essencialmente de cariz preparatório ou de execução das intervenções adoptadas pela entidade gestora).

Em qualquer um dos casos, devem ser asseguradas as regras pertinentes de contratação pública na escolha do adjudicatário ou parceiro da Administração, devendo ainda ser repartido de forma equilibrada o risco subjacente à execução das operações de reabilitação urbana.

ARTIGO 6º
Dever de reabilitação de edifícios

1. Os proprietários de edifícios ou fracções têm o dever de assegurar a sua reabilitação, nomeadamente realizando todas as obras necessárias à manutenção ou reposição da sua segurança, salubridade e arranjo estético, nos termos previstos no presente decreto-lei.
2. Os proprietários e os titulares de outros direitos, ónus e encargos sobre edifício ou fracções não podem, dolosa ou negligentemente, provocar ou agravar uma situação de falta de segurança ou de salubridade, provocar a sua deterioração ou prejudicar o seu arranjo estético.

Comentário
Sumário:
1. Responsabilização dos privados
2. Ligação com o RJUE

1. A reabilitação urbana, como acentuámos, é entendida como função pública, tendencialmente compartilhada pelo Estado, Regiões Autónomas e Autarquias Locais (artigo 5º do RJRU), que, por isso, devem participar activamente na sua consecução, mas assenta, na base, no princípio da responsabilização dos privados.

Efectivamente, em consonância com o Regime Jurídico da Urbanização e Edificação (artigo 89º, que estabelece deveres de conservação ordinária e extraordinária dos imóveis) e com o entendimento que deve ser feito da função social da propriedade, é imputado aos proprietários o dever legal de assegurar e custear a reabilitação do edifício (artigo 6º do RJRU). Esta obrigação (positiva) é ainda complementada pela obrigação dos proprietários e titulares de outros direitos ou encargos sobre edifícios ou fracções se absterem de provocar situações contrárias à reabilitação dos edifícios, sob pena, até, de aplicação da contra-ordenação prevista no RJUE [artigos 89-A e 98º, nº 1, alínea t)].

Tal significa que, à luz dos princípio da subsidiariedade [da acção pública relativamente à actuação privada, nos termos da alínea b) do artigo 4º do RJRU] e da proporcionalidade [segundo o qual para a adopção de uma medida lesiva da esfera jurídica dos seus destinatários não basta a previsão legal de recurso a um instrumento impositivo (juízo de proporcionalidade em abstracto) mas a ponderação em concreto da sua necessidade, em face da recusa ou impossibilidade de cumprimento da obrigação de reabilitar], sempre que em causa esteja a intervenção no edificado, se deve dar a maior margem de actuação possível aos proprietários ou outros titulares de direitos sobre os bens, de modo a que possam ter um papel activo na definição e na execução das operações de reabilitação. É esta, aliás, a filosofia subjacente às operações de reabilitação urbana simples.

A responsabilidade privada refere-se, sobretudo, às operações que incidam sobre cada imóvel, caso estes careçam de obras de conservação ou de outras intervenções urbanísticas. Em regra, esta responsabilidade pela execução das obras de reabilitação envolve a respectiva responsabilidade pelo seu financiamento. No entanto, tal não sucederá sempre que as alterações ou, mesmo, demolições propostas não sejam imputadas à acção ou omissão do proprietário do imóvel, mas à imposição dos instrumentos de planeamento e programação definidos para a área de reabilitação urbana. Neste caso, adquire relevo o discurso da perequação, ainda que o legislador admita a dificuldade da sua inscrição na maioria das situações de reabilitação urbana (uma vez que os ganhos de edificabilidade raramente compensam as perdas registadas, de modo a que o recurso à perequação possa revelar-se atractivo), e, em última linha, a indemnização pelo encargo especial e anormal de reabilitação que impende sobre o particular

Um exemplo típico de um mecanismo de perequação adequado à realidade da reabilitação urbana é o previsto no Plano de Pormenor de Salvaguarda do Núcleo Pombalino de Vila Real de Santo António (cfr. Aviso nº 29326/2008, de 11 de Dezembro, Diário da República, 2ª série, Nº 239).

O financiamento da execução do plano nesta zona é, nos termos do plano, primordialmente da responsabilidade dos privados, na medida em que a utilização admitida serve interesses e finalidades meramente privatísticos. Apenas o quarteirão afecto à utilização de um silo automóvel será de financiamento público, pois, sendo de propriedade municipal, implicará a expropriação dos imóveis necessários para a sua implantação, ainda que seja passível de concessão a privados, desde que garantindo a reserva de uma parte para utilização pelos proprietários que não disponham de estacionamento próprio na sua parcela.

Sendo o financiamento deste equipamento de cariz público, prevê-se que os proprietários contribuam de igual modo para o financiamento do mesmo, através do pagamento de uma compensação pela inexistência de lugares de estacionamento na sua parcela e de uma taxa, nos termos fixados em regulamento municipal, pela manutenção de tal espaço.

No que concerne ao espaço público, designadamente às infra-estruturas que implicam o recurso ao instituto das expropriações por utilidade pública, prevê-se que o financiamento e a execução sejam primordialmente municipais, ainda que, eventualmente, haja recurso a fundos comunitários, podendo, contudo, mediante contratos de urbanização, celebrados nos termos da lei, ser assumidos pelos promotores de operações que se inscrevam no âmbito das unidades de execução.

No que concerne ao *Núcleo Pombalino*, este caracteriza-se por ser uma zona altamente consolidada, cujas intervenções se cifram, essencialmente, em operações de reabilitação do edificado – que implicam, inclusivamente, o recurso à demolição total ou parcial de imóveis –, e de requalificação do espaço público. Por este motivo, a construção admitida não vai além da já existente, prevendo-se até uma diminuição da edificabilidade na área, de acordo com as prescrições do Plano. Já o mesmo não sucede, no entanto, na *Zona Envolvente*, na qual se prevê a possibilidade de nova construção e de ampliação das construções existentes.

Sendo diferenciada a lógica de execução material das opções deste Plano, foram criados mecanismos de perequação diferenciados em função de cada uma daquelas zonas.

No que se refere à *Zona Envolvente*, procede-se à fixação de um direito abstracto de construção que se refere à área média de construção admitida na Zona Envolvente e que corresponde à edificabilidade de rés-do-chão mais dois pisos. Sendo obrigatória a construção, na Zona Envolvente, de um quarto piso – na medida em que se pretende que esta sirva para a clarificação dos limites originais do Núcleo Pombalino, estando a ele intimamente ligada –, este, excedendo o direito médio, será funcionalizado à concretização dos mecanismos de perequação previstos no plano. Tais mecanismos correspondem a uma exigência legal de redistribuição dos benefícios e encargos gerados pelo plano, pelo que, o valor correspondente à área do quarto piso reverterá para o fundo de compensação previsto no plano e a criar por regulamento municipal. Quanto ao Núcleo Pombalino, a perequação de benefícios e encargos será concretizada através da fixação de um direito abstracto de construção. Este havia sido fixado, inicialmente, em rés-do-chão mais um piso justificando-se que fosse inferior à da Zona Envolvente, devido à sua própria caracterização diferenciada, por se encontrar ligado ao Plano Pombalino, recaindo já sobre a mesma, nos termos do Plano Director Municipal, restrições à sua ocupação. Não obstante este facto os órgãos autárquicos optaram por fixar a edificabilidade média igual à da Zona envolvente (rés-do-chão mais dois pisos).

Contudo, como o Plano prevê para esta zona regras restritivas de ocupação do espaço pelo que será, muitas das vezes impossível, em face das disposições deste, concretizar a referida edificabilidade média, a área deficitária será compensada através do funcionamento do Fundo de Compensação, em função do valor do m² de construção, calculado nos mesmos termos previstos para a Zona Envolvente

O Fundo de Compensação extinguir-se-á após o decurso do prazo de 10 anos, sendo que o saldo que se verifique nessa data passará para a esfera do município, asseguradas que estejam as compensações devidas, as intervenções públicas a que deva haver lugar e o pagamento dos custos de administração que o seu funcionamento tenha motivado.

2. O artigo 89º do RJUE estabelece a obrigação de conservação dos imóveis de oito em oito anos ou quando tal se venha a revelar necessário. Do ponto de vista procedimental, o cumprimento desta obrigação é fomentado pela consideração das obras de conservação como obras isentas de controlo prévio, como decorre do artigo 6º, nº 1, alínea a) do RJUE [cfr., no entanto, o desvio previsto no artigo 4º, nº 2, alínea d) do RJUE].

Em qualquer momento, porém, a câmara municipal pode ordenar a realização de obras de conservação que se considerem necessárias, [*vide* alínea c), do nº 5 do artigo 64º da Lei nº 169/99, de 18 de Setembro, com a redacção dada pela Lei nº 5-A/2002, de 11 de Janeiro] podendo intervir, quer a requerimento dos interessados, quer oficiosamente, cabendo, desde logo, ao presidente da junta informar a câmara municipal sobre a existência de edificações que necessitem de obras de conservação ou que ameacem desmoronar-se [artigo 38º, nº 1, alínea z) da lei citada].

No que ao conceito de interessados diz respeito, o mesmo acaba por se relacionar com o leque dos responsáveis pelas obras ou que por elas podem ser afectados. De facto, para além dos vizinhos do proprietário (conceito de vizinhança esse que se pode alargar aos habitantes de um bairro, caso se trate de obras de conservação do edifício), será normalmente o inquilino de um prédio a requerer a realização de tais obras. Isto porque, de acordo com o artigo 2º do Decreto-Lei nº 157/2006, de 8 de Agosto, cabe ao senhorio efectuar as obras necessárias à manutenção do estado de conservação do prédio arrendado, nos termos dos artigos 1074º e 1111º do Código Civil, ou seja, todas as obras de conservação, ordinárias e extraordinárias, requeridas pelas leis vigentes ou pelo fim do contrato, salvo estipulação em contrário. Note-

-se que o novo Regime do Arrendamento Urbano, mantém a possibilidade de o arrendatário efectuar deteriorações lícitas, desde que necessárias para assegurar o seu conforto e comodidade, devendo em princípio ser reparadas antes da restituição do prédio (artigo 1073º do Código Civil), determinando o artigo seguinte que o arrendatário (salvo o disposto no artigo 1036º) apenas pode executar quaisquer obras quando o contrato o faculte ou seja autorizado, por escrito, pelo senhorio. Solução diferenciada e mais flexível encontra-se prevista no âmbito do arrendamento para fins não habitacionais (cfr. artigo 1111º do Código Civil).

PARTE II
REGIME JURÍDICO DA REABILITAÇÃO URBANA
CAPÍTULO I
DISPOSIÇÕES GERAIS

ARTIGO 7º
Áreas de reabilitação urbana

1. A reabilitação urbana é promovida pelos municípios através da delimitação de áreas de reabilitação urbana em instrumento próprio ou através da aprovação de um plano de reabilitação urbana.

2. A cada área de reabilitação urbana corresponde uma operação de reabilitação urbana.

Comentário

Sumário:

1. Os conceitos base do regime da reabilitação urbana (remissão)
2. Área de reabilitação urbana e operação de reabilitação urbana.
3. A Proposta de Lei nº 24/XII
4. Um exemplo particular: a área de reabilitação urbana de Lisboa

1. O Regime Jurídico da Reabilitação Urbana encontra-se sistematizado de forma a dar tratamento a cinco aspectos fundamentais nos quais assenta: *áreas de reabilitação urbana* (artigo 7º e Capítulo II); *operações de reabilitação urbana* com os respectivos *instrumentos de programação* (artigo 8º e Capítulo III); *entidades gestoras* (artigos 9º e 10º e Capítulo IV); *modalidades de execução* (artigo 11º e Capítulo V) e *instrumentos de execução* (Capítulo VI).

2. Nos termos do artigo aqui em anotação a delimitação de uma área de reabilitação urbana é, como veremos melhor mais adiante (cfr. comentário ao artigo 13º), uma decisão com um conteúdo complexo, que tanto pode ser aprovada por *instrumento próprio* como por via de *plano de pormenor* (sobre cada uma destas vias cfr. comentário aos artigos 14º e 15º, respectivamente). A cada área de reabilitação urbana corresponde uma operação de reabilitação urbana (sobre o conceito e os tipos de operações de reabilitação urbana *vide* comentário ao artigo 8º).

3. A Proposta de Lei nº 24/XII propõe para o artigo aqui em anotação uma redacção diferente:

64 REGIME JURÍDICO DA REABILITAÇÃO URBANA

Artigo 7º
[...]

1. A reabilitação urbana em áreas de reabilitação urbana é promovida pelos municípios, resultando da aprovação:

a) Da delimitação de áreas de reabilitação urbana; e

b) Da operação de reabilitação urbana a desenvolver nas áreas delimitadas de acordo com a alínea anterior, através de instrumento próprio ou de um plano de pormenor de reabilitação urbana.

2. A aprovação da delimitação de áreas de reabilitação urbana e da operação de reabilitação urbana pode ter lugar em simultâneo.

3. A aprovação da delimitação de áreas de reabilitação urbana pode ter lugar em momento anterior à aprovação da operação de reabilitação urbana a desenvolver nessas áreas.

4. [*Anterior nº 2*].

Embora a redacção pareça apontar no sentido de uma opção distinta da que consta do actual artigo 7º, não vemos nela uma alteração substancial do regime. Assim, se bem que se proceda a uma precisão de terminologia – já que são agora as operações de reabilitação urbana e não as áreas de reabilitação que são aprovadas por instrumento próprio ou plano de pormenor –, o regime permanece idêntico, não fora a circunstância de o artigo 7º se inserir numa Parte diploma (Parte II) que regula a reabilitação urbana em *áreas de reabilitação urbana*. Assim, o que verdadeiramente se pretende com o presente artigo é permitir um faseamento do procedimento tendente à definição dos moldes da reabilitação urbana, admitindo que o município comece por efectuar uma simples *delimitação da área* a sujeitar à operação de reabilitação urbana, remetendo para um momento posterior [que não deve ultrapassar os três anos após esta delimitação (artigo 15º da Proposta de Lei)] a aprovação da operação de reabilitação urbana (a qual integrará, como seu elementos componente, a aprovação da estratégia ou do programa estratégico da reabilitação consoante se trate de operação simples ou sistemática).

Parece-nos, porém, que não se altera, com esta opção, o essencial do regime em vigor: a reabilitação urbana em áreas de reabilitação urbana pressupõe sempre e imprescindivelmente uma decisão complexa (ainda que se pretenda agora faseada) que integre a delimitação da área, a aprovação da operação de reabilitação e a respectiva estratégia ou programa estratégico. A lógica será, assim, a mesma da versão ainda em vigor: só se poderá aplicar o regime integral previsto neste diploma, designadamente quanto ao desencadeamento das modalidades e dos instrumentos de execução previstos no RJRU quando, para além de *delimitada a área de actuação,* tiver sido aprovada a respectiva operação de reabilitação urbana com seus "instrumentos estratégicos".

Ou seja, em vez de uma decisão necessariamente integrada (conjunta) que abranja a delimitação da área, a definição da operação de reabilitação urbana a adoptar e dos respectivos "instrumentos estratégicos" admite-se que se delimite primeiro aquela área [retirando-se logo desta decisão alguns efeitos jurídicos (artigo 14º da Proposta de Lei)], procedendo-se depois à definição mais em concreto e desenvolvidamente dos aspectos relevantes da operação de reabilitação urbana a concretizar naquela área.

Em face do afirmado, julgamos que resultaria mais clara a proposta para este artigo 7º se nele se determinasse:

> *1. A reabilitação urbana em áreas de reabilitação urbana é promovida pelos municípios, resultando de uma deliberação integrada sobre os seguintes aspectos:*
> *a) Delimitação da área de reabilitação urbana; e*
> *b) Aprovação da operação de reabilitação urbana a desenvolver naquela área, através de instrumento próprio ou de um plano de pormenor de reabilitação urbana.*
> *2. A delimitação da área de reabilitação urbana pode ter lugar em momento anterior à aprovação da operação de reabilitação urbana a desenvolver nessas áreas nos termos definidos no artigo 13º.*
> *3. [Anterior nº 2].*

Com efeito, parece-nos tautológico o disposto no nº 2 e no nº 3 da Proposta de Lei (de um decorre o outro) e não resulta claro da mesma que em causa está uma decisão que deve ser unitária (e levada até ao fim) sendo apenas faseado o procedimento para a alcançar.

4. Acabou por não se adoptar na Proposta de Lei a que nos vimos referindo a solução que constava de uma proposta de alteração ao Decreto-Lei nº 307/2009 elaborada em finais de 2010 pelo XVIII Governo Constitucional (que não chegou a ver a luz do dia) na qual se propunha, para além do faseamento do procedimento em termos próximos dos referidos no comentário anterior, a possibilidade de cada área de reabilitação urbana poder ser concretizada por várias operações de reabilitação urbana. Com efeito, propunha-se para o nº 2 do artigo aqui em anotação a seguinte redacção: "*A cada área de reabilitação urbana pode corresponder uma ou mais operações de reabilitação urbana,* com o que se potenciaria a delimitação de áreas de reabilitação urbana muito extensas sem a garantia de algum dia virem a ser abrangidas na sua totalidade, por operações de reabilitação urbana Para além de subverter a lógica inicial de que para cada área de reabilitação urbana deve ser aprovada uma única operação de reabilitação urbana, não deixaria de suscitar problemas que não víamos resolvidos naquela proposta, admitindo, por exemplo, a existência de áreas de reabilitação urbana com operação de reabilitação aprovada e áreas de reabilitação sem aquela aprovação, para além de que não se definia um limite temporal para esta situação.

Curiosamente o procedimento adoptado pela Câmara Municipal de Lisboa de delimitação de uma área de reabilitação urbana correspondente a toda a área consolidada da cidade (englobando a conversão das antigas ACRRU), para a qual previu uma operação de reabilitação urbana simples (adiante-se sem grande dimensão de programação), mas admitindo que possam vir a ser aprovadas para a mesma várias operações de reabilitação urbana sistemáticas à medida que forem sendo elaborados os respectivos Programas Estratégicos de Reabilitação Urbana parece corresponder à lógica referida (já que à mencionada área de reabilitação urbana passarão a corresponder várias operações de reabilitação urbana), muito embora, atenta a legislação vigente à data daquela deliberação a mesma não tivesse expresso enquadramento legal. Em todo o caso, na nossa óptica, esta solução tem algum enquadramento legal: à área de reabilitação urbana aprovada pela Câmara Municipal de Lisboa corresponde uma operação de reabilitação urbana (no caso, simples): a aprovação de operações de reabilitação urbana sistemáticas corresponderá, em última instancia, à redelimitação daquela área, admitida pelo artigo 20º.

ARTIGO 8º
Operações de reabilitação urbana

1. Os municípios podem optar pela realização de uma operação de reabilitação urbana:
a) Simples;
b) Sistemática.

2. A operação de reabilitação urbana simples consiste numa intervenção integrada de reabilitação urbana de uma área, dirigindo-se primacialmente à reabilitação do edificado, num quadro articulado de coordenação e apoio da respectiva execução.

3. A operação de reabilitação urbana sistemática consiste numa intervenção integrada de reabilitação urbana de uma área, dirigida à reabilitação do edificado e à qualificação das infra-estruturas, dos equipamentos e dos espaços verdes e urbanos de utilização colectiva, visando a requalificação e revitalização do tecido urbano, associada a um programa de investimento público.

4. As operações de reabilitação urbana simples e sistemática são enquadradas por instrumentos de programação, designados, respectivamente, de estratégia de reabilitação urbana ou de programa estratégico de reabilitação urbana.

5. O dever de reabilitação que impende sobre os proprietários e titulares de outros direitos, ónus e encargos sobre edifícios ou fracções compreendidos numa área de reabilitação urbana é densificado em função dos objectivos definidos na estratégia de reabilitação urbana ou no programa estratégico de reabilitação urbana.

Comentário
Sumário:
1. Operações de reabilitação urbana
2. Operações de reabilitação urbana simples e sistemáticas
3. Momento de definição do tipo de operação
4. Importância da definição do tipo de operação
5. Respeito pelos objectivos das operações de reabilitação urbana

1. As operações de reabilitação urbana correspondem ao *conjunto articulado de intervenções* que visam, de *forma integrada*, a reabilitação urbana de uma determinada área [alínea h) do artigo 2º].

Não obstante o conceito aparentemente unitário (de *operação*), o que está em causa é, antes, um *conjunto de intervenções* (do ponto de vista urbanístico diríamos, um conjunto de *operações urbanísticas*) devidamente articuladas entre si e perspectivadas de forma integrada de modo a que se tornam em algo mais que o conjunto atomístico de cada uma delas.

Correspondem, deste modo, a intervenções directas no *território* e no *edificado* donde, numa perspectiva urbanística que aqui convém não desconsiderar – na medida em que, estando em causa a concretização de *operações urbanísticas*, as mesmas são reguladas no Regime Jurídico da Urbanização e Edificação –, se pode afirmar que a reabilitação urbana se integra na noção genérica de *gestão urbanística*.

A integração (articulação) das várias operações urbanísticas é efectuada pelo instrumento de programação da operação de reabilitação urbana: a estratégia de reabilitação urbana, no caso de a operação de reabilitação urbana ser simples, ou o programa estratégico de reabilitação urbana, no caso de ser sistemática.

2. As operações de reabilitação urbana tanto podem incidir sobre o *edificado existente* – intervenções integradas que se dirigem primacialmente à *reabilitação de edifícios* (de acordo com o disposto na alínea i) do artigo 2º do RJRU, a reabilitação de edifícios é a forma de intervenção destinada a conferir adequadas características de desempenho e de segurança funcional, estrutural e construtiva a um ou a vários edifícios, às construções funcionalmente adjacentes incorporadas no seu logradouro, bem como às fracções eventualmente neles integradas, ou a conceder-lhes novas aptidões funcionais, determinadas em função das opções de reabilitação urbana prosseguidas, com vista a permitir novos usos ou o mesmo uso com padrões de desempenho mais elevados, podendo compreender uma ou mais operações urbanísticas) – correspondendo às *operações de reabilitação urbana simples*, como na concretização de obras de remodelação, beneficiação ou reabilitação dos sistemas de infra-estruturas urbanas, de equipamentos e de espaços verdes de utilização colectiva existentes que se apresentem como insuficientes ou degradados (ou na sua *criação* quando inexistentes), com vista à revitalização do tecido urbano, independentemente de se encontrarem ou não associados à reabilitação do edificado existente na zona (*operações de reabilitação urbana sistemáticas*, que se encontram sempre associadas a um programa de investimento público.

3. A definição do tipo de reabilitação a levar a cabo é feita no momento da aprovação da área de reabilitação urbana. Assim, o facto de se saber se se enceta uma reabilitação simples ou uma reabilitação sistemática parece ser um dado adquirido e não o resultado das dinâmicas de contratualização e de conformação dos privados com a estratégia ou programa estratégico da reabilitação urbana definidos.

Pensamos, por isso, que a identificação do tipo de operação deveria ser feita, com maior realismo e praticabilidade, no âmbito da delimitação de uma unidade de intervenção ou de execução, porque apenas neste momento se sabe quem pode ou pretende, efectivamente, executar as operações de reabilitação a seu cargo e se há suficiente dinâmica de associação para determinar se se justifica uma operação de reabilitação simples ou sistemática.

Admitimos, deste modo, que a solução possa passar por, no âmbito da delimitação da área de reabilitação se admitir o recurso elástico, aos tipos de reabilitação, desde que acompanhados da devida programação e identificação dos pressupostos para a sua intervenção (por exemplo referindo que se lançará mão de uma operação de reabilitação urbana sistemática caso a operação de reabilitação urbana simples não logre concretização no prazo de 5 anos). Caso contrário, correr-se-á o risco de ter de se alterar amiúde o tipo de operação de reabilitação, ainda que nos moldes procedimentais simplificados previstos no artigo 20º (directamente ou por remissão do artigo 25º), com todos os desperdícios procedimentais e temporais que tal acarreta. A solução poderá ainda passar, pelos ganhos de flexibilidade e de ajustamento à realidade que comporta, pelo faseamento do procedimento de delimitação de uma área de reabilitação urbana e de aprovação da respectiva operação de reabilitação urbana.

Dando resposta a esta nossa preocupação a Proposta de Lei nº 24/XII prevê, no artigo 7º, que a aprovação da operação de reabilitação urbana possa ser aprovada em momento posterior à delimitação da sua área de incidência (cfr. nº 3 do artigo 7º na versão daquela proposta).

Não obstante este facto, deve ter-se presente, porque está em causa um procedimento que, embora se admita seja faseado, deve ser integrado, que muitas vezes a concreta área de reabilitação urbana depende do tipo de operação que nela se pretende concretizar.

4. De notar que a opção pelo tipo de operação de reabilitação urbana a concretizar assume um relevo particular na medida em que, em função dela, estarão disponíveis (ou não) determinadas *modalidades* e *instrumentos de execução*. Assim, a modalidade da *parceria com entidades privadas* (que pode assumir a configuração de *concessão de reabilitação* ou *contrato de reabilitação urbana*), apenas pode ser mobilizada quando esteja em causa uma operação de reabilitação urbana sistemática (e tenha sido delimitada uma unidade de intervenção) – nº 5 do artigo 11º.

Modelo de execução	Iniciativa	Entidade responsável	Entidades colaboradoras	Tipo de Operação
Execução pelos particulares	particulares	particulares	Apoio da entidade gestora	Simples
Administração conjunta	particulares	Entidade gestora e privados		Simples Sistemática
Execução directa da entidade gestora	Entidade gestora	Entidade gestora e privados		Simples Sistemática
Parceria com entidades privadas – concessão de reabilitação	Entidade gestora, Município ou particular	Município	Particular escolhido na sequência de procedimento de adjudicação (RJIGT)	Sistemática
Parceria com entidades privadas – contrato de reabilitação urbana	Entidade gestora, ou particulares	Entidade gestora	Entidade pública ou privada, escolhida nos termos do Código dos Contratos Públicos	Sistemática

Por sua vez, instrumentos de execução como as *servidões*, a *expropriação*, a *venda forçada* e a *reestruturação da propriedade*, apenas podem ser utilizados nas operações de reabilitação urbana sistemáticas (cfr. nº 3 do artigo 54º). Isto muito embora, quanto às expropriações, a lei acabe por admitir o recurso às mesmas quando está em causa uma operação de reabilitação urbana simples: nos casos de não ressarcimento integral das despesas ocorridas pela entidade gestora na realização de obras coercivas ao abrigo do nº 2 do artigo 55º e o proprietário, não o tendo dado o imóvel ou fracção de arrendamento, se oponha à abertura de concurso para à celebração de arrendamento pela entidade gestora (cfr. nº 2 do artigo 59º). Para mais desenvolvimentos cfr. *infra*, comentários a estes artigos.

5. A estratégia ou o programa estratégico de reabilitação urbana devem identificar, de forma clara os objectivos a alcançar na área de reabilitação urbana e, em função deles, densificar o dever de reabilitação que impende sobre os proprietários e titulares de outros direitos, ónus e encargos sobre edifícios ou fracções nela compreendidos. Isto é relevante na medida em que, ainda que esteja em causa uma operação de reabilitação urbana sistemática, os proprietários não estão impedidos de avançarem individualmente com a reabilitação dos seus edifícios, desde que se adeqúem aos referidos objectivos. Para mais desenvolvimentos cfr. *infra*, comentário ao artigo 55º.

ARTIGO 9º
Entidade gestora

As operações de reabilitação urbana são coordenadas e geridas por uma entidade gestora.

Comentário

Sumário:

1. Imposição da existência de uma entidade gestora e momento da sua designação
2. Competências de coordenação e de gestão

1. As operações de reabilitação urbana são sempre geridas e coordenadas por uma entidade gestora, que tanto pode ser o município como uma entidade do sector empresarial local a qual, se tiver por objecto social exclusivo a gestão de operações de reabilitação urbana, adopta a designação de sociedade de reabilitação urbana (artigo 10º, nº 2).

A identificação da entidade gestora, quando esta não seja o município, é feita no respectivo instrumento estratégico, consoante o tipo de operação de reabilitação urbana em causa, no âmbito do qual são logo identificados os poderes que lhe são delegados, cfr. artigos 10º, nº 3 e 37º, nº 4.

A existência necessária de uma entidade gestora não a converte, porém, no único agente relevante da política de reabilitação urbana. Como tivemos oportunidade de referir, a propósito da subsidiariedade da intervenção pública, para além do município e/ou das entidades gestoras, são ainda parte do processo de reabilitação urbana os *proprietários e titulares de outros direitos, ónus ou encargos* sobre os solos ou imóveis integrados na área de reabilitação urbana e, ainda, *terceiros* (o *concessionário da reabilitação urbana* e *entidades públicas ou privadas que intervêm em contratos de reabilitação urbana*) quando se trate de operações de reabilitação urbana sistemáticas com unidades de execução ou de intervenção delimitadas.

2. Cabe a estas entidades gestoras, no âmbito da gestão da operação de reabilitação urbana:

- (i) Delimitar unidades de intervenção quando previstas no programa estratégico (artigo 34º, nº 6);
- (ii) Apoiar os particulares nas operações de reabilitação simples (artigo 11º, nº 3);

(iii) Promover e tomar a iniciativa das operações de reabilitação urbana sistemáticas (artigo 11º, nº 3 e artigo 31º);

(iv) Exercer os poderes delegados (expressa ou tacitamente) pelos municípios);

(v) Promover directamente operações urbanísticas de reabilitação urbana (artigo 49º).

ARTIGO 10º
Tipos de entidade gestora

1. Podem revestir a qualidade de entidade gestora:

a) O município;

b) Uma empresa do sector empresarial local.

2. Quando a empresa referida na alínea b) do número anterior tenha por objecto social exclusivo a gestão de operações de reabilitação urbana, adopta a designação de sociedade de reabilitação urbana.

3. O tipo de entidade gestora é adoptado, de entre os referidos no nº 1, na estratégia de reabilitação urbana ou no programa estratégico de reabilitação urbana.

Comentário

Sumário:

1. Tipos de entidades gestoras
2. Sociedades de Reabilitação Urbana

1. As entidades gestoras podem ser o próprio Município ou uma empresa do sector empresarial local.

No primeiro caso, é conveniente que os Municípios se dotem de todo um aparato que lhes permita dar resposta adequada aos desafios da reabilitação urbana. Por isso, é pensável a criação de uma unidade orgânica flexível, de equipas de projecto ou equipas multidisciplinares constituídas nos termos do Decreto-Lei nº 305/2009, de 23 de Outubro, para proceder a tarefas seja de planeamento e programação seja de gestão urbanística.

No segundo caso, e de acordo com a Lei nº 53-F/2006, 29 de Dezembro (alterada pela Lei no 67-A/2007, de 31 de Dezembro), são as seguintes as empresas que se integram no sector empresarial local:

a) Empresas municipais

b) Empresas intermunicipais

c) Empresas metropolitanas

Trata-se de sociedades constituídas segundo a lei comercial [sociedades podem ser sociedades unipessoais por quotas (artigo 4º/1) ou sociedades anónimas unipessoais (artigo 4º/2)] e em que os municípios, associações de municípios e áreas metropolitanas de Lisboa e Porto possam exercer, de forma directa ou indirecta, uma influência dominante em virtude de determinarem a maioria do capital ou dos direitos de voto ou de terem o direito de designar ou destituir a maioria dos membros do órgão de administração ou fiscalização

O seu objecto social (artigo 5º) consiste obrigatoriamente a exploração de actividades de interesse geral, a promoção o desenvolvimento local e regional e a gestão de concessões, estando proibida a criação de empresas locais para o desenvolvimento de actividades de natureza exclusivamente administrativa ou de intuito predominantemente mercantil. Por último, o seu objecto social tem de se inserir no âmbito das atribuições da autarquia ou associação de municípios respectiva (art. 5º/2), o que sucede, como vimos, no âmbito da reabilitação urbana. Refira-se, a este propósito, que recentemente, o Conselho de Ministros de 25 de Agosto aprovou uma proposta de lei para alteração ao regime jurídico do sector empresarial local, que deve ser tida em linha de conta. A proposta visa não só o regime de criação de empresas municipais, intermunicipais e metropolitanas, mas também o reforço dos poderes de monitorização da administração central sobre o sector público empresarial local.

Em regra, a via privilegiada para fazer reabilitação urbana tem passado pela constituição de empresas municipais. No entanto, é possível anotar o esforço conjunto dos Municípios de Almeirim, Alpiarça, Azambuja, Benavente, Cartaxo, Chamusca, Golegã, Rio Maior e Salvaterra de Magos e Santarém no sentido da criação de uma Sociedade de Reabilitação Urbana Inter-Municipal (Lezíria do Tejo).

2. Caso da empresa do sector empresarial local tenha como objecto exclusivo a gestão de operações de reabilitação, designar-se-á por "sociedade de reabilitação urbana".

As Sociedades de Reabilitação Urbana podem contar com a participação de capitais do Estado em casos excepcionais (artigo 37º, nº 2). No entanto, parece depreender-se da economia do RJRU que essa participação nunca poderá ser dominante, já que não se admite que as SRU possam integrar, nestes casos, o sector empresarial do Estado, ao contrário do que sucedida no Decreto-Lei nº 104/2004, de 7 de Maio (artigo 2º, nº 2: "2. Em casos de excepcional interesse público, a reabilitação urbana poderá competir a sociedades anónimas de capitais exclusivamente públicos com participação municipal e estatal"). De entre as Sociedades de Reabilitação Urbana que integram, ainda, o Sector Empresarial do Estado, contam-se a Porto Vivo, SRU e a Coimbra Viva, SRU.

Esta opção – de constituição de Sociedades de Reabilitação Urbana – tem sido a mais frequente, mas tal não invalida que possa haver e haja já empresas municipais com finalidades mais amplas mas que têm assumido um papel relevante em matéria de reabilitação urbana. A título de exemplo, veja-se a Gaiurb, Urbanismo e Habitação EEM, que integra um Departamento de Reabilitação Urbana que, recentemente acolheu as competências da SRU-Cidade de Gaia, empresa que foi objecto de um processo de fusão com a Gaiurb, EEM. Daí decorre ser, em síntese, missão do Departamento de Reabilitação Urbana:

  (i) Elaborar estudos e projectos urbanos e urbanísticos que visem a recuperação e reabilitação ou reconversão de áreas definidas com processo de transformação do solo urbanizado;

  (ii) Elaborar projectos de requalificação do espaço público e de reabilitação e ou reconversão do edificado;

 (iii) Elaborar estudos e projectos de enquadramento e inserção integrada referentes aos estudos de reabilitação ou reconversão urbanística desenvolvidos ou outros que potenciem alteração expressiva na paisagem, de elementos de mobiliário e equipamento urbano, publicidade e sinalética;

 (iv) Objectivar a dinâmica dos Serviços na promoção do desenvolvimento local, mediante a implementação, de forma directa ou indirecta, da reabilitação e revalorização urbana de zonas históricas e de áreas críticas de recuperação e de reconversão urbanística do Município;

  (v) Assegurar a qualificação na criação de infra-estruturas adequadas e de elevado nível de mobilidade e segurança;

 (vi) Acompanhar a execução de trabalhos e de obras, e confirmar o cumprimento dos termos e das condições fixados a que devem obedecer.

ARTIGO 11º
Modelos de execução das operações de reabilitação urbana

1. Para efeitos do presente regime, podem ser adoptados os seguintes modelos de execução das operações de reabilitação urbana:

a) Por iniciativa dos particulares;

b) Por iniciativa das entidades gestoras.

2. Nos casos referidos na alínea a) do número anterior, a execução das operações de reabilitação urbana pode desenvolver-se através da modalidade de execução pelos particulares com o apoio da entidade gestora ou através da modalidade de administração conjunta.

3. Nos casos referidos na alínea b) do nº 1, a execução das operações de reabilitação urbana pode desenvolver-se através das seguintes modalidades:

a) Execução directa pela entidade gestora;

b) Execução através de administração conjunta;

c) Execução através de parcerias com entidades priva das.

4. As parcerias com entidades privadas referidas na alínea c) do número anterior concretizam-se através de:

a) Concessão da reabilitação;

b) Contrato de reabilitação urbana.

5. As parcerias com entidades privadas só podem ser adoptadas no âmbito de operações de reabilitação urbana sistemática, no âmbito de unidade de intervenção ou de execução.

Comentário

Sumário:

1. Modelos de execução: remissão

2. Comparação com o RJIGT: remissão

1. A execução das operações de reabilitação urbana pode ser concretizada com base em três modelos distintos: a *execução por iniciativa dos particulares* – que ocorre normalmente quando está em causa uma operação de reabilitação urbana simples (reabilitação do edificado), já que, o que a caracteriza é, nos termos do artigo 29º do presente diploma, o facto de a reabilitação dos edifícios *dever ser realizada preferencialmente pelos respectivos proprietários* [cfr. também o artigo o artigo 6º e a alínea b) do artigo 4º] –, a *execução conjunta* – que corresponde a uma execução em associação com a entidade gestora, quer esteja em causa uma execução da iniciativa dos proprietários e titulares de outros direitos sobre os edifícios (cfr. nº 2 do artigo 11º) quer uma execução da iniciativa da entidade gestora [cfr. alínea b) do nº 3 do artigo 11º] – e a *execução por iniciativa da entidade gestora* – a qual, por sua vez, se concretiza numa de três modalidades: (i) execução directa pela entidade gestora; (ii) a execução conjunta com os proprietários ou titulares de outros direitos sobre os edifícios e (iii) execução através de parcerias com entidades privadas (cfr. nº 3 do artigo 11º).

O tratamento pormenorizado e desenvolvido de cada um destes modelos é feito mais adiante nos comentários aos artigos 39º a 43º.

2. Como teremos oportunidade de melhor concretizar no comentário ao artigo 34º existe uma *tendencial equiparação* entre os modelos de execução das operações de reabilitação urbana (que, na verdade, são mobilizáveis quando a ARU é delimitada por instrumento próprio) e os sistemas de execução consagrados no RJIGT (mobilizáveis no âmbito de unidades de execução delimitadas em plano de pormenor de reabilitação urbana): o sistema de compensação, o de cooperação e o de imposição administrativa).

Esta dualidade de regimes é, no entanto, apenas aparente na medida em sendo o plano de pormenor de reabilitação urbana uma via alternativa para a delimitação de áreas de reabilitação urbana no âmbito da qual se concretizam operações de reabilitação urbana – as quais, por sua vez, devem ser executadas pelos modelos definidos no presente normativo – e mandando o legislador aplicar àqueles planos o regime constante do RJIGT com as *especificidades introduzidas pelo RJRU* (cfr. parte final do nº 1 do artigo 34º), terá de se afirmar a necessidade de garantir a existência de um regime comum a este propósito. Deste modo, tratando-se de um plano de pormenor de reabilitação urbana, nas unidades de execução nele previstas ou que a partir dele venham a ser delimitadas devem funcionar não os sistemas de execução previstos no RJIGT, mas as modalidades de execução referidas no RJRU, podendo fazer-se as seguintes correspondências:

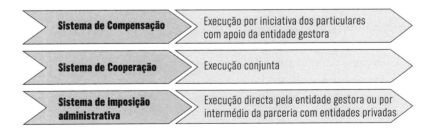

CAPÍTULO II
REGIME DAS ÁREAS DE REABILITAÇÃO URBANA
SECÇÃO I
DISPOSIÇÕES GERAIS

ARTIGO 12º
Objecto das áreas de reabilitação urbana

1. As áreas de reabilitação urbana incidem sobre espaços urbanos que, em virtude da insuficiência, degradação ou obsolescência dos edifícios, das infra-estruturas urbanas, dos equipamentos ou dos espaços urbanos e verdes de utilização colectiva, justifiquem uma intervenção integrada.

2. As áreas de reabilitação urbana podem abranger, designadamente, áreas e centros históricos, património cultural imóvel classificado ou em vias de classificação e respectivas zonas de protecção, áreas urbanas degradadas ou zonas urbanas consolidadas.

Comentário
Sumário:

1. Objecto físico (espacial) das áreas de reabilitação urbana
2. Objecto funcional das áreas de reabilitação urbana: reabilitação versus renovação e requalificação urbanas
3. A reabilitação assente em áreas e não em projectos

1. O presente artigo identifica as áreas (físicas) que podem ser objecto de aplicação do regime previsto neste diploma. Trata-se de áreas territorialmente delimitadas que detenham as seguintes características:

a) Serem espaços urbanos;
b) Serem caracterizados pela insuficiência, degradação ou obsolescência dos edifícios, das infra-estruturas, dos equipamentos de utilização colectiva e dos espaços urbanos e verdes de utilização colectiva, designadamente no que se refere às suas condições de uso, solidez, segurança, estética ou salubridade;
c) Poderem abranger também, mas não só:
  a. áreas e centros históricos;
  b. património cultural imóvel classificado ou em vias de classificação e respectivas zonas de protecção;
  c. áreas urbanas degradadas;
  d. zonas urbanas consolidadas.

Antes de mais realce-se que, de acordo com a definição legal que delas é dada, o conceito de áreas de reabilitação urbana é agora mais amplo do que o das áreas que, à luz Decreto-Lei nº 104/2004, podiam ser abrangidas pelo regime dele decorrente, já que neste tal regime apenas se aplicava a *zonas históricas* (aquelas como tal classificadas por plano municipal de ordenamento do território) e a *áreas críticas de recuperação e reconversão urbanística* assim declaradas nos termos do artigo 41º da Lei dos Solos (áreas em que a falta ou insuficiência de infra-estruturas urbanísticas, de equipamento social, de áreas livres e espaços verdes, ou as deficiências dos edifícios existentes, no que se refere a condições de *solidez*, *segurança* ou *salubridade*, atinjam uma *gravidade* tal que só a intervenção da Administração, através de *providências expeditas*, permitia obviar, eficazmente, aos *inconvenientes* e *perigos* inerentes às mencionadas situações).

Mais, não obstante a referência ao facto de se tratarem de *espaços urbanos*, consideramos que não é intenção do diploma limitar este regime aos *solos urbanos* definidos nos planos municipais para efeitos de delimitação dos respectivos perímetros urbanos. Efectivamente, o nº 1 do artigo 12º refere-se a *espaços urbanos* e não a *solo urbano*, pelo que não haverá razões para excluir a aplicação do RJRU a áreas integradas em solo rural, desde que sejam marcadas por características de urbanidade e careçam de reabilitação (como pode suceder com aglomerados rurais, que integrem, por exemplo, bens classificados, ou, mesmo, com áreas de génese ilegal, mas que, à luz das perspectivas estratégicas municipais, possam e devam ser, em grande medida, mantidas).

Consideramos, por isso, que na formulação deste artigo, a reabilitação é potencialmente extensível a todos os *espaços urbanos*, posto que os respectivos processos de degradação e declínio assim o justifiquem. Esta potencial amplitude (que vai do centro às periferias) é, porém, contrabalançada pela necessidade de fundamentação da delimitação concreta das áreas de reabilitação urbana.

Em face de uma descrição tão precisa dos espaços que podem ser objecto de delimitação de uma área de reabilitação urbana poderá questionar-se se existe uma obrigação da sua delimitação para áreas que flagrantemente se reconduzem à definição legal (tendo em conta, como veremos mais adiante, as consequências que dessa decisão decorre e, em consequência os direitos, designadamente em matéria de tributação, que para os interessados daí advêm).

Julgamos, porém, tendo em conta os critérios a que os municípios se devem ater para aquela delimitação, designadamente a necessidade de articular e integrar esta decisão numa estratégia territorial mais ampla previamente definida (cfr. comentário ao artigo 13º), que esta é uma decisão dotada de discricionariedade pelo que, ainda que uma determinada área detenha as características definidas, ainda assim pode haver justificação para que a mesma se não sujeita a este regime especial.

Mais, é o próprio nº 1 do artigo aqui em anotação que expressamente determina que a delimitação destas áreas deve ocorrer sempre que se "*justifique uma intervenção integrada*", o que remete, claramente, para um poder de decisão próprio dos municípios. Não obstante, não há que olvidar que a delimitação de uma área de reabilitação urbana comporta consigo um conjunto de obrigações para o Município, a que este não se deve poder eximir, e um conjunto de direitos para os interessados, designadamente em matéria de tributação, a que estes devem poder aceder, o que gera especiais obrigações/expectativas quanto à actuação municipal, devendo, por isso, reforçar-se a necessidade de fundamentação clara e equilibrada das áreas de reabilitação urbana.

Esta decisão municipal deve, na nossa opinião, constar da referida estratégia territorial municipal traduzida designadamente nos respectivos planos municipais através, por exemplo, da identificação de unidades operativas de planeamento e gestão a ser concretizadas por esta via (muito embora tal não deva fechar as portas á possibilidade de delimitação de outras áreas de reabilitação urbana para além das previstas: basta que, tratando-se de áreas com as características referidas, o município considere fundamente, que se *justifique uma intervenção integrada*).

2. Ao nível legislativo, a primeira definição de reabilitação urbana surgiu com o Decreto-Lei nº 104/2004. Por esta se entendia "*o processo de transformação do solo urbanizado, compreendendo a execução de obras de construção, reconstrução, alteração, ampliação, demolição e conservação de edifícios, tal como definidas no regime jurídico da urbanização e da edificação, com o objectivo de melhorar as suas condições de uso, conservando o seu carácter fundamental, bem como o conjunto de operações urbanísticas e de loteamento e obras de urbanização que visem a recuperação de zonas históricas e de áreas críticas de recuperação e reconversão urbanística*".

A imprescindibilidade da "*conservação do carácter fundamental*" da área a reabilitar para identificar uma operação de reabilitação urbana, veio delimitar o âmbito de aplicação (espacial e material) daquela legislação, não dando seguimento, assim, às propostas doutrinárias que viam na *renovação urbana* um supraconceito possível que englobaria a totalidade de operações de intervenção no existente, ainda que de alteração fundamental deste.

O RJRU, por seu turno, distingue entre reabilitação do edifício (vista numa perspectiva de ajustamento e adaptação funcional do imóvel) e reabilitação urbana, enquanto *"A forma de intervenção integrada sobre o tecido urbano existente, em que o património urbanístico e imobiliário é mantido, no todo ou em parte substancial, e modernizado através da realização de obras de remodelação ou beneficiação dos sistemas de infra-estruturas urbanas, dos equipamentos e dos espaços urbanos ou verdes de utilização colectiva e de obras de construção, reconstrução, ampliação, alteração, conservação ou demolição dos edifícios"* Esta noção é similar à prevista no Decreto Regulamentar 9/2009, de 29 de Maio, que, por seu turno, diferencia a reabilitação da renovação e da reestruturação urbana.

Por oposição à reabilitação, a renovação, enquanto *"forma de intervenção no tecido urbano existente em que o património urbanístico ou imobiliário é substituído, no seu todo ou em parte, muito substancial"*, apela para uma actuação de modernização, se não mesmo de demolição em grande escala e posterior reordenamento urbanístico. Assim, a renovação urbana é um processo não apenas físico, mas a mais das vezes também fundiário (alteração predial) funcional (alteração de usos) e social (alteração do tecido social).

Por seu lado, a reestruturação urbana, enquanto forma de intervenção no tecido urbano existente, tem por objectivo a introdução de novos elementos estruturantes do aglomerado urbano ou de uma área urbana (equipamentos, infra-estruturas, zonas verdes).

Este desdobramento terminológico de áreas temáticas muito próximas entre si é cosido pelo conceito de *requalificação urbana*, enquanto processo sistemático de intervenção primacial no tecido urbano existente, com o fim de o adequar às exigências contemporâneas de qualidade de vida e de promoção de um saudável ambiente urbano e cuja prossecução pode ser realizada, entre outras formas, através da renovação, reestruturação e reabilitação urbanas.

Em face destas distinções terminológicas é possível proceder à caracterização funcional das áreas de reabilitação urbana – isto é, aos objectivos que com ela se pretendem alcançar. Assim, e antes de mais, apesar de o legislador ter distinguido entre *reabilitação de edifícios* [alínea i) do artigo 2º] e *reabilitação urbana* [alínea j) do artigo 2º], apenas esta constitui o objecto deste diploma, já que o RJRU se baseia na delimitação de áreas de reabilitação urbana e não na reabilitação isolada de edifícios [ainda que admita que as unidades de intervenção, e bem assim, as unidades de execução, que identificam a área a sujeitar a uma operação específica de reabilitação urbana, possa coincidir, em casos de particular interesse público, a um edifício, cfr. artigo 2º, alínea l)]. A reabilitação de edifícios é, ainda assim relevante, mas de forma instrumental, para a caracterização das operações de reabilitação urbana simples e para a concretização (individualizada) dos instrumentos de política urbanística.

Em segundo lugar, o conceito de reabilitação urbana, apesar de assentar na *conservação substancial do edificado*, admite todo um conjunto de intervenções que podem consistir na alteração ou demolição do existente ou em nova edificação.

3. Para alguma doutrina merece reparo o facto de o actual regime assentar em áreas e não em projectos *ad hoc*, defendendo a criação de um regime especial para projectos de reabilitação urbana de "Potencial Interesse Municipal", qualificáveis em função das suas características intrínsecas e não da respectiva localização. Cfr. João Torroaes Valente e José Costa Pinto, "O Novo Regime da Reabilitação Urbana," *in Reabilitação Urbana*, Vida Económica/Uria Menendez, Proença de Carvalho, 2010, p. 44. No entanto, como os projectos se localizam sempre em áreas de reabilitação urbana, nada impede que se faça corresponder a área de reabilitação urbana à área de abrangência de um projecto suficientemente distintivo e coerente.

ARTIGO 13º
Instrumentos de programação das áreas de reabilitação urbana

A definição de uma área de reabilitação urbana, através de instrumento próprio ou de plano de pormenor de reabilitação urbana, deve ser devidamente fundamentada, contendo nomeadamente:

a) O enquadramento nas opções de desenvolvimento urbano do município;

b) A definição do tipo de operação de reabilitação urbana;

c) A estratégia de reabilitação urbana ou o programa estratégico de reabilitação urbana, consoante o tipo de operação de reabilitação urbana seja simples ou sistemática.

Comentário

Sumário:

1. Exigências de fundamentação da definição de ARU
2. O conteúdo da deliberação de delimitação de uma ARU
3. A Proposta de Lei nº 24/XII
4. Critérios para a delimitação de áreas de reabilitação urbana

1. A decisão de delimitação de uma ARU está sujeita a particulares exigências de fundamentação, muito embora ela corresponda a uma deliberação de natureza normativa. Esta natureza é claramente reconhecida quando a ARU é delimitada por plano de pormenor – já que este é um instrumento de natureza regulamentar –, mas também a tem o instrumento próprio através do qual, e em alternativa ao plano de pormenor, esta área é delimitada (cfr. comentário 1 ao artigo 14º).

Esta exigência de fundamentação justifica-se pelas consequências que esta deliberação tem quer em termos de direitos, mas também e sobretudo, de deveres dela decorrentes para os proprietários e demais titulares de direitos incidentes sobre os edifícios a reabilitar.

2. Resulta do presente normativo, que a definição (aprovação) de uma ARU não se traduz numa simples identificação da área territorial sobre a qual será promovida a operação de reabilitação urbana. Pelo contrário, ela traduz-se, independentemente de ser feita por via de plano de pormenor ou instrumento próprio, numa decisão de conteúdo complexo na medida em que integra:

(i) A identificação dos concretos limites físicos da área a sujeitar à operação de reabilitação urbana;

(ii) A determinação do tipo de operação de reabilitação urbana a concretizar;

(iii) A fixação dos objectivos a alcançar com a operação de reabilitação urbana;

(iv) A determinação dos "instrumentos" programáticos (estratégicos) que orientam (enquadram) as operações de reabilitação urbana e densificam o dever de reabilitação que impende sobre os proprietários e titulares de outros direitos, ónus e encargos sobre edifícios e fracções compreendidos numa área de reabilitação urbana – estratégia de reabilitação urbana quando se trata de ORU simples e programa estratégico de reabilitação urbana quando esteja em causa uma ORU sistemática;

(v) A definição da sua entidade gestora.

Uma análise atenta do regime legal permite concluir que mais do que o início do procedimento de reabilitação, a delimitação da respectiva área é a fase final de um procedimento que integra um conjunto de *decisões preliminares*: a decisão quanto ao tipo da operação de reabilitação a concretizar (simples ou sistemática); em função desta, a definição da estratégia de intervenção (a *estratégia de reabilitação urbana*, se estiver em causa uma operação de reabilitação urbana simples, ou o *programa estratégico de reabilitação urbana*, se estiver em causa uma operação de reabilitação urbana sistemática), sendo certo que a decisão quanto à área de abrangência não poderá deixar de estar, como referimos, devidamente enquadrada com as *opções de desenvolvimento urbano do município* e com a *programação* por este efectuada quanto às intervenções no território.

Pelo contrário, no regime constante do Decreto-Lei nº 104/2004, a delimitação de uma *unidade de intervenção* era o primeiro passo para o desencadeamento de um procedimento de reabilitação urbana. Apenas depois de delimitada esta, pela entidade gestora (sociedade de reabilitação urbana), se passava para a elaboração e aprovação do documento estratégico, não sem que antes se tivesse questionado a câmara municipal sobre a oportunidade e necessidade de elaboração de um plano de pormenor.

Não existe, por isso, uma plena correspondência entre a definição de uma área de reabilitação urbana para efeitos do RJRU e a delimitação de uma unidade de intervenção ao abrigo do disposto no Decreto-Lei nº 104/2004, ainda que as actuais áreas de reabilitação urbana correspondam, do ponto de vista dos objectivos, às *zonas de intervenção das sociedades da reabilitação urbana* do Decreto-Lei 104/2004 (neste sentido aponta o nº 3 do artigo 79º do RJRU, que estas possam, quando demasiado extensas, dar origem a várias áreas de reabilitação urbana).

Não obstante este facto, da perspectiva do respectivo *conteúdo*, uma área de reabilitação urbana delimitada ao abrigo do RJRU corresponde, no Decreto--lei nº 104/2004, a uma *unidade de intervenção com documento estratégico aprovado*, ainda que esta unidade de intervenção, em termos de *área geográfica*, tenha alguma correspondência com as unidades de intervenção do RJRU. áreas geograficamente delimitadas a sujeitar a uma intervenção específica de reabilitação urbana podendo corresponder a vários prédios ou em casos particulares a um edifício.

	Do ponto de vista dos objectivos	Do ponto de vista do conteúdo	Do ponto de vista da área geográfica
Decreto-Lei nº 104/2004	Zona de intervenção de uma SRU	Unidade de intervenção com documento estratégico aprovado	Unidade de intervenção
Decreto-Lei nº 307/2009	Área de reabilitação urbana (uma ou várias)	Área de Reabilitação Urbana	Uma ou várias unidades de intervenção ou de execução

3. A Proposta de Lei nº 24/XII, vem permitir (mas não impor) que a decisão complexa (traduzida num conjunto de decisões parcelares ou preliminares anteriormente referidas) seja faseada, procedendo-se primeiro à identificação dos concretos limites físicos da área a sujeitar à operação de reabilitação urbana (artigo 13º na versão da proposta) e apenas depois se aprovando a operação de reabilitação urbana (artigo 16º) decisão esta que integra para além da definição do tipo de operação urbana também a aprovação da estratégia ou programa estratégico de reabilitação (consoante aquela operação seja simples ou sistemática).

Aquela primeira deliberação – definição dos limites físicos da área a intervir – quando prévia à aprovação da operação de reabilitação urbana, está sujeita a um procedimento próprio (que, quando ambas são adoptadas em simultâneo, é absorvido pelo procedimento de aprovação da operação de reabilitação urbana, devendo este conter todos os elementos necessários para aquele outro).

Este procedimento encontra-se descrito no artigo 13º do RJRU na versão daquela proposta de lei: a câmara municipal apresenta proposta à assembleia municipal de definição (delimitação física) da área a sujeitar a uma operação de reabilitação urbana (constante numa planta com delimitação da área abrangida), devendo fazer constar a sua fundamentação de uma memória descritiva e justificativa onde sejam explicitados, para além do mais, os critérios subjacentes a tal delimitação e os objectivos estratégicos a prosseguir (e que serão posteriormente concretizados na estratégia ou programa estratégico da reabilitação urbana). Da mesma deliberação deve constar também o quadro dos benefícios fiscais associados aos impostos municipais a que a área em causa, ainda antes da aprovação da operação de reabilitação urbana, ficará submetida.

A deliberação de aprovação daquela proposta (que integra os elementos acabados de referir) é publicada, através de aviso, na 2ª série do *Diário da República* e divulgada na página electrónica do município sendo simultaneamente remetida ao Instituto da Habitação e da Reabilitação Urbana, I. P., por meios electrónicos, para conhecimento por esta entidade.

Ocorre assim uma maior equiparação, nestes casos, entre a área de reabilitação urbana e a unidade de intervenção do anterior regime (Decreto-Lei nº 104/2004).

Refira-se, nas situações de faseamento do procedimento da reabilitação urbana, que a primeira fase (delimitação física da área) não está sujeita a discussão pública, não apenas por esta não estar prevista legalmente, mas também porque da mera delimitação da área não resulta directamente a afectação negativa da esfera jurídica dos proprietários abrangidos (pelo contrário, daquela delimitação apenas resultam benefícios). Não obstante, tratando-se de uma actuação administrativas com eficácia externa, a mesma poderá sempre ser objecto de impugnação (administrativa ou judicial), designadamente por parte daqueles proprietários que por ela ficaram abrangidos contra a sua vontade como daquelas que, ficando de fora, nela pretendiam ser integrados.

Note-se, porém, como referimos supra no comentário 3 ao artigo 7º, que o regime aqui em causa pressupõe, como passo necessário subsequente à delimitação física da área de reabilitação urbana, a aprovação da operação de reabilitação urbana (no prazo máximo de 3 anos – cfr. artigo 15º da versão da Proposta de Lei nº 24/XII), pelo que o procedimento apenas será concluído com a aprovação desta e respectiva estratégia ou programa estratégico. Aprovadas estas, estará operação em condições de ser executada.

4. A delimitação de uma área de reabilitação urbana deve ser feita com base num conjunto de critérios. Enumeremos aqui aqueles que consideramos os mais relevantes.

Antes de mais, as mesmos devem corresponder a *escolhas estratégicas do município* (programação municipal) – isto é, à determinação de onde importa intervir com estes objectivos específicos –, e estar em consonância com a ordem de prioridades por este identificadas para a intervenção no território, o que corresponderá não apenas à concretização de uma programação constantes dos instrumentos de planeamento em vigor (por exemplo nas unidades operativas de planeamento e gestão nestes identificadas), mas também à concretização de opções estratégicas que devem ser definidas para essas áreas, a integrar em instrumentos de programação próprios (que variam consoante estejam em causa operações de reabilitação urbana simples ou sistemáticas).

Mais, nesta decisão deve ter-se em conta, como referimos, a necessidade de garantir uma adequada articulação desta área com a restante cidade, isto é, uma adequada articulação com a restante gestão urbanística, de forma a perspectivar a cidade como um todo. Por isso, a mesma não pode ser delimitada à margem da política global que o município tenha delimitado para a totalidade do seu território, devendo, assim, ser considerada aos vários níveis de actuação e escalas de planeamento, de modo a que a estratégica local (para a área de reabilitação urbana) não seja prejudicada ou contrariada por opções delineadas para outras áreas da *urbe*, designadamente quanto aos critérios de instalação de actividades económicas (Alertando para o risco da remissão pura e simples para o nível de pormenor, cfr. Adelino Manuel dos Santos Gonçalves, "Questões de pormenor no planeamento de salvaguarda", *Revista do CEDOUA*, Nº 17, 2006, pp. 35-50).

A delimitação da área de reabilitação urbana implica ainda ter em consideração aspectos diferenciados referentes à população, ao edificado, às actividades, ao sistema viário e pedonal, aos espaços livres, às infra-estruturas, à protecção civil, à geologia e ao património cultural. (cfr. Vítor Reis "Montagem de operações de reabilitação urbana", *Habitação e Reabilitação Urbana*, Urbe, 2005, pp. 63-64).

Deve igualmente assentar num critério de auto sustentação das áreas de reabilitação urbana, já que se é certo que se certas zonas se apresentam, à partida, como atractivas – sendo expectável que o mercado funcione por haver procura quando os instrumentos de gestão urbana tiverem de funcionar (como a venda forçada a terceiros que queiram fazer as obras de urbanização necessárias) – já outras podem ter maior dificuldade de captar o capital (ser menos atractivas em termos de investimentos), o que sucederá, em regra, em áreas suburbanas. Neste sentido, cfr. João Torroaes Valente e José Costa Pinto, "O Novo Regime da Reabilitação Urbana, *cit.*, p. 44.

ARTIGO 14º
Aprovação de áreas de reabilitação urbana em instrumento próprio

1. *A delimitação das áreas de reabilitação urbana em instrumento próprio é da competência da assembleia municipal, sob proposta da câmara municipal.*

2. *Para o efeito previsto no número anterior, pode a câmara municipal encarregar uma entidade de entre as mencionadas na alínea b) do nº 1 do artigo 10º da preparação do projecto de delimitação das áreas de reabilitação urbana, estabelecendo os respectivos objectivos e os prazos para a conclusão dos trabalhos.*

3. *O projecto de delimitação da área de reabilitação urbana e da respectiva estratégia de reabilitação urbana ou do respectivo programa estratégico de reabilitação urbana são submetidos à apreciação do Instituto da Habitação e da Reabilitação Urbana, I. P., que dispõe do prazo de 20 dias para emitir parecer, findo o qual se considera nada ter a opor.*

4. *Após a ponderação do parecer referido no número anterior, o projecto de delimitação da área de reabilitação urbana e da respectiva estratégia de reabilitação urbana ou do programa estratégico de reabilitação urbana são submetidos a discussão pública, a promover nos termos previstos no regime jurídico dos instrumentos de gestão territorial, aprovado pelo Decreto-Lei nº 380/99, de 22 de Setembro, para a discussão pública dos planos de pormenor.*

5. *O acto de aprovação da delimitação da área de reabilitação urbana é publicitado através de aviso publicado na 2ª série do Diário da República, em jornal de circulação local ou nacional e na página electrónica do município, devendo mencionar expressamente os locais onde os elementos identificados no nº 3 podem ser consultados.*

6. *O procedimento referido no presente artigo pode ocorrer simultaneamente com a elaboração, alteração ou revisão de instrumentos de gestão territorial de âmbito municipal, sendo, nessas circunstâncias, submetido ao respectivo processo de acompanhamento, participação e aprovação pela assembleia municipal.*

Comentário

Sumário:

1. Instrumento próprio: caracterização jurídica
2. Efeitos jurídicos do instrumento próprio
3. Desrespeito pelo instrumento próprio
4. Procedimento de aprovação do instrumento próprio
5. Situações nas quais é aplicável o nº 6 do artigo 14º
6. A Proposta de Lei nº 24/XII

1. A aprovação da área de reabilitação em instrumento próprio, em face das menções (conteúdo) que deve inscrever (cfr. comentário 2. ao artigo anterior), apresenta-se como um instrumento muito próximo do plano de pormenor de reabilitação urbana e do seu predecessor na economia do Decreto-Lei nº 104/2004: o documento estratégico (muito embora o documento estratégico fosse aprovado para uma unidade de intervenção que havia sido previamente delimitada e não em data coincidente a delimitação da ARU).

Se assim é quanto ao conteúdo, já do ponto de vista dos efeitos, aquele instrumento próprio não pode ser equiparado a um plano de pormenor, por, em virtude do princípio da tipicidade, não se enquadrar no elenco típico destes, previsto no RJIGT. O que não significa, porém, que esteja desprovido de efeitos jurídicos, uma vez que é com base na aprovação da área de reabilitação urbana que se densifica o dever de reabilitação que impende sobre os particulares (artigo 8º, nº 5) e se permite o recurso aos mecanismos contratuais e impositivos previstos no RJRU.

Trata-se, assim, de um instrumento *sui generis* (daí ausência de designação legal), que se coloca a meio caminho entre o plano e o projecto, advindo--lhe a sua força jurídica dos mecanismos que legislativamente são dispostos para a sua execução e que podem conduzir, em última linha, à expropriação e à venda forçada do imóvel (referindo-se ao carácter híbrido do documento estratégico, carácter este que pode aqui ser aproveitado, cfr. Fernanda Paula Oliveira, *Regime Jurídico dos Instrumentos de Gestão Territorial – Alterações do Decreto-Lei nº 316/2007 de 19 de Setembro*, Almedina, Coimbra, 2008, p. 79).

Consideramos, porém, em face do seu conteúdo e do procedimento da respectiva aprovação, que esta deliberação tem *natureza normativa*.

No entanto, a peça fundamental do sistema gizado por aquele diploma é, indubitavelmente, a delimitação/aprovação da área de reabilitação urbana, acto este que assume um conteúdo complexo e natureza regulamentar (qualificação que visa, essencialmente, facilitar a definição dos meios de reacção contenciosa dos interessados, permitindo-lhes o recurso à declaração de ilegalidade de normas quando pretendam contestar a delimitação da área e respectivos pressupostos e a definição da estratégia ou programa estratégico – designadamente por assentar numa errada ou incompleta ponderação de interesses – ou à impugnação incidental do acto administrativo praticado, por se fundar numa disposição normativa ilegal). Aquela natureza complexa e regulamentar decorre de, para além da delimitação física daquela área, a aprovação da área de reabilitação urbana compreender igualmente o enquadramento nas opções de desenvolvimento urbano do Município, a determinação dos objectivos e da estratégia da intervenção; a definição do tipo de operação de reabilitação urbana e a escolha da entidade gestora (artigos 13º e 10º, nº 3). Nas situações em que a delimitação da área de reabilitação urbana seja feita por intermédio de plano de pormenor esta qualificação está facilitada pelo disposto no artigo 69º, nº 1, do Regime Jurídico dos Instrumentos de Gestão Territorial.

Este conteúdo amplo justifica-se por uma visão operacional da reabilitação urbana implicar a definição, à partida, de uma estratégia integrada e global de reabilitação, que não se esgota com a mera delimitação da área física a reabilitar e com a eventualidade de intervenção nesta num horizonte temporal mais ou menos dilatado.

Por isso, a delimitação de uma área de reabilitação é um instrumento radicalmente distinto das áreas críticas de recuperação e reconversão urbanística, uma vez que, para além de implicar, para a entidade gestora, a obrigação de promover a operação de reabilitação urbana (artigo 17º, nº 1) num período de tempo determinado que não pode exceder 15 anos (artigo 18º), impõe-lhe estreitas vinculações quanto ao modelo de execução de tal operação. Por isso também, a conversão das subsistentes áreas críticas de recuperação e reconversão urbanística em uma ou mais áreas de reabilitação urbana não pode, nos termos dispostos no artigo 78º do RJRU, ter lugar sem que a deliberação da assembleia municipal inclua a aprovação da estratégia de reabilitação urbana ou do programa estratégico da reabilitação urbana.

2. Embora, por não serem planos municipais, estes instrumentos não possam produzir o mesmo tipo de efeitos que a estes são reconhecidos (designadamente, efeitos directos em relação aos particulares) – não podendo, por isso, ser utilizados como instrumentos autónomos para, com base neles, se indeferirem as concretas operações urbanísticas que os contrariem –, o RJRU veio aditar, ao contrário do que sucedia ao abrigo do diploma de 2004, um novo motivo de indeferimento das licenças ou de rejeição das comunicações prévias: a susceptibilidade de as operações *causarem um prejuízo manifesto à reabilitação do edifício* (no caso de operação de reabilitação urbana simples) ou de *causarem um prejuízo manifesto à operação de reabilitação urbana da área em que o mesmo se insere*, no caso de operações de reabilitação urbana sistemáticas (cfr. artigo 52º).

O que significa a possibilidade de mobilização *indirecta* da estratégia de reabilitação urbana ou do programa estratégico de reabilitação urbana como parâmetros para a apreciação das concretas operações urbanísticas, já que, com base neles (no seu incumprimento) é possível invocar-se aqueles fundamentos genéricos e, assim, indeferir-se uma licença ou rejeitar-se uma comunicação prévia.

Temos algumas reservas quanto à introdução de critérios de apreciação que remetem para o exercício de poderes administrativos discricionários no âmbito dos procedimentos de comunicação prévia, os quais estão pensados para situações em que estes critérios estão pré-definidos de forma precisa.

Para além destas previsões "postas ao serviço" do instrumento próprio existe ainda um outro mecanismo que permite retirar dele efeitos próprios. Trata-se daquele que se encontra inscrito na alteração ao RJUE aprovada pelo Decreto-Lei nº 26/2010, de 30 de Março, que passou a admitir a alteração das condições da licença ou comunicação prévia de operação de loteamento por iniciativa pública, desde que tal alteração se mostre necessária à execução de área de reabilitação urbana (artigo 48º, nº 1), o que logicamente apenas pode visar as áreas delimitadas em instrumento próprio, já que, quanto às demais a existência de plano de pormenor permitiria chegar acriticamente à mesma solução.

3. Quanto às consequências do licenciamento ou admissão de comunicação prévia em contradição com o disposto no instrumento próprio (mais concretamente em contradição com os instrumentos estratégicos nele contidos) não pode a violação deste ser equiparada a uma violação de plano, para efeitos de aplicação do regime da nulidade, pelo que, no máximo, gerar-se-á a anulabilidade do acto praticado, sendo em qualquer caso ilegal a conduta do particular que não se conforme com o que nele se encontra disposto.

4. Em termos procedimentais, a iniciativa para a delimitação da área de reabilitação urbana é da competência câmara municipal, que elabora proposta a submeter a aprovação da assembleia municipal. A preparação do projecto pode ser confiado pela câmara municipal a uma empresa do sector empresarial local, fixando-lhe os respectivos objectivos e prazos para a conclusão dos trabalhos (nº 2 do artigo aqui em anotação).

Esta proposta [que deve conter os instrumentos estratégicos que orientam a operação de reabilitação urbana que tiver sido determinada (simples ou sistemática)], é:

(i) submetida à apreciação do Instituto da Habitação e Reabilitação Urbana, I.P., cujo parecer (não vinculativo) deve, no entanto, ser devidamente ponderado pela câmara;
(ii) sujeita a discussão pública nos termos do RJIGT;
(iii) aprovada pela assembleia municipal.

O acto de aprovação da delimitação da área de reabilitação urbana é, por fim, publicitado através de aviso publicado na 2ª série do *Diário da República*, em jornal de circulação local ou nacional e na página electrónica do município, devendo mencionar expressamente os locais onde os instrumentos de cariz estratégico (estratégia e reabilitação urbana ou programa estratégico de reabilitação urbana) podem ser consultados.

5. Como já fomos referindo, o regime da reabilitação urbana já não se apresenta como um regime excepcional, passando, antes, a fazer parte da gestão urbanística dos municípios (mobilizável, naturalmente, nas áreas que o justificam). Nesta medida, e como princípio (excluindo-se a delimitação de uma ARU por plano de pormenor, atenta a hierarquia flexível que relaciona os planos municipais entre si) as opções nela constantes (com especial relevo para as que integram a estratégia ou o programa estratégico de reabilitação urbana) devem cumprir os planos municipais em vigor e a sua programação.

Nada impede porém, verificados que estejam os respectivos pressupostos, que o município possa lançar mão dos procedimentos de dinâmica dos planos municipais em vigor de forma a concretizar uma estratégia ou programa estratégico que neles não têm enquadramento.

É precisamente esta possibilidade que se encontra referida no nº 6 do artigo aqui em anotação, no qual se admite que o procedimento de delimitação por instrumento próprio ocorra simultaneamente com a elaboração, alteração ou revisão de instrumentos de gestão territorial de âmbito municipal, procedendo-se, neste caso, a uma articulação (*integração*) dos dois procedimentos (o nº 6 do artigo 14º determina que, nestes casos, o procedimento de delimitação da área de reabilitação urbana seja submetido ao procedimento de planeamento no que concerne ao *acompanhamento*, à *participação* e à *aprovação pela assembleia municipal*).

Parece-nos, porém, que nas situações em que o município conclua pela necessidade de modificar os instrumentos de planeamento em vigor, a via mais simples será a de delimitar a área de reabilitação urbana por via de plano de pormenor, já que este pode, por força do referido princípio da hierarquia flexível, alterar directamente outros planos municipais, evitando, assim, o desencadeamento de dois procedimentos distintos (ainda que devidamente articulados e, mesmo, até certo ponto, integrados).

6. Tudo quanto foi referido no comentário ao presente artigo continuará a ter plena aplicabilidade caso a Proposta de Lei nº 24/XII venha a ser aprovada, com a precisão de que é a operação de reabilitação urbana e não a área de reabilitação urbana que é aprovada por instrumento próprio ou plano de pormenor (cfr. artigo 16º do RJRU na versão desta Proposta de Lei), precisão que apenas tem sentido quando a delimitação física da área de intervenção ocorra em momento anterior à definição da operação de reabilitação urbana já que, quando tal não suceda, isto é, quando aquelas duas deliberações sejam simultâneas, o instrumento próprio ou o plano de pormenor que aprovam a operação de reabilitação urbana definem também a respectiva área de intervenção.

Aliás se a operação de reabilitação urbana for aprovada por plano de pormenor a definição da área de abrangência deste (no caso, da área de reabilitação urbana) encontra-se já, em regra, no seu procedimento de elaboração.

No restante o procedimento de aprovação da operação de reabilitação urbana (que integra a estratégia ou programa estratégico consoante aquela operação seja simples ou sistemática) seguirá, a ser aprovada aquela Proposta de Lei, o procedimento definido no artigo, reduzindo-se o prazo de emissão do parecer do Instituto da Habitação e da Reabilitação Urbana (de 20 para 15 dias) e promovendo-se a discussão pública da mesma em simultâneo com (e não em momento posterior à) aquela consulta (cfr. comentário ao artigo 17º, na versão da Proposta de Lei nº 24/XII)

ARTIGO 15º
Aprovação de áreas de reabilitação urbana em plano de pormenor de reabilitação urbana

A área de reabilitação urbana pode ser definida através de um plano de pormenor de reabilitação urbana, correspondendo à respectiva área de intervenção.

Comentário

Sumário:
1. Plano de Pormenor de reabilitação urbana e RJIGT
2. Plano de Pormenor com efeitos registais
3. A Proposta de Lei nº 24/XII
4. Regulamentação base dos planos de pormenor: remissão

1. A alternativa à delimitação de uma ARU por instrumento próprio, é a sua delimitação por via de um plano de pormenor de reabilitação urbana.

Trata-se de um instrumento de planeamento que encontra a sua regulamentação de base no RJIGT, correspondendo a uma *modalidade específica* (a par dos planos de intervenção em espaço rural e dos planos de salvaguarda) de uma categoria mais ampla, que são os *planos de pormenor*, desempenhando, por isso, em princípio, as funções reservadas a estes pelo RJIGT (cfr. artigos 90º a 92º-B).

Os planos de pormenor são, de entre os planos municipais de ordenamento do território aqueles que se apresentam como mais precisos, quer por incidirem sobre uma área territorial menos abrangente quer por terem um conteúdo material mais preciso. Cabe-lhes, com efeito, proceder a uma concreta e exaustiva definição da situação fundiária da área de intervenção, actuando sobre ela e permitindo proceder, quando necessário, à sua transformação, razão pela qual é o plano de pormenor o instrumento de planeamento territorial que, pela caracterização feita, maiores consequências determinará na *conformação do território* e do *direito de propriedade* sobre os solos dos respectivos proprietários (sobre estas e outras funções dos planos cfr. Fernando Alves Correia, *Manual de Direito do Urbanismo, cit.*, pp. 363 e ss.).

Esta mesma dimensão constitutiva e conformadora dos planos de pormenor é confirmada pelo disposto no RJUE, que, nos termos do seu artigo 4º, faz corresponder a figura procedimental mais aligeirada e célere da *comunicação prévia* da realização de operações urbanísticas às áreas cobertas por plano de pormenor que contenha a maioria das menções previstas no artigo 91º do RJIGT [alínea *c)* do nº 4].

No que concerne às *modalidades específicas,* o que está em causa são planos de pormenor aos quais o legislador associa conteúdos materiais próprios em função de determinadas finalidades correspondentes a regimes legais relativos à salvaguarda de certos interesses públicos. No caso em apreço, é o interesse da reabilitação urbana que se pretende prosseguir.

A opção de delimitação de uma área de reabilitação urbana por via de um plano de pormenor significa a opção por um típico procedimento de ponderação (ainda que a delimitação por via de instrumento próprio deva igualmente atender a exigências deste tipo por força da integração do princípio da ponderação nos princípios que orientam a reabilitação urbana – artigo 3º), no âmbito do qual é garantida a *participação dos interessados [participação preventiva* – que não terá de ocorrer se o plano de pormenor incidir sobre uma área de reabilitação urbana previamente definida e, por isso, esteja em vigor para a totalidade da área de intervenção do plano uma estratégia de reabilitação urbana ou um programa estratégico de reabilitação urbana e o plano não pretenda alterar os objectivos e acções nele definidos (nº 4 do artigo 26º) – e *discussão pública*] e a participação de outras *entidades públicas,* quer numa fase formal ou informal de acompanhamento, consoante a opção municipal quanto a este trâmite procedimental – uma vez que nos planos de pormenor o acompanhamento é agora facultativo – quer na *conferência de serviços* no âmbito da qual as entidades intervenientes devem indicar expressamente, sempre que se pronunciem desfavoravelmente ao projecto do plano, as razões da sua discordância e as alterações necessárias para a sua viabilização.

2. Uma novidade do RJIGT, e que, como veremos pode ter relevo a propósito do regime jurídico da reabilitação urbana, prende-se com o reconhecimento de aos planos de pormenor que detenham um conteúdo suficientemente denso (que identifica com precisão as operações a concretizar ou seja, que contém as mesmas prescrições que um alvará de loteamento ou reparcelamento) poderem ser atribuídos efeitos registais, passando estes a fundar directamente operações de transformação fundiária, relevantes para efeitos de registo predial e inscrição dos novos prédios assim constituídos (cfr. artigos 92º-A e 92º-B).

Nestas situações, dispensa-se um subsequente procedimento administrativo de controlo prévio em sede de licenciamento ou de aprovação de operação de loteamento ou de reparcelamento de concretização do plano, sendo bastante, para proceder à transformação da situação fundiária da área do plano e ao respectivo registo, a certidão deste acompanhada dos correspondentes contratos de urbanização ou de desenvolvimento urbano. Com efeito, nos termos do RJIGT, a possibilidade de os planos de pormenor fundamentarem directamente o registo predial dos novos prédios tem implicações em matéria de reparcelamento, prevendo a lei expressamente que, nestes casos, a referida operação em área abrangida por plano de pormenor que contenha as menções constantes das alíneas *a) a d), h) e i) do nº 1 do artigo 91º* não necessita de licenciamento ou aprovação pela câmara municipal, nos termos gerais relativos às operações de reparcelamento reguladas pelo RJIGT (art. 131º, nº 6), podendo concretizar-se directamente através dos contratos de urbanização ou de desenvolvimento urbano e registo efectuado nos termos dos artigos 92º-A e 92º-B. Embora a lei pareça referir-se a duas realidades distintas – plano de pormenor com efeitos registais e reparcelamento efectuado por intermédio de contrato –, em causa está uma realidade única e indivisível: o plano de pormenor concretiza o reparcelamento ou este é efectuado no âmbito daquele. Para mais desenvolvimentos sobre os planos de pormenor com efeitos registais cfr. Fernanda Paula Oliveira, *O Regime Jurídico dos Instrumentos de Gestão Territorial, O Regime Jurídico dos Instrumentos de Gestão Territorial: as alterações do Decreto-Lei nº 316/2007 de 19 de Setembro, Coimbra, Almedina, 2008,* e "As Virtualidades das Unidades de Execução num Novo Modelo de Ocupação do Território: Alternativa aos Planos de Pormenor ou Outra Via de Concertação de Interesses no Direito do Urbanismo?" *in Direito Regional e Local, nº 2,* Abril/Junho, 2008, e Dulce Lopes, "Planos de pormenor, unidades de execução e outras figuras de programação urbanística em Portugal", *in Direito Regional e Local,* Nº 3, Julho/Setembro, 2008).

Ora, os planos de pormenor com efeitos registais podem assumir importância no âmbito do regime de que aqui nos ocupamos. Assim, em situações contadas, tratando-se de operações de reabilitação urbana sistemáticas e em que se pretenda proceder à reestruturação da propriedade, a elaboração de um plano de pormenor para delimitar uma área de reabilitação urbana pode apresentar-se, comparativamente à alternativa do instrumento próprio, como a via mais célere por permitir concretizar directamente (com o respectivo registo) a transformação da situação fundiária sem ser necessário desencadear operações de execução em momento posterior. Necessário é que os proprietários dêem o seu acordo a esta transformação fundiária.

3. A Proposta de Lei nº 24/XII mantém este artigo (que passa a corresponder ao artigo 18º), com a precisão de que são as operações e não as áreas de reabilitação urbana que são aprovadas por plano de pormenor.

4. Embora a regulamentação base dos planos de pormenor se encontre no RJIGT, os aspectos particulares dos planos de pormenor de reabilitação urbana, quer de ordem procedimental quer material, encontram-se no presente diploma (artigo 21º a 28º). Far-lhe-emos uma referência mais desenvolvida no comentário a estes normativos.

ARTIGO 16º
Programa de acção territorial

A delimitação da área de reabilitação urbana, o programa estratégico de reabilitação urbana, o programa da unidade de intervenção, a elaboração, revisão ou alteração de plano de pormenor de reabilitação urbana, bem como os termos da sua execução, podem ser, conjunta ou isoladamente, objecto de programa de acção territorial, a celebrar nos termos previstos no regime jurídico dos instrumentos de gestão territorial, aprovado pelo Decreto-Lei nº 380/99, de 22 de Setembro.

Comentário

Sumário:

1. Previsão dos PAT na legislação urbanística
2. Os PAT e a reabilitação urbana
3. A sistemática: a solução da Proposta de Lei nº 24/XI

1. O artigo 17º da LBPOTU prevê, no seu artigo 17º, os *Programas de Acção Territorial*, que correspondem a acordos celebrados entre entidades públicas e privadas interessadas na definição da política de ordenamento do território e de urbanismo e na execução dos instrumentos de planeamento territorial, no âmbito dos quais as referidas entidades coordenam as respectivas actuações.

Não obstante o RJIGT tenha sistematicamente integrado os Programas de Acção Territorial no Capítulo referente à execução dos instrumentos de planeamento – vocacionando-os, essencialmente, para a definição das prioridades de actuação na *execução dos planos directores municipais* e para a programação das operações de reabilitação, reconversão, consolidação e extensão urbana a realizar nas *unidades operativas de planeamento e gestão* (artigo 121º) –, a verdade é que a LBPOTU lhe confere uma relevante função *"na definição da política de ordenamento do território e de urbanismo"*, acentuando a sua importância não apenas no domínio da execução das normas plasmadas em instrumentos de gestão territorial ou equivalentes, mas também na conformação das regras a integrar nestes.

De acordo com o previsto no nº 2 do artigo 17º da LBPOTU, os Programas de Acção Territorial têm por base um diagnóstico das tendências de transformação das áreas a que se referem, definem os objectivos a atingir no período da sua vigência, especificam as acções a realizar pelas entidades neles interessadas e estabelecem o escalonamento temporal dos investimentos neles previstos, podendo, na medida em que não se assumem como instrumentos de gestão territorial (dado o principio da tipicidade destes), servir de base à elaboração (ou alteração) de planos da responsabilidade de cada entidade interveniente – no sentido de viabilizar o referido acordo – ou à elaboração de um instrumento de gestão territorial (designadamente um plano municipal de ordenamento do território) que venha a integrar aquilo que foi antecipadamente concertado no Programa de Acção Territorial entre todas as entidades (que podem ter consensualizado, designadamente, a posição que cada uma assumirá no procedimento de elaboração daquele plano municipal).

Tendo em consideração o disposto na alínea d) do nº 2 do artigo 29º do RJIGT – de acordo com o qual é o Programa Nacional da Política de Ordenamento do Território que define as condições de realização dos Programa de Acção Territorial – o PNPOT veio, na parte relativa às *directrizes para os instrumentos de gestão territorial*, atribuir relevo aos Programa de Acção Territorial tanto *"no âmbito da colaboração público-público como no âmbito da colaboração público-privado, para enquadrar os investimentos da Administração do Estado no território do município, articulando-os com os investimentos municipais que lhes devem ser complementares, e para enquadrar as grandes operações urbanísticas da iniciativa dos particulares, articulando-as com os objectivos da política de ordenamento do território e de urbanismo do município"*, mas afirmando que os mesmos devem também *"ser utilizados para negociar, programar e contratualizar a elaboração de PU e PP, a realização de operações fundiárias necessárias à execução desses planos, a realização de infra-estruturas urbanas e territoriais e de outras obras de urbanização e edificação neles previstas, bem como a implantação de equipamentos públicos e privados de utilização colectiva, fornecendo à condução dessas actuações urbanísticas as necessárias segurança jurídica, programação técnica e transparência".*

Sobre os PAT como instrumentos que detêm, por um lado, uma *natureza contratual* (destinada a unir uma multiplicidade de sujeitos) e, por outro lado, uma natureza de *programação temporal*, assumindo-se, assim, como contratos-programa (definem metas e objectivos escalonados no tempo, contêm um cronograma de execução temporal a diversos níveis, bem como num cronograma de execução financeira ou de investimentos financeiros, cfr. Jorge Alves Correia, "Concertação, Contratação e Instrumentos Financeiros na Reabilitação Urbana", *in. O Novo Regime da Reabilitação Urbana*, Temas CEDOUA, *cit.*, p. 110.

2. Do referido resulta que os PAT assumem uma função relevante de programação das intervenções (planeadoras ou operativas) sobre o território.

Foi aliás por desempenhar esta função que este instrumento foi introduzido no RJRU Podendo os PAT, nos termos do RJRU, ter por objecto a delimitação da área de reabilitação urbana, o programa estratégico de reabilitação urbana, o programa da unidade de intervenção, a elaboração, a revisão ou a alteração de um plano de pormenor de reabilitação urbana ou os termos da sua execução, tal significa que eles podem ser utilizados para articular as responsabilidades do município, da entidade gestora da reabilitação urbana, dos proprietários abrangidos pela área a reabilitar e de outros parceiros interessados e "distribuir" entre eles as diferentes acções que o PAT prevê. Daqui resulta que os PAT podem envolver todos, desde a planificação e programação da reabilitação urbana até à sua execução. Apresentam-se como contratos flexíveis, com um conteúdo não tipificado, que podem reflectir a vontade de cada um dos intervenientes de uma forma livre, voluntária, resultando em menor litigiosidade. Cfr. Marleen Cooreman, *O Regime Jurídico da Reabilitação Urbana...*, *cit.*, pp. 56-58.

3. Por uma questão de sistemática, com a qual concordamos, a Proposta de Lei nº 24/XII desloca este artigo do presente capítulo para o atinente à participação e concertação de interesses (artigo 73º-A do RJRU na versão desta proposta), dado o amplo âmbito de incidência do mesmo (que não se limitação à definição da área e da operação de reabilitação urbana e respectivos "instrumentos estratégicos" à sua execução.

Artigo 17º
Efeitos da aprovação de uma área de reabilitação urbana

1. A aprovação de uma área de reabilitação urbana obriga a respectiva entidade gestora a promover a operação de reabilitação urbana, no quadro do presente decreto-lei.

2. A aprovação de uma área de reabilitação urbana obriga à definição, pelo município, dos benefícios fiscais associados aos impostos municipais sobre o património, designadamente o imposto municipal sobre imóveis (IMI) e o imposto municipal sobre as transmissões onerosas de imóveis (IMT), nos termos da legislação aplicável.

3. A aprovação de uma área de reabilitação urbana confere aos proprietários e titulares de outros direitos, ónus e encargos sobre os edifícios ou fracções nela compreendidos o direito de acesso aos apoios e incentivos fiscais e financeiros à reabilitação urbana, nos termos estabelecidos na legislação aplicável, sem prejuízo de outros benefícios e incentivos relativos ao património cultural.

Comentário

Sumário:

1. Dever de reabilitação como efeito da ARU
2. Efeitos fiscais
3. Efeitos financeiros da ARU
4. Em especial a iniciativa JESSICA
5. Outros efeitos
6. A Proposta de Lei nº 24/XII

1. Nos termos deste normativo, delimitada que esteja uma área de reabilitação urbana (com todas as decisões parcelares que a compõe, de definição do tipo de operação a promover e do instrumento estratégico que a enquadra) fica a entidade gestora obrigada a executar a reabilitação urbana nos termos definidos naquelas decisões. Tal não significa que as concretas operações urbanísticas em que se traduzem as operações de reabilitação urbana tenham de ser executadas directamente por aquela entidade, já que para o efeito tem relevo o modelo de execução que tiver sido definido (Capítulo V deste diploma). Tem é aquela entidade o dever de garantir a execução da reabilitação urbana dentro da ARU, isto é, de a gerir.

2. A delimitação da área de reabilitação urbana tem também relevantes efeitos fiscais na medida em que o município fica obrigado a definir os benefícios fiscais associados aos impostos municipais sobre o património – IMI

(Imposto Municipal sobre Imóveis) e IMT (Imposto Municipal sobre as Transmissões Onerosas de Imóveis). Este é, de facto um dos mais relevantes efeitos da delimitação de uma ARU visando incentivar a promoção, pelos respectivos proprietários, de intervenções de reabilitação urbana.

Outros benefícios fiscais encontram-se identificados em alguns diplomas legais os quais, embora tenham tido como referência um conceito distinto do presente conceito de áreas de reabilitação urbana não pode deixar de se aplicar às que são delimitadas nos termos do presente diploma, que é o único em vigor sobre esta matéria. Não obstante, a aplicação dos efeitos fiscais constantes da referida legislação a outras áreas de reabilitação urbana que não coincidem com as disciplinadas no presente diploma continua a aplicar-se por força do disposto no artigo 80º (cfr. comentário respectivo).

Enumeramos aqui os mais relevantes, em vigor no momento em que procedemos ao presente comentário:

(i) *Em sede de IVA*: incluem-se as empreitadas de reabilitação urbana na lista dos bens e serviços sujeitos a taxa reduzida, actualmente de 6%. Desde que:

(a) sejam realizadas por autarquias locais, sociedades de reabilitação urbana integralmente detidas por organismos públicos, associações de municípios, empresas públicas responsáveis pela rede pública de escolas secundárias e associações ou corporações de bombeiros;

(b) se trate de *"empreitadas de reabilitação urbana realizadas em imóveis ou em espaços públicos localizados em áreas de reabilitação urbana (áreas críticas de recuperação e reconversão urbanística, zonas de intervenção das sociedades de reabilitação urbana e outras) delimitadas nos termos legais, ou no âmbito de operações de requalificação e reabilitação de reconhecido interesse público nacional"*;

(c) sejam empreitadas contratadas pelo Instituto da Habitação e da Reabilitação Urbana, I. P. ou realizadas ao abrigo de programas financiados por este instituo ou, ainda, realizadas no âmbito de regimes especiais de apoio financeiro ou fiscal à reabilitação urbana;

(d) sejam empreitadas de beneficiação, remodelação, renovação, restauro, reparação ou conservação de imóveis ou partes autónomas destes afectos à habitação. Não estão incluídos os trabalhos de limpeza, de manutenção de espaços verdes, piscinas, saunas, campos de ténis, golfe ou minigolfe ou instalações similares.

(ii) *Em sede de IMI e de IMT*:

(a) por deliberação da Assembleia Municipal podem ficar isentos deste imposto, pelo período de dois anos, os prédios urbanos objecto de reabilitação urbana, prazo que se conta a partir da emissão da licença camarária.

(b) por deliberação da Assembleia Municipal, os prédios urbanos, objeto de acção de reabilitação podem ter uma isenção por um período de cinco anos, renováveis por mais cinco anos, se as acções de reabilitação se tiverem iniciado depois de 1 de Janeiro de 2008 e ficarem concluídas até 31 de Dezembro de 2020. O prazo de cinco anos conta-se a partir da conclusão das obras de reabilitação. Neste caso, os imóveis têm que se localizar em áreas de reabilitação urbana ou estarem arrendados e serem passíveis de actualização faseada das rendas nos termos dos artigos 27º e seguintes do NRAU.

(iii) *Em sede de IRC*, ficam isentos:

(a) os rendimentos de qualquer natureza obtidos por fundos de investimento imobiliário que operem de acordo com a legislação nacional, desde que se constituam entre 1 de Janeiro de 2008 e 31 de Dezembro de 2012 e pelo menos 75 % dos seus activos sejam bens imóveis sujeitos a acções de reabilitação realizadas nas áreas de reabilitação urbana,

(b) os rendimentos respeitantes a unidades de participação nos fundos de investimento referidos no número anterior, pagos ou colocados à disposição dos respectivos titulares, quer seja por distribuição ou mediante operação de resgate, são sujeitos a retenção na fonte de IRS ou de IRC, à taxa de 10 %, excepto quando os titulares dos rendimentos sejam entidades isentas quanto aos rendimentos de capitais ou entidades não residentes sem estabelecimento estável em território português ao qual os rendimentos sejam imputáveis, excluindo (a) as entidades que sejam residentes em país, território ou região sujeito a um regime fiscal claramente mais favorável, constante de lista aprovada por portaria do Ministro das Finanças; e (β) as entidades não residentes detidas, directa ou indirectamente, em mais de 25 % por entidades residentes.

(iv) Em sede de IRS:
   (a) ficam isentos
     (i) os rendimentos respeitantes a unidades de participação nos fundos de investimento referidos no número anterior, pagos ou colocados à disposição dos respectivos titulares, quer seja por distribuição ou mediante operação de resgate, são sujeitos a retenção na fonte de IRS ou de IRC, à taxa de 10 %, excepto quando os titulares dos rendimentos sejam entidades isentas quanto aos rendimentos de capitais ou entidades não residentes sem estabelecimento estável em território português ao qual os rendimentos sejam imputáveis, excluindo as entidades que sejam residentes em país, território ou região sujeito a um regime fiscal claramente mais favorável, constante de lista aprovada por portaria do Ministro das Finanças; e as entidades não residentes detidas, directa ou indirectamente, em mais de 25 % por entidades residentes;
     (ii) o saldo positivo entre as mais-valias e as menos-valias resultantes da alienação de unidades de participação nos fundos de investimento referidos no nº 1 é tributado à taxa de 10 % quando os titulares sejam entidades não residentes a que não seja aplicável a isenção prevista no artigo 27º do Estatuto dos Benefícios Fiscais ou sujeitos passivos de IRS residentes em território português que obtenham os rendimentos fora do âmbito de uma actividade comercial, industrial ou agrícola e não optem pelo respectivo englobamento;

   (b) são dedutíveis à colecta até ao limite de (euro) 500, 30 % dos encargos suportados pelo proprietário relacionados com a reabilitação de Imóveis, localizados em "áreas de reabilitação urbana" e recuperados nos termos das respectivas estratégias de reabilitação; ou Imóveis arrendados passíveis de actualização faseada das rendas nos termos dos artigos 27º e seguintes do Novo Regime de Arrendamento Urbano (NRAU), aprovado pela Lei nº 6/2006, de 27 de Fevereiro, que sejam objecto de acções de reabilitação.

(c) São tributadas à taxa autónoma de 5 % – sem prejuízo da opção pelo englobamento, quando sejam inteiramente decorrentes da alienação de imóveis situados em "áreas de reabilitação urbana", recuperados nos termos das respectivas estratégias de reabilitação – as mais-valias auferidas por sujeitos passivos de IRS residentes em território português são tributadas.

(d) São tributados à taxa de 5 %, sem prejuízo da opção pelo englobamento os rendimentos prediais auferidos por sujeitos passivos de IRS residentes em território português, quando sejam inteiramente decorrentes do arrendamento de imóveis situados em "áreas de reabilitação urbana", recuperados nos termos das respectivas estratégias de reabilitação; ou imóveis arrendados passíveis de actualização faseada das rendas nos termos dos artigos 27º e seguintes do NRAU, que sejam objecto de acções de reabilitação.

É reconhecido aos Fundos Investimento Imobiliário para Arrendamento Habitacional (FIIAH) e um regime tributário bastante beneficiado, a saber:

(i) isenção de IRC para todos os rendimentos obtidos por FIIAH constituídos entre 1 de Janeiro de 2009 e 31 de Dezembro de 2013;

(ii) isenção de IRS e de IRC sobre os rendimentos oriundos das unidades de participação dos referidos Fundos, pagos ou colocados à disposição dos titulares

(iii) isenção em IRS das mais-valias resultantes da transmissão a favor do FIIAH de imóveis destinados à habitação própria e que se convertam em imóveis arrendados dos alienantes.

(iv) Isenção de IMI enquanto se mantiverem na carteira dos (FIIAH) os prédios urbanos destinados ao arrendamento para habitação permanente, pelo FIIAH

(v) Isenção de IMT quando se tratar de aquisições de prédios urbanos destinados ao arrendamento para habitação permanente pelos Fundos

(vi) Isenção de IMT as aquisições de prédios urbanos ou de fracções autónomas de prédios urbanos destinados a habitação própria e permanente em resultado do exercício da opção de compra pelos arrendatários dos imóveis que integrem o património do Fundo

(vii) Isenção de imposto de selo de todos os actos praticados relacionados com a transmissão de prédios urbanos destinados a habitação permanente, originados pela conversão do direito de propriedade desses imóveis num direito de arrendamento sobre eles, assim como o exercício da opção de compra, estarão isentos do Imposto de Selo.

Na recente "Estratégia de Reabilitação para Lisboa 2011-2024", Abril 2011, elenca-se um conjunto de medidas fiscais que teriam como finalidade, na perspectiva do Município de Lisboa, a promoção da reabilitação urbana, como sejam as seguintes: isenção de IMI nos imóveis reabilitados, por um período de 5 anos, alargado por mais 5, a contar da conclusão das obras de reabilitação (actualmente são 2 anos, nos termos do artigo 45º do Estatuto dos Benefícios Fiscais); alargar o período de isenção do IMI para pelo menos 8 anos – período pelo qual o RJUE determina a obrigatoriedade de execução de obras de conservação/manutenção (se executadas as respectivas obras poderia haver nova prorrogação, por idêntico período de tempo); alargar os benefícios fiscais para incentivar a circulação da propriedade imobiliária carecida de reabilitação e prever maiores penalizações no caso de incumprimento da obrigação de reabilitação. Trata-se, no entanto, de meras propostas de alteração, sem respaldo legislativo.

3. A estes efeitos fiscais acrescem efeitos financeiros, na medida em que a delimitação de uma área de reabilitação urbana permite que os titulares de direitos reais dos edifícios abrangidos tenham acesso a incentivos deste tipo à reabilitação urbana.

Estes sempre foram dispersos e orientados para finalidades específicas. Assim, a preocupação pela revitalização sobretudo dos centros históricos deu-se inicialmente por intermédio do Programa de Recuperação de Áreas Urbanas Degradadas (PRAUD), criado pelo Despacho nº 1/88, de 5 de Janeiro (Diário da República, II Série, nº 16, de 20 de Janeiro de 1988), e alterado pelo Despacho nº 23/90, de 11 de Novembro (Diário da República, II Série, nº 269, de 21 de Novembro de 1990), e pelo Despacho nº 19/93, de 31 de Março (Diário da República, II Série, nº 118, de 21 de Maio de 1993), todos do Secretário de Estado da Administração Local e do Ordenamento do Território.

Também os programas de urbanismo comercial, inseridos no âmbito do Plano Operacional da Economia, promoveram uma revitalização, ainda que parcelar, dos centros históricos. É o caso do Sistema de Incentivos a Projectos de Urbanismo Comercial (URBCOM), que tem como objecto intervir em *"áreas limitadas dos centros urbanos com características de alta densidade comercial,*

centralidade, multifuncionalidade e de desenvolvimento económico, patrimonial e social",
portanto em áreas tradicionalmente comerciais, de entre as quais se destacam
os centros históricos das cidades (artigo 2º). Este programa foi criado pela
Portaria nº 317-B/2000, de 31 de Maio, alterada pela Portaria nº 113-A/2002,
de 7 de Fevereiro, tendo a Portaria nº 188/2004, de 26 de Fevereiro aprovado o Regulamento de Execução do Sistema de Incentivos A Projectos de
Urbanismo Comercial.

Além destes quadros globais, há outros programas financeiros que acabam por ter um efeito positivo na consecução dos objectivos da reabilitação
urbana, na medida em que combatem a degradação do parque habitacional,
ainda que se centrem na recuperação de imóveis individualmente considerados.

Neste âmbito, foi com a criação do Regime Especial de Comparticipação
de Imóveis Arrendados (RECRIA), actualmente, regido pelo Decreto-Lei
nº 329-C/2000, de 22 de Dezembro, e pela Portaria nº 56-A/2001, de 29 de
Janeiro, que esta preocupação logrou assumir mais visibilidade e operativi-
dade, enquanto mecanismo passível de evitar ou atenuar a progressiva degradação do património habitacional das cidades, através de comparticipações
a fundo perdido (financiadas em 60% pelo INH e 40% pelo município), ou
de financiamento do valor das obras não comparticipado (pelo INH ou outra
instituição de crédito autorizada), para a realização de obras de conservação
ordinária, extraordinária e de beneficiação.

Outros programas de âmbito mais limitado também exercem alguma
influência nesta matéria, como acontece com o RECRIPH (Regime Especial
de Comparticipação e Financiamento na Recuperação de Prédios Urbanos em
Regime de Propriedade Horizontal), aprovado pelo Decreto-Lei nº 106/96,
de 31 de Julho, que se destina a apoiar financeiramente os condóminos proprietários na realização de obras nas partes comuns e fracções autónomas em
prédios urbanos constituídos em regime de propriedade horizontal.

Por seu turno – e perante a constatação óbvia de que não só os imóveis
que sejam objecto de arrendamento, mas também os imóveis usados para
habitação própria e as habitações devolutas, que podem ser propriedade
de um leque amplo de entidades, contribuem para a degradação do parque
habitacional –, foi criado pelo Decreto-Lei nº 7/99, de 8 de Janeiro, o programa SOLARH – que visa a concessão de apoios financeiros especiais para
a realização de obras de conservação ordinária ou extraordinária e de beneficiação em habitação própria permanente – posteriormente substituído pelo

Decreto-Lei nº 39/2001, de 9 de Fevereiro, com as alterações introduzidas pelo Decreto-Lei nº 25/2002, de 11 de Fevereiro, que estabelece um regime de concessão de empréstimos sem remuneração de capital.

No que especificamente se refere aos núcleos urbanos históricos declarados "áreas críticas de recuperação e reconversão urbanística", que possuam planos de urbanização, planos de pormenor ou regulamentos urbanísticos aprovados, bem como aos núcleos urbanos antigos, reconhecidos nos termos do Decreto-Lei nº 426/89, de 6 de Dezembro, estas preocupações são, naturalmente, reforçadas, o que, nesta sede, é evidenciado pela sua integração no âmbito do Regime de Apoio à Recuperação Habitacional em Áreas Urbanas Antigas (REHABITA), constante dos Decretos-Leis nº 197/92, de 22 de Setembro, e 105/96, de 31 de Julho, com as alterações introduzidas pelo Decreto-Lei nº 329-B/2000, de 22 de Dezembro, que concede um adicional até ao montante de 10%, a suportar pelo INH e pelo município, relativamente ao valor concedido a fundo perdido ao abrigo do programa RECRIA.

Apontando no sentido do incentivo da reabilitação urbana em detrimento da construção de fogos novos e da promoção da equidade social e geográfica, veja-se ainda o Decreto-Lei nº 135/2004, de 3 de Junho, que cria o Programa de Financiamento para Acesso à Habitação (PROHABITA), regula a comparticipação estadual tendente à resolução de situações de grave carência habitacional de agregados familiares residentes no território nacional.

Não é de olvidar, igualmente a concessão de empréstimos pelo Banco Europeu de Investimento (BEI), como o que foi solicitado, em 2008 o Instituto de Habitação e Reabilitação Urbana (IHRU), com o objectivo de financiar parcialmente um programa de reabilitação do seu património de habitação social e a renovação de infra-estruturas e espaços públicos, bem como a reabilitação de edifícios pertencentes às Sociedades de Reabilitação Urbana de Lisboa e do Porto, no valor global de 200 milhões de euros, dos quais 55 milhões foram atribuídos ao próprio Instituto e 16,1 milhões à Lisboa Ocidental, SRU. Neste caso, a Lei do Orçamento de Estado para 2009 veio autorizar o IHRU a alargar aos municípios a linha de crédito obtida junto do BEI em 2008. Esta linha de crédito tem como condição o financiamento a 50% do investimento total, sendo que o restante montante do investimento tem de ser assegurado ou por capital próprio ou por recurso a outras entidades financeiras.

Para mais desenvolvimentos sobre cada um destes regimes de apoio financeiro cfr. Francisco Cabral Metello, *Manual de Reabilitação Urbana, Legislação Anotada e Comentada*, Coimbra, Almedina, 2008, p. 50.

4. A iniciativa JESSICA (Joint European Support for Sustainable Investment in City Areas) é um instrumento financeiro promovido pela Comissão Europeia e desenvolvido pelo Banco Europeu de Investimento (BEI) com o apoio do *Council of Europe Development Bank*. O BEI tem o papel de promover e implementar a iniciativa através do espaço Europeu.

Trata-se de uma iniciativa que visa aplicar os fundos estruturais comunitários postos à disposição dos Estados membros a favor de projectos inseridos em *intervenções integradas de desenvolvimento urbano*.

O âmbito principal da iniciativa JESSICA é de aplicar Fundos Estruturais em projectos ligados à regeneração urbana através de empréstimos, participações de capital ou garantias.

A tradicional forma de apoio a projectos isolados através de comparticipações a fundo perdido é, assim, substituída pela mobilização de fundos estruturais comunitários numa óptica de financiamento reembolsável e no âmbito de novos mecanismos de engenharia financeira: os *Fundos de Desenvolvimento Urbano* (FDU). Estes são veículos de financiamento reembolsável (sob a forma de participações no capital, de empréstimo ou de concessão de garantias) a projectos enquadrados num *programa integrado de desenvolvimento urbano*. A sua natureza pode ser muito diversificada, podendo ir desde uma linha de crédito específica criada junto de uma instituição bancária até um fundo de capital de risco ou um fundo de investimento imobiliário, podendo ainda assumir uma forma jurídica independente ou ser constituída como um "separated block of finance" dentro de uma entidade financeira já existente.

Os recursos públicos mobilizados no âmbito da Iniciativa JESSICA permitem alavancar recursos privados, já que esta Iniciativa garante condições atractivas para que os investidores privados invistam em FDU, criando soluções de engenharia financeira, sob a forma de parcerias público-privadas ou outras, que viabilizem operações de reabilitação urbana de maior risco ou de rentabilidade menos atractiva para o mercado.

As regras de elegibilidade das despesas para os fundos JESSICA situam-se a dois níveis: devem cumprir, por um lado, os normativos comunitários aplicáveis aos Fundos Estruturais (designadamente FEDER) e, por outro lado, as regras a nível nacional e/ou regional impostas pelo governo ou pelas Autoridades de Gestão dos Fundos Estruturais. Adicionalmente, o Regulamento (CE) nº 1086 exige como condição de elegibilidade que os projectos a apoiar façam parte de um *Plano Integrado de Desenvolvimento Urbano Sustentável* (conjunto de medidas interdependentes que visam melhorar de uma forma duradoura as condições económicas, materiais, sociais e ambientais de uma cidade ou de uma zona da mesma; em muitos Estados-Membros, os planos de desenvolvimento de cidades ou de zonas específicas destas, que foram elaborados e adoptados em conformidade com protocolos de planeamento existentes, poderão corresponder a esta definição, podendo igualmente constituir uma base sólida para o desenvolvimento urbano, integrando os planos não estatutários e outros documentos estratégicos aprovados após consulta pública e uma avaliação adequada do impacto na população em causa).

A decisão sobre a adesão à iniciativa JESSICA cabe às Autoridades de Gestão, uma vez que a afectação de recursos provenientes dos fundos comunitários é facultativa. Após essa tomada de decisão, as Autoridades de Gestão dos vários Programas Operacionais têm de preparar a iniciativa com devida antecedência uma vez que as despesas têm de ser elegíveis dentro do Programa Operacional ou seja, no caso de Portugal em que se aplica a regra N+2, as despesas têm se ser feitas antes de dia 31 de Dezembro de 2015.

Em Portugal, o processo teve início em Novembro de 2008, com a assinatura de um memorando de entendimento entre o Ministério do Ambiente Ordenamento do Território e Desenvolvimento Regional e o BEI para a aplicação da iniciativa JESSICA em Portugal. Em Junho de 2009 foi finalizado um estudo de avaliação da iniciativa, tendo-se concluído que este instrumento financeiro era adequado para a aplicação de fundos estruturais, tendo-se igualmente determinado a estrutura adequada para a sua implementação (Holding Fund: um fundo que recebe os Fundos Estruturais por parte das suas Autoridades de Gestão e que, por sua vez, os investe nos Fundos de Desenvolvimento Urbano). As conclusões do estudo foram objecto de análise e negociação entre as Autoridades Portuguesas e o Banco Europeu de Investimento que foi escolhido para ser gestor do JESSICA Holding Fund em Portugal, tendo resultado, em 20 de Julho de 2009, na assinatura de um acordo de financiamento (funding agreement), que estabelece a aplicação neste instrumento financeiro de 130 milhões de euros.

De acordo com os regulamentos comunitários, a constituição dos Fundos de Desenvolvimento Urbano em Portugal seguirá o seguinte procedimento:

(i) O Governo Português atribuiu ao BEI a gestão de um Fundo de Participações JESSICA no montante de 130 milhões de euros proveniente dos Programas Operacionais Regionais e do Programa Operacional Valorização do Território (FEDER) e de recursos nacionais da Direcção-Geral do Tesouro e Finanças. O contrato respectivo foi assinado no dia 20 de Julho de 2009. O Fundo de Participações irá financiar os FDU, nos termos da alínea seguinte.

(ii) De acordo com os referidos regulamentos e com o contrato celebrado, o BEI irá abrir um procedimento público para que as entidades privadas e públicas interessadas na constituição de FDU lhe submetam um Plano de Negócios, que, em particular, deve indicar os demais participantes e a estratégia de investimento do FDU. Este procedimento será aberto até ao final de 2010 pelo BEI.

(iii) Na sequência desse procedimento serão seleccionados os Fundos de Desenvolvimento Urbano que terão a participação do Fundo de Participações JESSICA. Estes Fundos, envolvendo recursos públicos e recursos privados, financiarão, de acordo com o seu Plano de Negócios e no respeito pelas regras de contratação pública, projectos enquadrados num plano integrado de desenvolvimento urbano sustentável, sempre na óptica de recuperação dos fundos públicos, nacionais e comunitários, investidos.

A constituição de Fundos de Desenvolvimento Urbano pode ser promovida por entidades públicas ou privadas que tenham experiência na gestão de fundos orientados para a regeneração urbana, a habitação, o imobiliário ou outros domínios do desenvolvimento urbano; tenham experiência de cooperação com as autoridades públicas, nomeadamente com as autarquias locais, e estejam disponíveis para investir recursos próprios no Fundo de Desenvolvimento Urbano.

Os destinatários finais dos financiamentos JESSICA são as entidades, públicas ou privadas, colectivas ou singulares, que promovam projectos urbanos no âmbito de planos integrados de desenvolvimento urbano sustentável. O acesso destas entidades a estes financiamentos é feito sempre através do Fundo de Desenvolvimento Urbano.

Os FDU com participação do Fundo de Participações JESSICA podem investir num leque variado de projectos enquadrados num Plano Integrado de Desenvolvimento Urbano Sustentável, com destaque para os domínios da reabilitação e regeneração urbanas em cidades de média/grande dimensão; eficiência energética e energia renovável em áreas urbanas; revitalização económica de áreas urbanas direccionada para PMEs e empresas inovadoras; disseminação de tecnologias de informação e comunicação em áreas urbanas incluindo banda larga e infra-estrutura sem-fios.

Podem ainda ser efectuados investimentos em integração social, desenvolvimento cultural e infra-estruturas de desporto e lazer, infra-estruturas e equipamentos de apoio empresarial, modernização das infra-estruturas urbanas, gestão dos resíduos, etc

Para seleccionar os FDUs, o BEI procede a um concurso público (*Call for Expression of Interest*). Uma vez os FDUs seleccionados, o HF vai proceder à contratualização dos acordos operacionais, libertando em seguida as verbas de acordo com os termos do referido contrato Esta alocação de verbas pode assumir várias formas, nomeadamente empréstimo (FDU = entidade financeira) capital (FDU = fundo de investimento) e outras.

Os FDU ou veículos financeiros por eles criados, após a contratualização, irão seleccionar os projectos em que irão aplicar as verbas sob gestão, garantindo a conformidade dos projectos seleccionados com os termos do acordo operacional assinado com o HF. Em 12 de Outubro de 2011, o BEI e o Governo Português anunciaram a criação de três FDU, geridas respectivamente por: um consórcio da Caixa Geral de Depósitos e do IHRU no montante aproximadamente de 51 milhões de euros; Banco BPI S.A., no montante aproximado de 64 milhões de euros e Turismo de Portugal, I.P., no montante aproximado de 15 milhões de euros.

Sobre estas e outras questões cfr. o documento *Iniciativa JESSICA/ Perguntas Frequentes*, BEI/QREN e, em geral, Guilherme Waldemar d'Oliveira Martins, "Os benefícios fiscais à reabilitação urbana: orientações legislativas recentes", *Revista Jurídica do Urbanismo e do Ambiente*, nº 31/34, Janeiro/Fevereiro, 2009/2010, pp. 113-133.

5. Para além dos efeitos referidos, a delimitação de uma área de reabilitação urbana, tem ainda as seguintes consequências:

(i) Confere ao município o poder de aceitar e sacar letras de câmbio, conceder avales cambiários, subscrever livranças, bem como conceder garantias pessoais e reais, relativamente a quaisquer operações de financiamento promovidas por entidades gestoras no âmbito de uma operação de reabilitação urbana (nº 2 do artigo 76º);

(ii) Concede às entidades gestoras a possibilidade de contraírem empréstimos a médio e longo prazos destinados ao financiamento das operações de reabilitação urbana, os quais, caso autorizados por despacho do ministro responsável pela área das finanças, não relevam para efeitos do montante da dívida de cada município (nº 1 do artigo 76º);

(iii) Permite, estando em causa uma operação de reabilitação urbana sistemática, o recurso às expropriações, à venda forçada dos imóveis existentes, bem como à constituição sobre os mesmos das servidões necessárias à execução da operação de reabilitação urbana (nº 3 do artigo 54º).

6. Nos termos da Proposta de Lei nº 24/XII, nas situações em que se faseie o procedimento de reabilitação urbana em áreas de reabilitação urbana, uma coisa serão os efeitos decorrentes da simples delimitação física desta área antes mesmo de ter operação de reabilitação urbana aprovada (artigo 14º do RJRU na versão daquela Proposta de Lei) outra serão os efeitos da aprovação da operação de reabilitação urbana, que acrescem àqueles (artigo 19º naquela versão).

No primeiro caso, por um lado, o município fica logo obrigado a definir os benefícios fiscais associados aos impostos municipais sobre o património, designadamente o imposto municipal sobre imóveis (IMI) e o imposto municipal sobre as transmissões onerosas de imóveis (IMT) e, por outro lado, os proprietários e titulares de outros direitos, ónus e encargos sobre os edifícios ou fracções compreendidos na área delimitada passam logo a ter o direito de acesso aos apoios e incentivos fiscais e financeiros à reabilitação urbana, nos termos estabelecidos na legislação aplicável, sem prejuízo de outros benefícios e incentivos relativos ao património cultural.

Com a aprovação da operação de reabilitação urbana, acresce, a este efeitos, a obrigatoriedade de a entidade gestora a promover.

Na lógica da Proposta de Lei, consideramos que os efeitos a que nos referimos no comentário anterior são efeitos da aprovação da operação de reabilitação urbana e não da mera delimitação da sua área de abrangência

ARTIGO 18º
Âmbito temporal da área de reabilitação urbana

1. A área de reabilitação urbana delimitada em instrumento próprio vigora pelo prazo fixado na estratégia de reabilitação urbana ou no programa estratégico de reabilitação urbana, com possibilidade de prorrogação, não podendo, em qualquer caso, vigorar por prazo superior a 15 anos.

2. A prorrogação prevista no número anterior é aprovada pela assembleia municipal, sob proposta da câmara municipal.

3. A área de reabilitação urbana definida em plano de pormenor de reabilitação urbana vigora pelo prazo de execução do mesmo, não podendo, em qualquer caso, vigorar por prazo superior a 15 anos.

4. O disposto nos números anteriores não obsta a que, findo aqueles prazos, possa ser determinada nova operação de reabilitação urbana que abranja a área em causa.

Comentário
Sumário:
1. Limites temporais da áreas de reabilitação urbana
2. Prorrogação
3. Caducidade *ex lege* da área de reabilitação urbana
4. Regime jurídico da aprovação de uma nova área de reabilitação urbana
5. A Proposta de Lei nº 24/XII

1. As áreas de reabilitação urbana delimitadas por instrumento próprio vigoram pelo prazo fixado na estratégia de reabilitação urbana ou no programa estratégico de reabilitação urbana; no caso de ser delimitada por plano de pormenor, tal prazo deve ser identificado no respectivo programa de execução. O limite máximo é de 15 anos.

2. Os prazos referidos no ponto anterior, desde que inferiores a 15 anos, podem ser prorrogados, tendo este prazo como limite máximo. A prorrogação deve, no entanto, ser objecto de cabal fundamentação, comprovando-se que os pressupostos estratégicos e operacionais que se encontram subjacentes à área de reabilitação urbana anteriormente delimitada se encontram inalterados.

3. Findo o prazo fixado sem que tenha ocorrido prorrogação ou o prazo máximo de 15 sem que a operação de reabilitação urbana se encontre executada, a mesma caduca, caducidade que opera automaticamente. Esta caducidade vale igualmente quando a área de reabilitação urbana tenha sido delimitada por plano de pormenor, o que significa que é o próprio plano, cuja função era, precisamente, delimitar aquela área, que caduca automaticamente no termo daquele período.

4. O que foi referido não é impeditivo da delimitação de uma nova área de reabilitação urbana para a área em causa, sendo o respectivo procedimento o mesmo que a delimitação inicial (consoante seja por instrumento próprio ou plano de pormenor), reavaliando-se os pressupostos estratégicos e operacionais que se encontraram, por exemplo, subjacentes à área de reabilitação urbana anteriormente delimitada. Consideramos, no entanto, que neste caso tem aplicação o disposto nos nºs 2 e 3 do artigo 23º, uma vez que nestes não se pressupõe a caducidade (e, portanto, a inoperância) da anterior área de reabilitação urbana mas uma sua revisão (cfr. o respectivo comentário).

5. Tendo em consideração o faseamento do procedimento de reabilitação urbana em áreas de reabilitação urbana admitido pelo Projecto de Lei nº 24/ /XII, torna-se necessário distinguir o limite temporal da deliberação da mera delimitação física da área de reabilitação urbana (artigo 15º do RJRU na versão daquela proposta de Lei) do limite temporal da execução da operação de reabilitação urbana, que passa a ser regulada no artigo 20º do RJRU (naquela versão), cuja regulamentação coincide com a definida no artigo aqui em anotação. Os prazos a que nos referimos no artigo anterior contam-se, no caso de se optar por fasear o procedimento, da aprovação da operação de reabilitação urbana, valendo aqui tudo quanto foi referido nos comentários precedentes.

ARTIGO 19º
Acompanhamento e avaliação da operação de reabilitação urbana

1. A entidade gestora elabora anualmente um relatório de monitorização de operação de reabilitação em curso, o qual deve ser submetido à apreciação da assembleia municipal.

2. A cada cinco anos de vigência da área de reabilitação urbana, a câmara municipal deve submeter à apreciação da assembleia municipal um relatório de avaliação da execução da operação de reabilitação urbana, acompanhado, se for o caso, de uma proposta de alteração do respectivo instrumento de programação.

3. Os relatórios referidos no nº 1 e no número anterior e os termos da sua apreciação pela assembleia municipal são obrigatoriamente objecto de divulgação na página electrónica do município.

Comentário

Sumário:

1. Inserção sistemática do artigo
2. Relatório de Monitorização e REOT
3. A Proposta de Lei nº 24/XII

1. Estranha-se, antes de mais, a inserção sistemática do presente artigo na parte referente à área de reabilitação urbana, na medida em que o que está aqui em causa é a monitorização da operação de reabilitação urbana. Ainda que, como vimos, a deliberação de delimitação de uma ARU seja uma decisão complexa, que integra igualmente a opção pelo tipo de operação de reabilitação urbana e a respectiva estratégia ou programa estratégico de reabilitação urbana, julgamos que este normativo melhor se enquadraria na parte final do Capítulo III, precisamente aquele onde aquelas operações e estas estratégias são reguladas, ou mesmo no Capítulo final deste diploma.

2. O presente artigo integra uma obrigatoriedade de monitorização da operação de reabilitação urbana, que abrange a monitorização da estratégia e programa estratégico de reabilitação urbana, integrando a monitorização como uma fase, mais do que um procedimento distinto, da própria concretização da operação em causa.

Esta monitorização analisa-se na elaboração de *relatório anual de monitorização* da ORU (elaborado pela entidade gestora e sujeito à apreciação da assembleia municipal) e num *relatório de avaliação da execução da ORU*, submetido à assembleia municipal sob proposta da câmara e que conterá, sendo caso disso, propostas de alteração do respectivo instrumento de programação). Ambos os relatórios e respectivas apreciações, são devidamente publicitadas na página electrónica do município.

A monitorização aparece aqui como um modelo de apoio à decisão, um modelo que a permite avaliar, auxiliando a programação da acção por objectivos em que se traduz a decisão de delimitação da ARU – ao integrar necessariamente a estratégia ou o programa estratégico de reabilitação urbana –, confrontando, a par e passo, a sua execução com os seus objectivos (a estratégia) previamente definidos.

Pretende-se, deste modo, resolver o complexo problema da necessária adequação do processo de tomada de decisão (que pode ser de planeamento) à realidade, traduzida na gestão e concretização desta, abrangendo igualmente a sua *avaliação*, o que permite, através de procedimentos específicos para o efeito, adequar constantemente as suas normas à realidade em constante mudança. Sobre esta importante função em matéria de planeamento, cfr. Jorge Manuel Lopes Batista Silva, *A Função da Monitorização em Planeamento ao Nível Municipal – MAPA, um Modelo para Apoio à Programação de Acções por Objectivos*, Universidade Técnica de Lisboa, Instituto Superior Técnico, 1998, pp. 10-11.

Estando os municípios, nos termos LBOTU e do RJIGT, obrigados à aprovação, de dois em dois anos, a um Relatório do Estado do Ordenamento do Território (REOT), no âmbito do qual as entidades responsáveis pela concretização da política de ordenamento do território e de urbanismo promovem a permanente avaliação da política de ordenamento do território, consideramos de toda a valia que a monitorização e avaliação a que se refere o presente normativo sejam integradas naquele Relatório, articulados que sejam os prazos diferenciados constantes dos dois regimes jurídicos.

O tratamento integrado dos relatórios de monitorização e de avaliação da operação de reabilitação urbana e do REOT – o qual se apresenta como um instrumento de análise e avaliação contínua da concretização das estratégias de desenvolvimento territorial, na qual se inclui a de reabilitação urbana – não é mais do que a exigência, a que já nos referimos (designadamente no comentário 3 ao artigo 13º), de a área de reabilitação urbana ser devidamente integrada na política global que o município tenha delimitado para a totalidade do seu território.

3. A Proposta de Lei nº 24/XII renumera o presente artigo (passa a ser o artigo 20º-A), mas mantém os aspectos que criticamos no comentário 1 ao presente artigo.

ARTIGO 20º
Alteração da delimitação de área de reabilitação urbana, do tipo de operação de reabilitação urbana e dos instrumentos de programação

1. A alteração dos limites da área de reabilitação urbana delimitada em instrumento próprio e do tipo de operação de reabilitação urbana obedece ao procedimento previsto no artigo 14º

2. Tratando-se de alteração do tipo de operação de reabilitação urbana de sistemática para simples, não há lugar à discussão pública.

3. Os instrumentos de programação podem ser alterados a todo o tempo.

4. A alteração dos instrumentos de programação é da competência da assembleia municipal, sob proposta da câmara municipal.

5. O acto de aprovação da alteração dos instrumentos de programação é publicitado através de aviso publicado na 2ª série do Diário da República, em jornal de circulação local ou nacional e na página electrónica do município.

Comentário

Sumário:

1. Procedimento base de alteração
2. Regime especial para a alteração do tipo de operação
3. Regime especial para alteração dos instrumentos de programação
4. Alteração quando a ARU é delimitada por plano de pormenor (remissão)
5. A Proposta de Lei nº 24/XII

1. A alteração dos limites da área de reabilitação urbana obedece ao procedimento para a sua definição inicial. Este procedimento é o definido no artigo 14º, quando se trate de delimitação por instrumento próprio e terá de ser, por força do nº 1 do artigo 20º aqui em anotação, um procedimento de alteração nos termos do RJIGT quando a mesmo tenha sido delimitada por plano de pormenor. Com efeito, sendo a área de incidência do plano um elemento que lhe é inerente, a sua alteração apenas pode ser feita por intermédio do procedimento de dinâmica legalmente estabelecido.

2. No que concerne à alteração da operação de reabilitação urbana definida por instrumento próprio, o nº 2 do artigo 20º determina a desnecessidade de discussão pública quando esteja em causa a alteração de uma operação sistemática para uma simples. Consideramos, porém, que esta solução não é a mais adequada, por a referida alteração ter maiores repercussões na esfera jurídica dos interessados (pressupondo aquela mudança uma responsabilidade mais directa dos mesmos na execução da operação de reabilitação urbana, que justificaria, de forma mais marcada, a participação destes). Acresce que a referida alteração pressupõe uma "desistência" do município em intervir no espaço público e uma paralela desistência do programa estratégico que havia aprovado para a área, que justifica uma acrescida discussão pública comparativamente com a opção de sentido contrário.

3. Sobre esta alteração quando a delimitação da ARU tenha sido operada por plano de pormenor cfr. artigo 25º, nº 2.

4. Tratando-se dos instrumentos de programação (estratégia ou programa estratégico de reabilitação urbana), estes podem ser alterados a todo o tempo pela Assembleia Municipal sob proposta da Câmara Municipal. Esta alteração, ainda que substancial, não está sujeita ao parecer do IHRU, o que, a nosso ver, pode colocar em causa a sua participação na aprovação inicial deste instrumento (já que, não obstante esta intervenção, não tem de se pronunciar nas suas alterações, podendo tal colocar em causa o efeito útil dos seus contributos). Sobre esta alteração quando a delimitação da ARU tenha sido operada por plano de pormenor cfr. artigo 25º, nº 3.

5. Na Proposta de lei nº 24/XII o presente artigo passa a ter correspondência com o artigo 20º-B (referente à alteração da operação de reabilitação urbana) que mantém grande parte das dúvidas que suscitamos nos comentários anteriores, designadamente as constantes dos comentários 2 e 3.

Quanto à alteração da delimitação física da área de reabilitação urbana quando ocorra em momento anterior à da aprovação da operação de reabilitação urbana, cfr. nº 6 do artigo 13º na versão daquela Proposta de Lei.

SECÇÃO II
PLANOS DE PORMENOR DE REABILITAÇÃO URBANA

ARTIGO 21º
Regime jurídico aplicável aos planos de pormenor de reabilitação urbana

1. O plano de pormenor de reabilitação urbana obedece ao disposto no regime jurídico dos instrumentos de gestão territorial, aprovado pelo Decreto-Lei nº 380/99, de 22 de Setembro, com as especificidades introduzidas pelo presente decreto-lei.

2. Sempre que a área de intervenção do plano de pormenor de reabilitação urbana contenha ou coincida com património cultural imóvel classificado ou em vias de classificação, e respectivas zonas de protecção, que deter mine, nos termos da Lei nº 107/2001, de 8 de Setembro, a elaboração de um plano de pormenor de salvaguarda do património cultural, cabe ao plano de pormenor de reabilitação urbana a prossecução dos seus objectivos e fins de protecção, dispensando a elaboração daquele.

3. Nos casos previstos no número anterior e na parte que respeita ao património cultural imóvel classificado ou em vias de classificação e respectivas zonas de protecção, o plano de pormenor de reabilitação urbana obedece ainda ao disposto nos n.os 1 e 3 do artigo 53º da Lei nº 107/2001, de 8 de Setembro.

Comentário
Sumário:

1. Reabilitação urbana e património cultural
2. Plano de Pormenor de Reabilitação Urbana e Plano de Pormenor de Salvaguarda
3. Vantagens da delimitação de áreas de reabilitação urbana por plano de pormenor em detrimento do instrumento próprio

1. O presente diploma começa por formular o enquadramento jurídico dos planos de pormenor de reabilitação urbana no âmbito do RGIT (sobre esta articulação cfr. comentário 1. ao artigo 15º). Mas é o seu relacionamento com o regime do património cultural e com os planos de salvaguarda que ele disciplina.

Com efeito, não há como negar a ligação inicial entre a reabilitação urbana e o direito do património cultural. Esta ligação genética resulta de uma compreensão ampla do património cultural, que abrange não apenas os bens individualmente considerados, mas também o contexto que os envolve (cfr. Glória Teixeira e Sérgio Silva, "Direito do Património Cultural", *Revista da Faculdade de Direito da Universidade do Porto*, 2008, p. 27).

Este conceito amplo de património cultural presente na nossa legislação sobre o tema – actualmente a Lei nº 107/2001, de 8 de Setembro –, encontrava-se já subjacente à Carta de Veneza sobre a Conservação e o Restauro de Monumentos e Lugares, de 1964, que prolongou o conceito de monumento ao espaço urbano ou rural que dá testemunho de uma civilização particular, de uma evolução significativa ou de um acontecimento histórico.

A própria noção de reabilitação surge na Resolução (76) 28 do Comité de Ministros do Conselho da Europa, de 14 de Abril de 1976, *sobre a adaptação de leis e regulamentos às exigências da conservação integrada do património arquitectónico.*

Neste documento é considerada uma dimensão da política de conservação integrada dos monumentos que passa pela sua revitalização (possível alteração de uso ou objectivo, mas conservando a dignidade do imóvel) e reabilitação (definida como a forma pela qual se procede à integração dos monumentos e edifícios antigos (em especial os habitacionais) no ambiente físico da sociedade actual, «(...) *através da renovação da sua estrutura interna e adaptação às necessidades da vida contemporânea, preservando ao mesmo tempo, cuidadosamente, os elementos de interesse cultural.*»

Não obstante a focalização do património cultural em monumentos, conjuntos ou sítios que revistam interesse cultural relevante, e que, por isso, devam ser objecto de especial protecção e valorização, esta aproximação não esgota as exigências de reabilitação de toda uma área, quando esta careça de intervenções que excedam a intervenção na criação arquitectónica isolada ou no conjunto imobiliário protegido. Por isso, apesar de, de acordo com Carla Amado Gomes, a maior tangente entre disciplinas que almejam regular o uso e ocupação do solo acontecer quando há normas que simultaneamente visam a correcção do ordenamento urbanístico e a integração, nesse espaço, de um imóvel classificado ("Direito do Património Cultural, Direito do Urbanismo, Direito do Ambiente: O que os Une e o que os Separa", *Revista da Faculdade de Direito da Universidade de Lisboa*, Vol XLII, Nº 1, 2001, p. 358), deve continuar a distinguir-se a reabilitação urbana de uma área da tutela dos bens classificados ou em vias de classificação que ela integra, uma vez que os regimes jurídicos aplicáveis são diferenciados: a tutela do património cultural assenta nas ideias força de protecção e valorização, enquanto que a reabilitação urbana apela, a mais das vezes, para a de adaptação física e funcional dos imóveis.

A diferença entre reabilitação e património cultural não reside, porém, apenas no regime jurídico aplicável, pois também o bem jurídico protegido é diferente. Santiago González-Varas Ibáñez (La Rehabilitación Urbanística,

Aranzadi Editorial, 1998, p. 30 e pp. 84 e ss.) distingue a este propósito entre o *bem cultural* e o bem tutelado pela reabilitação urbana. Este último, segundo o este Autor não pode (ou não deve) deve ser agraciado com o nível de protecção elevado que a a legislação confere aos *bens de interesse cultural*.

Por esse motivo – e apesar de a actual legislação do património cultural ter considerado como medida de protecção o registo patrimonial de inventário e ter integrado, no seu âmbito potencial de aplicação, os bens de interesse municipal –, não deixa de fazer sentido prever, nos instrumentos de planeamento municipal, um catálogo de bens de relevo estritamente urbanístico (bens que constituam um elemento relevante de identificação, coesão e valorização da imagem do conjunto urbano) e aos quais se aliem limitações de uso, ocupação e transformação urbanística, em regra incluindo-os em áreas de reabilitação urbana. Estar-se-á aqui a estabelecer um *nível de protecção intermédia*, ao qual não devem ser alheios mecanismos de compensação dos interessados, atribuindo-se a estes a contrapartida, designadamente financeira, pelo encargo especial que suportam (refira-se que o procedimento de classificação como bem de interesse municipal, a levar a efeito ao abrigo da Lei nº 107/2001, de 8 de Setembro, implica o diálogo com os proprietários dos imóveis em causa, os quais terão que dar o seu consentimento para que os mesmos venham a ser classificados (artigo 18º, nº 4), o que, no entanto, não sucede no âmbito do arrolamento ou catalogação que se configura como um procedimento de cariz planificatório e que pode ser imposto aos interessados.

2. E é desta diferenciação entre reabilitação de património cultural que parte o nosso legislador ao distinguir, ao mesmo nível e escala de planeamento, duas modalidades específicas de planos: o plano de pormenor de reabilitação urbana e o plano de pormenor de salvaguarda.

No entanto, a relação entre ambos, nas áreas de solo rural e solo urbano correspondentes à totalidade ou parte de um bem imóvel classificado e respectiva zona de protecção é de clara convergência, aliás, como tem vindo a ser notado pela doutrina (cfr. Carlos Pinto Lopes e Jorge Silva Sampaio, "A reabilitação urbana e o património cultural imóvel: reconciliação após uma relação problemática?, *Revista do CEDOUA*, nº 26, 2.2010, pp. 19-34).

Efectivamente, seja dos artigos 21º, nºs 2 e 3 e 28º do RJRU, seja do artigo 70º do Decreto-Lei nº 309/2009, de 23 de Outubro, resulta uma adaptação material do regime jurídico dos planos de pormenor de reabilitação urbana cuja área de intervenção contenha ou coincida com bens imóveis classificados ou em vias de classificação, e respectivas zonas de protecção, de modo a que aqueles prossigam os objectivos e fins dos planos de pormenor de salvaguarda, tendo também para aquelas áreas o respectivo conteúdo e estando dependentes de parecer obrigatório e vinculativo do Instituto de Gestão do Património Arquitectónico e Arqueológico, I.P. (IGESPAR, I. P) – cfr. comentário ao artigo 28º.

Pode questionar-se, no entanto, o porquê desta prevalência em concreto dos planos de pormenor de reabilitação urbana, relativamente aos planos de salvaguarda, uma vez que são estes, e não aqueles, que assumem carácter obrigatório (cfr. artigo 53º, nº 1 da Lei nº 107/2001). Pensamos terem sido as seguintes as razões essenciais para esta preferência legislativa:

(i) A existência de vários planos de pormenor de reabilitação urbana (e de salvaguarda), que se encontram actualmente em fase de revisão ou muito próximos desta, e que os Municípios pretendem manter;

(ii) O escopo material e territorial mais amplo dos planos de pormenor de reabilitação urbana, relativamente aos planos de salvaguarda, introduz dimensões adicionais (de enquadramento e estética urbana) que podem contribuir para a valorização do património cultural;

(iii) O facto de o urbanismo (e dentro dele da reabilitação urbana) constituir, nas palavras de Casalta Nabais, "um instrumento de concretização da disciplina integral do território, na qual não podem deixar de estar compreendidos os valores ou bens ambientais e culturais", o que exclui um conflito *real* entre os interesses culturais e os interesses urbanísticos (cfr. *Introdução ao Património Cultural*, Coimbra, Almedina, 2004, p. 58).

De qualquer das formas, o lançar dois olhares simultâneos e tendencialmente convergentes sobre o território – uma realidade contínua, não obstante as classificações legais e administrativas que sobre ele incidem –, encontra-se assegurado pela colaboração dos Municípios com o IGESPAR, I.P. na elaboração dos planos de pormenor de reabilitação urbana, pelo que a solução de não duplicação de instrumentos de planeamento a que se chegou foi, efectivamente, a melhor. Trata-se, enfim, de acoplar, nas palavras de Suzana Tavares da Silva, a um primeiro nível de intervenção, meramente urbanístico, um nível de intervenção secundário (que pode existir ou não) de âmbito urbanístico cultural (cfr., "Reabilitação urbana e valorização...", *cit.*, p. 354-355). Sobre esta relação entre reabilitação urbana e património cultural cfr. Dulce Lopes, "Reabilitação Urbana em Portugal: evolução e caracterização", *cit.*, pp. 28-32).

3. Podendo as áreas de reabilitação urbana ser delimitadas ora por via de instrumento próprio ora por intermédio de um plano de reabilitação urbana, pode questionar-se qual a melhor opção e quais os critérios que devem estar subjacentes a esta escolha.

Na nossa óptica, a delimitação por intermédio de instrumento próprio apresenta-se, em regra, como mais flexível, já que deixa maior margem de conformação à entidade gestora nas decisões de gestão urbanística que tenha de tomar do que nas situações em que se tenha elaborado um plano de pormenor o qual, dada a sua escala de intervenção no território e o respectivo conteúdo típico, condiciona de uma forma mais intensa a gestão urbanística.

Pode suceder, porém, que a elaboração de um plano de pormenor se apresente como a melhor via. Assim, se se tornar imprescindível, para a reabilitação urbana de uma determinada área, proceder à alteração dos instrumentos de planeamento em vigor, a elaboração do plano de pormenor apresenta-se como o caminho em regra mais célere para o efeito (cfr. comentário 6 ao artigo 14º).

Sempre que se considere fundamental definir princípios e regras de uso dos solos e dos edifícios, deve também optar-se pela via da elaboração de um plano de pormenor, por, por força do princípio da tipicidade dos planos, ser o único que pode ter estes efeitos.

Mais, em situações contadas, tratando-se de operações de reabilitação urbana sistemáticas e em que se pretenda proceder à reestruturação da propriedade, a elaboração de um plano de pormenor pode também torna-se a via mais célere por, se lhe forem atribuídos efeitos registais, permitir concretizar directamente (com o respectivo registo) a transformação da situação fundiária sem ser necessário desencadear operações de execução em momento posterior.

Sempre que a área de reabilitação urbana contenha ou coincida com património cultural imóvel classificado ou em vias de classificação e respectivas zonas de protecção, que determine, nos termos da Lei nº 107/2001, de 8 de Setembro, a elaboração de um plano de pormenor de salvaguarda do património cultural, será preferível optar pela elaboração de um plano de pormenor de reabilitação urbana já que, por este integrar aquele, pressupor um só procedimento em curso em vez de dois, na medida em que a delimitação por instrumento próprio não dispensa (nem integra) o procedimento de elaboração de um plano de pormenor de salvaguarda (ao contrário do que sucede com o procedimento de elaboração de um plano de pormenor de reabilitação urbana). Esta alteração não pode, contudo, colocar em causa as dimensões estratégicas de desenvolvimento local, definidas ao nível do Plano Director Municipal (por isso mesmo exige o artigo 13º, alínea a) que a definição de uma área de reabilitação urbana seja fundamentada tendo em conta o enquadramento nas opções de desenvolvimento urbano do município). Sobre estas vantagens Cfr, Fernanda Paula Oliveira, "Programação e Execução das Operações de Reabilitação Urbana: perspectiva jurídica", *cit.*, pp. 139-140).

Outros argumentos favoráveis ao plano de pormenor de reabilitação urbana são (cfr. Dulce Lopes, "Reabilitação Urbana em Portugal: evolução e caracterização", *cit.*, pp. 55-56):

(i) o município dispor já de um plano de reabilitação que pretenda rever ou alterar de acordo com o regime jurídico disposto no RJRU;

(ii) o município pretender uma tutela jurídica mais estrita de certas áreas, uma vez que, como vimos (comentário 3 ao artigo 14.º), a sanção da nulidade é apenas aplicável nas situações de violação de plano de pormenor;

(iii) O município pretenda colocar à disposição dos seus serviços um bordão mais facilmente mobilizável para indeferimento ou deferimento das pretensões jurídicas dos interessados na área de reabilitação urbana (cfr. comentário 2 ao artigo 14º);

Noutras situações, porém, a elaboração de plano de pormenor de reabilitação urbana é a única via legalmente possível, o que sucederá, para além da situação já referida, de ser necessário alterar planos municipais de nível superior, quando, em face da delimitação da área de reabilitação urbana, exista necessidade de acompanhamento do plano por parte de entidades que integram a administração central, directa e indirecta (excluindo, naturalmente, o IHRU, que é sempre chamado a participar na aprovação de áreas de reabilitação urbana em instrumento próprio).

ARTIGO 22º
Objecto dos planos de pormenor de reabilitação urbana

O plano de pormenor de reabilitação urbana estabelece a estratégia integrada de actuação e as regras de uso e ocupação do solo e dos edifícios necessárias para promover e orientar a valorização e modernização do tecido urbano e a revitalização económica, social e cultural na sua área de intervenção.

Comentário

Sumário:

Objecto do plano: remissão e crítica

O presente artigo refere-se, de forma genérica, ao conteúdo material (apesar da sua epígrafe) dos planos de pormenor de reabilitação urbana: definição das regras de uso e ocupação do solo e dos edifícios necessárias para promover e orientar a valorização e modernização do tecido urbano e a revitalização económica, social e cultural na sua área de intervenção, ou seja, para promover, garantir e orientar a reabilitação urbana. Incidiremos sobre este conteúdo material no comentário ao artigo 24º.

Note-se, porém, que se este plano tem por função a delimitação de uma área de reabilitação urbana e se esta, como vimos, corresponde a uma decisão complexa que integra não apenas a identificação dos seus limites físicos mas também o tipo de operação de reabilitação urbana e a estratégia a que terá de obedecer, então terá de se concluir, naturalmente, que lhe cabe definir a *estratégia integrada de actuação*, a qual se encontra já vertida na estratégia ou programa estratégico que o devem integrar. Assim, se é certo que lhe cabe definir a estratégia de intervenção, esta não pode deixar de ser a que consta destes instrumentos estratégicos que fazem parte integrante do seu conteúdo, o que torna este artigo puramente tautológico.

ARTIGO 23º
Âmbito territorial dos planos de pormenor de reabilitação urbana

1. O plano de pormenor de reabilitação urbana incide sobre uma área do território municipal que, em virtude da insuficiência, degradação ou obsolescência dos edifícios, das infra-estruturas, dos equipamentos de utilização colectiva e dos espaços urbanos e verdes de utilização colectiva, designadamente no que se refere às suas condições de uso, solidez, segurança, estética ou salubridade, justifique uma intervenção integrada.

2. Caso a área de intervenção do plano de pormenor de reabilitação urbana contenha ou coincida, ainda que parcialmente, com área previamente delimitada como área de reabilitação urbana em instrumento próprio, esta considera-se redelimitada de acordo com a área de intervenção do plano.

3. No caso previsto no número anterior, quando a área de intervenção do plano de pormenor não abranger integralmente a área previamente delimitada como área de reabilitação urbana em instrumento próprio, deve proceder – se à redelimitação ou revogação da área não abrangida pela área de intervenção do plano em simultâneo com o acto de aprovação deste instrumento de gestão territorial.

Comentário
Sumário:
1. Âmbito territorial de incidência: remissão
2. Articulação entre instrumento próprio e plano de pormenor superveniente

1. Se o plano de pormenor de reabilitação urbana é uma das vias para a delimitação de uma área de reabilitação urbana e se esta tem o seu âmbito de incidência bem identificado (artigo 12º) é por referência a este que deve ser delimitada aquela área territorial. Deve assim ser feita uma leitura articulada entre o disposto no nº 1 do presente artigo e o referido no artigo 12º (cfr. comentário a este último).

2. O nº 2 define o procedimento e os critérios de resolução de possíveis incompatibilidades entre plano de pormenor de reabilitação urbana e área de reabilitação urbana previamente delimitada resultantes de uma sua sobreposição territorial. Assim, admite-se que o plano de pormenor posterior redelimite a área de reabilitação urbana (quer tenha sido inicialmente definida por quer instrumento próprio quer por via de plano de pormenor).

Se o plano de pormenor de reabilitação urbana tem por função específica delimitar a área de reabilitação urbana (cfr. nº 1 do artigo 7º), não se percebe o disposto no nº 3. que manda, caso a incidência territorial seja parcial, proceder à sua redelimitação, quando operada por instrumento próprio, em simultâneo com a aprovação do plano. Com efeito, e na nossa perspectiva, tal é desnecessário, já que tal redelimitação é feita directamente pelo plano de pormenor.

ARTIGO 24º
Conteúdo material dos planos de pormenor de reabilitação urbana

1. Além do conteúdo material próprio dos planos de pormenor nos termos do artigo 91º do regime jurídico dos instrumentos de gestão territorial, aprovado pelo Decreto-Lei nº 380/99, de 22 de Setembro, o plano de pormenor de reabilitação urbana deve adoptar um conteúdo material específico adaptado à finalidade de promoção da reabilitação urbana na sua área de intervenção, estabelecendo nomeadamente:

a) A delimitação das unidades de execução, para efeitos de programação da execução do plano;

b) A identificação e articulação, numa perspectiva integrada e sequenciada, dos principais projectos e acções a desenvolver em cada unidade de execução;

c) Os princípios e as regras de uso do solo e dos edifícios, com vista à:

i) Valorização e protecção dos bens patrimoniais, culturais, naturais e paisagísticos existentes na sua área de intervenção;

ii) Sua adequação à estratégia de revitalização económica, social e cultural da sua área de intervenção, em articulação com as demais políticas urbanas do município;

d) A identificação e classificação sistemática dos edifícios, das infra-estruturas urbanas, dos equipamentos e dos espaços urbanos e verdes de utilização colectiva de cada unidade de execução, estabelecendo as suas necessidades e finalidades de reabilitação e modernização ou prevendo a sua demolição, quando aplicável.

2. Sem prejuízo do disposto na alínea a) do número anterior, a delimitação ou a redelimitação das unidades de execução, mesmo que constantes do plano de pormenor de reabilitação urbana, pode ser feita na fase de execução do plano, por iniciativa da entidade gestora ou dos proprietários.

3. Os planos de pormenor de reabilitação urbana cuja área de intervenção contenha ou coincida com património cultural imóvel classificado ou em vias de classificação, e respectivas zonas de protecção, prosseguem os objectivos e fins dos planos de pormenor de salvaguarda de património cultural, tendo também para aquelas áreas o conteúdo deste plano, consagrando as regras e os princípios de salvaguarda e valorização do património classificado ou em vias de classificação e respectivas zonas de protecção estabelecidos na Lei nº 107/2001, de 8 de Setembro, e respectiva legislação de desenvolvimento.

Comentário
Sumário:
1. Conteúdo material do plano de pormenor de reabilitação urbana
2. Unidades de execução: flexibilidade

1. O presente normativo identifica o conteúdo material dos planos de pormenor de reabilitação urbana.

Antes de mais, e porque está em causa um plano de pormenor (ainda que sob uma modalidade específica), deve fazer parte do seu conteúdo material, aquele que é o conteúdo dos planos de pormenor. Por isso se determina o presente artigo que o seu conteúdo material há-se ser, desde logo, o referido no artigo 91º do RJGIT que lhe for adequado, conteúdo esse que, por sua vez, não é um conteúdo fechado, já que deve ser apropriado às condições da área territorial a que respeita e dos objectivos previstos nos termos de referência e na deliberação municipal que determina a sua elaboração (nº 1 do artigo 91º do RJIGT).

A necessidade desta adequação prende-se com o facto de os planos de pormenor ditos normais estarem mais vocacionados para áreas de expansão ou de renovação urbana, e não tanto para a reabilitação urbana.

Faz assim parte deste instrumento designadamente a definição dos princípios e das regras de uso do solo e dos edifícios da área de incidência. Tendo em consideração, contudo, os objectivos específicos que lhe cabe prosseguir tais princípios e regras devem ser orientados à valorização e protecção dos bens patrimoniais, culturais, naturais e paisagísticos existentes na sua área de intervenção; à adequação à estratégia de revitalização económica, social e cultural, em articulação com as demais políticas urbanas do município e à identificação e classificação sistemática dos edifícios, das infra-estruturas urbanas, dos equipamentos e dos espaços urbanos e verdes de utilização colectiva de cada unidade de execução, estabelecendo as suas necessidades e finalidades de reabilitação e modernização ou prevendo a sua demolição, quando aplicável.

Para além disso deverá ainda proceder à identificação e classificação sistemática dos edifícios, das infra-estruturas urbanas, dos equipamentos e dos espaços urbanos e verdes de utilização colectiva de cada unidade de execução, que também delimita – não obstante possam também ser delimitados em fase de execução (nº 2 do artigo 24º) –, estabelecendo as suas necessidades e finalidades de reabilitação e modernização ou prevendo a sua demolição, quando aplicável.

Porque a sua função é a de delimitar uma área de reabilitação urbana (cujo conteúdo consta do artigo 13º), deve ainda fazer parte do respectivo conteúdo material:

(i) a identificação dos concretos limites físicos da área a sujeitar à operação de reabilitação urbana

(i) a determinação do tipo de operação de reabilitação urbana a concretizar,

(ii) a fixação dos objectivos a alcançar com a operação de reabilitação urbana;

(iii) a determinação dos "instrumentos" programáticos (estratégicos) que orientam (enquadram) as operações de reabilitação urbana

Nos casos em que o plano de pormenor de reabilitação urbana desempenhe também as funções de plano de pormenor de salvaguarda – o que sucede sempre que a área de intervenção contenha ou coincida com património cultural imóvel classificado ou em vias de classificação, e respectivas zonas de protecção – deve este integrar ainda, no seu conteúdo material (cfr. artigos 53º, nº 3 da Lei nº 107/2001, de 8 de Setembro e 66º do Decreto-Lei nº 309/2009, de 29 de Maio):

(i) as regras e os princípios de salvaguarda e valorização destes bens estabelecendo, a ocupação e usos prioritários;

(ii) as áreas a reabilitar; os critérios de intervenção nos elementos construídos e naturais;

(iii) a cartografia e o recenseamento de todas as partes integrantes do conjunto;

(iv) as normas específicas para a protecção do património arqueológico existente;

(v) as linhas estratégicas de intervenção, nos planos económico, social e de requalificação urbana e paisagística;

(vi) a delimitação e caracterização física, arquitectónica, histórico-cultural e arqueológica da área de intervenção;

(vii) a situação fundiária da área de intervenção, procedendo, quando necessário, à sua transformação;

(viii) as regras de alteração da forma urbana, considerando as operações urbanísticas e os trabalhos de remodelação dos terrenos;

(ix) as regras de edificação, incluindo a regulação de volumetrias, alinhamentos e cérceas, o cromatismo e os revestimentos exteriores dos edifícios, as regras específicas para a protecção do património arqueológico, nomeadamente as relativas as medidas de carácter preventivo de salvaguarda do património arqueológico;

(x) as regras a que devem obedecer as obras de construção, ampliação, alteração, conservação e demolição;

(xi) a avaliação da capacidade resistente dos elementos esculturais dos edifícios, nomeadamente no que diz respeito ao risco sísmico; as regras de publicidade exterior e de sinalética; a identificação dos bens imóveis, ou grupos de bens imóveis, que podem suscitar o exercício do direito de preferência em caso de venda ou dação em pagamento.

2. Existe uma flexibilidade no que concerne à delimitação das unidades de execução: estas tanto o podem ser no próprio plano de pormenor [alínea a) do nº 1 do presente artigo], como podem sê-lo em momento posterior (cfr. nº 2)

Prevê-se, no entanto, uma novidade a este propósito comparativamente ao regime normal, pois admite-se que, ainda que delimitadas no plano de pormenor, as mesmas possam ser redelimitadas em fase de execução (isto ainda que tal possibilidade não esteja expressamente prevista no plano). Com efeito a redelimitação de uma unidade de execução definida em plano de pormenor, sem que este não defina critérios que flexibilizem a sua delimitação em concreto, não pode deixar de se considerar uma modificação deste (em regra uma alteração), dispensando-se aqui o cumprimento da tramitação atinente a esta modificação.

A identificação e articulação, referida na alínea b) do nº 1, dos principais projectos e acções a desenvolver em cada unidade de execução (que apenas terá de suceder, naturalmente, nas situações em que o plano de pormenor as delimite) é um elemento integrativo da estratégia de reabilitação urbana que deve estar contido no conteúdo material do plano de pormenor, como melhor veremos no comentário ao artigo seguinte).

Refira-se, a terminar, que o facto de se fazer referência, no que concerne ao conteúdo material dos planos de pormenor, às unidades de execução, indicia ter o legislador previsto que os mesmos se encontram essencialmente vocacionados para enquadrar operações de reabilitação urbana sistemática (é para a sua concretização, precisamente, que se prevê a delimitação de execução ou de intervenção – cfr. artigo 34º). Consideramos, porém, que não está afastada a possibilidade de os mesmos se referirem a operações de reabilitação urbana simples, o que se justifica quando o município pretenda definir, de forma mais impositiva, regras de edificabilidade a cumprir pelos proprietários na reabilitação dos seus edifícios ou quando tenha conseguido concertar-se dominantemente com os proprietários, mas pretenda vincular futuros adquirentes ao consenso assim obtido.

ARTIGO 25º
Conteúdo documental dos planos de pormenor de reabilitação urbana

1. *Para além do disposto no artigo 92º do regime jurídico dos instrumentos de gestão territorial, aprovado pelo Decreto-Lei nº 380/99, de 22 de Setembro, o plano de pormenor de reabilitação urbana é acompanhado pelos instrumentos de programação da operação de reabilitação urbana a que se refere o nº 4 do artigo 8º*

2. *Às alterações do tipo de operação de reabilitação urbana é aplicável o disposto na parte final do nº 1 e no nº 2 do artigo 20º.*

3. *As alterações à estratégia de reabilitação urbana ou ao programa estratégico de reabilitação urbana que não impliquem alteração do plano de pormenor de reabilitação urbana seguem o procedimento regulado nos nºs 3, 4 e 5 do artigo 20º.*

Comentário
Sumário:

1. Elementos que compõem ou que acompanham o plano?
2. Regime aplicável às alterações ao tipo de operação de reabilitação urbana e às alterações à estratégia de reabilitação urbana ou ao programa estratégico de reabilitação urbana

1. Uma vez que a função do plano de pormenor de reabilitação urbana é a de delimitar á área de reabilitação urbana, a qual, como referimos no comentário ao artigo 13º, integra a estratégia de reabilitação urbana e o programa estratégico de reabilitação urbana, consideramos que o mais adequado seria considerar estes instrumentos de programação como elementos componentes do plano (nº 1 do artigo 92º do RJIGT) e não como elementos que o acompanham (nº 2 deste normativo). Tanto mais que cabendo ao plano de pormenor a título principal (isto é, como integrando o seu conteúdo material típico), a par da definição das regras de uso e ocupação do solo e dos edifícios (a consagrar no regulamento), estabelecer a *estratégia integrada de actuação* (cfr. artigo 22º), os documentos adequados para verter tal estratégia são os referidos instrumentos de programação.

Mais, a integração destes instrumentos nos *documentos que compõe o plano* confere-lhes uma força vinculativa reforçada, tal como a têm os restantes documentos referidos no nº 1 do artigo 92º do RJIGT. Aliás só desta forma se compatibilizaria a força desta estratégia delineada por plano com a força que é reconhecida, ainda que indirectamente, ao programa estratégico de reabilitação urbana no âmbito do instrumento próprio (cfr. anotação 2 ao artigo 30º).

Consideramos, por isso, que a estratégia de reabilitação urbana ou ao programa estratégico de reabilitação urbana devem, a par do regulamento, da planta de implantação e da planta de condicionantes (artigo 92º, nº 1 do RJIGT) fazer parte dos documentos que compõe (constituem) o plano.

2. No que concerne à alteração da operação de reabilitação urbana definida, remete este normativo para a parte final do nº 1 do artigo 20º (que por sua vez remete para o procedimento de delimitação de uma área de reabilitação urbana por instrumento próprio) e para o nº 2 do mesmo artigo – que isenta de discussão pública a alteração de uma operação de reabilitação urbana sistemática para simples (cfr., a este propósito, o que referimos no comentário 2 do artigo 20º quanto a esta dispensa de discussão pública – onde defendemos que esta não é a solução mais adequada).

Refira-se, para além deste aspecto, que o legislador parece assumir que têm autonomia, no seio do plano de pormenor, as decisões tomadas a propósito das operações de reabilitação urbana e dos respectivos instrumentos de programação ou estratégicos, ao admitir que eles possam ser alterados sem que tal implique uma alteração do plano (cfr. nºs 2 e 3 do artigo 25º). Temos, no entanto, dúvidas quanto a este aspecto, já que aquelas decisões não podem deixar de se considerar parte integrante do plano que, por delimitar a área de reabilitação urbana, também as define, integrando-as no seu conteúdo.

Estas alterações terão, pois, de ser desencadeadas ao abrigo do procedimento de alteração do plano regulado no RJIGT.

A Proposta de Lei nº 24/XII cai, quanto a nós, nos mesmos equívocos que acabámos de apontar, ao pressupor que a operação de reabilitação urbana e os respectivos instrumentos estratégicos possam ser (quando nunca são) exteriores ao Plano de Pormenor que os aprova.

ARTIGO 26º
Elaboração dos planos de pormenor de reabilitação urbana

1. A elaboração do plano de pormenor de reabilitação urbana compete à câmara municipal, por iniciativa própria ou mediante proposta apresentada pelos interessados, sendo determinada por deliberação, a publicar e divulgar nos termos do nº 1 do artigo 74º do regime jurídico dos instrumentos de gestão territorial, aprovado pelo Decreto-Lei nº 380/99, de 22 de Setembro.

2. Na deliberação referida no número anterior, a câmara municipal define os termos de referência do plano de pormenor, os quais integram, sempre que a prevista área de intervenção do plano abranja uma área de reabilitação urbana já delimitada em instrumento próprio, a estratégia de reabilitação urbana ou o programa estratégico de reabilitação urbana em causa.

3. A câmara municipal pode, na deliberação referida no nº 1, encarregar uma entidade de entre as mencionadas na alínea b) do nº 1 do artigo 10º da preparação do projecto do plano de pormenor e dos elementos que o acompanham.

4. Nas situações em que já exista estratégia de reabilitação urbana ou programa estratégico de reabilitação urbana em vigor, que abranjam a totalidade da área de intervenção do plano, e se mantenham os objectivos e acções neles definidos, não há lugar a participação pública preventiva prevista no nº 2 do artigo 77º do regime jurídico dos instrumentos de gestão territorial, aprovado pelo Decreto-Lei nº 380/99, de 22 de Setembro.

Comentário
Sumário:
1. Iniciativa da elaboração do plano
2. Contratos para planeamento
3. Competência para elaboração do projecto

1. O procedimento de elaboração do plano de pormenor de reabilitação urbana é o procedimento previsto no RJIGT, com as particularidades que decorrem do presente diploma.

Assim, aqui, como no RJIGT, incumbe à câmara municipal a *deliberação de elaboração do plano*, que terá de ser devidamente publicitada para efeitos de participação preventiva dos interessados (cfr. artigos 74º, nº 1, e 77º, nº 2, do RJIGT), devendo aquele órgão, logo nessa sede, estabelecer os respectivos *prazos de elaboração*, justificar a *oportunidade* da mesma e ainda identificar os respectivos *termos de referência* (isto é, os grandes objectivos, mas também, eventualmente, algumas das soluções à partida já delineadas e que no mesmo se pretendem plasmar) – artigo 74º, nº 2, do RJIGT.

A participação preventiva não terá lugar nas situações referidas nos nºs 2 e 3 do artigo 23º do presente diploma, em que, por a área já ter sido objecto de delimitação de uma área de reabilitação urbana, já exista estratégia de reabilitação urbana ou programa estratégico de reabilitação urbana em vigor que abranjam a totalidade da área de intervenção do plano e se mantenham os objectivos e acções neles definidos. Esta solução compreende-se, pois se a área já tiver sido delimitada como área de reabilitação urbana, a mesma já terá estado sujeita a discussão pública.

Nesta situação, os termos de referência do plano de pormenor devem integrar a estratégia de reabilitação urbana ou programa estratégico de reabilitação urbana

2. Admite-se aqui, como para os restantes planos de pormenor em geral, a possibilidade de a sua elaboração ser (ou ter sido) objecto de contratação entre o município e interessados (contratos para planeamento, celebrados ao abrigo do disposto no artigo 6º-A do RJIGT). Neste sentido aponta o nº 1 do artigo 26º a possibilidade de a deliberação da elaboração do plano de pormenor de reabilitação urbana ter na sua base propostas apresentados por interessados.

Valem neste caso todos os limites e regras aplicáveis a este tipo de contratos. A este propósito refira-se que só está aqui em causa a concertação com os interessados do conteúdo a conferir ao plano e não (nunca) a atribuição a estes da elaboração técnica do *projecto de plano* (com a consequente atribuição a eles do poder de contratar as equipas técnicas, quando necessário), já que, dada a especial posição em que os particulares se encontram nestas situações, não podem *oferecer garantias de uma actuação desinteressada no exercício destes poderes públicos*. Admitir uma solução diferente seria conferir aos privados – claramente interessados na concretização de um determinado projecto urbanístico e, por isso, não desinteressados da solução a consagrar no plano –, uma ampla fatia do poder público de planeamento: o de elaboração do projecto do plano e, mais, de importantes de peças documentais que influenciam de forma decisiva as opções a tomar pela administração municipal. As exigências de *transparência*, de *imparcialidade*, e da *prossecução exclusiva do interesse público*, impedem, assim, a atribuição daquela elaboração aos privados já que, com isso, se estaria a potenciar o risco de *promiscuidade* entre os interesses privados e os interesses públicos, não permitindo garantir a preponderância destes (que são aqueles que, com o plano, se visam prosseguir em primeira linha).

Acresce que, com esta solução (com a consequente transferência para os privados da responsabilidade de contratação das equipas técnicas), permitir-se-ia a fuga, via contratualização de planos, às regras da concorrência na escolha daquelas equipas.

Terá, assim, de se concluir que não resulta do artigo 6º-A do RJIGT, nem poderia, do ponto de vista jurídico, resultar, que por intermédio dos contratos para planeamento se possa incumbir o proponente privado da tarefa de elaboração de um *projecto de plano* (projecto de regulamento e respectivas plantas de implantação); de preparação e elaboração de todos os *trabalhos, estudos e projectos* (designadamente de natureza arquitectónica, geológica, paisagística) necessários à formação do plano e de elaboração dos restantes *estudos complementares ao plano* necessários à sua aprovação. Cfr. Fernanda Paula Oliveira, *A Discricionariedade de Planeamento Urbanístico Municipal na Dogmática Geral da Discricionariedade Administrativa*, Colecção Teses, Coimbra, Almedina, 2011, pp. 306 e ss.

3. A atribuição desta tarefa (de elaboração técnica do plano) a terceiras entidades que não os municípios apenas deve ser admitida quando exista uma clara e inequívoca previsão legal nesse sentido e estejam garantidas as condições de imparcialidade, de prossecução do interesse público e de concorrência na contratação das equipas. É o que sucede, precisamente, com o disposto no nº 3 do artigo 26º do RJRU, que prevê expressamente a possibilidade de a câmara encarregar uma empresa do sector empresarial local "*da preparação do projecto de plano de pormenor e dos elementos que o acompanham*" ou seja, da "*execução técnica de planos de pormenor*", a qual integra também o poder de contratar as equipas técnicas, quando necessário, sendo que, para o efeito, e dada a natureza destas entidades, deverá ser dado cumprimento às exigências da contratação pública.

ARTIGO 27º
Acompanhamento da elaboração dos planos de pormenor de reabilitação urbana

1. Ao acompanhamento dos planos de pormenor de reabilitação urbana aplica-se o disposto no artigo 75º-C do regime jurídico dos instrumentos de gestão territorial, aprovado pelo Decreto-Lei nº 380/99, de 22 de Setembro.

2. Na conferência de serviços, as entidades da administração central, directa e indirecta, que devam pronunciar-se sobre o plano de pormenor de reabilitação urbana em razão da localização ou da tutela de servidões administrativas e de restrições de utilidade pública devem indicar expressamente, sempre que se pronunciem desfavoravelmente, as razões da sua discordância e quais as alterações necessárias para viabilização das soluções do plano.

3. A pronúncia favorável das entidades referidas no número anterior ou o acolhimento das suas propostas de alteração determinam a dispensa de consulta dessas entidades em sede de controlo prévio das operações urbanísticas conformes com o previsto no plano.

Comentário

Sumário:

1. Acompanhamento
2. Dispensa de consulta em sede de controlo preventivo

1. Também o acompanhamento à elaboração do plano é feito, como não podia deixar de ser, nos termos do RJIGT, embora com algumas adaptações.

A fase de *acompanhamento* tem como objectivos precípuos acautelar uma melhor consideração e, em consequência, uma mais eficaz ponderação dos distintos interesses públicos que possam ser afectados pelo plano em elaboração, fase que comporta actualmente a de *concertação* entre as entidades que procedem ao acompanhamento e a responsável pela elaboração do plano com o objectivo de garantir que este é o resultado do mais amplo consenso entre todas.

O Decreto-Lei nº 316/2007, que introduziu alterações ao RJIGT veio, numa lógica de descentralização e reforço da responsabilização municipal, atribuir às câmaras municipais o controlo da fase de acompanhamento, sendo este órgão que decide se a promove ou não, havendo, no entanto, sempre lugar, concluída que esteja a elaboração técnica do projecto de plano, a uma *conferência de serviços*, no âmbito da qual se obtém um único parecer final que congrega a posição de todas as entidades que sobre o mesmo obrigatoriamente tenham de se pronunciar [incluindo a da comissão de coordenação e desenvolvimento regional (CCDR)].

Ou seja, e dito de outro modo, verifica-se agora, em matéria de elaboração de planos pormenor – e, por isso, também, dos de reabilitação urbana –, a desnecessidade de acompanhamento da elaboração técnica do plano, o que não se traduz, contudo, numa equivalente dispensa de as entidades externas se pronunciarem acerca do mesmo, mantendo-se esta pronúncia, aliás, como formalidade essencial do procedimento. O que mudou, em resposta ao vector da maior autonomia e descentralização – com a correspectiva maior responsabilização – dos municípios e ao vector da simplificação dos procedimentos que nortearam as alterações legislativas mais recentes, foi o paradigma subjacente à forma de emissão dos pareceres das referidas entidades. A diferença reside na maior liberdade que é dada aos municípios na tarefa da elaboração da proposta do plano, não os amarrando a reuniões formais e delongadas de acompanhamento, cabendo-lhes assegurar e responsabilizar-se que, no plano sectorial – naquilo que na prática justifica a intervenção das entidades –, tudo está em conformidade com as normas legais e regulamentares em vigor. Atribui-se, assim, às câmaras municipais o controlo desta fase procedimental. No entanto, a intervenção das entidades sectoriais continua a ter de ocorrer, embora, em vez de intervenções parcelares e desgarradas, as mesmas se processem de *uma só vez* e *a uma só voz*, em sede de conferência de serviços, a realizar em fase posterior à elaboração técnica do projecto do plano.

A este propósito determina o artigo aqui em anotação que as entidades da administração estadual que devam pronunciar-se sobre o plano de pormenor em razão da localização ou da tutela de servidões administrativas e de restrições de utilidade pública devem indicar expressamente, sempre que se pronunciem desfavoravelmente no âmbito da conferência de serviços, as razões da sua discordância e quais as alterações necessárias para a viabilização das soluções do plano (nº 2 do artigo 27º). Muito embora estas referências surjam neste normativo como se de especificidades do procedimento de elaboração de um plano de pormenor de reabilitação urbana se tratem, consideramos que ele labuta num equívoco: primeiro porque não vemos como é que, no âmbito do acompanhamento à elaboração dos restantes instrumentos de planeamento, a emissão de pareceres desfavoráveis não tenha de ser acompanhada das razões que a fundamentam; segundo porque parece pressupor que tais pareceres são vinculativos e que o procedimento apenas pode avançar se forem introduzidas nos planos soluções que superem as objecções deles constantes. Ora, tais pareceres não são (nem nunca foram vinculativos, porque, nos termos do CPA, os pareceres apenas adquirem este valor se a lei expressamente o determinar, o que não sucede neste âmbito). Não deve, no entanto confundir-se não vinculatividade dos pareceres com não vinculatividade de regimes legais imperativos em que aqueles se baseiam.

2. Determina ainda este normativo que a pronúncia favorável das entidades referidas no comentário anterior ou o acolhimento das suas propostas de alteração, têm repercussão nos procedimentos de controlo preventivo das operações urbanísticas que venha a ser realizadas em concretização do plano (em regra, comunicação prévia, dado o conteúdo preciso e concreto do plano de pormenor de reabilitação urbana), na medida em que se dispensa a consulta destas entidades.

Também aqui não estamos perante qualquer especificidade, já que esta é também a regra aplicável quando estejam em causa outros tipos de planos de pormenor. Com efeito, se as entidades já se tiverem pronunciado sobre a solução a plasmar no plano (que será sempre bastante concreta atenta a escala a que ele é elaborado), não se justifica a sua pronúncia posterior no âmbito dos procedimentos autorizativo das operações que a concretizam.

Refira-se que estas entidades têm de se pronunciar – favoravelmente ou desfavoravelmente – sobre o projecto de plano, estando por isso impedidas de emitir um parecer meramente formal, em que remetam a sua pronúncia material para o procedimento de controlo preventivo que se sucede, nem podendo no seu parecer favorável, afirmar que não dispensam a sua intervenção no procedimento sucessivo de controlo preventivo (cfr., no entanto, a anotação 3 ao artigo seguinte).

ARTIGO 28º
Regime dos planos de pormenor de reabilitação urbana em áreas que contêm ou coincidem com património cultural imóvel classificado ou em vias de classificação e respectivas zonas de protecção

1. *No caso previsto no nº 2 do artigo 21º, a administração do património cultural competente colabora, em parceria, com o município na elaboração do plano de pormenor de reabilitação urbana, nos termos do nº 1 do artigo 53º da Lei nº 107/2001, de 8 de Setembro, devendo ser ouvida na definição dos termos de referência do plano no que diz respeito ao património cultural imóvel classificado ou em vias de classificação, e respectivas zonas de protecção, e devendo prestar o apoio técnico necessário nos trabalhos de preparação e concepção do projecto do plano para as mesmas áreas.*

2. *Os termos da colaboração da administração do património cultural podem ser objecto de um protocolo de parceria a celebrar com a câmara municipal competente, sem prejuízo do acompanhamento obrigatório do plano de pormenor de reabilitação urbana.*

3. *A pronúncia da administração do património cultural no que diz respeito ao património cultural imóvel classificado ou em vias de classificação, e respectivas zonas de protecção, é obrigatória e vinculativa, devendo, em caso de pronúncia desfavorável, ser indicadas expressamente as razões da sua discordância e, sempre que possível, quais as alterações necessárias para viabilização das soluções do plano de pormenor de reabilitação urbana.*

4. *A vigência do plano de pormenor de reabilitação urbana determina a dispensa de consulta da administração do património cultural em sede de controlo prévio das operações urbanísticas conformes com o previsto no plano, nos termos do nº 2 do artigo 54º da Lei nº 107/2001, de 8 de Setembro.*

5. *Sem prejuízo do disposto no número anterior, o plano de pormenor pode prever expressamente a necessidade de emissão de parecer prévio favorável por parte da administração do património cultural competente relativamente a operações urbanísticas que incidam sobre património cultural imóvel classificado ou em vias de classificação como de interesse nacional ou de interesse público ou sobre imóveis situados nas respectivas zonas de protecção, procedendo à sua identificação em anexo ao regulamento e em planta de localização.*

6. *Em qualquer caso, não pode ser efectuada a demolição total ou parcial de património cultural imóvel classificado ou em vias de classificação sem prévia e expressa autorização da administração do património cultural competente, aplicando-se as regras constantes do artigo 49º da Lei nº 107/2001, de 8 de Setembro.*

Comentário
Sumário:

1. Articulação com o Decreto-Lei nº 309/2009: plano de pormenor integrado

2. As especificidades do procedimento com vista a harmonizar competências e as dúvidas que suscitam

3. Regime especial de consultas no âmbito do RJUE

4. Regime aplicável às demolições

5. Plano de Pormenor de reabilitação urbana em área em que já exista um "plano de pormenor de salvaguarda"

1. O procedimento de elaboração do plano de pormenor de reabilitação urbana é mais complexo no caso de incidir sobre património cultural imóvel classificado ou em vias de classificação e respectivas zonas de protecção, já que, nestes casos, o plano de reabilitação urbana passa a integrar o plano de pormenor de salvaguarda regulado no Decreto-Lei nº 309/2009 (cfr. comentário ao artigo 21º). Um plano de pormenor *"dois em um"*ou plano de pormenor integrado, portanto. O regime que consta do artigo aqui em anotação tem correspondência com os artigos 67º e 68º do Decreto-Lei nº 309/2009.

2. Segundo a doutrina (cfr. Suzana Tavares da Silva, "Reabilitação Urbana e valorização ..., *cit*, e Carlos Pinto Lopes e Jorge Silva Sampaio, "A Reabilitação Urbana e o Património., *cit.*,), sempre se notou uma desarmonia quanto às competências da reabilitação urbana e em matéria de património cultural, visto que sempre esteve atribuída aos municípios uma competência genérica para a reabilitação de centros históricos, enquanto a *classificação*, por exemplo, de um *conjunto,* que pode ser de interesse nacional, público ou municipal, apenas pode ser prosseguida pela câmara municipal no último caso.

No actual regime continua a atribuir-se aos municípios a competência para *todos* os casos de reabilitação urbana (a câmara propõe e a assembleia municipal aprova), independentemente, se incidirem sobre património cultural e, por isso, aquele plano também passar a "fazer as vezes do plano de pormenor de salvaguarda", independentemente de os bens estarem classificados como de interesse municipal, público ou nacional (cfr. artigo 12º, nº 2, e 14º).

Nota-se é um esforço para reforçar a colaboração entre as várias administrações que representam cada um dos interesses em causa: o município e a entidade responsável pelo património cultural, o IGESPAR. I.P. Por isso se prevê, no nº 1 do artigo 28º, que a administração do património cultural competente deve *colaborar* com o município na elaboração do plano de pormenor de reabilitação urbana, devendo ser *ouvida na definição dos termos de referência do plano relativamente ao património cultural imóvel classificado,* e devendo ainda prestar o *apoio técnico necessário nos trabalhos de preparação e concepção do projecto do plano para as mesmas áreas*. Esta colaboração pode ser objecto de uma parceria, na qual, entre outros, deveriam resultar claros os termos da colaboração técnica e financeira entre o IGESPAR e o Município respectivo.

Resulta, assim, que não está em causa a elaboração de um plano em co--autoria, ainda que os bens classificados sobre os quais incide o plano de pormenor de reabilitação urbana sejam de interesse nacional (o que apelaria para a configuração deste plano como sectorial). A solução legal (quer do RJRU quer do Decreto-Lei nº 309/2009) foi de configurar estes planos como um plano municipal, o que se compreende pois está em causa uma regulamentação urbanística da ocupação destas áreas que seja compatível com a sua protecção. No entanto, e como contra peso daquela opção, a intervenção do IGESPAR. I.P é reforçada, comparativamente com o que sucede com os restantes planos municipais, já que se configura o seu parecer como obrigatório e *vinculativo*, num claro desvio, quanto a esta última característica, ás regras gerais. Note-se, porém, que o carácter vinculativo do parecer do IGESPAR. I.P. apenas existe nas áreas para as quais esta entidade detenha competências específicas no âmbito do património cultural (imóveis classificados ou em vias de classificação e respectivas zonas de protecção), não devendo extravasar territorialmente o seu âmbito de intervenção. Também de um ponto de vista material ocorre uma limitação a este carácter vinculativo. Assim, não estando a realização de obras de mera alteração no interior de bens imóveis nas zonas de protecção, sem impactes arqueológicos, sujeita a parecer prévio favorável do IGESPAR [artigo 51º, nº 2, alínea a), do Decreto-Lei nº 309/2009], o parecer a emitir por ele sobre a reestruturação interna e/ou fundiária de imóveis situados na zona de protecção de imóveis classificados ou em vias de classificação no âmbito da proposta de plano de pormenor, não deve ter carácter vinculativo.

Refira-se, por fim, que também aqui se prevê que caso tal pronúncia seja desfavorável, deve a administração indicar expressamente as razões da sua discordância e, sempre que possível, indicar também quais as alterações necessárias para viabilização das soluções do plano de pormenor de reabilitação urbana. Esta intervenção reforçada é, reafirmamo-lo, limitada às questões atinentes ao património cultural imóvel classificado ou em vias de classificação e respectivas zonas de protecção.

Mais, note-se que a vinculatividade da pronúncia do IGESPAR apenas se encontra prevista para a fase de acompanhamento, o que significa que a audição relativa à definição dos termos de referência do plano (e, portanto, antes do início do procedimento de planeamento) é obrigatória mas não vinculativa. Portanto, passado o prazo legal para pronúncia supletivamente previsto no Código de Procedimento Administrativo a Câmara Municipal pode legitimamente aprovar os termos de referência que haja delineado e, bem assim, deliberar o início do procedimento de planeamento que neles se baseie.

3. Decorre ainda deste normativo que a vigência do plano de pormenor de reabilitação urbana determina a dispensa da consulta do IGESPAR em sede de controlo preventivo das operações urbanísticas que o concretizem, apenas se exigindo que tais actos, uma vez emanados, lhe sejam comunicados (artigo 54º, nº 2 da Lei nº 107/2001).

Não obstante este facto, determina o presente artigo que o plano de pormenor pode prever expressamente a necessidade de emissão de parecer prévio favorável por parte da administração do património cultural competente relativamente a operações urbanísticas que incidam sobre património cultural imóvel classificado ou em vias de classificação como de interesse nacional ou de interesse público ou sobre imóveis situados nas respectivas zonas de protecção, procedendo à sua identificação em anexo ao regulamento e em planta de localização. Contudo, tal apenas se justificará, em nosso entender, atenta a obrigação de o IGESPAR se pronunciar sobre a proposta de plano, quando se trate de opções do plano que, por não terem o necessário grau de precisão, necessitam de uma apreciação por parte daquela entidade em sede de projecto. Com efeito, tal como afirmámos no comentário 2 do artigo anterior, o IGESPAR tem de se pronunciar – favoravelmente ou desfavoravelmente – sobre o plano, estando impedido ora de emitir um parecer em que se limita a remeter a sua pronúncia para o procedimento de controlo preventivo posterior, ora de emitir parecer favorável, mas condicionado a uma sua nova intervenção posterior no âmbito do procedimento de controlo preventivo das operações urbanísticas de concretização do plano. Efectivamente, deve promover-se nos planos a identificação o mais completa possível dos regimes de protecção dos imóveis classificados ou em vias de classificação, de modo a evitar a multiplicação dos esforços da administração, com prejuízo para o cidadão, devido à duplicação dos prazos de apreciação das operações urbanísticas.

Precisamente, segundo julgamos, de forma a evitar interpretações ou aplicações abusivas da presente norma por parte do IGESPAR, a Proposta de Lei nº 24/XII revoga o nº 5 do presente normativo. A simplificação de procedimentos e o encurtar dos prazos processuais no licenciamento é um dos principais objectivos a atingir se se pretende dinamizar e introduzir uma nova dinâmica na reabilitação e deve como tal ser assumido pelo legislador e pela própria Administração.

4. Sem prejuízo do disposto na anotação anterior, quando se trate de demolição total ou parcial a efectuar no património cultural imóvel classificado ou em vias de classificação, de ser sempre necessário obter previamente, e de forma e expressa, autorização do IGESPAR, I.P., aplicando-se as regras constantes do artigo 49º da Lei nº 107/2001. Esta disposição merece a nossa crítica, uma vez que as situações de demolição previstas neste artigo 49º (a existência de ruína ou a verificação em concreto da primazia de um bem jurídico superior ao que está presente na tutela dos bens culturais, desde que, em qualquer dos casos, se não mostre viável nem razoável, por qualquer outra forma, a salvaguarda ou o deslocamento do bem) não foram pensadas para situações em que exista plano de pormenor que expressamente identifique um imóvel classificado como sendo total ou parcialmente a demolir. Nesta hipótese, tendo tido o plano necessariamente o parecer prévio favorável do IGESPAR, há que considerar que as condições para que a demolição ocorra se mostram preenchidas, sem necessidade de nova pronúncia do IGESPAR.

No sentido desta nossa crítica vai a a Proposta de Lei nº 24/XII, que propõe para o nº 6 do presente artigo a seguinte redacção: "Em qualquer caso, não pode ser efectuada a demolição total ou parcial de património cultural imóvel classificado ou em vias de classificação sem prévia e expressa autorização da administração do património cultural competente, aplicando-se as regras constantes do artigo 49º da Lei nº 107/2001, de 8 de Setembro, salvo quando esteja em causa património cultural imóvel cuja demolição total ou parcial tenha sido objecto de pronúncia favorável por parte da referida administração em sede de elaboração do correspondente plano de pormenor de reabilitação urbana."

5. Nos casos em que a área já dispõe de um plano de pormenor de salvaguarda (ou um plano de pormenor de reabilitação e salvaguarda), o plano de reabilitação urbana ora previsto no RJRU pode alterá-lo ou, mesmo, substituí-lo, seguindo o procedimento definido neste artigo. Isto porque aqueles planos de salvaguarda prévios são, na sua origem e função, planos puramente municipais (sem que tenham tido na sua base as salvaguardas relativas ao património cultural que hoje, resultam tanto do RJRU como do Decreto-Lei nº 309/2009).

CAPÍTULO III
OPERAÇÕES DE REABILITAÇÃO URBANA
SECÇÃO I
OPERAÇÕES DE REABILITAÇÃO URBANA SIMPLES

ARTIGO 29º
Execução das operações de reabilitação urbana simples

Sem prejuízo dos deveres de gestão cometidos à entidade gestora, nos termos do presente decreto-lei, as acções de reabilitação de edifícios tendentes à execução de uma operação de reabilitação urbana simples devem ser realizadas preferencialmente pelos respectivos proprietários e titulares de outros direitos, ónus e encargos.

Comentário

Sumário:

1. Proprietários e titulares de outros direitos, ónus e encargos
2. Articulação da operação de reabilitação urbana simples com os modelos de execução de iniciativa dos particulares

1. Como referimos, correspondendo a operação de reabilitação urbana simples a um conjunto de operações urbanística de intervenção no *edificado*, o que o presente artigo visa identificar, desde logo, é quem tem legitimidade para as concretizar. Na nossa óptica, não obstante o presente normativo se refira aos *proprietários* e *titulares de outros direitos, ónus e encargos*, será adequado lançar mão, como critério orientador, do previsto no artigo 9º do RJUE que se refere aos titulares de qualquer direito que lhes confira a faculdade de realizar a operação urbanística pretendida. Para mais desenvolvimentos sobre as questões de legitimidade urbanística cfr. Fernanda Paula Oliveira, Maria José Castanheira Neves, Dulce Lopes e Fernanda Maçãs *Regime Jurídico da Urbanização e Edificação, Comentado*, 3ª edição, Coimbra, Almedina, 2011, comentário ao artigo 9º.

A noção de proprietários e titulares de outros direitos, ónus e encargos é, não obstante, densificada no artigo 69º do RJRU, ainda que aí se reflictam, essencialmente, as regras de legitimidade procedimental, que têm um escopo e âmbito mais amplos (cfr. o nº 3 do artigo 69º) do que as regras sobre repartição de responsabilidades na concretização de operações de reabilitação. Neste domínio, e a título principal, as responsabilidades são cometidas aos proprietários e titulares de direitos reais sobre o prédio (ou fracção autónoma) que envolvam uma ampla disposição sobre o mesmo, como acontece com os titulares de direito de usufruto, de uso e habitação e de superfície. Tal não invalida que quem seja titular de outros direitos reais não tenha um papel a desempenhar em matéria de reabilitação urbana, sobretudo porque as intervenções programadas, ainda que sejam essencialmente de reabilitação do edificado podem ter repercussões (em regra positivas, mas que podem também ser negativas) no valor do objecto por exemplo hipotecado ou, por exemplo, podem afectar uma servidão de vistas ou de estilicídio preexistente. É por isso importante envolver todos estes privados na execução das operações de reabilitação urbana simples, pois só com o seu esforço conjunto poderão estas ser viabilizadas.

2. A execução por iniciativa dos particulares ocorre normalmente quando está em causa uma operação de reabilitação urbana simples (reabilitação do edificado), já que, o que a caracteriza é, nos termos do artigo 29º do presente diploma, o facto de a reabilitação dos edifícios *dever ser realizada preferencialmente pelos respectivos proprietários* [cfr. também o artigo o artigo 6º e a alínea b) do artigo 4º]. Tal não significa, porém, que esta modalidade de execução não possa também ser mobilizável – e normalmente é – no âmbito das operações de reabilitação urbana sistemáticas (intervenção no edificado e no espaço público com vista à sua requalificação), na medida em que, também aí, a reabilitação dos edifícios impende sobre os particulares (cfr. artigo 31º), exigência que se compreende por, por um lado, as operações urbanísticas em que se traduzem as acções de reabilitação apenas poderem ser realizadas por quem tenha legitimidade urbanística para tal (os proprietários ou titulares de outros direitos sobre o imóvel) quer porque, por outro lado, as exigências decorrentes dos princípios da *proporcionalidade* e da *subsidiariedade da acção pública* impõem que a substituição daqueles particulares apenas pode operar quando tal se revele manifestamente necessário aos objectivos da reabilitação a alcançar (designadamente quando eles não queriam ou não possam proceder à reabilitação dos seus edifícios).

Para mais desenvolvimentos cfr. comentário ao artigo 39º.

ARTIGO 30º
Estratégia de reabilitação urbana

1. As operações de reabilitação urbana simples são orientadas por uma estratégia de reabilitação urbana.

2. A estratégia de reabilitação urbana deve, sem prejuízo do tratamento de outras matérias que sejam tidas como relevantes:

a) Apresentar as opções estratégicas de reabilitação da área de reabilitação urbana, compatíveis com as opções de desenvolvimento do município;

b) Estabelecer o prazo de execução da operação de reabilitação urbana;

c) Definir as prioridades e especificar os objectivos a prosseguir na execução da operação de reabilitação urbana;

d) Determinar o modelo de gestão da área de reabilitação urbana e de execução da respectiva operação de reabilitação urbana;

e) Apresentar um quadro de apoios e incentivos às acções de reabilitação executadas pelos proprietários e demais titulares de direitos e propor soluções de financiamento das acções de reabilitação;

f) Explicitar as condições de aplicação dos instrumentos de execução de reabilitação urbana previstos no presente decreto-lei;

g) Identificar, caso o município não assuma directamente as funções de entidade gestora da área de reabilitação urbana, quais os poderes delegados na entidade gestora, juntando cópia do acto de delegação praticado pelo respectivo órgão delegante, bem como, quando as funções de entidade gestora sejam assumidas por uma sociedade de reabilitação urbana, quais os poderes que não se presumem delegados;

h) Mencionar, se for o caso, a necessidade de elaboração, revisão ou alteração de plano de pormenor de reabilitação urbana e definir os objectivos específicos a prosseguir através do mesmo.

Comentário

Sumário:

1. Escopo da estratégia de reabilitação urbana
2. Conteúdo da estratégia de reabilitação urbana
3. Efeitos jurídicos da estratégia de reabilitação urbana

1. A lei exige a definição de uma estratégia de reabilitação urbana no caso de operações de reabilitação urbana simples a qual pode ser perspectivada como *instrumentos de programação vocacionados para a execução* da reabilitação urbana, visando programá-la e orientá-la. Devem, por este motivo, e precisamente porque não têm a natureza jurídica de instrumentos de gestão territorial, cumprir e estar articulados com os instrumentos de planeamento em vigor na área.

A sua existência enquadra-se nas exigências de um novo paradigma de gestão urbanística, em que as intervenções não ocorrem de acordo com a programação dos particulares (designadamente dos proprietários dos solos ou dos edifícios ou titulares de outros direitos que incidam sobre estes) – e, portanto, não devem ser realizadas casuisticamente e desarticuladas entre si –, mas de acordo com a ordem de prioridades e a programação definida pelo próprio município.

2. Da estratégia de reabilitação urbana constam as opções mais relevantes para a concretização da reabilitação urbana: definição das *opções estratégicas de reabilitação;* determinação do *prazo de execução da operação de reabilitação urbana* (que não pode ser superior a 15 anos, sem prejuízo da possibilidade da sua prorrogação – artigo 18º); definição das *prioridades e especificação dos objectivos a prosseguir na execução* da operação de reabilitação urbana; determinação do *modelo de gestão da área de reabilitação urbana* e de *execução* da respectiva operação; a*presentação do quadro de apoios e incentivos às acções de reabilitação executadas pelos proprietários* e demais titulares de direitos e identificação de soluções de financiamento das acções de reabilitação; explicitação das *condições de aplicação dos instrumentos de execução de reabilitação urbana;* identificação, caso o município não assuma directamente as funções de entidade gestora da área de reabilitação urbana, quais *os poderes delegados na entidade gestora,* juntando cópia do acto de delegação praticado pelo respectivo órgão delegante, bem como, quando as funções de entidade gestora sejam assumidas por uma sociedade de reabilitação urbana, quais *os poderes que não se presumem delegados.*

O âmbito da estratégia de reabilitação urbana é, assim, muito amplo, acompanhando intimamente a operação de reabilitação urbana simples desde o seu início (entrada em vigor de plano de pormenor ou de instrumento próprio) até à sua extinção (seja em virtude da sua execução, seja em virtude da sua caducidade). Em termos sintéticos, a estratégia de reabilitação urbana incide sobre:

    i. definição das opções e prioridades estratégicas;
    ii. enquadramento financeiro e fiscal da operação;
    iii. ligação com outros instrumentos urbanísticos;
    iv. definição do modelo, sistemas e prazos de execução da operação;
    v. identificação do modelo de gestão e de acompanhamento.

Esta defnição tipo do conteúdo da estratégia de reabilitação urbana não invalida que nela sejam incluídos outros elementos considerados relevantes pela entidade competente. Tal sucederá amiúde, a nosso ver, no caso das operações aprovadas por intermédio de instrumento próprio, caso em que a estratégia pode integrar, designadamente, o resultado dos estudos de diagnóstico efectuados.

3. Embora, por não serem planos municipais, estes instrumentos não possam produzir o mesmo tipo de efeitos que a estes são reconhecidos (designadamente, efeitos directos em relação aos particulares) – não podendo, por isso, ser utilizados como instrumentos autónomos para, com base neles, se indeferirem as concretas operações urbanísticas que os contrariem –, o RJRU veio aditar, ao contrário do que sucedia ao abrigo do diploma de 2004, um novo motivo de indeferimento das licenças ou de rejeição das comunicações prévias: a susceptibilidade de as operações *causarem um prejuízo manifesto à reabilitação do edifício* (no caso de operação de reabilitação urbana simples). O que significa a possibilidade de mobilização *indirecta* da estratégia de reabilitação urbana como parâmetro para a apreciação das concretas operações urbanísticas, já que, com base nela (no seu incumprimento) é possível invocar-se aqueles fundamentos genéricos e, assim, indeferir-se uma licença ou rejeitar-se uma comunicação prévia. Cfr. também comentário ao artigo 52º

SECÇÃO II
OPERAÇÕES DE REABILITAÇÃO URBANA SISTEMÁTICA
SUBSECÇÃO I
DISPOSIÇÕES GERAIS

ARTIGO 31º
Execução das operações de reabilitação urbana sistemática

Sem prejuízo dos deveres de reabilitação de edifícios que impendem sobre os particulares e da iniciativa particular na promoção da reabilitação urbana, nos termos do presente decreto-lei, as intervenções tendentes à execução de uma operação de reabilitação urbana sistemática devem ser activamente promovidas pelas respectivas entidades gestoras.

Comentário
Sumário:
Repartição de responsabilidades nas operações de reabilitação urbana sistemática

De acordo com este artigo devem ser as entidades gestoras a promover activamente a reabilitação urbana sistemática. Muito embora o dever de reabilitação de edifícios continue a competir, em primeira linha, aos particulares, a promoção da reabilitação urbana é neste caso da iniciativa da entidade gestora (cfr., no entanto, a anotação 4 ao artigo 8º, na qual admitimos que a execução por Administração conjunta seja feita por iniciativa dos particulares). Ainda assim, o que caracteriza a participação activa desta entidade não é apenas a decisão de executar a operação, mas a sua efectiva condução, de acordo com os desígnios do programa estratégico de reabilitação urbana delineado, tarefa esta que é cometida, por lei, à entidade gestora.

ARTIGO 32º
Declaração de utilidade pública como efeito de delimitação de área de reabilitaçãourbana

Quando se opte pela realização de uma operação de reabilitação urbana sistemática, a delimitação de uma área de reabilitação urbana tem como efeito directo e imediato a declaração de utilidade pública da expropriação ou da venda forçada dos imóveis existentes, bem como da constituição sobre os mesmos das servidões, necessárias à execução da operação de reabilitação urbana.

Comentário

Sumário:

1. Sentido desta disposição
2. Declaração de utilidade pública no âmbito das operações de reabilitação urbana sistemática
3. Declaração de utilidade pública no âmbito das operações de reabilitação urbana simples

1. A formulação do presente artigo tem sido particularmente equívoca (apesar de já constar uma fórmula próxima desta no Decreto-Lei nº 104/2004), na leitura que, *prima facie*, dele tem vindo a ser feita: a de que o mesmo incorpora uma declaração de utilidade pública genérica e generalizada sobre os bens e direitos inseridos em área de reabilitação urbana.

Deve, no entanto, entender-se que esta disposição não pode dispensar um exercício, *em concreto,* de determinação da necessidade (proporcionalidade) de recurso à declaração de utilidade pública ou à venda forçada, nem do desencadear de um procedimento direccionado para o efeito (como, aliás, o confirmam os artigos 61º e seguintes do RJRU, ao exigirem sempre a concretização destes institutos em actos administrativos).

Logo, está apenas aqui em causa um reconhecimento (declaração) da utilidade pública das intervenções dirigidas à reabilitação urbana (mesmo que incidam sobre prédios que individualmente não seriam expropriados, mas que são necessários à salvaguarda do património urbano), e não uma declaração de utilidade pública em sentido técnico-jurídico. Ou seja, trata-se de uma disposição que, tal como o RJIGT refere para a execução dos planos, determina que a reabilitação urbana é causa de utilidade pública para efeitos de expropriação. Esta precisão sobre a função e o sentido do artigo 32º encontra-se prevista na Proposta de Lei nº 24/XII, passando aquele artigo a ter por epígrafe "Aprovação de operação de reabilitação urbana como causa de utilidade pública", e por conteúdo *"A aprovação de uma operação de reabilitação urbana sistemática constitui causa de utilidade pública para efeitos da expropriação ou da venda forçada dos imóveis existentes na área abrangida, bem como da constituição sobre os mesmos das servidões, necessárias à execução da operação de reabilitação urbana"*. Do mesmo modo, esta Proposta de Lei procede a uma reformulação do nº 1 do artigo 61º do RJRU, que respeita ao instituto das expropriações, de modo a articulá-lo com o novo artigo 32º

Desta norma decorre, com relevantes efeitos contenciosos, que a definição do pressuposto da expropriação traduzido na *utilidade pública* é antecipada para a fase da determinação do programa estratégico (que faz parte integrante da delimitação da área de reabilitação) e não para o momento de recurso, em concreto, às expropriações, servidões ou venda forçada, podendo apenas questionar-se nesse momento directamente a excessiva onerosidade (desproporcionalidade), em concreto, da medida em questão. Isto ainda que nada precluda que se possa motivar incidentalmente a impugnação do acto na norma em que se funda e que se reputa ilegal. No entanto, será sempre difícil, ao nível contencioso, conseguir o ajuizamento concreto de uma opção estratégica e de interesse público que assume um conjunto amplo de outras implicações, pelo que pensamos dever insistir-se numa participação prévia à aprovação da delimitação da área de reabilitação urbana para discutir os pressupostos (de utilidade pública) desta.

2. A operação de reabilitação sistemática supõe uma intervenção integrada sobre o tecido urbano e envolve a responsabilidade de execução e financeira do Município (ou entidade gestora se dele for diversa), o que torna premente a necessidade de programação das suas intervenções e a sua dotação com um conjunto amplo de poderes de intervenção.

Logo, trata-se de operações que, em face do tipo de intervenção e, em regra, do seu carácter prioritário ou essencial, necessitam da mobilização de instrumentos com maior "potencial lesivo", que, ao mesmo tempo que acautelem os particulares, não deixem de conferir alguma margem de segurança jurídica à Administração, para que esta possa assumir o ónus da decisão e da acção em execução do programa definido. E é essa margem segurança – ao presumir a lei a causa de utilidade pública decorrente das operações de reabilitação urbana sistemáticas – que pretende ser assegurada pelo artigo 32º.

3. Questiona-se, ainda assim, se continua a ser possível recorrer aos mecanismos da expropriação por utilidade pública (e da servidão administrativa) nas operações de reabilitação urbana simples, não obstante o disposto expressamente nos artigos 32º e 54º, nº 3.

A nosso ver, apesar de a reabilitação urbana simples ter como objectivo essencial a reabilitação do edificado de uma área, preferencialmente assumida pelos interessados, tal não exclui, em definitivo, o recurso à figura da expropriação. Desde logo, porque, como veremos, a expropriação pode ser um expediente mobilizável, sempre que o interessado não cumpra a obrigação de reabilitar e de realizar obras coercivas. E ainda porque pode justificar-se o recurso à figura das expropriações por utilidade pública, nos termos gerais instituídos no CE, sempre que haja necessidade de aquisição de um bem para uma finalidade específica de interesse público, por exemplo a instalação de um serviço municipal (que, contudo, não se identifique ou resulte, apenas e só, dos desideratos da reabilitação urbana), que justificaria sempre o recurso ao CE.

SUBSECÇÃO II
PLANEAMENTO E PROGRAMAÇÃO

ARTIGO 33º
Programa estratégico de reabilitação urbana

1. As operações de reabilitação urbana sistemáticas são orientadas por um programa estratégico de reabilitação urbana.

2. O programa estratégico de reabilitação urbana deve, sem prejuízo do tratamento de outras matérias que sejam tidas como relevantes:

a) Apresentar as opções estratégicas de reabilitação e de revitalização da área de reabilitação urbana, compatíveis com as opções de desenvolvimento do município;

b) Estabelecer o prazo de execução da operação de reabilitação urbana;

c) Definir as prioridades e especificar os objectivos a prosseguir na execução da operação de reabilitação urbana;

d) Estabelecer o programa da operação de reabilitação urbana, identificando as acções estruturantes de reabilitação urbana a adoptar, distinguindo, nomeadamente, as que têm por objecto os edifícios, as infra-estruturas urbanas, os equipamentos, os espaços urbanos e verdes de utilização colectiva, e as actividades económicas;

e) Determinar o modelo de gestão da área de reabilitação urbana e de execução da respectiva operação de reabilitação urbana;

f) Apresentar um quadro de apoios e incentivos às acções de reabilitação executadas pelos proprietários e demais titulares de direitos e propor soluções de financiamento das acções de reabilitação;

g) Descrever um programa de investimento público onde se discriminem as acções de iniciativa pública necessárias ao desenvolvimento da operação;

h) Definir o programa de financiamento da operação de reabilitação urbana, o qual deve incluir uma estimativa dos custos totais da execução da operação e a identificação das fontes de financiamento;

i) Identificar, caso não seja o município a assumir directamente as funções de entidade gestora da área de reabilitação urbana, quais os poderes que são delegados na entidade gestora, juntando cópia do acto de delegação praticado pelo respectivo órgão delegante, bem como, quando as funções de entidade gestora sejam assumidas por uma sociedade de reabilitação urbana, quais os poderes que não se presumem delegados;

j) Mencionar, se for o caso, a necessidade de elaboração, revisão ou alteração de plano de pormenor de reabilitação urbana e definir os objectivos específicos a prosseguir através do mesmo.

3. O programa estratégico de reabilitação urbana pode prever unidades de execução ou intervenção da operação de reabilitação urbana e definir os objectivos específicos a prosseguir no âmbito de cada uma delas.

Comentário

Sumário:

1. Obrigatoriedade do programa estratégico de reabilitação urbana
2. Conteúdo do programa estratégico de reabilitação urbana

1. O legislador impõe a existência de um programa estratégico de reabilitação urbana no caso de operações de reabilitação urbana sistemática, pelo que se trata de um elemento essencial que integra aquelas operações e que deve obedecer ao conteúdo mínimo (ainda que não exaustivo) previsto no nº 2 do artigo 33º. Caso não contenha todos os elementos identificados no nº 2, a aprovação da operação de reabilitação urbana sistemática será inválida por vício de forma, podendo igualmente a ausência e, sobretudo, a inconsistência dos elementos que integram o programa estratégico da reabilitação urbana denunciar um vício de conteúdo daquela aprovação.

2. O âmbito do programa estratégico de reabilitação urbana é muito amplo, acompanhando intimamente a operação de reabilitação urbana sistemática desde o seu início (entrada em vigor de plano de pormenor ou de instrumento próprio) até à sua extinção (seja em virtude da sua execução, seja em virtude da sua caducidade). Para além dos elementos que são similares aos que compõem a estratégia de reabilitação urbana, a saber:

   i. definição das opções e prioridades estratégicas;
   ii. enquadramento financeiro e fiscal da operação;
   iii. ligação com outros instrumentos urbanísticos;
   iv. definição do modelo, sistemas e prazos de execução da operação;
   v. identificação do modelo de gestão e de acompanhamento;

devem ainda integrar o programa estratégico de reabilitação urbana os seguintes elementos:

   vi. programa de investimento público e de financiamento da operação;
   vii. programa estruturante de reabilitação urbana (com identificação das intervenções em edifícios, em infra-estruturas, equipamentos, etc.).

ARTIGO 34º
Unidades de execução ou de intervenção

1. No âmbito das operações de reabilitação urbana sistemática em áreas de reabilitação urbana que correspondem à área de intervenção de plano de pormenor de reabilitação urbana podem ser delimitadas unidades de execução, nos termos previstos no regime jurídico dos instrumentos de gestão territorial, aprovado pelo Decreto-Lei nº 380/99, de 22 de Setembro, com as especificidades introduzidas pelo presente decreto-lei.

2. No âmbito das operações de reabilitação urbana sistemática em áreas de reabilitação urbana aprovadas em instrumento próprio podem ser delimitadas unidades de intervenção, que consistem na fixação em planta cadastral dos limites físicos do espaço urbano a sujeitar a intervenção, com identificação de todos os prédios abrangidos, podendo corresponder à totalidade ou a parte de uma área de reabilitação urbana ou, em casos de particular interesse público, a um edifício.

3. A delimitação de unidades de intervenção é facultativa, não sendo condição da execução da operação de reabilitação urbana, sem prejuízo de poder constituir, nos termos definidos no presente decreto-lei, um pressuposto do recurso a determinadas modalidades de execução de operações de reabilitação urbana sistemática em parceria com entidades privadas.

4. As unidades de intervenção devem ser delimitadas de forma a assegurar um desenvolvimento urbano harmonioso, a justa repartição de benefícios e encargos pelos proprietários abrangidos e a coerência na intervenção, bem como a possibilitar uma intervenção integrada em vários imóveis que permita uma utilização racional dos recursos disponíveis e a criação de economias de escala.

5. O acto de delimitação de unidades de intervenção inclui um programa de execução, que deve, nomeadamente:

a) Explicar sumariamente os fundamentos subjacentes à ponderação dos diversos interesses públicos e privados relevantes;

b) Identificar os edifícios a reabilitar, o seu estado de conservação e a extensão das intervenções neles previstas;

c) Identificar os respectivos proprietários e titulares de outros direitos, ónus e encargos, ou mencionar, se for o caso, que os mesmos são desconhecidos;

d) Definir e calendarizar as várias acções de reabilitação urbana a adoptar no âmbito da unidade de intervenção, distinguindo, nomeadamente, as que têm por objecto os edifícios, as infra-estruturas urbanas, os equipamentos, os espaços urbanos e verdes de utilização colectiva e as actividades económicas;

e) Concretizar o financiamento da operação de reabilitação urbana no âmbito da unidade de execução;

f) Especificar o regime de execução da operação de reabilitação urbana a utilizar na unidade de intervenção.

6. A delimitação de unidades de intervenção é da competência:

a) Da entidade gestora, no caso de se pretender efectuar a delimitação de unidades de intervenção nos termos previstos no programa estratégico de reabilitação urbana;

b) Da câmara municipal, sob proposta da entidade gestora se esta for distinta do município, nos demais casos.

Comentário

Sumário:

1. Unidades de intervenção e unidades de execução
2. Competência para a aprovação de unidades de intervenção e de unidades de execução
3. Facultatividade da delimitação das unidades de execução e de intervenção
4. Programa de execução das unidades de intervenção e de execução

1. Para efeitos da execução das operações de reabilitação urbana, a lei admite que sejam delimitadas, nas áreas de reabilitação urbana e para a concretização de operações de reabilitação urbana sistemática, *unidades de intervenção* (no caso de a área ter sido delimitada por instrumento próprio) e *unidades de execução* (no caso de ter sido delimitada por intermédio de plano de pormenor), remetendo-se, quando a estas, para o disposto no RJIGT.

Uma leitura atenta do disposto no artigo 34º do RJRU permite concluir por uma *tendencial equiparação* entre estas duas realidades, quer quanto à *definição* que delas é feita (cfr. nº 1 do artigo 120º do RJIGT e nº 2 do artigo 34º do RJRU) quer quanto aos *objectivos* que com a sua delimitação se visam alcançar (cfr. nº 2 do artigo 120º do RJIGT e nº 4 do artigo 34º do RJRU) quer no que concerne à possibilidade de no seu seio funcionarem *mecanismos de perequação de benefícios e encargos* decorrentes da operação de reabilitação urbana quer, por fim, quanto às *consequências* que delas decorre em matéria de modalidades de execução a utilizar (nos termos do nº 5 do artigo 11º do RJRU a execução através de parcerias com entidades privadas só pode ser adoptada no âmbito de operações de reabilitação urbana sistemática e de unidades de intervenção ou de execução).

Pelo facto, porém, de as unidades de intervenção encontrarem a sua regulamentação específica no âmbito do RJRU e as unidades de execução no RJIGT, é possível apontar algumas diferenças.

Assim, nos termos do RJIGT as unidades de execução são unidades para um *projecto unitário* (intervenção urbanística – nº 1 do artigo 120º), enquanto as unidades de intervenção pressupõem a inclusão de um *programa de execução* o qual, nos termos do nº 5 do artigo 34º do RJRU deve, nomeadamente explicar sumariamente os fundamentos subjacentes à ponderação dos diversos interesses públicos e privados relevantes; identificar os edifícios a reabilitar, o seu estado de conservação e a extensão das intervenções neles previstas; identificar os respectivos proprietários e titulares de outros direitos, ónus e encargos, ou mencionar, se for o caso, que os mesmos são desconhecidos; definir e calendarizar as várias acções de reabilitação urbana a adoptar no âmbito da unidade de intervenção, distinguindo, nomeadamente, as que têm por objecto os edifícios, as infra-estruturas urbanas, os equipamentos, os espaços urbanos e verdes de utilização colectiva e as actividades económicas; concretizar o financiamento da operação de reabilitação urbana no âmbito da unidade de execução; e especificar o regime de execução da operação de reabilitação urbana a utilizar na unidade de intervenção.

Por sua vez, as unidades de intervenção reguladas no RJRU encontram-se associadas a *modalidades de execução* – execução por iniciativa dos particulares (a qual pode assumir a modalidade de execução pelos particulares com apoio da entidade gestora ou de administração conjunta) e execução por iniciativa das entidades gestoras (que pode assumir a modalidade de execução directa pela entidade gestora, administração conjunta ou por recurso a parcerias com entidades privadas que podem, por seu turno, assumir a configuração do contrato de concessão de reabilitação ou contrato de reabilitação urbana). Não obstante a referência ao critério da iniciativa para diferenciar as modalidades de execução, o que está em causa não é propriamente a identificação da entidade a quem cabe o início da reabilitação urbana (esta é sempre pública, desencadeada por intermédio da delimitação de uma área de reabilitação urbana e correspectiva aprovação de uma operação de reabilitação urbana), mas da entidade a quem compete a concretização das operações ou intervenções de execução.

	Programação	Execução propriamente dita	Controlo da programação e da execução
Iniciativa dos particulares	Municipal	Particulares (com apoio da entidade gestora)	Entidade gestora
Administração conjunta	Municipal	Particulares conjuntamente com a entidade gestora (dependente de decreto regulamentar)	Entidade gestora
Iniciativa das entidades gestoras	Municipal	- Execução directa - Parceria com entidades privadas	Entidade gestora

Já as unidades de execução do RJIGT surgem como instrumentos para a *execução sistemática dos planos* (que se opõe a uma execução casuística destes, através do licenciamento ou admissão de comunicações prévias caso a caso de acordo com a ordem de prioridades dos interessados), isto é, encontram-se associados a um dos três sistemas de execução identificados neste diploma (sistema de compensação, de cooperação e de imposição administrativa) que assentam nas seguintes diferenças essenciais:

	Iniciativa	Programação	Execução propriamente dita	Controlo da programação e da execução
Sistema de compensação	Particulares	Particulares	Particulares	Administração
Sistema de cooperação	Administração	Administração	Administração e/ou particulares	Administração
Sistema de imposição administrativa	Administração	Administração	Administração (directamente ou por intermédio de concessionário)	Administração

O legislador procedeu a uma remissão directa das unidades de execução dos planos de pormenor de reabilitação urbana para o RJIGT, sem ter articulado os sistemas de execução deste diploma com as modalidades de execução do RJRU, embora tenha determinado que o regime do RJIGT a este propósito tem as *especificidades introduzidas pelo RJRU* (cfr. parte final do n.º 1 do artigo 34.º). De onde decorre que, embora a uma primeira vista o legislador pareça apontar para dois regimes consoante se esteja perante *unidades de execução* (a que se aplica o RJIGT, por estar em causa a execução de um plano) ou unidades de intervenção (reguladas no RJRU), o regime não deve ser diferente, havendo toda a vantagem que os regimes destas duas *unidades*, porque visam os mesmos objectivos de reabilitação urbana, tenham um regime comum.

Assim, tratando-se de um plano de pormenor de reabilitação urbana, nas unidades de execução nele previstas ou que a partir dele venham a ser delimitadas devem funcionar não os sistemas de execução previstos no RJIGT, mas antes as modalidades de execução referidas no RJRU, podendo fazer-se a correspondência entre o sistema de compensação e a execução por iniciativa dos particulares com apoio da entidade gestora; o sistema de cooperação e a execução conjunta e o sistema de imposição administrativa e a execução directa pela entidade gestora ou por intermédio de parceria com entidades privadas

2. Nas situações em que a previsão das unidades de intervenção conste já do programa estratégico de reabilitação urbana, a sua delimitação é da competência da entidade gestora; nos demais casos esta delimitação é da competência da câmara municipal sob proposta da entidade gestora, se esta for distinta do município. No caso de unidades de execução, sendo aplicável o disposto no RJIGT (n.º 1 do artigo 34.º), a sua delimitação, esteja prevista ou não nos instrumentos estratégicos (estratégia ou programa estratégico da reabilitação urbana), é sempre da câmara municipal.

3. A delimitação das unidades de execução e de intervenção é puramente facultativa, essencialmente por a execução das operações de reabilitação urbana sistemática poder ocorrer individualmente, por adesão dos particulares à realização das obras que lhe incumbem e por lançamento da entidade gestora dos investimentos que já se encontram programados. Ainda assim, o entabular de parcerias com entidades privadas exige a prévia delimitação destas unidades, de modo a definir com maior rigor, do ponto de vista territorial e procedimental, qual a amplitude da intervenção dos terceiros na execução das operações de reabilitação urbana sistemática.

4. Na medida em que as unidades de execução devem ser lidas com as especificidades aplicáveis às unidades de intervenção, também as unidades de execução dos planos de pormenor de reabilitação urbana devem ter um *programa de execução*, definido nos termos do nº 5 do artigo 34º.

ARTIGO 35º
Iniciativa dos proprietários na delimitação de unidades de intervenção ou de execução

1. Os proprietários de edifícios ou fracções inseridos em área de reabilitação urbana, no âmbito de operações de reabilitação urbana sistemáticas, podem propor a delimitação de unidades de intervenção ou de execução relativamente à área abrangida pelos edifícios ou fracções de que são titulares, através da apresentação, ao órgão competente para a aprovação da delimitação, de requerimento instruído com o projecto de delimitação da unidade de intervenção ou de execução e com o projecto de programa de execução.

2. A delimitação das unidades de execução, no caso previsto no número anterior, segue o procedimento estabelecido no regime jurídico dos instrumentos de gestão territorial, aprovado pelo Decreto-Lei nº 380/99, de 22 de Setembro, com as necessárias adaptações.

3. A delimitação das unidades de intervenção, no caso previsto no nº 1, segue o procedimento estabelecido no artigo anterior, com as necessárias adaptações.

4. A delimitação de unidades de intervenção ou de execução por iniciativa dos proprietários constitui a entidade gestora no dever de ponderar a execução da operação nos termos do regime da administração conjunta.

Comentário
Sumário:
1. Iniciativa de delimitação de unidades de intervenção e de unidades de execução
2. Unidades de intervenção ou de execução e Administração conjunta

1. A iniciativa para propor a delimitação de unidades de intervenção ou de execução no âmbito de operações de reabilitação urbana sistemáticas pode ser dos proprietários dos edifícios inseridos na área de reabilitação urbana, possibilidade esta que constava já do disposto no artigo 120º do RJIGT quanto às unidades de execução.

2. A possibilidade de delimitação de unidades de execução e de intervenção por iniciativa dos particulares não altera o procedimento a que as mesmas se encontram sujeitas. O que significa que a aprovação continua a ser da competência da entidade gestora ou do Município (cfr. anotação 2 ao artigo anterior), podendo este não se rever na delimitação proposta pelos particulares e, por isso, decidir pela não aprovação daquela unidade de intervenção ou execução.

Existe, no entanto, uma especificidade legislativa no caso de estas unidades serem aprovadas mediando iniciativa dos particulares: a entidade competente tem de ponderar e justificar o recurso (ou não) ao sistema de execução da Administração conjunta. Esta imposição justifica-se pelo desiderato de promoção do envolvimento dos particulares na aprovação de operações de reabilitação urbana sistemática, para além de constituir um indício de que, também no âmbito destas operações, as intervenções impositivas (e não concertadas e contratualizadas) da Administração deverem ser restringidas ao mínimo possível.

CAPÍTULO IV
ENTIDADE GESTORA

ARTIGO 36º
Poderes das entidades gestoras

1. O município, nos termos do nº 1 do artigo 10º, pode optar entre assumir directamente a gestão de uma operação de reabilitação urbana ou definir como entidade gestora uma empresa do sector empresarial local.

2. No caso de a entidade gestora ser uma empresa do sector empresarial local, tal como previsto na alínea b) do nº 1 do artigo 10º, o município delega nesta poderes que lhe são cometidos, nos termos do presente decreto-lei.

3. Os actos de delegação de poderes previstos no número anterior devem acompanhar a estratégia de reabilitação urbana ou do programa estratégico de reabilitação urbana, sem prejuízo do disposto no número seguinte.

4. Se a entidade gestora revestir a natureza de sociedade de reabilitação urbana, presumem-se delegados os poderes previstos no nº 1 do artigo 45º e nas alíneas a) e c) a e) do nº 1 do artigo 54º, salvo indicação em contrário constante da estratégia de reabilitação urbana ou do programa estratégico de reabilitação urbana.

5. As empresas do sector empresarial local delegatárias consideram-se investidas nas funções de entidade gestora e nos poderes que lhes sejam delegados, nos termos do presente artigo, a partir do início da vigência da área de reabilitação urbana.

6. A empresa do sector empresarial local delegatária está sujeita ao poder da entidade delegante de emitir directrizes ou instruções relativamente às operações de reabilitação urbana, bem como de definir as modalidades de verificação do cumprimento das ordens ou instruções emitidas.

7. Nos casos de participação do Estado no capital social de sociedade de reabilitação urbana, nos termos do nº 2 do artigo seguinte, os poderes previstos no número anterior são exercidos em termos a estabelecer em protocolo entre o Estado e o município em causa.

8. O disposto no nº 1 não prejudica a aplicação do nº 1 do artigo 79º

Comentário
Sumário:
1. O Município como entidade gestora e delegatária
2. A delegação de competências em empresas do sector empresarial local
3. A delegação de competências em Sociedades de Reabilitação Urbana

1. O Município é assumidamente, neste diploma, a entidade que mais relevo assume no RJRU, uma vez que é ela que, para além de ter um papel jurisgénito na delimitação de áreas de reabilitação urbana, assume o papel de primeiro responsável público na sua concretização. E isto quer assuma directamente esta tarefa, quer a impute a uma empresa do sector empresarial local. Mesmo neste caso, assumindo uma grande amplitude dos poderes que lhe são delegados, não deixa o Município de ter especiais responsabilidades perante os actos praticados pela entidade delegatária. Assim, nos termos do CPA e do nº 6 do artigo em anotação (número este que desaparece na Proposta de Lei nº 24/XII, ao que julgamos por inutilidade da regulamentação aí disposta), o delegante mantém a faculdade de avocação de casos concretos compreendidos no âmbito da delegação conferida (artigo 39º, nº 2 do CPA; de emitir directrizes ou instruções ao delegado, sobre o modo como deverão ser exercidos os poderes delegados (artigo 39,º, nº 1 do mesmo Código); podendo igualmente revogar qualquer acto praticado pelo delegado ao abrigo da delegação, quer por o considerar ilegal, quer por o considerar inconveniente (artigo 39º, nº 2 do referido Código). Cfr. a nossa anotação 3 ao artigo 44º.

2. No caso de a entidade gestora ser uma empresa do sector empresarial local, o município delega nela expressamente os poderes que lhe são conferidos nos termos do presente decreto-lei. Tem, por isso, o Município de especificar as competências que pretende delegar, devendo, para o efeito, proceder a um esforço de coerência do sistema (por exemplo, não fará sentido delegar a competência para a prática de actos de controlo prévio das operações urbanísticas e não delegar simultaneamente a competência para a adopção de medidas de tutela da legalidade, uma vez que a legalização do edificado pode depender do seu licenciamento ou admissão).

As competências delegáveis são, potencialmente, todas as definidas pelo legislador no próprio RJRU, devendo, no entanto, ser precisadas no acto de delegação e ser exercidas no estrito respeito pelos objectivos que presidem à delimitação da área de reabilitação urbana. Por este motivo, o acto de delegação (ou este conjuntamente com a criação da empresa municipal responsável pela gestão de uma específica área de reabilitação urbana), devem acompanhar a estratégia de reabilitação urbana ou o programa estratégico de reabilitação urbana (artigos 36º, nº 3, e 37º, nº 4). Em todo o caso, não está o município, caso não tenha procedido à delegação destes poderes à entidade gestora nos referidos instrumentos estratégicos de programação, de proceder a essa delegação mais tarde, muitas vezes a requerimento da próprios entidade gestora sempre que ela o considere necessário.

Na versão da Proposta de Lei nº 24/XII essa definição passa a ser feita aquando do acto de aprovação da operação de reabilitação urbana, o que não altera substancialmente a opção que consta actualmente do RJRU. No entanto, resulta igualmente desta Proposta de Lei que, se as obras de execução da operação de reabilitação urbana incidirem sobre bens do domínio municipal, publico ou privado, o Município é representado pela entidade gestora no que se respeita ao exercício dos direitos relativos aqueles bens, o que representa, afinal, a comissão de uma competência própria à empresa do sector empresarial local, para além do que resultaria de um qualquer acto de delegação.

3. Se a entidade gestora revestir a natureza de sociedade de reabilitação urbana, o artigo 36º, nº 4 identifica os poderes que se presumem delegados nesta entidade, verificando-se, portanto, uma delegação tácita de competências, a qual se verifica quando é a própria lei a considerar delegadas num determinado órgão competências que atribui a outro. Aqui o delegado também é, indiscutivelmente, titular da competência, ao contrário da delegação de poderes propriamente dita. Como em qualquer delegação de poderes, o delegante pode avocar o exercício da competência como revogar a delegação. Por isso se prevê expressamente que na estratégia de reabilitação urbana ou no programa estratégico de reabilitação urbana o município identifique quais *"os poderes que não se presumem delegados"*. Sobre a delegação tácita cfr. José Eduardo Figueiredo Dias e Fernanda Paula Oliveira, *Noções Fundamentais de Direito Administrativo*, Coimbra, Almedina, 2010, 2ª edição, p. 76.

Esta delegação funda-se na especial aptidão das Sociedades de Reabilitação Urbana para gerir áreas de reabilitação urbana – o que constitui o seu objecto precípuo –, podendo porém o Município, se assim o entender, reservar expressamente para si o exercício de algumas das competências previstas no nº 1 do artigo 45º e nas alíneas a) e c) a e) do nº 1 do artigo 54º.

Na formulação resultante da Proposta de Lei nº 24/XII cessa esta delegação tácita, ainda que consideremos que, na prática, tal não venha a alterar sobremaneira a prática de proceder a uma delegação o mais ampla possível nestas entidades.

ARTIGO 37º
Entidades gestoras do tipo empresarial

1. É aplicável às empresas do sector empresarial local a que se refere a alínea b) do nº 1 do artigo 10º o regime jurídico do sector empresarial local, aprovado pela Lei nº 53-F/2006, de 29 de Dezembro, nomeadamente no que respeita à sua criação.

2. Em caso de excepcional interesse público, é admitida a participação de capitais do Estado nas sociedades de reabilitação urbana.

3. As empresas a que se referem os números anteriores podem assumir as funções de entidade gestora em mais do que uma operação de reabilitação urbana sistemática e cumular a gestão de uma ou mais operações de reabilitação urbana simples.

4. No caso de a câmara municipal pretender criar uma empresa municipal para assumir a qualidade de entidade gestora de uma operação de reabilitação urbana, deve aprovar a respectiva criação simultaneamente com a aprovação da área de reabilitação urbana.

Comentário
Sumário:

1. Regime aplicável à criação das empresas do sector empresarial local
2. Condições de participação dos capitais do Estado e de capitais privados

1. A criação das empresas, bem como a decisão de aquisição de participações que confiram influência dominante, compete, nos termos do artigo 8º da Lei nº 53-F/2006, de 29 de Dezembro (alterada por último pela Lei nº 64-A/2008, de 31 de Dezembro):

a) As de âmbito municipal, sob proposta da câmara municipal, à assembleia municipal;

b) As de âmbito intermunicipal, sob proposta do conselho directivo, à assembleia intermunicipal, existindo parecer favorável das assembleias municipais dos municípios integrantes;

c) As de âmbito metropolitano, sob proposta da junta metropolitana, à assembleia metropolitana, existindo parecer favorável das assembleias municipais dos municípios integrantes.

O contrato deve ser reduzido a escrito, salvo se for exigida forma mais solene para a transmissão dos bens que sejam objecto das entradas em espécie, sendo que actualmente a regra para a transmissão dos bens imóveis é a de que podem sê-lo mediante escritura pública ou documento particular autenticado. Mantém-se, igualmente, a competência para celebração da escritura do notário privativo do município onde a empresa tiver a sua sede, em face das conclusões do Parecer do Conselho Técnico do Instituto dos Registos e do Notariado nº R.P. 189/2010 SJC-CT, de 23 de Março de 2011, homologado pelo Sr. Presidente do mesmo em 30 de Março de 2011.

A constituição destas entidades deve ser precedida de estudos técnicos que demonstrem a viabilidade económico-financeira e racionalidade económica da constituição da empresa em apreço. A pretensa ausência deste requisito levou o Governo recentemente a ponderar a alteração e endurecimento dos critérios de criação destas empresas, o que pode vir a motivar o encerramento de algumas já existentes (cfr. Proposta de Lei nº 11/XII).

2. As entidades empresariais em causa podem não ser totalmente participadas pelo Município já que, em situações de excepcional interesse público, também o Estado pode deter uma participação nas Sociedades de Reabilitação urbana (que nos parece dever ser sempre minoritaria, nos termos da anotação 2 ao artigo 10º).

Do mesmo modo, o artigo 17º da Lei nº 53-F/2006 admite aquela delegação em empresas constituídas ou maioritariamente participadas por Municípios, permitindo, portanto, a sua ocorrência em face de empresas mistas com capitais privados (cfr. Pedro Gonçalves, *Regime Jurídico das Empresas Municipais*, Almedina, Coimbra, 2007, pp. 216-220). Abre-se, assim, em definitivo, a possibilidade de entrada de capitais privados naquelas entidades do sector empresarial local que se assumam como entidades gestoras à luz do RJRU. Superou-se, deste modo, uma das insuficiências das anteriores Sociedades de Reabilitação Urbana, que apenas podiam contar com capitais públicos. Já então, para Suzana Tavares da Silva, a sociedade de capitais mistos era o instrumento mais adequado para promover a reabilitação urbana, já que o que se pretendia era o fomento das iniciativas privadas e não que as entidades públicas assumissem toda a carga financeira destas políticas, ("Reabilitação urbana ..., *cit.*, p. 385).

ARTIGO 38º
Extinção das sociedades de reabilitação urbana

As sociedades de reabilitação urbana devem ser extintas sempre que:
a) Estiverem concluídas todas as operações de reabilitação urbana a seu cargo;
b) Ocorrer a caducidade da delimitação da área ou de todas as áreas de reabilitação urbana em que a sociedade de reabilitação urbana opera.

Comentário

Sumário:
1. Causas específicas de extinção das sociedades de reabilitação urbana
2. Situações de extinção das sociedades de reabilitação urbana e das demais empresas do sector empresarial local com competências em reabilitação urbana

1. De acordo com o artigo em anotação a extinção das sociedades de reabilitação urbana deve ocorrer ou com a conclusão da ou das operações a seu cargo, bem como nas situações em que a delimitação da área ou áreas de reabilitação urbana tenham caducado (situação em que o pressuposto base para a sua existência deixa de se verificar). Naturalmente que, havendo lugar a esta caducidade, se se delimitar nova área de reabilitação urbana com o mesmo conteúdo da anterior, deveria ser permitido manter a Sociedade de Reabilitação Urbana em funcionamento.

A Proposta de Lei nº 24/XII veio incluir mais um motivo de extinção das Sociedades de Reabilitação urbana, nos casos em que tenha ocorrido a caducidade da operação de reabilitação urbana ou de todas as operações de reabilitação urbana a seu cargo, hipótese esta que apenas é relevante assumindo a já explanada possibilidade de execução faseada de uma área de reabilitação urbana.

2. Para além do disposto neste artigo, aplica-se a todas as empresas do sector empresarial local o artigo 44º da Lei nº 53-F/2006, segundo o qual a extinção daquelas empresas é da competência dos órgãos da autarquia ou associação competentes para a sua criação, a quem incumbe definir os termos da liquidação do respectivo património.

Prevê ainda esta disposição, no seu artigo 2º, uma causa de extinção obrigatória de tais empresas – que deve ser aplicada às entidades constituídas ou que assumam competências ao abrigo do RJRU –, sempre que a autarquia ou associação responsável pela sua constituição tiver de cumprir obrigações assumidas pelos órgãos da entidade empresarial local para as quais o respectivo património se revele insuficiente.

CAPÍTULO V
MODELOS DE EXECUÇÃO DAS OPERAÇÕES DE REABILITAÇÃO URBANA

ARTIGO 39º
Execução por iniciativa dos particulares

1. A execução da operação de reabilitação urbana, na componente da reabilitação do edificado, deve ser promovida pelos proprietários ou titulares de outros direitos, ónus ou encargos relativos aos imóveis existentes na área abrangida pela operação.

2. Para o efeito do disposto no número anterior, podem ser utilizadas as modalidades previstas no nº 2 do artigo 11º

Comentário
Sumário:
1. Reabilitação do edificado por privados
2. A possibilidade de execução pelos particulares com o apoio da entidade gestora ou através da modalidade de administração conjunta.

1. O disposto no presente normativo – execução por iniciativa dos particulares – ocorre normalmente quando está em causa uma operação de reabilitação urbana simples (reabilitação do edificado), já que, o que a caracteriza é, nos termos do artigo 29º do presente diploma, o facto de a reabilitação dos edifícios *dever ser realizada preferencialmente pelos respectivos proprietários* [cfr. também o artigo o artigo 6º e a alínea b) do artigo 4º].

Tal não significa, porém, que esta modalidade de execução não possa também ser mobilizável – e normalmente é – no âmbito das operações de reabilitação urbana sistemáticas (intervenção no edificado e no espaço público com vista à sua requalificação), na medida em que, também aí, a reabilitação dos edifícios impende sobre os particulares (cfr. artigo 31º), exigência que se compreende por, por um lado, as operações urbanísticas em que se traduzem as acções de reabilitação apenas poderem ser realizadas por quem tenha legitimidade urbanística para tal (os proprietários ou titulares de outros direitos sobre o imóvel) quer porque, por outro lado, as exigências decorrentes dos princípios da *proporcionalidade* e da *subsidiariedade da acção pública* impõem que a substituição daqueles particulares apenas pode operar quando tal se revele manifestamente necessário aos objectivos da reabilitação a alcançar (designadamente quando eles não queriam ou não possam proceder à reabilitação dos seus edifícios).

Note-se, porém, que *iniciativa pela execução* (ou *execução propriamente dita*) das operações urbanísticas em que se traduz a operação de reabilitação urbana (simples ou sistemática), não é o mesmo que a sua *programação*. Esta – traduzida na estratégia ou no programa estratégico de reabilitação urbana – é sempre pública, pelo que a execução por parte dos proprietários (ou titulares de outros direitos que lhe confiram legitimidade para intervir no edifício) terá sempre de ser devidamente articulada ou enquadrada naqueles (por isso, como melhor se verá no comentário ao artigo 52º, estes instrumentos contêm, ainda que indirectamente, parâmetros de apreciação daquelas operações urbanísticas, podendo a desconformidade com eles dar origem ao indeferimento da pretensão).

A execução pelos proprietários ou titulares de outros direitos traduz-se, normalmente, numa execução *edifício a edifício*. Pode porém suceder que se torne *necessário efectivar a associação entre vários proprietários* (a associação meramente voluntária nunca será impedida), o que sucederá quando esteja em causa uma operação de reabilitação urbana sistemática que obrigue a considerar integradamente uma determinada área (v.g. obrigando a unificar vários edifícios de dimensões reduzidas, num só ou vários, com dimensões adequadas; impondo a reformulação da divisão interna dos vários edifícios entre si, isto é, obrigando a um novo reparcelamento; exigindo uma intervenção integrada dos vários edifícios com o espaço publico devido, por exemplo, à necessidade de criação de estacionamentos públicos subterrâneos aos mesmos, etc.). Todos estes exemplos, na medida em que têm como efeito a reestruturação da propriedade, apenas podem ser levados a cabo no âmbito de uma operação de reabilitação sistemática (nº 3 do artigo 54º).

A obrigatoriedade de associação resultará em regra da delimitação de unidades de intervenção ou unidades de execução, o que obrigará a um projecto conjunto e, em nome do princípio subsidiariedade da acção pública, a assunção pelos proprietários envolvidos na concretização daquelas acções.

2. A execução por iniciativa dos particulares pode ser feita com apoio da entidade gestora – apoio este que terá a configuração adequada a cada situação concreta, mas que não pode fazer esquecer que a entidade gestora é, para além do mais, a entidade que procede ao controlo preventivo das intervenções quando o mesmo seja exigível legalmente (e, no caso de uma empresa dos sector empresarial local, se lhe tiverem sido delegados os correspectivos poderes), o que significa que este *apoio* não pode colocar em causa a posição daquela entidade no âmbito dos seus poderes de apreciação dos projectos concretos.

Não se deve também confundir *apoio da entidade gestora* com *associação entre proprietários e entidade gestora* na execução da operação de reabilitação urbana (artigo 11º, nº 2 *in fine*). Esta associação pode (e muitas vezes, deve), ocorrer, mas neste caso estaremos já no âmbito da execução conjunta a que se refere o artigo 40º.

ARTIGO 40º
Administração conjunta

1. A entidade gestora pode executar a operação de reabilitação urbana, ou parte dela, em associação com os proprietários e titulares de outros direitos, ónus e encargos relativos aos imóveis existentes na área abrangida pela operação de reabilitação urbana.

2. O regime jurídico aplicável à administração conjunta é aprovado através de decreto regulamentar, no prazo máximo de 90 dias contado da data de entrada em vigor do presente decreto-lei.

Comentário

Sumário:

1. Caracterização da Administração conjunta
2. Ausência de definição do regime aplicável
3. Possibilidades desta figura

1. A execução conjunta corresponde a uma execução em associação com a entidade gestora, quer esteja em causa uma execução da iniciativa dos proprietários e titulares de outros direitos sobre os edifícios (cfr. nº 2 do artigo 11º) quer uma execução da iniciativa da entidade gestora [cfr. alínea b) do nº 3 do artigo 11º] Esta modalidade de execução foi feita depender da aprovação de um decreto regulamentar, cujo prazo de aprovação era de 90 dias a contar da entrada em vigor do presente diploma e que, incompreensivelmente, ainda não ocorreu. Ainda que hoje seja possível reagir contra estas inércias da Administração estatal, por intermédio da declaração de ilegalidade por omissão das normas cuja adopção, ao abrigo de disposições de direito administrativo, seja necessária para dar exequibilidade a actos legislativos carentes de regulamentação (cfr. artigo 77º do CPTA), não deixa de ser lamentável que a concretização de um instrumento de clara cooperação entre Administração e interessados tenha de passar por uma exigência judicial destes e não por uma vontade espontânea daquela.

2. Incompreensível é também, para nós, a necessidade deste decreto regulamentar, já que esta modalidade de execução poderia bem funcionar de forma idêntica ao sistema de cooperação na execução dos planos (cfr. artigo 123º do RJIGT), a qual é caracterizada por a execução ser feita de acordo com a *programação* estabelecida para a área e nos termos de adequado *instru-*

mento contratual, em cujo âmbito se definem, concretamente os correspectivos direitos e deveres.

A regulamentação desta modalidade de execução não deveria, pois, ser remetida para decreto regulamentar mas para o instrumento contratual a celebrar entre as partes.

3. A figura da "Administração Conjunta" surge, no nosso ordenamento jurídico, quanto nos reportamos ao regime de administração dos prédios integrados nas áreas urbanas de génese ilegal, regime jurídico aprovado pela Lei nº 91/95, de 2 de Setembro, com as alterações introduzidas pelas Leis nº 165/99, de 14 de Setembro, 64/2003, de 23 de Agosto, e 10/2008, de 20 de Fevereiro. Esta Administração encontra igualmente a sua origem no Decreto-Lei nº 104/2004, de 7 de Maio onde no âmbito das competências de elaboração do Documento Estratégico este poderia ser levado a cabo pelos proprietários directamente (seria este caso) ou através de um promotor. Sendo elaborado pelos proprietários, a aprovação do Documento Estratégico não dispensava a celebração de contrato, através do qual os proprietários assumiam directamente a reabilitação (seria este caso) ou encarregam a SRU de tal tarefa.

Estas figuras, da Administração conjunta, têm como intuito viabilizar a organização dos privados quando estamos perante imóveis constituídos por várias fracções as quais correspondem a vários proprietários e/ou comproprietários. Poderá constituir-se, assim, uma situação paralela à de uma FII mas neste caso mantendo os proprietários e/ou comproprietários um papel activo na coordenação/gestão da intervenção.

ARTIGO 41º
Execução por iniciativa da entidade gestora

1. A execução da operação de reabilitação urbana pode ser promovida pela entidade gestora, nos termos do nº 3 do artigo 11º

2. As entidades gestoras podem recorrer a parcerias com entidades privadas, nomeadamente sob as seguintes formas:

a) Concessão de reabilitação urbana;

b) Contrato de reabilitação urbana.

Comentário

Sumário:

1. Execução por iniciativa da entidade gestora
2. Parceria com entidades privadas
3. Âmbito do recurso às parcerias

1. A execução por iniciativa da entidade gestora concretiza-se numa de três modalidades: (i) execução directa pela entidade gestora; (ii) a execução conjunta com os proprietários ou titulares de outros direitos sobre os edifícios e (iii) execução através de parcerias com entidades privadas (cfr. nº 3 do artigo 11º)

O modelo de execução mencionado em segundo lugar é aquele a que nos referimos no artigo anterior, não merecendo, por isso, de momento, maiores desenvolvimentos.

No que concerne à execução directa pela entidade gestora, a mesma justifica-se quando em causa esteja uma intervenção no espaço público (logo uma operação de reabilitação urbana sistemática) ou, quando tratando-se de uma intervenção nos edifícios (operação de reabilitação urbana simples ou sistemática) os proprietários *não asseguram a sua execução*. Note-se porém que, como referimos no comentário 1 ao artigo 39º, uma vez que a intervenção no edificado exige sempre legitimidade urbanística para tal, a execução directa pela entidade gestora da reabilitação dos edifícios apenas pode ser desencadeada se ela os adquirir, ora pela via amigável ora pela via expropriativa, passando a intervir como proprietária.

Nas situações em que os titulares de direitos sobre os imóveis não assegurem a execução (reabilitação dos edifícios) porque, embora a ela se não ponham, *não o possam fazer*, designadamente por motivos económicos, nada impede, tal como sucedia à luz do anterior regime [cfr. alínea b) do nº 1 do artigo 18º do

Decreto-Lei nº 104/2004), que acordem com a entidade gestora os termos da reabilitação do seu edifício, encarregando-a dessa execução. Ainda que esta execução directa pela entidade gestora tenha na sua base um contrato celebrado com os interessados, consideramos que não estamos no âmbito da execução conjunta (dependente ainda de regulamentação), mas da execução directa pela entidade gestora nos termos da alínea a) do nº 3 do artigo 11º.

2. No modelo de execução por iniciativa da entidade gestora, para além da execução directa ou da execução por administração conjunta, surge a execução em parceria com terceiras entidades, concretizada ora por via de contrato de concessão de reabilitação ora de contrato de reabilitação urbana.

Em causa não está, em nosso entender, uma contratação com os proprietários ou titulares de doutros direitos sobre os imóveis – já que esta forma de associação remete para a Administração conjunta –, mas uma contratação com terceiros com capacidade técnica e financeira para concretizar a operação de reabilitação urbana (promotores e financiadores).

Trata-se de reconhecer aqui, como em geral, as virtualidades de parcerias entre entes públicos com entes privados, baseada na ideia de que certas actividades ou serviços são melhor geridos e prestados pelo sector privado por este estar melhor habilitado, tendo ainda (em tese) a compensação de gerar menores encargos para o erário público e ser prestado um serviço de maior qualidade. É também uma forma de financiar investimentos públicos e uma alternativa à contratação pública tradicional na medida em que o financiamento é da responsabilidade do privado.

Os contratos de parceria público-privada foram introduzidos no ordenamento jurídico português primeiramente para a área da saúde (Decreto-Lei nº 185/2002, de 20 de Agosto, alterado pelo Decreto-Lei nº 86/2003, de 26 de Abril) e mais tarde estendidas a outras áreas, passando a ser admitidas com carácter geral na Administração central (Decreto-Lei nº 86/2003, de 26 de Abril, alterado pelo Decreto-Lei nº 141/2006, de 27 de Julho), isto muito embora já fossem utilizadas na prática antes disso.

Para efeitos deste diploma, parceria público-privada (PPP), é *"o contrato ou a união de contratos, por via dos quais entidades privadas, designadas por parceiros privados, se obrigam, de forma duradoura, perante um parceiro público, a assegurar o desenvolvimento de uma actividade tendente à satisfação de uma necessidade colectiva, e em que o financiamento e a responsabilidade pelo investimento e pela exploração incumbem, no todo ou em parte, ao parceiro privado."* Nas PPP a entidade pública contrata com um privado, que assume a responsabilidade do financiamento do investimento, para a realização de certa obra, de certo serviço, de certa actividade, cabendo à entidade pública o acompanhamento e o controlo da execução do objecto da parceria. As PPP carecem de instrumentos jurídicos que regule as relações entre o ente público e a entidade privada sendo o contrato de concessão o mais utilizado. *"A partilha de riscos e a transferência de responsabilidades, a maior agilidade do financiamento desencadeando um número mais elevado de infra-estruturas construídas (maior dinamismo) e um custo global do projecto inferior ao prestado pela entidade pública, resultante de soluções mais inovadoras e dos ganhos de eficiência e eficácia obtidos pelo sector privado, o que conjuntamente com a melhor qualidade de serviço fornecida garante um melhor value for money na prestação de serviços públicos no modelo de PPP"* são apresentados como as grandes vantagens das PPP (Rui Cunha Marques e Duarte Silva, *"As Parcerias Público-Privadas em Portugal. Lições e Recomendações"*, Revista de Estudos Politécnicos, 2008, Vol. VI, nº 10, p. 34.).

O Decreto-Lei nº 86/2003 prevê que possam ser criados regimes sectoriais especiais, com as normas que se revelem necessárias, quando a especificidade de determinado sector o justificar, devendo sempre assegurar a prossecução dos fins e o cumprimento dos pressupostos gerais da constituição das PPP.

Foi o que fez, precisamente, o presente diploma, ao prever as parcerias com entidades privadas como modalidade de execução das operações de reabilitação urbana, ainda que o estabelecimento destas parcerias esteja cometido, em primeira linha, ao Município e não ao Estado. Isto na senda do próprio PNPOT que integra, como uma das suas medidas, *"o incentivo a novas parcerias para o desenvolvimento de programas integrados de reabilitação, revitalização e qualificação das áreas urbanas"* e a promoção de *"um urbanismo programado e de parcerias e operações urbanísticas perequativas e com auto-sustentabilidade financeira"*.

3. O modelo de execução a que aqui nos referimos – parcerias com entidades terceiras – apenas poderá, porém, ser mobilizado para a concretização de operações de reabilitação urbana sistemáticas no âmbito de unidades de execução ou de intervenção, pois é nestes casos – dada a necessidade de um projecto integrado de reabilitação, isto é, de um projecto que trate unitariamente o edificado e o espaço público – que mais se justifica a intervenção de terceiros capazes de gerar as sinergias necessárias para a efectiva concretização da operação naquela unidade de intervenção ou de execução (cfr. nº 5 do artigo 11º e nº 2 do artigo 42º)

ARTIGO 42º
Concessão de reabilitação urbana

1. Para promover operações de reabilitação urbana sistemática o município pode concessionar a reabilitação nos termos previstos no regime jurídico dos instrumentos de gestão territorial, aprovado pelo Decreto-Lei nº 380/99, de 22 de Setembro, para a execução de planos municipais de ordenamento do território, quer por sua iniciativa quer a solicitação da entidade gestora.

2. A concessão de reabilitação urbana é feita no âmbito das unidades de intervenção ou das unidades de execução.

3. A concessão é precedida de procedimento adjudicatório, devendo o respectivo caderno de encargos especificar as obrigações mínimas do concedente e do concessionário ou os respectivos parâmetros, a concretizar nas propostas.

4. A formação e execução do contrato de concessão regem-se pelo disposto no Código dos Contratos Públicos.

Comentário

Sumário:

1. Uma novidade do regime: que sentido?
2. Natureza jurídica do contrato.
3. Concessão de reabilitação urbana e concessão de urbanização do RJIGT
4. Objecto e âmbito da concessão
5. Procedimento concessório

1. A previsão de um contrato de concessão como modelo para a execução de operações de reabilitação urbana é uma novidade do actual RJRU, não tendo correspondência no regime anterior (Decreto-Lei nº 104/2004): apenas se previa neste, quanto à contratação com terceiros privados, a celebração de um contrato de reabilitação urbana, que corresponde à figura contratual prevista no artigo 43º, ainda que com alguns ajustamentos.

A previsão de duas figuras contratuais – concessão de reabilitação urbana e contrato de reabilitação urbana –, que, bem analisadas, desempenham *funções idênticas* – já que ambas associam ou comprometem um particular no desempenho regular de atribuições administrativas (no caso, a função de execução da operação de reabilitação urbana, nas várias vertentes que ela assume) – e podem ter um *conteúdo equiparado* (os poderes objecto de concessão são, ou podem ser, idênticos aos poderes objecto do contrato de reabilitação), apenas para referir dois aspectos, não nos parece ter maior justificação que o facto de o legislador ter ficado impressionado com a remissão, que ele próprio faz, para os sistemas de execução do RJIGT, que manda mobilizar quando esteja em causa uma unidade de execução no âmbito de um plano de pormenor de reabilitação urbana. Com efeito, tal como se determina no artigo 124º do RJIGT, referente ao sistema de imposição administrativa, "*a iniciativa da execução do plano pertence ao município, que actua directamente ou mediante concessão de reabilitação*. Refira-se, porém, que se esta figura contratual se justifica no RJIGT, poderia bem ser dispensada no âmbito do RJRU, que prevê (e já previa) o contrato de reabilitação urbana com funções equiparadas.

Num esforço de distinção podemos concluir, porém, tendo em conta a natureza do contrato de concessão de reabilitação urbana (cfr. comentário seguinte) e o conteúdo típico do contrato de reabilitação urbana, que muito embora ambos envolvam a transferência para os parceiros de poderes de autoridade, no primeiro tais poderes são mais amplos do que no segundo: enquanto naquele a transferência envolve poderes públicos típicos (por exemplo, nos termos a que nos referiremos no comentário 4 a este artigo, o poder expropriativo), neste estão apenas em causa poderes (tarefas) mais acessórias e técnicas de preparação do exercício dos poderes públicos (preparar os projectos para os sujeitar a licenciamento, preparar o procedimento expropriativo, etc.).

2. O contrato de concessão de reabilitação assume-se, antes de mais, como um contrato de *colaboração* – um contrato que visa associar ou comprometer um particular no desempenho regular de atribuições administrativas (no caso, a função de *execução da operação de reabilitação urbana*).

Trata-se, assim, como ocorre nos restantes contratos de concessão, de uma situação em que a Administração recorre a particulares para a prossecução de tarefas ou atribuições suas, obrigando-se estes a proporcionar uma colaboração temporária no desempenho de tais tarefas. Daí que a prestação fundamental seja do co-contratante e não da Administração.

Dentro dos contratos de concessão, este contrato assume-se como uma concessão translativa já que, por sua via, ocorre a transmissão para o concessionário de poderes administrativos (poderes de autoridade) já existentes na titularidade da Administração concedente: neste caso, os poderes referentes à execução da operação de reabilitação urbana sistemática dentro da unidade de execução ou de intervenção, nos quais se incluem quer os poderes de elaborar, coordenar e executar os projectos de reabilitação urbana quer os poderes acessórios a estes, como o de desencadear, conduzir e preparar os procedimentos expropriativos. Estes poderes, passam, por um acto da Administração (precisamente a concessão), das mãos desta para as de particulares que, apesar de conservarem a sua natureza de sujeitos privados, ficam neles investidos. Deste modo, a Administração abre mão de uma tarefa pública que fica entregue à competência e diligência de um particular, apenas sujeita a um poder de controlo e fiscalização da autoridade administrativa.

3. O nº 1 do artigo aqui em anotação repete, praticamente na íntegra, o disposto no artigo 124º do RJIGT – referente à execução dos planos no sistema de imposição administrativa, que expressamente determina que esta execução pode ser feita directamente pelo município ou mediante concessão de urbanização.

Não obstante a designação legal e o facto de o diploma remeter para a regulamentação atinente aos contratos de concessão de obras públicas, consideramos que aquele contrato de concessão a que se refere o RJIGT não se limita (não tem de se limitar) à realização das obras de urbanização dentro de uma unidade de execução, podendo bem ir (e em regra vai) para além disso, permitindo que o concessionário promova e concretize a operação de transformação fundiária dentro da mesma (a operação de reparcelamento) quando ela se justifique ou seja exigida pelo plano, e detendo para o efeito (por exemplo, quando os proprietários abrangidos a isso se oponham) os poderes de que disporia a entidade concedente para a concretização do plano, designadamente o de desencadear os procedimentos expropriativos que se mostrem necessários (e desde que tenha sido objecto de concessão). Por isso, também no âmbito da reabilitação urbana a concessão de reabilitação vai muito além que a mera execução das operações de intervenção no espaço público, abrangendo as restantes actuações de reabilitação que, por estarem inseridas na mesma unidade de intervenção ou de execução, têm de ser projectadas e executadas integradamente com aquelas.

4. Uma leitura atenta do artigo aqui em anotação permite concluir, desde logo, que o contrato concessão de reabilitação urbana é um modelo de execução que se encontra previsto para ser mobilizado pelo *município* e não já pela entidade gestora quando esta seja uma empresa do sector empresarial local (cfr. nº 1 do artigo 42º). Com efeito, se esta assume, por delegação do município, a execução (e a gestão da execução) da operação de reabilitação urbana,

CONCESSÃO DE REABILITAÇÃO URBANA **ART. 42º** 183

mal se compreenderia que pudesse transferir, de seguida e por concessão, esses poderes para um terceiro privado. Nas situações em que a empresa do sector empresarial local, enquanto entidade gestora da operação de reabilitação urbana, tendo responsabilidade de a executar (e gerir esta execução), entenda não ser adequado fazê-lo directamente, o que pode é celebrar com terceiros um contrato de reabilitação urbana nos termos do artigo 43º, o qual, do ponto de vista jurídico, tem, como referimos, uma função em tudo equivalente ao contrato de reabilitação urbana que se encontrava regulado no Decreto-Lei nº 104/2004. Sobre este tipo de contrato, *vide* comentário ao artigo seguinte.

Também se o município tiver delegado a uma empresa do sector empresarial os seus poderes de entidade gestora, não se compreende que se socorra de uma concessão de reabilitação.

Assim, ou o município se assume como entidade gestora da operação de reabilitação urbana – podendo executa-la (e gerir esta execução) directamente ou concessionar estes seus poderes a um terceiro que se encarregará de concretizar a tarefa que era municipal – ou delega essa tarefa numa empresa do sector empresarial local que, caso considere necessário ou adequado, pode socorrer-se do contrato de reabilitação urbana com terceiros. Não está, no entanto, o município impedido de, em vez de concessionar os seus poderes de execução (e gestão dessa execução) da operação de reabilitação urbana, lançar mão directamente do contrato de reabilitação urbana o qual, como referimos e melhor veremos, pode conferir ao parceiro privado poderes em tudo semelhantes aos que pode concessionar.

Com a concessão de reabilitação o município atribui ao contratante privado, a responsabilidade, que era sua, de executar e de gerir a execução de uma operação de reabilitação urbana sistemática no âmbito de uma unidade de intervenção ou de execução. Designadamente pode concessionar o poder de concepção e/ou execução da operação de reabilitação (v.g. elaboração, coordenação e execução de projectos de reabilitação), o poder de condução e preparação dos procedimentos expropriativos (quanto aos poderes para declarar a utilidade pública da expropriação Cfr. Fernando Alves Correia, *Manual de Direito do Urbanismo*, Vol. II, Coimbra, Almedina, 2010, p. 181 e Jorge Alves Correia, "Concertação, Contratação e Instrumentos Financeiros na Reabilitação Urbana", *in O novo Regime da Reabilitação Urbana, cit.*, p. 103), o direito de o concessionário proceder, durante um certo período de tempo, à respectiva exploração (v.g. exploração comercial dos imóveis ou fracções a reabilitar por via do arrendamento), a possibilidade de proceder à exploração privativa do domínio público (v.g de parques de estacionamento públicos), etc. ("Concertação, Contratação e Instrumentos Financeiros na Reabilitação Urbana", *in O Novo Regime da Reabilitação Urbana. cit.*, p. 104), ficando o contratante privado incumbido de actuar em vez do município na prossecução destas tarefas, exercendo, em nome próprio, os referidos poderes.

Muito embora o âmbito dos poderes a concessionar seja aquele que for definido, caso a caso, no respectivo procedimento adjudicatório – uma vez que, tal como decorre do nº 3 do artigo 42º, é no caderno de encargos que devem ser especificadas as obrigações mínimas do concedente e do concessionário ou os respectivos parâmetros a concretizar nas propostas – a doutrina vem referindo que o legislador deveria ter estabelecido um conteúdo mínimo da relação de concessão. Cfr. Jorge Alves Correia, "Concertação, Contratação e Instrumentos Financeiros na Reabilitação Urbana", *in O Novo Regime da Reabilitação Urbana. cit.*, p. 104.

5. Os procedimentos previstos no CCP vão desde o *ajuste directo* (mobilizável quer por critérios de valor quer materiais, v.g. se em concurso anterior nenhum candidato se tenha apresentado ou nenhum concorrente haja apresentado proposta; se todas as propostas tiverem sido excluídas e nos casos de urgência imperiosa resultante de acontecimentos imprevisíveis).

O concurso público é o procedimento de adjudicação que melhor assegura a obediência aos princípios comunitários em matéria de contratação pública, garantindo a livre concorrência, a igualdade e a transparência, sendo, por isso, considerado o procedimento regra da formação dos contratos, podendo as entidades adjudicantes optar pelo seu desencadeamento, independentemente do objecto e do valor do contrato. Em todo o caso, o novo Código consagrou entre nós (salvo raras excepções) uma cláusula geral de livre escolha entre o concurso público e o concurso limitado por prévia qualificação, que deste modo *surgem a par*. O que se compreende por serem estes os procedimentos mais exigentes na prossecução do interesse público e na observância do princípio da concorrência.

Prevê-se ainda o *procedimento de negociação* e o *diálogo concorrencial*, procedimentos especiais, por apenas se poder a eles recorrer com base em critério materiais, à margem, portanto, da regra geral de liberdade de escolha do procedimento de formação. O primeiro corresponde àquele em que a entidade adjudicante publica a existência do procedimento nos meios oficiais nacionais, e eventualmente no Jornal Oficial da União Europeia, podendo qualquer interessado apresentar a sua candidatura. Os candidatos que tenham a sua candidatura qualificada são posteriormente convidados a apresentar proposta e, mais tarde, antes da adjudicação, existirá um momento de negociação das propostas.

Já o diálogo concorrencial foi desenhado em função de um critério material único: quando o contrato a celebrar, qualquer que seja o seu objecto, seja particularmente complexo, impedindo a adopção dos procedimentos concursais, nomeadamente pela impossibilidade objectiva de redacção do caderno de encargos. Destina-se, pois, a permitir à entidade adjudicante debater com os potenciais interessados que apresentarem as candidaturas e forem qualificados, os aspectos particularmente complexos do contrato a celebrar, com vista à sua definição e concretização. É o que sucederá muitas vezes, a nosso ver, no âmbito da reabilitação urbana.

ARTIGO 43º
Contrato de reabilitação urbana

1. A entidade gestora de uma operação de reabilitação urbana sistemática pode celebrar contratos de reabilitação urbana com entidades públicas ou privadas, mediante os quais estas se obriguem a proceder à elaboração, coordenação e execução de projectos de reabilitação numa ou em várias unidades de intervenção ou de execução.

2. O contrato de reabilitação urbana pode prever a transferência para a entidade contratada dos direitos de comercialização dos imóveis reabilitados e de obtenção dos respectivos proventos, bem como, nomeadamente, a aquisição do direito de propriedade ou a constituição do direito de superfície sobre os bens a reabilitar por esta, ou a atribuição de um mandato para a venda destes bens por conta da entidade gestora.

3. O contrato de reabilitação urbana está sujeito a registo, dependendo o seu cancelamento da apresentação de declaração, emitida pela entidade gestora, que autorize esse cancelamento.

4. O contrato de reabilitação urbana deve regular, designadamente:

a) A transferência para a entidade contratada da obrigação de aquisição dos prédios existentes na área em questão sempre que tal aquisição se possa fazer por via amigável;

b) A preparação dos processos expropriativos que se revelem necessários para aquisição da propriedade pela entidade gestora;

c) A repartição dos encargos decorrentes das indemnizações devidas pelas expropriações;

d) A obrigação de preparar os projectos de operações urbanísticas a submeter a controlo prévio, de os submeter a controlo prévio, de promover as operações urbanísticas compreendidas nas acções de reabilitação e de requerer as respectivas autorizações de utilização;

e) Os prazos em que as obrigações das partes devem ser cumpridas;

f) As contrapartidas a pagar pelas partes contratantes, que podem ser em espécie;

g) O cumprimento do dever, impendente sobre a entidade contratada, de procurar chegar a acordo com os proprietários interessados na reabilitação do respectivo edifício ou fracção sobre os termos da reabilitação dos mesmos, bem como a cessão da posição contratual da entidade gestora a favor da entidade contratada, no caso de aquela ter já chegado a acordo com os proprietários;

h) O dever de a entidade gestora ou da entidade contratada proceder ao realojamento temporário ou definitivo dos habitantes dos edifícios ou fracções a reabilitar, atento o disposto no artigo 73º;

i) As garantias de boa execução do contrato a prestar pela entidade contratada.

5. A formação e a execução do contrato de reabilitação urbana regem-se pelo disposto no Código dos Contratos Públicos.

6. Sem prejuízo do disposto no número anterior, pode ser aprovado um formulário de caderno de encargos por portaria dos membros do Governo responsáveis pelas áreas da administração local, da habitação, da reabilitação urbana e das obras públicas.

7. O recurso ao contrato de reabilitação urbana deve ser precedido de negociação prévia, na medida do possível, com todos os interessados envolvidos de modo que estes possam assumir um compromisso com a entidade gestora no sentido da reabilitação dos seus imóveis.

Comentário

Sumário:

1. Contrato de reabilitação urbana e contrato de concessão: remissão
2. Objecto do contrato de reabilitação urbana
3. Procedimento de contratação
4. Negociação com os proprietários dos bens

1. Sobre a difícil distinção entre o presente tipo contratual e o regulado no artigo anterior quer em termos de função, quer de objecto cfr. comentário 1 do artigo anterior.

2. O contrato de reabilitação urbana previsto no presente artigo corresponde à figura contratual com o mesmo nome, ainda que com ligeiras diferenças, constante do Decreto-Lei nº 104/2004.

Pelo contrato reabilitação urbana, que apresenta um conteúdo típico (cfr. nº 4 do artigo aqui em anotação), procede-se à transferência para a entidade parceira, pública ou privada, dos poderes (responsabilidade) de projectar, de gerir e de executar uma (ou mais) unidade de intervenção ou unidade de execução. Deste conteúdo genérico retiram-se aquelas que são as obrigações essenciais da entidade contratada. São elas, a obrigação de, nos prazos convencionados:

(i) elaborar os projectos da reabilitação (dos projectos urbanísticos necessários às obras a realizar, designadamente, de arquitectura, das diferentes especialidades das engenharias, económicos), de os submeter a aprovação junto das entidades competentes, de executar as obras neles previstos e de requerer as autorizações de utilização;

(ii) Preparar os processos de expropriação de imóveis necessários à concretização da operação que se revelem necessários para aquisição da propriedade pela entidade gestora;

(iii) promover acordos de reabilitação com os proprietários interessados (isto é, de tentar chegar a acordo com os proprietários interessados na reabilitação do respectivo edifício ou fracção os termos da reabilitação dos mesmos) podendo assumir a posição contratual da entidade gestora nos acordos já existentes;

(iv) realojar temporariamente os habitantes dos edifícios ou fracçõe; sujeitos a obras coercivas ou definitivamente nos edifícios ou fracções reestruturados, expropriados ou sujeitos a venda forçada;

(v) adquirir por acordo com os proprietários prédios existentes na área a reabilitar sempre que tal seja possível.

No que concerne aos direitos, pode reconhecer-se à entidade contratada, por via contratual, o direito:

(i) de comercialização dos imóveis reabilitados;

(ii) de obtenção dos respectivos proventos;

(iii) de adquirir o direito de propriedade ou a constituição do direito de superfície sobre os bens a reabilitar pela entidade contratada ou, em alternativa, o de, por mandato, vender destes bens por conta da entidade gestora. Ao contrário do que resultava do regime constante do Decreto-Lei nº 104/2004. que condicionava a transferência da propriedade ou a constituição do direito de superfície à conclusão do processo de reabilitação, o actual regime não contem uma disposição idêntica. Sobre o perigo resultante da ausência de previsão desta condição suspensiva, cfr. Jorge Alves Correia, "Concertação, Contratação e Instrumentos Financeiros na Reabilitação Urbana", *in O novo Regime da Reabilitação Urbana, cit.*, p. 107-108.

Para além dos direitos e das obrigações da entidade contratada, deve ainda contar do contrato:

(i) a repartição, entre entidade gestora e entidade contratada, dos encargos decorrentes das indemnizações devidas pelas expropriações;

(ii) as contrapartidas a pagar pelas partes contratantes, que podem ser em espécie;

(iii) as garantias de boa execução do contrato a prestar pela entidade contratada.

Refira-se que a entidade gestora pode ser proprietária de imóveis na área a unidade de intervenção ou de execução, quer porque expropriou, quer porque os adquiriu com base no direito de preferência que detém sobre a alienação onerosa entre particulares de edifícios, de fracções e de terrenos situados na área de reabilitação urbana. Sendo proprietária de imóveis pode acordar no contrato de reabilitação urbana a sua transferência para a entidade contratada, como forma de pagamento do preço do contrato, dos direitos de comercialização e inerente recebimento do preço incluído dos imóveis reabilitados, ou simplesmente dar-lhe poderes para os vender em nome por conta da entidade gestora.

3. Porque o contrato de reabilitação abrange prestações que podem serem cumpridas por vários operadores económicos e, por isso, susceptíveis de serem submetidas à concorrência nos termos do nº 2 do artigo 16º do CCP, como é o caso da realização de projectos, da gestão e da coordenação da operação de reabilitação que constituem o objecto deste contrato, a sua formação e execução têm de obedecer à legislação da contratação pública, mais concretamente ao disposto no Código dos Contratos Públicos (CCP). Sobre o procedimento para a escolha do parceiro para dar cumprimento a este código cfr. comentário 5 ao artigo anterior. O legislador previu, não obstante, a necessidade de aprovação de um formulário de caderno de encargos por portaria dos membros do Governo responsáveis pelas áreas da administração local, da habitação, da reabilitação urbana e das obras públicas (nº 6 deste artigo), o que causa a nossa estranheza, não só perante a exaustividade do CCP que dispensa outras normas densificadoras, mas igualmente perante o carácter elástico do contrato de reabilitação, que não se conformará, a mais das vezes, com um modelo pré-definido. Por isso mesmo, a proposta de Lei nº 24/XII revoga esta disposição, o que merece o nosso aplauso.

4. O contrato de reabilitação urbana previsto no presente artigo não se destina a disciplinar a relação da entidade gestora com os proprietários dos prédios ou fracções autónomas da área da unidade de intervenção ou de execução, mas sim a associar à entidade gestora um terceiro (público ou privado) na execução (e na gestão da execução) da operação de reabilitação urbana.

Apenas assim se compreende a exigência formulada no nº 7 do presente artigo – de que o recurso ao contrato de reabilitação urbana deve ser precedido de negociação prévia, na medida do possível, com os proprietários (ou titulares de outros direitos, ónus ou encargos relativos aos edifícios ou fracções a reabilitar), de modo que estes possam assumir um compromisso com a entidade gestora no sentido da reabilitação dos seus imóveis.

Este acordo, que aqui designamos de *acordo de reabilitação com os interessados*, para o distinguir do *contrato de reabilitação com parceiros* (públicos ou privados) é essencial, desde logo, porque em função do maior ou menor nº de acordos celebrados, o âmbito do contrato pode ser maior ou menor. Com efeito, e como referimos supra, a entidade gestora pode transferir para a entidade contratada a sua posição contratual nos acordos já celebrados ou o poder de negociar e celebrar este acordo com os proprietários interessados na reabilitação do respectivo edifício ou fracção. Em todo o caso, e porque a negociação com os interessados tem de ser prévia à celebração do contrato, nos casos em que a entidade gestora não consiga acordar com algum ou alguns dos interessados os termos da reabilitação dos seus imóveis, pode logo transferir para a entidade contratada de os adquirir por acordo e/ou o de preparar os processos de expropriação de imóveis necessários à concretização da operação que se revelem necessários para aquisição da propriedade pela entidade gestora.

CAPÍTULO VI
INSTRUMENTOS DE EXECUÇÃO DE OPERAÇÕES DE REABILITAÇÃO URBANA
SECÇÃO I
CONTROLO DAS OPERAÇÕES URBANÍSTICAS

ARTIGO 44º
Poderes relativos ao controlo de operações urbanísticas

1. A entidade gestora da operação de reabilitação urbana pode exercer, para efeitos de execução da operação de reabilitação urbana e nos termos do disposto nos artigos seguintes, os seguintes poderes:

a) Licenciamento e admissão de comunicação prévia de operações urbanísticas e autorização de utilização;

b) Inspecções e vistorias;

c) Adopção de medidas de tutela da legalidade urbanística;

d) Cobrança de taxas;

e) Recepção das cedências ou compensações devidas.

2. Quando não seja o município a assumir as funções de entidade gestora da área de reabilitação urbana, a entidade gestora apenas exerce os poderes delegados pelo município, sem prejuízo de poder requerer directamente ao órgão municipal competente, quando tal se revele necessário, o exercício dos demais.

3. No caso da delegação de poderes prevista no número anterior, o órgão executivo da entidade gestora pode subdelegar no seu presidente as competências que, de acordo com o disposto no regime jurídico da urbanização e da edificação, aprovado pelo Decreto-Lei nº 555/99, de 16 de Dezembro, são directamente cometidas ao presidente da câmara municipal ou neste delegáveis pela câmara municipal.

4. Os poderes referidos no nº 1 devem ser exercidos em observância do disposto nos artigos constantes da presente secção, nomeadamente no que concerne a consulta a entidades externas, protecção do existente e responsabilidade e qualidade da construção.

Comentário
Sumário:
1. Poderes das entidades gestoras,
2. Delegação expressa e tácita
3. Delegação no CPA
4. O âmbito dos poderes: remissão

1. No que concretamente diz respeito aos instrumentos de execução das operações de reabilitação urbana, os mesmos podem ser sistematizados consoante esteja em causa a realização de operações urbanísticas sujeitas ao Regime Jurídico de Urbanização e Edificação (uma vez que as operações de reabilitação urbana, sejam simples, sejam sistemáticas, se traduzem numa multiplicidade de operações urbanísticas sujeitas a este regime jurídico) ou a mobilização de instrumentos de política urbanística, designadamente de política dos solos.

É ao primeiro tipo de instrumentos que se refere a presente Secção. Com efeito todos os poderes (ou todos os procedimentos atinentes aos poderes mencionados no presente normativo têm regulamentação expressa no RJUE, tornando necessário proceder á devida harmonização deste regime com o da reabilitação urbana, que lhe introduz algumas especificidades.

Se se atentar nas várias alíneas do nº 1 do artigo aqui em anotação, estes são poderes de que já dispõe originariamente o município (RJUE e Lei das Atribuições e Competências das Autarquias Locais), pelo que, independentemente desta previsão legal, os municípios sempre deles disporiam. Em relação ao município a presente secção tem essencialmente como função identificar as especificidades que o regime da reabilitação urbana introduz ao RJUE (como sucede com o regime mais amplo da garantia do existente comparativamente com o disposto no artigo 60º do RJUE, apenas para dar um exemplo). Essas especificidades foram acentuadas, como melhor se verá, com a Proposta de Lei nº 24/XII.

2. Já se a entidade gestora da operação de reabilitação urbana for uma empresa do sector empresarial local, esta norma, juntamente com o nº 2 do artigo 36º, corresponde à base legal necessária para que o município, se assim o entender, lhe delegue os mencionados poderes. É que, nos termos do nº 2 deste normativo, as entidades gestoras apenas exercem os poderes que lhes tenham sido delegados pelo município, delegação que deve ser efectuada na estratégia de reabilitação urbana ou no programa estratégico da reabilitação urbana [alínea g) do artigo 30º e e alínea i) do artigo 33º).

Tratando-se de uma empresa do sector empresarial local que tenha por objecto social exclusivo a gestão de operações de reabilitação urbana – assumindo, deste modo, a designação de sociedade de reabilitação urbana (SRU) – artigo 9º, nº 2. dos poderes referidos presumem-se delegados os de licenciamento e admissão de comunicação prévia de operações urbanísticas e autorização de utilização.

3. Uma questão que pode ser discutida é a de saber se a esta delegação, que opera entre distintas entidades públicas relação inter-subjectiva, se aplica o disposto no CPA quanto à delegação de poderes, que aí surge enquanto uma relação entre órgãos da mesma pessoa colectiva (relação inter-orgânica), questão que tem razão de ser pelo facto de o presente regime não se ter eximido de regular expressamente esta relação. É o que sucede com o previsto no nº 6 do artigo 36º, que determina os poderes do delegante (o município) sobre o delegado (a empresa do sector empresarial local) – e isto quer se trate de uma delegação expressa quer da delegação tácita prevista em relação às SRUs. Na enumeração de tais poderes consta o de emitir directrizes e instruções relativamente às operações de reabilitação urbana, bem como de definir as modalidades de verificação do cumprimento das ordens ou instruções emitidas (cfr. comentário respectivo). Para além da especificidade de o delegante emanar ordens (que se distinguem das directivas por vincular em todos os sentidos: não apenas, como naquelas, quanto aos fins a atingir, mas também quanto aos meios para os alcançar), não há qualquer referência à possibilidade de o delegante avocar as competências delegadas ou, mesmo, revogar a delegação ou os actos praticados pelo delegante. Neste aspecto, concordamos com Luís Pereira Coutinho para quem esta norma se apresenta como uma norma especial sem carácter revogatório, o que significa que o município detenha, não obstante a delegação, os poderes de avocação e de revogação tal como regulados no CPA (Luís Pereira Coutinho, "Controlo de Operações Urbanísticas em áreas de reabilitação urbana", in Revista de Direito Regional e Local, nº 11, 2010, pp. 22-24). Quanto a nós, mais do que a explicação dada por este autor – de que os referidos poderes são de titularidade originária dos municípios que, para além do mais, estão dotados de legitimidade democrática – a justificação da manutenção destes poderes no município está na própria natureza jurídica da delegação que não opera qualquer transferência do poder, mas apenas do respectivo exercício, pelo que os poderes permanecem sempre na esfera do município que pode, a qualquer momento recuperar o respectivo exercício. Sobre a natureza jurídica da delegação de poderes cfr. José Eduardo Figueiredo Dias e Fernanda Paula Oliveira, *Noções Fundamentais de Direito Administrativo, cit.*, p. 86 e ss.

Tal vale quer no caso de delegação expressa quer de delegação tácita, pelo que é possível, neste último caso, não obstante a previsão legal de que a competência se presume delegada na sociedade de reabilitação urbana, que o município faça cessar a delegação, cessação que pode logo constar dos instrumentos estratégicos de programação – é o que prevê a alínea g) do nº 2 do artigo 30º e a alínea i) do nº 3 do artigo 33º ao referirem que na estratégia e no programa estratégico de reabilitação urbana, respectivamente, o município deve identificar "quais os poderes que não se presumem delegados.

Refira-se que a delegação é feita directamente no órgão executivo da entidade gestora que pode subdelegar no seu presidente as competências que, de acordo com o disposto no RJUE, são directamente cometidas ao presidente da câmara municipal (o caso da admissão de comunicação prévia de operações urbanística e das medidas de tutela de legalidade) ou neste delegáveis pela câmara municipal (o caso do licenciamento de operações urbanísticas).

4. Os poderes a que se referem as várias alíneas do presente artigo podem ser sistematizados consoante digam respeito (i) aos procedimentos de *controlo preventivo de operações urbanísticas* (licenciamento, comunicação prévia e autorização); (ii) aos procedimentos de *controlo sucessivo* das mesmas e respectivas consequências (fiscalização – inspecções e vistorias – e medidas de tutela de legalidade – embargo, demolição, reposição da situação anterior, cessação de utilização) e (iii) aos aspectos relacionados com *questões acessórias ou complementares* daqueles procedimentos, como as taxas, as cedências e as compensações. Para mais desenvolvimentos sobre cada um destes instrumentos cfr. comentário aos artigos seguintes

ARTIGO 45º
Controlo prévio de operações urbanísticas

1. Aos procedimentos de licenciamento e de comunicação prévia de operações urbanísticas compreendidas nas acções de reabilitação de edifícios ou fracções localizados em área de reabilitação urbana aplica-se, em tudo quanto não seja especialmente previsto no presente decreto-lei, o disposto no regime jurídico da urbanização e da edificação, aprovado pelo Decreto-Lei nº 555/99, de 16 de Dezembro.

2. São delegáveis na entidade gestora da operação de reabilitação urbana, caso esta não seja o município, as competências para a prática, em relação a imóveis localizados na respectiva área de reabilitação urbana, dos actos administrativos inseridos nos procedimentos de licenciamento e de comunicação prévia de operações urbanísticas, e ainda de autorização de utilização, que, nos termos do disposto no regime jurídico da urbanização e da edificação, aprovado pelo Decreto-Lei nº 555/99, de 16 de Dezembro, sejam da competência da câmara municipal ou do seu presidente.

Comentário
Sumário:

1. Âmbito dos poderes
2. Âmbito do procedimento de licenciamento
3. Âmbito do procedimento de comunicação prévia
4. A Proposta de Lei nº 24/XII e a introdução de especificidades na tramitação da comunicação prévia
5. Âmbito do procedimento de autorização de utilização
6. A Proposta de Lei nº 24/XII e a introdução de especificidades na tramitação da autorização de utilização
7. Outros procedimentos: pedidos de informação prévia

1. O presente normativo, na sua regulamentação, nada acrescenta ao que consta do artigo anterior. Limita-se a remeter para o RJUE tudo quanto diga respeito aos poderes de controlo preventivo de operações urbanísticas relativas aos imóveis localizados nas área de reabilitação urbana e a delegabilidade destes poderes.

Refira-se que esta norma abrange todos os poderes envolvidos nos procedimentos aí referidos (de saneamento e apreciação liminar, de promoção de consultas, de eventual audiência prévia dos interessados, etc.) e não apenas para a emissão do acto final desses procedimentos.

O âmbito de cada tipo procedimento a que nos referiremos nos comentários seguintes decorre directamente do RJUE, nada trazendo de novo o presente regime de reabilitação urbana, excepto o facto de a ARU poder ser delimitada por plano de pormenor o qual, em função do grau de precisão do seu conteúdo, serve de critério para a definição do tipo de procedimento a que a operação urbanística ficará sujeita.

No caso de delegação de competências, a Proposta de Lei nº 24/XII prevê que todos os elementos constantes dos processos relativos aos procedimentos de licenciamento e de comunicação prévia de operações urbanísticas e de autorização de utilização sejam disponibilizados ao município por meios electrónicos. A motivação desta disposição talvez seja a de introduzir esses dados no sistema informático previsto no Regime Jurídico da Urbanização e Edificação, que deveria já estar em funcionamento no âmbito da gestão urbanística municipal. No entanto, para o efeito mais valeria tornar claro que as empresas ou sociedades de reabilitação urbana competentes teriam acesso ao sistema informático (quando existente) para tramitação dos seus processos.

2. Nos termos do RJUE estão sujeitos a licenciamento os loteamentos urbanos. Sobre a opção legislativa de sujeitar sempre os loteamentos urbanos a licenciamento, de sujeitar sempre os loteamentos urbanos, ainda que a área seja abrangida de plano de pormenor que contenha todas as especificações contidas nas alíneas c) d) e f) do nº 1 do artigo 91º do RJIGT cfr. Fernanda Paula Oliveira, Maria José Castanheira Neves, Dulce Lopes e Fernanda Maçãs, *Regime Jurídico da Urbanização e Edificação, Comentado, cit.*, p. 110. Nas situações em que o plano de pormenor em vigor na área tenha efeitos registais (o que pode suceder com um plano de pormenor de reabilitação urbana), o loteamento opera por força deste, não havendo lugar a licenciamento.

Também estarão sujeitas a licenciamento as obras de urbanização que não integrem operações de loteamento [alínea b)]; as obras de reconstrução sem preservação de fachadas [alínea e)] e as obras de demolição quando não estejam previstas em licença de obras de reconstrução [alínea f)].

No que diz respeito às obras de construção, alteração e ampliação de edifícios os mesmos estão sujeitos a licenciamento quando se realizem em área não abrangida por operação de loteamento [alínea c)], mas também quando a área não é abrangida por plano de pormenor com os elementos referidos nas alíneas c) d) e f) do nº 1 do artigo 91º do RJIGT [já que se estiver em vigor um plano com estes elementos, o procedimento é o de comunicação prévia, nos termos da alínea c) do nº 4 do artigo 4º. Será este o procedimento aplicável em regra quando a ARU tenha sido delimitada por plano de pormenor de reabilitação urbana].

De acordo com o disposto na alínea d) do nº 2 do artigo 4º estão ainda sujeitas a licenciamento todas as obras (de construção, reconstrução, alteração, ampliação e conservação ou demolição) referentes a *imóveis classificados* ou *em vias de classificação* ou em *conjuntos e sítios classificados* ou *em vias de classificação* sujeitas ao procedimento de licenciamento. Assim, sempre que a ARU coincida ou contenha imóveis deste tipo, as operações ficarão sujeitas a licenciamento ainda que aquela tenha sido delimitada por plano de pormenor de reabilitação urbana.

Consideramos, no entanto, que, destinando-se as obras de conservação a manter a edificação nas condições existentes à data da sua construção, reconstrução, ampliação ou alteração (como obras de restauro, reparação e limpeza), não seria necessário, ainda que estejam em causa imóveis classificados ou em vias de classificação ou integrados em conjuntos classificados ou vias de classificação, a sua sujeição ao procedimento de licenciamento, o que, aliás, não parece estar em consonância com a necessidade de incentivar este tipo de intervenção nos referidos imóveis, as quais podem ser suficientes para se reabilitarem muitos destes edifícios.

Com o Decreto-Lei nº 26/2010, deixaram de estar submetidas a licenciamento as obras de *conservação* e algumas *obras de alteração interior* (aquelas que não têm repercussão externa) em imóveis situados em zonas de protecção de imóveis classificados ou em vias de classificação, as quais passam a ficar abrangidas pela isenção de controlos preventivos, embora as últimas apenas se não implicarem modificações na estrutura de estabilidade, das cérceas, da forma das fachadas e da forma dos telhados ou coberturas [cfr. alíneas a) e b) do nº do artigo 6º]. Tratando-se de obras interiores realizadas nestes bens com repercussão exterior (como as que alteram a cércea, a forma das fachadas e a forma dos telhados e das coberturas), as mesmas ficam sujeitas a licenciamento [alínea d) do nº 2 do artigo 4º]; tratando-se de alterações internas sem aquela repercussão (por exemplo, as que apenas afectam a estrutura da estabilidade do edifício), aplica-se o procedimento regra, isto é, a comunicação prévia. Ainda a propósito da alínea d) do artigo 4º realça-se o desaparecimento da referência ao licenciamento das obras de edificação (construção, reconstrução, ampliação, alteração ou demolição) quando a área é abrangida por servidão administrativa ou restrição de utilidade pública, o que, conjugado com o disposto na alínea h) do n.º 4, poderia levar à conclusão de que o procedimento de controlo aplicável nestes casos é o procedimento regra, ou seja, o procedimento de comunicação prévia.

Esta solução não choca se se tiver em consideração que a sujeição a licenciamento se prendia, na versão inicial do RJUE, com a necessidade de garantir a consulta às entidades responsáveis por aquelas servidões e restrições (não garantida na autorização, que era caracterizada, precisamente, pela ausência de consulta a entidades externas ao município). Ora esta garantia não é agora necessária já que é possível a promoção de tais consultas também no âmbito do procedimento de comunicação prévia.

No entanto, uma leitura atenta do disposto na alínea e) do n.º 4 do artigo 4.º parece permitir concluir que apenas quando estejam em causa as servidões ou restrições de utilidade pública aí expressamente identificadas, as obras de construção, reconstrução, ampliação, alteração ou demolição de imóveis ficam sujeitas a comunicação prévia, não decorrendo deste normativo nem de qualquer outro, a determinação do procedimento aplicável às obras realizadas em áreas abrangidas por todas as restantes servidões administrativas e restrições de utilidade pública.

Nesta situação o procedimento aplicável será aquele que resultar da aplicação das demais disposições previstas no artigo 4.º. Por exemplo, se se tratar de uma obra de reconstrução sem preservação de fachadas numa área sujeita a servidão aeronáutica ou rodoviária, não deixará, por este facto, de estar sujeita a procedimento de licenciamento.

Para mais desenvolvimentos sobre este procedimento de controlo preventivo e o seu âmbito de aplicação, cfr. Fernanda Paula Oliveira, Maria José Castanheira Neves, Dulce Lopes e Fernanda Maçãs, *Regime Jurídico da Urbanização e Edificação, Comentado, cit.,* p. 104-110.

3. Encontram-se sujeitas a comunicação prévia, tendencialmente todas as operações urbanísticas que ocorram em áreas para as quais os parâmetros aplicáveis se encontram previamente definidos e com algum grau de precisão [quer em instrumento de gestão territorial (plano de pormenor com determinadas características), quer em acto administrativo (que tenha aprovado uma operação de loteamento ou uma informação prévia muito precisa) quer na situação fáctica existente (zona urbana consolidada com determinadas características)] ou aquelas com impacto urbanístico reduzido (que não irrelevante), como acontece com a construção de piscinas associadas a edificação principal.

Tendo em consideração esta lógica – que não vale na sua totalidade na medida em que o procedimento de comunicação prévia é actualmente o procedimento supletivo, aplicável na auência de determinação expressa de mobilização de outro, por isso, mesmo que as regras não estejam concretamente determinadas –, estão sujeitas a comunicação prévia, de acordo com o nº 4 do artigo 4º do RJUE:

(i) as *operações de loteamento*, se tiverem sido antecedidas de informação prévia favorável emitida nos termos do nº 2 do artigo 14º (nº 1 do artigo 17º)

(ii) as *obras de urbanização*, quando em área abrangida por operação de loteamento ou tenham sido antecedidas de informação prévia favorável emitida nos termos do nº 2 do artigo 14º (nº 1 do artigo 17º)

(iii) os *trabalhos de remodelação de terrenos*, quando em área abrangida por operação de loteamento ou tenham sido antecedidas de informação prévia favorável emitida nos termos do nº 2 do artigo 14º (nº 1 do artigo 17º)

(iv) As obras de *construção*, *alteração* ou *ampliação*, se realizadas:
- em área abrangida por operação de loteamento;
- área abrangida por plano de pormenor que contenha as menções referidas nas alíneas c) d) e f) do artigo 91º do RJIGT (e que pode ser o plano de pormenor de reabilitação urbana;
- em zona urbana consolidada nas condições referidas na alínea d) do nº 4 do artigo 4º (áreas que têm características para se assumirem como áreas de reabilitação urbana) ;
- se tiverem sido antecedidas de informação prévia favorável emitida nos termos do nº 2 do artigo 14º (nº 1 do artigo 17º)

(v) As *obras de reconstrução sem preservação das fachadas*, quando antecedidas de informação prévia favorável emitida nos termos do nº 2 do artigo 14º (nº 1 do artigo 17º);

(vi) As *obras de reconstrução com preservação das fachadas*.

(vii) A *construção de piscinas* associadas a edifício principal

(viii) As obras de construção, reconstrução, ampliação, alteração ou demolição de imóveis nas seguintes áreas sujeitas a servidão administrativa ou restrição de utilidade pública:

- Zonas de protecção dos perímetros de protecção de águas minerais naturais, definidas nos termos do Decreto-Lei nº 90/90, de 16 de Março;
- Zonas de protecção dos perímetros de protecção de captações de águas subterrâneas destinadas ao abastecimento público, definidas nos termos da Lei nº 58/2005, de 29 de Dezembro, e do Decreto-Lei nº 382/99, de 22 de Setembro, alterado pelo Decreto-Lei nº 226-A/2007, de 31 de Maio;
- Áreas de pesquisa, estudo ou trabalhos de sistemas de drenagem e tratamento de águas residuais urbanas, definidas nos termos do Decreto-Lei nº 34 021, de 11 de Outubro de 1944;
- Zonas terrestres de protecção das albufeiras, lagoas ou lagos de águas públicas, definidas nos termos do Decreto-Lei nº 107/2009, de 15 de Maio;
- Zonas terrestres de protecção dos estuários, definidas nos termos do Decreto-Lei nº 129/2008, de 21 de Julho;
- Áreas integradas no domínio hídrico, público ou privado, definidas nos termos das Leis n.ºs 54/2005, de 15 de Novembro, e 58/2005, de 29 de Novembro;
- Áreas classificadas integradas na Rede Natura 2000 e as áreas protegidas classificadas, nos termos definidos no Decreto-Lei nº 142/ /2008, de 24 de Julho;
- Áreas integradas na Reserva Ecológica Nacional, nos termos definidos no Decreto-Lei nº 166/2008, de 22 de Agosto;
- Áreas sujeitas a servidão militar, nos termos da Lei nº 2078, de 11 de Julho de 1955, e do Decreto-Lei nº 45 986, de 22 de Outubro de 1964.

Sobre o âmbito de aplicação das comunicações prévias e a resolução de algumas das dúvidas que a este propósito se colocam, em especial no que concerne à sua sujeição as operações que ocorrem em áreas abrangidas por certas servidões cfr. Fernanda Paula Oliveira, "As dúvidas e as dificuldades da comunicação prévia de operações urbanísticas", *in Revista de Direito Regional e Local*, nº 14, Abril /Junho de 2011, p. 26-38.

4. À lista das operações urbanísticas sujeitas a comunicação prévia, a Proposta de Lei nº 24/XII acrescenta as referidas no seu artigo 77º-A independentemente de se ter de averiguar se a ela já estariam ou não sujeitas a este procedimento por via do RJUE. Por força do artigo 77º-B aplica-se a estas operações urbanísticas, com as necessárias adaptações, o procedimento simplificado a que nos referimos no comentário seguinte, excepto se as mesmas estiverem isentas de controlo preventivo nos termos do RJUE.

Para a identificação das operações a que ficam sujeitas a este *regime especial de reabilitação urbana* o legislador utiliza dois critérios: o do *objecto* (os edifícios ou fracções sobre os quais as operações incidem) e o da *natureza das operações* (em principio, operações que não alterem – que mantenham – as características morfológicas e tipológicas do edifício). Todos estes critérios são de verificação cumulativa. O critério da localização não é relevante para este efeito, já que o regime especial de comunicação prévia se aplica independentemente de os edifícios ou fracções se situarem ou não em áreas de reabilitação urbana (ainda que o regime faça essencialmente sentido para os que se encontram fora delas, por os que estão nelas integradas já poderem tirar partido do regime da reabilitação urbana, sobretudo a partir do momento em que a operação de reabilitação urbana correspondente tenha sido aprovada).

Assim, quanto à *natureza* das operações urbanísticas (que se integrarão sempre no conceito mais amplo de obras de edificação nos termos do RJUE), o regime aplica-se quando estejam em causa operações de intervenção em edifícios existentes que:

a) Preservem as fachadas principais do edifício com todos os seus elementos não dissonantes [expressão equivalente à da alínea n) do artigo 2º do RJUE integrada na noção de *obras de reconstrução com preservação das fachadas*, mas, e bem, sem a possibilidade, admitida naquela alínea, de poder ocorrer aumento de cércea, ainda que se permita novas aberturas de vãos ou modificação de vãos existentes ao nível do piso térreo] – sobre o conceito (e a crítica ao mesmo) de obras de reconstrução com preservação das fachadas CFR Fernanda Paula Oliveira, Maria José Castanheira Neves, Dulce Lopes e Fernanda Maçãs, *Regime Jurídico da Urbanização e Edificação*, *cit*; comentário ao artigo 2º

b) Mantenham os elementos arquitectónicos e estruturais de valor patrimonial do edifício, designadamente abóbadas, arcarias, estruturas metálicas ou de madeira;

c) Mantenham o número de pisos acima do solo e no subsolo [exigência que visa afastar as obras de reconstrução com preservação das fachadas tal como definida no artigo 2º, alínea n) do RJUE, pois não admite ampliações em altura], bem como a configuração da cobertura, sendo admitido o aproveitamento do vão da cobertura como área útil, com possibilidade de abertura de vãos para comunicação com o exterior, nos termos previstos nas normas legais e regulamentares e nos instrumentos de gestão territorial aplicáveis; e

d) Não reduzam a resistência estrutural do edifício, designadamente ao nível sísmico.

No que concerne ao objecto deve tratar-se de:

a) Edifícios legalmente existentes, concluídos há pelo menos 30 anos (requisito que pode ser difícil de comprovar nas situações em que não tenha sido requerida a respectiva autorização de utilização)

b) Que não estejam individualmente classificados ou em vias de classificação, sendo porém indiferente que se localizem em zonas de protecção de imóveis classificados ou em vias de classificação (embora não se admita, neste caso, novas aberturas de vãos na fachada ou na cobertura).

c) E que estejam necessitados de uma intervenção destinada a conferir-lhes adequadas características de desempenho e de segurança funcional, estrutural e construtiva devido ao seu estado de insuficiência, degradação ou obsolescência, designadamente no que se refere às suas condições de uso, solidez, segurança, estética ou salubridade.

Embora o legislador se refira, a este propósito, a um regime especial de reabilitação o mesmo parece traduzir-se, tão-somente, na sua sujeição ao procedimento simplificado de controlo prévio (artigos 53º-A a 53º-G). Deveria, por isso, tornar-se claro – julgamos que essa será por certo a mais-valia deste regime – que benefícios e incentivos, designadamente fiscais, é que são aplicáveis a estas intervenções.

De facto, uma das prometidas alterações ao RJRU prende-se com a simplificação dos procedimentos a sujeitar as operações urbanísticas de edificação em que se traduza a concretização das operações de reabilitação urbana simples ou sistemática (é assim que deve ser entendida a expressão "operações urbanísticas de reabilitação urbana de edifícios ou fracções" utilizada no nº 1 do artigo 53º-A do RJRU na versão da Proposta de Lei nº 24/XII). Este regime simplificado ("procedimento simplificado de controlo preventivo" é a epígrafe que se propõe para uma nova secção do Capítulo VI da Parte II) aplica-se a todos os procedimentos de comunicação prévia que incidam sobre obras previstas em plano de pormenor de reabilitação urbana que tenha um conteúdo suficientemente preciso justificador do desencadeamento deste procedimento e não a todas as edificações que estejam sujeitas a comunicação prévia, o que compreende pela preocupação de apenas sujeitar a este procedimento as situações em que, de forma clara e evidente, as regras estão todas definidas de antemão com precisão, respeitando-se, assim, a lógica inicial do âmbito de aplicação deste procedimento de controlo preventivo. Ainda assim, sempre se poderia discutir se poderiam estar sujeitas a este procedimento todas as outras operações sujeitas a comunicação prévia, de acordo com o RJUE, para as quais já se mostrem definidos a estratégia e o programa estratégico, instrumentos estes que servem de parâmetro à actuação dos particulares e cujo desrespeito conduz, precisamente, à ilegalidade da sua actuação. Em virtude do carácter muito completo e preciso daqueles estratégias ou programa estratégico e das consequências da sua violação, não nos choca que este regime especial pudesse ser extendido igualmente a todas as demais comunicações prévias (isto é, sempre que, nos termos do RJUE, este procedimento fosse mobilizável, ainda que supletivamente), mostrando-se definidos aqueles instrumentos. Em todo o caso, o legislador parece ter actuado por cautela, já que nestas situações, sempre que estivem em causa operações de cariz mais inovatório (por exemplo, demolições, legalizações) não haveria como garantir a intervenção de entidades que tutelam interesses sectoriais (por exemplo das servidões administrativas) que, ao contrário do que sucede nos planos de pormenor, não têm intervenção na aprovação dos "instrumentos" estratégicos das operações de reabilitação urbana.

Acresce que a tendencial completude da estratégia ou do programa estratégico de reabilitação urbana tem vindo a ser infirmada na prática (o que demonstra, acima de tudo, que as peças que têm vindo a ser elaboradas não se conformam com o modelo legal que para elas foi definido). De facto, a maior parte destes documentos são essencialmente descritivos da evolução urbana e onde há maior detalhe é no quadro de apoio/financiamento porque este já decorre muitas vezes das parcerias para a renovação urbana pré-existentes ou de outras operações urbanas de financiamento. Veja-se, por exemplo, o caso da ARU de Portalegre que remete para a concretização/elaboração futura de "Manuais Geral de Intervenção", da ARU de Cacilhas que remete para a elaboração de Regulamento de fachadas/cérceas, e da ARU de Ponte de Lima, com seis unidades de intervenção, que procede a uma programação da sua execução (financeira) indicando projectos/edifícios a intervir mas não regulamenta a intervenção dos particulares.

Nesta Proposta de Lei remete-se claramente para o procedimento de comunicação prévia constante do RJUE, com as especificidades que aquela proposta lhe aponte (embora, em vez disso, a mesma acabe por enumerar toda a tramitação desta comunicação prévia, quer as suas especificidades, quer os restantes aspectos já regulados no RJUE, o que nos parece desnecessário).

Se aqui enumerarmos apenas as especificidades relativamente ao RJUE, as mesmas são:

- Possibilidade, quando a entidade gestora da operação de reabilitação urbana for o município, de ser criada uma unidade orgânica flexível, interna ao município e constituída nos termos da alínea *a*) do artigo 7º e dos artigos 8º e 10º do Decreto-Lei nº 305/2009, de 23 de Outubro, unidade que terá por função específica a apreciação do procedimento simplificado de controlo prévio. A composição desta unidade orgânica deve integrar técnicos com as competências funcionais necessárias à apreciação de todo o procedimento de comunicação prévia, nomeadamente as necessárias para a análise da conformidade das operações urbanísticas com as normas legais e regulamentares aplicáveis, podendo o presidente da câmara municipal (ou os vereadores, se houver delegação de competências nestes), delegar (ou subdelegar, consoante os casos), no dirigente responsável pela unidade orgânica flexível a competência para admitir ou rejeitar a comunicação prévia. Cfr. artigo 53º – B.

    Não vemos, porém, porque limitar o recurso à alínea a) do artigo 7º daquele diploma legal, quando outras formas de estruturação interna municipal se podem demonstrar também como adequadas para o efeito (por exemplo, a estatuída na alínea c) do mesmo artigo 7º: equipas multidisciplinares, que entendemos, até, serem mais adequadas para o efeito, como aliás o tem confirmado a prática.Cfr. quadro XI, Tipo de Entidade Gestora em anexo). Consideramos, aliás, que a opção por estas formas de estruturação interna cabe na autonomia municipal, o que significa que os municípios não devem considerar-se limitados pelo disposto no presente artigo.

- A comunicação prévia (cujo modelo específico deve ser aprovado por portaria dos membros do Governo responsáveis pelas áreas das autarquias locais, da economia e do ordenamento do território) é sempre apresentada perante o município que deve, quando não assuma as funções de entidade gestora da área de reabilitação urbana, remete-la de imediato, por meios electrónicos, à respectiva entidade gestora, notificando o interessado desse facto no prazo de 5 dias úteis. Cfr. artigo 53º-C.

– Em matéria de consultas, dispensa-se, sem prejuízo do disposto no nº 6 do artigo 28º, a realização de consultas e a solicitação de qualquer parecer, autorização ou aprovação a entidades externas ou a serviços da organização autárquica municipal. Artigo 53º-D. Os nºs 2 e 3 desta previsão legal têm uma função meramente declarativa (ou pedagógica) uma vez que o seu conteúdo prescritivo decorreria já, de forma automática, do disposto no seu nº 1: se são dispensadas as consultas, tal significa que as mesmas deixam de ser obrigatórias, muito embora este facto não impeça, como sempre, de as mesmas serem desencadeadas facultativamente, situação em que os prazos sempre se suspenderiam. Neste sentido cfr. Fernanda Paula Oliveira, "Repetição Devida ou Indevida", Comentário ao Acórdão do Supremo Tribunal Administrativo de 9 de Julho de 1998, Proc. Nº 43867, *in Revista do Centro de Estudos do Direito do Ordenamento, do Urbanismo e do Ambiente*, nº 14, Ano VII_2.04, p. 115-124, Coimbra Editora. O artigo 53º-D apresenta-se não apenas como uma especificidade em relação ao RJUE, mas também em relação ao próprio artigo 50º do RJRU, que já é, por si só, uma especificidade em relação ao disposto no RJUE em matéria de consultas.

– O prazo de rejeição da comunicação prévia passa de 20 para 15 dias (artigo 53º-E, nº 1). Admite-se, como motivos de rejeição, os previstos no artigo 52º, (parte final do nº 1 do artigo 53º-E), menção que seria desnecessária por já constar como uma especificidade dos procedimentos referentes a operações de reabilitação urbana precisamente no artigo 52º. Os nº 2 e 3 limitam-se a repetir o que já consta do RJUE (com a especificidade de que a não rejeição será disponibilizada no sistema informático ou página electrónica da entidade gestora quando esta não seja o município. O nº 4 (nos termos do qual *Sem prejuízo do disposto no nº 6 do artigo 28º, a comunicação prévia não pode ser rejeitada com fundamento na ausência de consulta, parecer, autorização ou aprovação de entidade externa ou dos serviços da organização autárquica municipal*) é igualmente tautológico: se a consulta às entidades externas (que a ser promovida, é da iniciativa do município ou da entidade gestora) não é obrigatória, a falta sua promoção não pode, naturalmente ser invocada como causa para rejeição.

Também o disposto nos nºs 5 e 6. os quais dispõem: "*5. Quando a entidade gestora formular uma proposta de rejeição da comunicação prévia, deve indicar expressamente as normas legais ou regulamentares violadas e, sempre que possível, quais as alterações necessárias para a admissão da comunicação prévia*; "*6. No caso previsto do número anterior, o interessado pode, em sede de audiência dos interessados, apresentar à entidade gestora novos elementos elaborados nos termos por esta indicados como necessários para a admissão da comunicação prévia.* – não correspondem a qualquer especificidade, mas antes ao cumprimento de exigências legais de fundamentação e de audiência dos interessados a que o procedimento de comunicação prévia simplificado também está sujeito

– Um regime especial de protecção do existente (quer em relação ao artigo 60º do RJUE quer em relação ao artigo 51º do RJRU) que engloba uma garantia passiva do existente e uma garantia activa, assente esta na declaração dos técnicos: a entidade gestora apenas pode rejeitar o pedido por violação de normas legais e regulamentares cujo incumprimento não tenha sido identificado pelo técnico autor do projecto no termo de responsabilidade, devendo este ainda declarar nesse termo que a desconformidade com as normas em vigor não é originada nem agravada pela operação de reabilitação urbana ou que esta melhora as condições de segurança e de salubridade da edificação, a apreciação pela entidade gestora no âmbito da comunicação prévia não incide sobre a desconformidade com as normas em vigor objecto daquela declaração. Este termo de responsabilidade deverá responder a um modelo específico aprovado por portaria dos membros do Governo responsáveis pelas áreas das autarquias locais, da economia e do ordenamento do território.

5. De acordo com o disposto no nº 5 do artigo 4º do RJUE estão sujeitas a autorização a utilização dos edifícios ou suas fracções, bem como a alteração da utilização dos mesmos.

A autorização de utilização dos edifícios e suas fracções, quando antecedida de obras, destina-se a verificar a conformidade da obra concluída com o projecto aprovado e com as condições do licenciamento ou comunicação prévia (nº 1 do artigo 62º); a autorização de utilização não antecedida de obras sujeitas a controlo ou a alteração de uso destina-se a verificar a conformidade do uso previsto com as normas legais e regulamentares aplicáveis e a idoneidade do edifício ou fracção autónoma para o fim pretendido (nº 2 do artigo 62º).

Tendo presente o disposto no nº 4 do artigo 4º, consideramos sem sentido o disposto na alínea g) do nº 4 do artigo 4º, que manda sujeitar a comunicação prévia as alterações à utilização dos edifícios que envolvam a realização de obras não isentas de controlo prévio ou que careçam da realização de consultas externas (operações também sujeitas a autorização como expresso no nº 5 do artigo 4º). Com efeito, sendo a utilização de edifícios (e logo a sua alteração) uma *operação urbanística* [cfr. alínea j) do artigo 2º] que se encontrava na versão originária do RJUE sujeita a um procedimento de controlo (licenciamento ou autorização, consoante os casos), não se perceberia por que motivo, visando a Lei nº 60/2007 (e também o Decreto-Lei nº 26/2010) simplificar procedimentos, teria o interessado de desencadear agora dois procedimentos distintos e (aparentemente) sucessivos: de autorização e de comunicação prévia, com todos os encargos daí decorrentes para os interessados, quer do ponto da tramitação exigida – em clara contradição com os objectivos de simplificação procedimental da versão do RJUE de 2007 –, quer dos ónus (já que se obriga o particular a pagar duas taxas, correspondentes a outros tantos procedimentos de controlo que tem de desencadear).

Ora, e desde logo, não faz sentido sujeitar-se a comunicação prévia uma alteração de uso quando este implique a realização de obras não isentas de controlo. E isto porque, sendo realizadas obras sujeitas a controlo, é nesse âmbito que se aprecia a conformidade das mesmas com o uso pretendido e, por isso, é no âmbito deste controlo que se consultam as entidades que devem pronunciar-se sobre o novo uso. Pensamos, por isso, que existe um lapso na alínea g) do nº 4 do artigo 4º: onde se diz *"obras não isentas de controlo prévio"* pensamos que se pretende dizer *"obras isentas de controlo prévio"*.

Em segundo lugar, também não nos parece suficientemente válido o argumento da necessidade do procedimento de comunicação prévia sempre que seja necessário, para a alteração de uso, a consulta a entidades exteriores ao município, por este trâmite não estar previsto no procedimento de autorização. Concordamos, com efeito, com a necessidade de ponderar como serão aqui consultadas estas entidades. Parece-nos, contudo, excessivo exigir que, precedentemente à autorização de utilização, tenha o particular de desencadear um procedimento de comunicação prévia, apenas para, no âmbito deste, poderem ser exigidos os pareceres que se apresentam como necessários ao abrigo de legislação especial.

Nestes casos, bastaria que a alteração de uso ficasse sujeita (apenas) a comunicação prévia. Ou então, a melhor solução, por melhor ponderar os interesses públicos e privados em presença, em particular os da celeridade e simplificação procedimental, e recuperar os termos da autorização na versão anterior à Lei nº 60/2007, é a que determina que os pareceres destas entidades externas devem ser pedidos pelo interessado e por ele entregues com o pedido de autorização (ou então com indicação de que os mesmos foram pedidos e não emitidos, nos termos previstos no nº 2 do artigo 13º-B).

Sobre o âmbito de aplicação do procedimento de autorização e a resolução desta e de outras dúvidas cfr. Fernanda Paula Oliveira, Maria José Castanheira Neves, Dulce Lopes e Fernanda Maçãs, *Regime Jurídico da Urbanização e Edificação, Comentado, cit.*, pp. 103-104.

6. A Proposta de Lei nº 24/XII prevê um procedimento específico de autorização de utilização de edifícios ou fracções sujeitas a obras de reabilitação (artigo 53º-G).

Nos termos deste procedimento específico, o requerimento (e não, quanto a nós, o termo de responsabilidade) deve conter a identificação do titular da autorização de utilização, do edifício ou a fracção autónoma a que respeita e o uso a que se destina o edifício ou a fracção autónoma, devendo este (agora sim) ser acompanhado de termo de responsabilidade no qual se declare que estão cumpridos os requisitos legais para a constituição da propriedade horizontal, quando aplicável.

Caso não se determine a realização de vistoria no prazo de 10 dias úteis a contar da recepção do requerimento instruído nestes, o termo de responsabilidade, acompanhado daquele requerimento e do comprovativo da apresentação de ambos à entidade gestora, vale como autorização de utilização, para os efeitos do disposto no artigo 62º do RJUE, substituindo o alvará de utilização referido no nº 3 do artigo 74º do mesmo regime. Em vez, assim, tal como no RJUE, de uma autorização de utilização tácita que, apesar de tudo, não dispensa a obtenção do correspondente alvará (ainda que este não seja já condição da sua eficácia e deva ser emitido pela Administração municipal no prazo muito curto de 5 dias), o legislador confere de imediato aos documentos apresentados pelo requerente o valor de alvará para todos os efeitos, inclusive perante terceiros, designadamente para efeitos da celebração de negócios jurídicos relativos ao edifício ou fracção autónoma reabilitados e para efeitos de registo.

O referido termo de responsabilidade (com a menção expressa de que estão cumpridos os requisitos legais para a constituição da propriedade horizontal) vale como documento comprovativo de que as fracções autónomas satisfazem os requisitos legais, para os efeitos do disposto no artigo 59º do Código do Notariado. Quando a entidade gestora for uma de entre as mencionadas na alínea *b*) do nº 1 do artigo 10º, o termo de responsabilidade e o comprovativo da sua apresentação são disponibilizados ao município por meios electrónicos (cfr. artigo 81º-A do RJRU na versão da Proposta de Lei nº 24/XII.

7. Muito embora a lei não lhe faça referência, entendemos dever considerar-se igualmente abrangido pela alínea a) do nº 1 do artigo aqui em anotação, os poderes referentes aos pedidos de informação prévia, já que os actos que decidem este tipo de procedimentos se apresentam como uma antecipação da decisão que terá de ser tomada no âmbito daqueles (pré-decisões).

Temos, no entanto, as mais fortes dúvidas quanto à solução legal, uma vez que nela não se prevê a possibilidade de delegação da apreciação e decisão dos pedidos de informação prévia, carecendo esta, assim parece, da exigível previsão legal expressa (habilitação legal). A única forma de se compreender esta opção poderá passar pelo facto de se assumir que tanto o instrumento próprio como o plano já identificam com suficiente rigor as intervenções a levar a cabo pelo que não se justificaria que se lançasse mão do procedimento de informação prévia. Ainda assim, não se tendo vedado a utilização deste não se vê porque é que o mesmo, a ser iniciado, não pode cair na alçada da entidade gestora, sempre que esta não seja o Município.

ARTIGO 46º
Inspecções e vistorias

1. São delegáveis na entidade gestora da operação de reabilitação urbana, caso esta não seja o município, as competências para ordenar e promover, em relação a imóveis localizados na respectiva área de reabilitação urbana, a realização de inspecções e vistorias de fiscalização, nos termos previstos no regime jurídico da urbanização e da edificação, aprovado pelo Decreto-Lei nº 555/99, de 16 de Dezembro.

2. A entidade gestora tem o dever de comunicar os factos de que toma conhecimento e que sejam puníveis como contra-ordenação às entidades competentes para aplicar as respectivas coimas.

Comentário
Sumário:
1. O poder de fiscalização
2. Vistorias e inspecções
3. Mandado judicial
4. Dever de comunicação de infracções

1. Os poderes a que se refere a alínea b) do presente artigo integram o *poder de fiscalização* da realização das operações urbanísticas regulado nos artigos 93º a 97º do RJUE, o qual se destina a verificar se as operações urbanísticas, no caso, as de reabilitação urbana, cumprem as normas legais e regulamentares que lhe são aplicáveis.

Estamos, neste caso, ao contrário do que acontece com os procedimentos de licenciamento, comunicação prévia e autorização de utilização – que se configuram como procedimentos de controlo preventivo daquelas operações –, em face de um controlo sucessivo das mesmas.

Note-se, como decorre expressamente da parte final do nº 1 deste artigo 93º do RJUE, que mesmo isentas de controlo preventivo – como é o caso das obras de conservação e obras no interior dos edifícios, das alíneas a) e b) do artigo 6º, das obras de escassa relevância urbanística do artigo 6º-A e das operações previstas no artigo 7º (todos do RJUE) –, todas as operações urbanísticas devem cumprir as disposições legais e regulamentares aplicáveis (veja-se o nº 8 do artigo 6º e nº 6 do artigo 7º deste diploma) encontrando-se, por isso, sujeitas a fiscalização.

Poder-se-á mesmo afirmar que a opção do legislador foi, precisamente, dispensar o maior número de hipóteses de controlo preventivo, acentuando, em contrapartida, o seu controlo sucessivo através da fiscalização. Compreende-se a opção do legislador em face das tendências desreguladoras, mas lembramos que a mesma exige um reforço de actuação dos serviços municipais de fiscalização, que devem ser adequados a tal propósito não só eventualmente em número de efectivos mas, acima de tudo, em termos de adequação a um novo modo de actuação. Com efeito, não havendo uma obrigação estrita nas obras isentas de controlo prévio de se efectuar qualquer tipo de comunicação, mesmo a do início da execução das obras, excepto se tal estiver previsto em regulamento municipal, terão que se adequar métodos e formas de acção a esta nova realidade legislativa.

2. Na sistematização do RJUE distingue-se *inspecções* aos locais onde se desenvolvam actividades sujeitas a fiscalização e *vistorias* já direccionadas para a prova de certos factos que necessitem de uma apreciação valorativa pericial (artigo 96º). Esta diferente modelação das diligências instrutórias conduz a diferentes exigências quanto aos "executores" das ordens de realização de inspecções ou de vistorias, já que as segundas devem ser realizadas por funcionários ou privados munidos de funções administrativas especialmente qualificados.

Note-se, ainda, a desnecessidade de prévia notificação para a realização da inspecção, o que se entende, caso contrário não se detectariam muitas das irregularidades, mas implica uma derrogação à regra geral da notificação de tais diligências disposta no artigo 95º do CPA.

As vistorias assumem-se como diligências instrutórias efectuadas sempre que seja necessária a intervenção de peritos com conhecimentos especializados necessários às averiguações que constituam o respectivo objecto.

Embora distintas das vistorias previstas no artigo 90º do RJUE, uma vez que aquelas instruem já um procedimento concreto (de determinação da realização de obras de conservação ou de demolição de construções), enquanto estas decorrem ainda num plano de fiscalização anterior à abertura de qualquer procedimento concreto destinado à prática de um acto administrativo, aplicam-se as regras previstas para as mesmas. Claramente, se forem detectadas situações irregulares neste âmbito, as conclusões a que nelas se chegar determinam, de forma vinculativa, a abertura do procedimento que a elas corresponder.

Para mais desenvolvimentos cfr. Fernanda Paula Oliveira, Maria José Castanheira Neves, Dulce Lopes e Fernanda Maçãs, *Regime Jurídico da Urbanização e Edificação, Comentado, cit.*, pp. 618-630.

3. Nos casos em que seja necessário averiguar eventuais situações de ile-galidade ocorridas dentro de domicílio ou levar a cabo a execução de visto-rias ou de medidas de tutela da legalidade, sem que se tenha obtido prévio consentimento para entrada naquele, é imperiosa a obtenção de mandado judicial.

A exigência de mandado judicial corresponde a uma garantia constitucional feita valer perante intervenções urbanísticas que tenham a potencialidade (lesiva) de expor a intimidade e dimensões de reserva da vida privada e fami-liar dos titulares ou ocupantes do imóvel. Efectivamente, já nos termos previs-tos no nº 2 do artigo 34º da Constituição da República Portuguesa, a entrada no domicílio dos cidadãos contra a sua vontade só pode ser ordenada pela autoridade judicial competente, nos casos e segundo as formas previstos na lei, o que impõe uma necessária intervenção das autoridades judiciais (reserva de juiz) para salvaguarda de direitos fundamentais dos cidadãos.

Tal só não será necessário se houver consentimento, que pode vir de qual-quer pessoa que aparente ou dê razões seguras de habitar naquele domicílio, desde que seja maior de idade ou compreenda o propósito da diligência (isto é, detenha capacidade natural), e que se deve manter ao longo de toda a diligência, uma vez que a entrada em domicílio deve igualmente abranger a permanência, podendo ser convidados a retirar-se.

Para maiores desenvolvimentos sobre o mandado judicial, cfr. Dulce Lopes, "Mandado, por quem? Ac. do Tribunal Constitucional nº 145/2009, de 24.3.2009, P. 558/08", Cadernos de Justiça Administrativa, nº 78, Novembro/ /Dezembro, 2009, p. 33-46.

4. Para além do exercício das competências fiscalizadoras que lhe tenham sido delegadas (no caso de não ser o município), a entidade gestora tem o dever de comunicar os factos de que toma conhecimento e que sejam puníveis como contra-ordenação às entidades competentes para aplicar as respectivas coimas.

ARTIGO 47º
Medidas de tutela da legalidade urbanística

São delegáveis na entidade gestora da operação de reabilitação urbana, caso esta não seja o município, as competências para ordenar e promover, em relação a imóveis localizados na respectiva área de reabilitação urbana, a adopção de medidas de tutela da legalidade urbanística, nos termos previstos no regime jurídico da urbanização e da edificação, aprovado pelo Decreto-Lei nº 555/99, de 16 de Dezembro.

Comentário
Sumário:
1. Tipos de medidas de tutela da legalidade
2. Procedimentos de legalização

1. As medidas de tutela de legalidade urbanística a que se refere o presente normativo são as que encontram regulamentação no RJUE: embargo (artigos 102º a 104º) demolição e reposição do terreno (artigos 106º a 108º) e cessação de utilização (artigo 109º), valendo a propósito daquelas que sejam determinadas no âmbito da reabilitação urbana o que se determina no RJUE. Para mais desenvolvimentos cfr. Fernanda Paula Oliveira, Maria José Castanheira Neves, Dulce Lopes e Fernanda Maçãs, *Regime Jurídico da Urbanização e Edificação, Comentado, cit.*, pp. 648-673 e Dulce Lopes, "Medidas de tutela da legalidade urbanística", *Revista do CEDOUA,* nº 14 Ano VII, 2-2004, pp.49-90.

2. A reabilitação urbana pressupõe, em regra, uma intervenção em edificado existente o qual, nem sempre é legal, quer porque lhe falta o acto autorizativo habilitante quer porque sofreu obras à margem dos procedimentos de controlo legalmente exigidos.

Nestes casos, a intervenção no edificado terá de pressupor um procedimento tendente à sua legalização.

A noção de legalização é um conceito genérico equivalente à reposição da legalidade no caso concreto, já que pode depender do desencadear de procedimentos de vária ordem, tendo em consideração os motivos aos quais se liga a operação urbanística ilegal: ou o início de um procedimento de licenciamento ou comunicação prévia de legalização, consoante os casos; ou um pedido de alteração à licença ou comunicação prévia (artigo 105º, nº 5); ou a realização de trabalhos de correcção ou alteração da obra (artigo 105º, nº 1). Casos haverá ainda em que é dúbio se nos encontramos perante uma obra ilegal, por o interessado alegar que a mesma foi construída em data anterior à entrada em vigor do Regime Geral das Edificações Urbanas. Neste caso, haverá que indagar a veracidade de tal afirmação, seja pela exigência que o particular apresente todos os dados concretos que permitam firmar a antiguidade do edifício (normalmente o registo predial, o cadastro, títulos de propriedade, fotografias), seja pela análise – sempre dentro das possibilidades técnicas dos serviços municipais – das características construtivas do imóvel.

Note-se, porém, que a prática tem sido a de a Administração municipal ser mais benevolente com as legalizações em termos de apreciação do que com os procedimentos de licenciamento ou autorização iniciados *a priori*, nomeadamente não controlando a verificação dos motivos de indeferimento que considerámos dotados de elevada discricionariedade, o que nos parece configurar quase um duplo benefício do infractor. Não obstante, já considerámos legítimo que os Regulamentos Municipais de Urbanização e Edificação estipulem regras específicas de instrução dos procedimentos de legalização, dispensando a apresentação de elementos cuja entrega e apreciação não fazem sentido, por se referirem, por exemplo, ao momento da execução da obra, não serem possíveis no âmbito deste procedimento ou já se mostrarem materialmente cumpridas (como sucederá com a dispensa de certificações quando, por exemplo, já haja ligação às infra-estruturas a que essa certificação se referiria).

Esta referência é importante na medida em que a estratégia ou o programa estratégico de reabilitação urbana, bem como o plano de pormenor de reabilitação urbana podem, de forma a alcançar os respectivos desideratos, conter opções específicas de legalização. Sobre a possibilidade, em geral, de um instrumento de planeamento poder conter intenções regularizadoras de situações ilegais, cfr. Fernanda Paula Oliveira, *Nulidades Urbanísticas, Casos e Coisas*, Coimbra, Almedina, 2011, pp. 114 e ss.

ARTIGO 48º
Cobrança de taxas e de compensações

São delegáveis na entidade gestora da operação de reabilitação urbana, caso esta não seja o município, as competências para cobrar as taxas e receber as compensações previstas nos regulamentos municipais em vigor, sem prejuízo do disposto no artigo 67º

Comentário

Sumário:

1. A possibilidade expressa delegação e as dúvidas suscitadas no regime anterior
2. Tipos de taxas relevantes em matéria de reabilitação
3. Compensações relevantes em matéria de reabilitação

1. O presente normativo admite expressamente a delegação na entidade gestora, caso esta não seja o município, das competências para cobrar as taxas e receber as compensações previstas nos regulamentos municipais em vigor. Supera-se, assim, de forma expressa, uma lacuna que decorria do anterior diploma o qual, admitindo a assunção, pelas SRUs, da actividade de controlo preventivo das operações urbanísticas dentro da sua área de intervenção, nada referia quanto à possibilidade de esta entidade cobrar as taxas respectivas. O destino destas taxas é que pode ser objecto de discussão, uma vez que ainda que as taxas administrativas sejam devidas à entidade gestora, as taxas pela realização, reforço e manutenção de infra-estruturas urbanísticas podem ter de ser entregues ao Município se for este a assumir os encargos pela sua realização.

2. São dois os tipos de taxas que se encontram directamente relacionadas com o fenómeno urbanístico e, por isso, também com a reabilitação urbana: a *taxa pela emissão da licença* e a *taxa pela realização, manutenção e reforço das infra--estruturas urbanísticas* (vulgo, "taxa de urbanização").

A primeira tem como contrapartida a *remoção de um limite legal ao exercício de um "direito"* (o limite imposto por lei à liberdade de edificação – abrangendo a liberdade de urbanização e de divisão fundiária do solo) e a *prestação de um serviço* por parte da Administração local que corresponde à apreciação dos projectos e à emissão das respectivas licenças e alvarás. A taxa é, pois, nesta última vertente, a contrapartida do serviço burocrático prestado aos particulares pelos órgãos municipais.

No que concerne à segunda, a mesma visa servir de contrapartida à actividade do ente público de *criação* de infra-estruturas em falta ou do seu *reforço,* ou ainda da mera *manutenção* das mesmas, quando estas já existam, necessidades estas feitas sentir pela realização da operação urbanística que justifica o seu pagamento.

Porém, como referimos no comentário 2 ao artigo 4º, na maior parte das vezes a reabilitação do edificado não implica, comparativamente com a situação anterior, qualquer sobrecarga nas infra-estruturas que justifique a cobrança da taxa (pense-se em obras de conservação, excluídas, mesmo, de qualquer controlo preventivo, e nas obras de alteração ou de reconstrução).

Refira-se, ainda, o disposto no artigo 67º do RJRU, aponta claramente no sentido de os regulamentos municipais incluírem um regime especial de taxas, de forma a incentivar a realização deste tipo de intervenções, o que está, aliás, em consonância com o disposto na Lei nº 53-E/2006, de 29 de Dezembro (que aprovou o regime geral das taxas das autarquias locais), e que permite que estas possam ser utilizadas como instrumento para a promoção de finalidades sociais e de qualificação urbanística, territorial e ambiental.

3. As compensações a que se refere o presente normativo são as referidas no artigo 44º do RJUE, embora o artigo 67º admita o estabelecimento, em regulamento municipal, de um regime especial para estas no âmbito da reabilitação urbana, com o intuito de a promover. Esta possibilidade de estabelecimento de um regime especial de compensações, eventualmente acompanhado de um regime particular de previsão de parâmetros urbanísticos, ajusta-se à reabilitação urbana, dados os condicionamentos físicos e jurídicos à reorganização dos espaços. Para mais desenvolvimentos sobre estas compensações e a necessidade de um seu regime especial Cfr. comentário ao artigo 67º do presente diploma e Fernanda Paula Oliveira, Maria José Castanheira Neves, Dulce Lopes e Fernanda Maçãs, *Regime Jurídico da Urbanização e Edificação, Comentado, cit.*, pp. 376-385.

ARTIGO 49º
Isenção de controlo prévio

1. As operações urbanísticas promovidas pela entidade gestora que se reconduzam à execução da operação de reabilitação urbana, independentemente do tipo de operação de reabilitação urbana, encontram-se isentas de controlo prévio.

2. A entidade gestora, quando diferente do município, deve informar a câmara municipal até 20 dias antes do início da execução das operações urbanísticas a que se refere o número anterior.

3. A realização das operações urbanísticas, nos termos do presente artigo, deve observar as normas legais e regulamentares que lhes sejam aplicáveis, designadamente as constantes de instrumentos de gestão territorial, do regime jurídico de protecção do património cultural, do regime jurídico aplicável à gestão de resíduos de construção e demolição e as normas técnicas de construção.

Comentário

Sumário:

1. Isenção subjectiva
2. Necessidade de delegação?
3. Procedimento
4. Cumprimento de normas legais e regulamentares

1. Por força deste normativo é acrescentada à lista das isenções subjectivas de controlo preventivo (licenças, comunicações prévias e autorizações) constantes do artigo 7º do RJUE, as operações urbanísticas promovidas pela entidade gestora que se reconduzam à execução da operação de reabilitação urbana, independentemente do tipo de operação de reabilitação urbana (isto no caso de a entidade gestora não ser o município, caso contrário já estaria abrangido pela referida isenção) Assim, as operações promovidas pela entidade gestora que se reconduzam à execução de operações de reabilitação urbana, independentemente do tipo desta, encontram-se isentas de controlo prévio.

2. A nosso ver, esta constitui uma das competências próprias da entidade gestora, em especial quando a modalidade de execução seja a Administração conjunta – em que a entidade, gestora, nos termos do artigo 40º, *executa a operação de reabilitação urbana ou parte dela* (execução que se traduzirá, naturalmente, na concretização de operações urbanísticas), em associação com os proprietários e titulares de outros direitos – ou execução da iniciativa da entidade gestora sem recurso a parcerias (artigo 41º do presente diploma), não carecendo, por isso, esta competência de delegação (nem se deduzindo da delegação que eventualmente lhe seja feita das competências de licenciamento, admissão de comunicação prévia e autorização de utilização), uma vez que é ela que incorpora a vocação intrínseca das entidades do sector empresarial local dedicadas à reabilitação urbana. Em sentido contrário, Luís Pereira Coutinho, "Controlo de Operações Urbanísticas em áreas de reabilitação urbana", *cit.*, nº 11, 2010, pp. 24-25.

3. A isenção de controlo preventivo destas operações não significa que elas não tenham de obedecer a um qualquer procedimento, já que, consoante a sua natureza, devem estar sujeitas a consulta a entidades externas, sempre que esta não seja dispensada nos termos do artigo 27º, nº 3 do RJRU, a aprovação pelo órgão competente e a informação à câmara municipal (e já não a aprovação desta, como previsto anteriormente no artigo 9º, nº 2 do Decreto-Lei nº 104/2004). Note-se também que nesta situação, caso o imóvel intervencionado se destine a ser colocado no mercado, deverá ser extraída certidão do acto de aprovação da operação urbanística e do acto que atesta a possibilidade da sua utilização, de modo a que possam cumprir as mesmas funções da licença ou comunicação da obra e da autorização de utilização. Neste sentido, em geral, de às obras isentas de controlo preventivo não corresponder a uma desprocedimentalização da sua realização, Fernanda Paula Oliveira, Maria José Castanheira Neves, Dulce Lopes e Fernanda Maçãs, *Regime Jurídico da Urbanização e Edificação Comentado, cit.,* pp. 147-149.

4. Também aqui, como no âmbito do RJUE, a isenção de controlo preventivo não equivale à isenção de cumprimento das normas legais e regulamentares em vigor que sempre terão de ser cumpridas (ver nº 3 do presente artigo). Cfr. João Paulo Zbyszewski, *Regime Jurídico da Reabilitação Urbana, cit.,* p. 61.

ARTIGO 50º
Consulta a entidades externas

1. A consulta às entidades que, nos termos da lei, devam emitir parecer, autorização ou aprovação sobre o pedido formulado em procedimentos de licenciamento e comunicação prévia de operações urbanísticas ou de autorização de utilização de edifícios segue o disposto no regime jurídico da urbanização e da edificação, aprovado pelo Decreto-Lei n.º 555/99, de 16 de Dezembro, com as especificidades introduzidas pelo presente decreto-lei.

2. Para efeitos dos procedimentos de licenciamento e comunicação prévia de operações urbanísticas e de autorização de utilização de edifícios, a entidade gestora pode constituir uma comissão de apreciação, composta pelas entidades que, nos termos da lei, devem pronunciar-se sobre os pedidos formulados naqueles procedimentos.

3. A entidade gestora e o município, quando diferente daquela, podem participar nas reuniões da comissão de apreciação.

4. A constituição da comissão de apreciação é precedida de solicitação escrita dirigida ao presidente do órgão executivo daquelas entidades, ou ao dirigente máximo do serviço, no caso do Estado, para que designe o respectivo representante.

5. A competência para emissão, no âmbito da comissão de apreciação, das pronúncias legais a que se alude no n.º 1 considera-se delegada no representante designado nos termos do disposto no número anterior.

6. Os pareceres, autorizações e aprovações que as entidades representadas na comissão de apreciação devam prestar são consignados na acta da reunião da comissão, que os substitui para todos os efeitos, e deve ser assinada por todos os membros presentes na reunião com menção expressa da respectiva qualidade.

7. A falta de comparência de um dos membros da comissão de apreciação não obsta à apreciação do pedido e à elaboração da acta, considerando-se que as entidades cujo representante tenha faltado nada têm a opor ao deferimento do pedido, salvo se parecer escrito em sentido contrário seja emitido no prazo de 10 dias após a reunião da comissão de apreciação.

8. Em caso de pronúncia desfavorável, as entidades referidas no n.º 1 devem indicar expressamente as razões da sua discordância e, sempre que possível, quais as alterações necessárias para a viabilização do projecto.

Comentário

Sumário:

1. Pareceres de entidades externas e procedimento: remissão para o RJUE
2. Criação e funcionamento de uma comissão de apreciação
3. Efeitos dos pareceres

1. Também no domínio da consulta às entidades externas nos procedimentos de controlo preventivo de operações urbanísticas, vale, como princípio, o disposto no RJUE, aplicando-se, por isso, os artigos 13º a 13º-A deste regime jurídico. Para mais desenvolvimentos sobre o disposto nestes artigos cfr. Fernanda Paula Oliveira, Maria José Castanheira Neves, Dulce Lopes e Fernanda Maçãs, *Regime Jurídico da Urbanização e Edificação Comentado, cit.*, pp. 222-244.

Refira-se que sempre que as operações de reabilitação urbana ocorram em áreas para as quais tenha sido elaborado um plano de pormenor de reabilitação urbana, dispensa-se, para efeitos de licenciamento ou comunicação prévia das respectivas operações urbanística, a consulta das entidades referidas no artigo 27º que, no âmbito da conferência de serviços realizada no procedimento de elaboração do plano, se tenham pronunciado favoravelmente ao seu projecto ou as suas propostas nele tenham tido acolhimento. Nas situações em que o plano de pormenor de reabilitação urbana em vigor integre um plano de pormenor de salvaguarda, haverá idêntica dispensa quanto ao parecer prévio da administração do património cultural (cfr. nº 4 do artigo 28º do RJRU e nº 2 do artigo 54º da Lei nº 107/2001, de 8 de Setembro), a não ser que o próprio plano preveja expressamente – identificando em planta de localização as respectivas áreas de incidência – a necessidade de emissão deste parecer (nº 5 do artigo 28º do RJRU).

2. Uma das especificidades dos procedimentos de controlo preventivo de operações urbanísticas no âmbito da reabilitação urbana é a de a entidade gestora optar por constituir uma *comissão de apreciação* (solução que também já constava, de forma inovadora, do Decreto-Lei nº 104/2004, mas perdeu parte da sua relevância em face do artigo 13º-A do RJUE), constituída pelas entidades que, nos termos da lei, devam pronunciar-se sobre os pedidos formulado, comissão cujo funcionamento é similar ao de uma *conferência de serviços*:

(i) o representante da entidade encontra-se dotado de poderes para a vincular (o nº 5 refere-se a uma delegação da competência de pronúncia no representante da entidade);

(ii) existe uma pronúncia final global que integra as várias pronúncias parcelares, substituindo-as (cfr. o nº 6) e

(iii) a falta do representante à comissão tem efeitos jurídicos: considera-se que se pronunciou favoravelmente ao pedido, salvo se pronuncia escrita de sentido contrário for emitida no prazo de 10 dias após a reunião da comissão (nº 7).

A constituição de uma comissão de apreciação substitui o regime previsto nos artigos 13º a 13º-B do RJUE, tendo os pareceres emitidos no seu âmbito um carácter mais amplo do que o previsto naqueles artigo, já que se pronunciam sobre a *totalidade* dos aspectos da operação, ao contrário do que sucede no RJUE.

3. Nos termos do nº 8 do artigo aqui em anotação, em caso de pronúncia desfavorável, as entidades consultadas devem indicar expressamente as razões da sua discordância e, sempre que possível, quais as alterações necessárias para a viabilização do projecto. Muito embora a parte final desta disposição pareça indiciar que estes pareceres têm carácter vinculativo, obrigando a alterações ao projecto para que ele possa ser deferido, eles apenas assumem valor vinculativo nas situações mencionadas no nº 6 do artigo 13º, a saber:

(i) que a lei lhes tenha conferido expressamente esse carácter, regra, aliás, consagrada no CPA, que prescreve que os pareceres são obrigatórios e não vinculativos, salvo disposição em contrário. Esta é, de facto, a solução que melhor se adequa à normal natureza jurídica de acto consultivo (e não decisório) dos pareceres.

(ii) que se fundamentem em condicionalismos legais ou regulamentares. Não basta, para este efeito, uma mera referência às normas legais ou regulamentares que reconhecem à entidade consultada o poder de se pronunciar de forma vinculativa sobre a pretensão, devendo a fundamentação legal ou regulamentar referir-se a verdadeiros condicionalismos de ordem material à pretensão urbanística em causa e não a meras apreciações genéricas ou de ordem subjectiva. Da mesma forma, se a fundamentação se basear em competências legais atribuídas a outras entidades, o parecer perde a sua vinculatividade; veja-se o nº 3 deste artigo 13º, que estabelece que as entidades se pronunciam exclusivamente no âmbito das suas atribuições e competências.

(iii) que os mesmos sejam recebidos (e não simplesmente emitidos) dentro dos prazos legais (a regra será, nos termos do RJUE, que aqui é aplicável, do prazo de 20 dias, excepto se se tratar de obra relativa a imóvel de interesse nacional ou de interesse público, em que o prazo é de 40 dias).

ARTIGO 51º
Protecção do existente

1. A emissão da licença ou a admissão de comunicação prévia de obras de reconstrução ou alteração de edifício inseridas no âmbito de aplicação do presente decreto-lei não podem ser recusadas com fundamento em normas legais ou regulamentares supervenientes à construção originária, desde que tais operações não originem ou agravem a desconformidade com as normas em vigor ou tenham como resultado a melhoria das condições de segurança e de salubridade da edificação.

2. As obras de ampliação inseridas no âmbito de uma operação de reabilitação urbana podem ser dispensadas do cumprimento de normas legais ou regulamentares supervenientes à construção originária, sempre que da realização daquelas obras resulte uma melhoria das condições de desempenho e segurança funcional, estrutural e construtiva da edificação e o sacrifício decorrente do cumprimento das normas legais e regulamentares vigentes seja desproporcionado em face da desconformidade criada ou agravada pela realização daquelas.

3. O disposto no número anterior é aplicável ao licenciamento ou à admissão de comunicação prévia de obras de construção que visem a substituição de edifícios previamente existentes.

4. Os requerimentos de licenciamento ou as comunicações prévias devem conter sempre declaração dos autores dos projectos que identifique as normas técnicas ou regulamentares em vigor que não foram aplicadas e, nos casos previstos no nº 2 e no número anterior, a fundamentação da sua não observância.

Comentário

Sumário:
1. Protecção do existente passiva
2. Protecção do existente activa
3. Protecção do existente excepcional
4. Possibilidade de derrogação do princípio

1. O princípio da protecção do existente consagrado neste normativo assume, desde logo, uma vertente passiva, a qual mais não corresponde do que afirmação da regra geral de aplicação de normas no tempo: as edificações construídas ao abrigo do direito anterior e as utilizações respectivas não são afectadas por normas legais e regulamentares supervenientes. Muito embora esta vertente não se encontre expressamente referida no artigo aqui em anotação, ela vale na íntegra, quer pela força determinante dos princípios, quer por contar, com carácter geral do nº 1 do artigo 60º do RJUE).

As *edificações erigidas ao abrigo do direito anterior* são aquelas que, no momento da respectiva construção, cumpriram todos os requisitos materiais e formais exigíveis. Deste modo, uma edificação que apesar de cumprir, à data da respectiva construção, todas as normas materiais em vigor, designadamente as dos instrumentos de planeamento, mas em relação à qual o interessado não obteve a respectiva licença ou autorização, não pode considerar-se "*erigida ao abrigo do direito anterior*" para efeitos de aplicação do regime instituído neste normativo. Assim, se o pedido para obter a licença em falta (e regularizar, deste modo, a situação ilegal) apenas for apresentado num momento em que se encontra em vigor um novo instrumento de planeamento que não admite já aquela edificação, não se encontra esta abrangida pelo regime de garantia instituído neste normativo, sendo necessário desencadear um procedimento de legalização.

Assume particular relevo prático, nestes casos, a comprovação e atestação de que um edifício é anterior à aplicação do RGEU, ou à entrada em vigor do regulamento de extensão da aplicação do RGEU à área do concelho não incluída na sede do município (§ único do artigo 1º do RGEU), de modo que se possa considerar estar perante um edifício legalmente existente, não obstante a ausência de actos autorizativos.

Nestes casos, porque a existência da construção é pressuposto constitutivo da possibilidade de manutenção, alteração ou reconstrução da coisa, considera a nossa doutrina que *àquele a quem aproveitar a cláusula da garantia do existente cabe o ónus da prova dos seus pressupostos* (Fernando Alves Correia, *Manual de Direito do Urbanismo*, Vol. I, *cit.*, p. 678).

O que significa que, de acordo com o disposto no artigo 88º, nº 1, do Código do Procedimento Administrativo, cabe aos interessados provar os factos que tenham alegado, devendo estes carrear todos os dados que tenham a este propósito e que permitam firmar a sua pretensão jurídica. Devem, isso sim, procurar indicações credíveis de tais preexistências usando para o efeito critérios adequados às especificidades da obra em causa.

Não obstante esta imputação de responsabilidade, ao município continuam a incumbir tarefas instrutórias relevantes, na definição, nem sempre clara e pacífica, do que são obras edificadas ao abrigo do direito anterior.

Por um lado, o município deve, ao abrigo do princípio do inquisitório, auxiliar os interessados na tarefa de comprovar as preexistências legais. É certo que este auxílio na recolha das provas relevantes no caso não pode exceder o que é pertinente e possível para as entidades municipais; ou seja, não pode ser exigido ao Município que extravase o âmbito da apreciação municipal e se substitua aos interessados na definição de pressupostos que a estes compitam. Mas já deve o Município predispor todos os meios de prova ao seu alcance para afirmar (ou infirmar) a existência de preexistências no local, designadamente sempre que tenha conhecimento oficial e directo de certos factos, por exemplo por intermédio de plantas ou cartas existentes nos arquivos municipais. Trata-se, neste caso, das hipóteses previstas no artigo 87º, nº 2 do Código do Procedimento Administrativo.

Não obstante consideramos que, em face da natureza essencialmente real dos actos de gestão urbanística, nunca poderá o Município repousar, para a formação da sua convicção, puramente em elementos testemunhais e puramente subjectivos.

2. O princípio da protecção do existente tem também uma vertente positiva, que se encontra expressamente plasmada no nº 1 do presente artigo, a qual repete a formulação constante do nº 2 do artigo 60º do RJUE.

Esta vertente, ao contrário da anterior, configura um desvio ao princípio do *tempus regit actum*. Assim, tratando-se de uma edificação existente relativamente à qual o interessado pretenda promover obras de *reconstrução* ou de *alteração*, poderá não ser imposto, na medida em que não seja possível, o cumprimento de novas exigências legais e regulamentares entradas em vigor supervenientemente à construção originária. Admite-se, assim, que possam ser licenciadas ou admitidas obras de reconstrução ou de alteração *que não cumpram as regras em vigor no momento da decisão*, desde que tais obras se refiram a edificações legalmente existentes anteriores à entrada em vigor dessas normas e estas edificações não originem ou agravem a desconformidade com as normas em vigor ou tenham como resultado a melhoria das condições de segurança ou salubridade da edificação.

O princípio que aqui se encontra consagrado visa garantir a recuperação do património construído (e consolidado) já que se permite a realização de obras susceptíveis de melhorar as condições de segurança e de salubridade das edificações existentes que, de outra forma, não fosse a instituição deste princípio, teriam de ser indeferidas.

3. O princípio da garantia do existente tem no RJRU, no entanto, um âmbito mais amplo do que o que decorre do artigo 60º do RJUE, quer porque não se limita a permitir operações que *não agravem* as desconformidades préexistentes, mas também porque permite expressamente intervenções *agravadoras desta desconformidade* sempre que tenham como resultado a melhoria das condições de segurança e salubridade da edificação (muito embora interpretemos a garantia do existente do RJUE de forma a permitir também este tipo de intervenções, desde que com impacto limitado: cfr Fernanda Paula Oliveira, Maria José Castanheira Neves, Dulce Lopes e Fernanda Maçãs, *Regime Jurídico da Urbanização e Edificação, cit.*, pp. 464-465) ou sempre que, da intervenção agravadora, resulte uma melhoria das condições de desempenho e segurança funcional, estrutural e construtiva da edificação e desde que, neste caso, o sacrifício decorrente do cumprimento das normas violadas não se revele desproporcionado em face da desconformidade criada ou agravada pela realização da intervenção.

Estamos aqui perante uma garantia do existente que a jurisprudência alemã apelida de *garantia excepcional* ou *extensiva*, embora seja mais ampla do que a vigente nesse ordenamento jurídico porque, ao contrário do que aí sucede – onde a mesma apenas pode ser mobilizada quando as obras de ampliação visem garantir *a funcionalidade* do edifício de forma a evitar que a construção fique sem objecto –, basta que ocorra uma *melhoria dessa funcionalidade* para que o princípio possa ser invocado.

Mais. Se se atentar no disposto no nº 3 do artigo 51º do RJRU, este princípio não se fica pelas obras de reconstrução, alteração ou, em medida mais limitada, de ampliação de edificações existentes, permitindo ainda a "*garantia do inexistente*", ao admitir o incumprimento das normas em vigor por parte de *novas edificações* desde que destinadas a substituir outras pré existentes.

De forma a evitar verdadeiras deturpações do princípio da legalidade, deve haver um cuidado na aplicação deste regime absolutamente excepcional, que se deve traduzir, entre outras coisas, numa fundamentação acrescida, a qual para além de técnica, deve também ser jurídica (com apelo, designadamente, ao princípio da proporcionalidade). Assim, para além da *identificação das normas não cumpridas* deve explicitar-se *qual é o prejuízo que resulta do seu cumprimento para o respectivo promotor* (e que não pode basear-se no maior encargo económico que decorre do cumprimento daquelas normas). A permissão de realização de uma nova obra em incumprimento de normas legais e regulamentares aplicáveis terá de se basear sempre não apenas no facto de a *nova edificação traduzir uma melhoria das condições de desempenho, segurança funcional, estrutural e construtiva da edificação* – o que em regra ocorrerá sempre – mas, principalmente, na demonstração de que na ponderação entre a *desconformi-*

dade criada ou agravada com essas obras (prejuízo para o interesse público) e o *sacrifício que o seu cumprimento acarreta para o interessado* (prejuízo para os interesses privados), este seja manifestamente superior. Para uma visão crítica desta vertente ampla do principio da garantia do existente cfr. Luís Pereira Coutinho, "Controlo de Operações Urbanísticas em áreas de reabilitação urbana", *cit.*, pp. 17-20. Refira-se a existência de um regime especial de garantia do existente no âmbito da proposta de Lei n.º 24/XII atinente ao procedimento simplificado de comunicação prévia. Para mais desenvolvimento *vide* comentário nº 4 ao artigo 45º.

4. No presente regime, tal como no RJUE, este princípio corresponde apenas à *regra geral*, mobilizável quando os instrumentos de planeamento em vigor (por exemplo, o plano de pormenor de reabilitação urbana especificamente elaborado para a área) não disponham de forma diferente, o que significa que este princípio não vale como um limite discricionariedade planificadora (o plano pode, por exemplo, determinar expressamente a demolição de um edifício e as regras a que deve obedecer a nova edificação, as quais podem nada ter a ver com os parâmetros do edifício a demolir).

ARTIGO 52º
Indeferimento do pedido de licenciamento ou rejeição da comunicação prévia

1. Sem prejuízo do disposto no artigo anterior, e para além dos fundamentos previstos no regime jurídico da urbanização e da edificação, aprovado pelo Decreto-Lei nº 555/99, de 16 de Dezembro, os requerimentos de licenciamento ou as comunicações prévias para a realização de operações urbanísticas em área de reabilitação urbana podem, ainda, ser indeferidos ou rejeitadas quando estas operações sejam susceptíveis de causar um prejuízo manifesto à reabilitação do edifício.

2. No caso de edifícios compreendidos em área de reabilitação urbana sujeita a operação de reabilitação urbana sistemática, os requerimentos de licenciamento ou as comunicações prévias para a realização de operações urbanísticas podem ainda ser indeferidos ou rejeitadas quando estas operações sejam susceptíveis de causar um prejuízo manifesto à operação de reabilitação urbana da área em que o mesmo se insere.

Comentário
Sumário:
1. Motivos de indeferimento e rejeição previstos no RJUE
2. Motivos de indeferimento e rejeição específicos

1. Uma das principais características das licenças e das comunicações prévias urbanísticas é o carácter taxativo dos fundamentos para o respectivo indeferimento.

Os fundamentos para o indeferimento dos actos de licenciamento encontram-se identificados no artigo 24º do RJUE: alguns são a base para o exercício de poderes vinculados, outros envolvem o exercício de poderes vinculados. Para mais desenvolvimentos sobre o relacionamento entre o motivo de indeferimento, a operação urbanística e o tipo de poder (vinculado ou discricionário) em causa, cfr. Fernanda Paula Oliveira, Maria José Castanheira Neves, Dulce Lopes e Fernanda Maçãs, *Regime Jurídico da Urbanização e Edificação Comentado, cit.*, pp. 307-310.

No que respeita aos motivos de rejeição da comunicação prévia, impõe-se uma ligação com o disposto no artigo 35º, nº 2 do RJUE, que se debruça sobre os referentes normativos a mobilizar para o efeito. Quanto a estes, indica o legislador a violação das normas legais e regulamentares aplicáveis, designadamente as constantes de plano municipal de ordenamento do território, de alvará de loteamento e das normas técnicas de construção em vigor, não indicando em momento algum, ao contrário do que sucede no artigo 24º do

RJUE, a possibilidade de indeferimento com base em motivos discricionários como a ausência ou insuficiência de infra-estruturas ou motivos relacionados com a inserção urbanística do projecto. Assim, tal como refere o legislador relativamente à fixação dos termos da execução das operações urbanísticas sujeitas a comunicação prévia (artigos 53º, nº 1 e 57º, nº 1 do RJUE), deve o município preocupar-se com a densificação dos seus instrumentos ao nível *regulamentar* (planos ou regulamentos municipais de urbanização e edificação) de modo a, nele indicar quais os parâmetros e critérios aplicáveis às operações urbanísticas sujeitas a comunicação prévia. Se assim não o fizer, corre o risco de, sobretudo no âmbito das operações de reconstrução com manutenção das fachadas e as realizadas em zona urbana consolidada, não ter critérios para uma sua efectiva apreciação municipal.

Note-se, porém, que, na medida em que o procedimento de comunicação prévia tem como pressuposto uma maior densidade da regulamentação em vigor na respectiva área, a rejeição da mesma não ocorrerá quando haja violação de plano municipal de ordenamento do território, mas apenas quando se trate de violação de plano de pormenor que contenha os elementos referidos nas alíneas c), d) e f) do nº 1, do artigo 91º do RJIGT ou de alvará de loteamento.

Já no que se refere à contradição com informação prévia favorável, a rejeição a que se refere o artigo 36º, nº 1 do RJUE, apenas pode ser entendida em sentido impróprio. Efectivamente, caso a comunicação prévia não respeite a informação prévia precedente, deve haver lugar, nos termos do artigo 11º, nº 11, alínea b), a conversão oficiosa do procedimento para o de licenciamento, já que o motivo que justificava, ao abrigo do artigo 17º, nº 2, o recurso àquele procedimento mais célere não se verifica.

Consideramos, ainda, que os motivos de indeferimento previstos no artigo 24º referentes à violação de pareceres e à existência de prévia declaração de utilidade pública, devem igualmente, em face da sua intencionalidade e densidade, ser considerados motivos de "rejeição" da comunicação prévia. Tanto mais porque, no caso de contradição com pareceres vinculativos, a consequência é a nulidade da comunicação prévia [cfr. alínea c) do artigo 68º) Neste sentido, *vide* Fernanda Paula Oliveira, "A alteração legislativa ao Regime Jurídico da Urbanização e Edificação: uma lebre que saiu gato...?", *in Direito Regional e Local*, 00, 2007).

2. O artigo aqui em anotação vale, em relação ao RJUE, como norma especial, pelo que, para além dos motivos de indeferimento ou de rejeição constante do RJUE, adita novos fundamentos de indeferimento da licença ou de rejeição da comunicação prévia quando as operações urbanísticas ocorram em área de reabilitação urbana: serem as operações urbanísticas susceptíveis de causar um prejuízo manifesto à reabilitação do edifício, no caso de uma operação de reabilitação urbana simples ou serem as operações susceptíveis de provocar um prejuízo manifesto à operação de reabilitação urbana, tratando-se de operação de reabilitação urbana sistemática.

Estes motivos de indeferimento, que permitem, com grande amplitude discricionária, o indeferimento ou rejeição de operações urbanísticas, não pode deixar de apontar para o seu balizamento ou alinhamento pelo disposto instrumento que aprovam a área de reabilitação urbana e respectivos estratégia ou programa estratégico de de reabilitação urbana que, deste modo, servem também de parâmetro de apreciação das operações urbanísticas.

Não podemos deixar de realçar a amplitude da margem de apreciação (de discricionariedade) para que estes motivos de indeferimento apontam, o que nos parece pouco compaginável com a configuração actual das comunicações prévias como actos vinculados.

Ainda sobre este artigo *vide* comentário 2 ao artigo 14º do presente Decreto-Lei.

ARTIGO 53º
Responsabilidade e qualidade da construção

As operações urbanísticas incluídas numa operação de reabilitação urbana devem respeitar o disposto no regime jurídico da urbanização e edificação, aprovado pelo Decreto-Lei nº 555/99, de 16 de Dezembro, relativamente a responsabilidade e qualidade da construção, nomeadamente no seu artigo 10º, sem prejuízo do disposto no presente decreto-lei e nos regimes jurídicos que regulam a qualificação exigível aos técnicos responsáveis pela coordenação, elaboração e subscrição de projecto, pelo desempenho das funções de direcção de fiscalização de obra e de direcção de obra, incluindo os deveres e responsabilidades a que estão sujeitos, e ainda o exercício da actividade de construção ou de outras actividades ou profissões envolvidas nas operações urbanísticas de reabilitação urbana.

Comentário
Sumário:
Os objectivos da norma

O presente artigo apela para o cumprimento, que não poderia deixar de ser exigido, de um conjunto de diplomas dispersos que têm em comum identificar os vários intervenientes nos procedimentos urbanísticos de reabilitação urbana e regular as responsabilidades, desde os autores (e coordenadores) dos projectos, passando pelos que desempenham funções de acompanhamento da execução da obra (director de obra e director de fiscalização), construtor/ /empreiteiro, etc.

Trata-se de uma norma que mesmo que não constasse do presente diploma, os seus efeitos sempre se verificariam, por força de cada um dos diplomas que regula este tipo de responsabilidade.

Sobre o relacionamento desta norma e o disposto no artigo 10º do RJUE e na Lei nº 31/2009, de 3 de Julho (aprova o regime da qualificação exigível aos técnicos responsáveis pela coordenação, elaboração e subscrição de projecto, pelo desempenho das funções de fiscalização e de direcção de obra). Cfr. João Paulo Zbyszewski, *Regime Jurídico da Reabilitação Urbana, cit.*, p, 65

SECÇÃO II
INSTRUMENTOS DE POLÍTICA URBANÍSTICA

ARTIGO 54º
Instrumentos de execução de política urbanística

1. A entidade gestora pode utilizar, consoante o tipo da respectiva operação de reabilitação urbana, os seguintes instrumentos de execução:

a) Imposição da obrigação de reabilitar e obras coercivas;

b) Empreitada única;

c) Demolição de edifícios;

d) Direito de preferência;

e) Arrendamento forçado;

f) Servidões;

g) Expropriação;

h) Venda forçada;

i) Reestruturação da propriedade.

2. Quando não seja o município a assumir directamente as funções de entidade gestora da área de reabilitação urbana, a entidade gestora apenas pode utilizar os instrumentos de execução cujos poderes hajam sido expressa ou tacitamente delegados pelo município, sem prejuízo de poder requerer directamente ao órgão municipal competente, quando tal se revele necessário, o exercício dos demais.

3. Os instrumentos de execução previstos nas alíneas f) a i) do nº 1 apenas podem ser utilizados nas operações de reabilitação urbana sistemática.

Comentário
Sumário:

1. Função dos instrumentos de execução da política urbanística
2. Delegação destes poderes
3. Instrumentos de execução e operações de reabilitação urbana sistemática

1. Deste artigo é visível a importância deferida pelo legislador aos mecanismos impositivos de intervenção à disposição da entidade gestora. Neste artigo pretendeu o legislador reunir um conjunto de figuras dispersas, agrupando "os mecanismos essenciais à materialização das escolhas públicas em matéria de reabilitação" (preâmbulo do Decreto-Lei nº 307/2009), bem como prever outras figuras, como a da venda forçada, que entre nós não tinham *qua tale* acolhimento. Esta intenção de tipificação dos instrumentos de política urbanística que os Municípios podem utilizar nas operações de reabilitação urbana entende-se quando nos apercebemos que o seu pleno funcionamento ocorre em situações em que os particulares não se conformam com as operações de reabilitação urbana delineadas. Neste caso, é importante prever legislativamente os contornos das figuras tendencialmente restritivas ou ablativas da esfera jurídica dos interessados e, bem assim, definir as garantias que a estes assistem.

2. Caso a entidades gestora não seja o município, a entidade gestora só poderá actuar em conformidade com as competências delegadas nesta pelo município. No entanto, na medida em que pode haver renitência em delegar algumas das competências mais intrusivas previstas neste artigo, prevê o n⁰ 2 a possibilidade de a entidade gestora poder requerer ao Município o seu exercício em situações concretas. Deste modo se tentará evitar que as operações de reabilitação urbana fiquem sem execução por falta de uma identificação exaustiva das necessidades de intervenção ou por falta de sensibilidade às especificidades de actuação neste domínio. Poder-se-á colocar neste caso a questão sobre se a intervenção do Município configura ou não um acto devido, mediante requerimento da entidade gestora. Ora, se a identificação neste caso de um direito a uma decisão positiva da Administração nos parece de rejeitar (uma vez que pode haver lugar ainda ao controlo do juízo sobre a necessidade de intervenção), já nos parece de afirmar o direito a uma qualquer decisão por parte do Município, seja no sentido do deferimento, seja no sentido do indeferimento.

3. O recurso aos institutos das servidões, da expropriação, da venda forçada e da reestruturação da propriedade estão reservados para as operações de reabilitação urbana sistemática. Ora, se em princípio é esta a sede em que dominantemente se coloca a necessidade daquelas figuras, já não nos parece que a opção do legislador tenha sido a mais feliz, uma vez que em lugar de fazer uma associação indiferenciada entre figuras e tipo de reabilitação urbana mais valeria determinar, de forma clara, quais os tipos de situações nas quais se justifica uma intervenção supletiva e impositiva da Administração.

ARTIGO 55º
Obrigação de reabilitar e obras coercivas

1. A entidade gestora pode impor ao proprietário de um edifício ou fracção a obrigação de o reabilitar, determinando a realização e o prazo para a conclusão das obras ou trabalhos necessários à restituição das suas características de desempenho e segurança funcional, estrutural e construtiva, de acordo com critérios de necessidade, adequação e proporcionalidade.

2. Quando o proprietário, incumprindo a obrigação de reabilitar, não iniciar as operações urbanísticas compreendidas na acção de reabilitação que foi determinada, ou não as concluir dentro dos prazos que para o efeito sejam fixados, pode a entidade gestora tomar posse administrativa dos edifícios ou fracções para dar execução imediata às obras determinadas, aplicando-se o disposto nos artigos 107º e 108º do regime jurídico da urbanização e edificação, aprovado pelo Decreto-Lei nº 555/99, de 16 de Dezembro.

3. No âmbito de operações de reabilitação urbana sistemática, a entidade gestora pode, em alternativa à aplicação do regime de obras coercivas previsto no número anterior e na estrita medida em que tal seja necessário, adequado e proporcional, atendendo aos interesses públicos e privados em presença, recorrer aos regimes de expropriação ou de venda forçada previstos nos artigos 61º e 62º.

Comentário

Sumário:

1. Imposição da obrigação de reabilitar e consequências
2. Consequências do incumprimento da obrigação de reabilitar no âmbito das operações de reabilitação urbana sistemáticas
3. Ressarcimento da entidade gestora
4. A Proposta de Lei nº 24/XII

1. A obrigação de reabilitar e de realização de obras coercivas, prevista no artigo 55º, é uma peça essencial na engrenagem do diploma. É em virtude dela que se afere se os proprietários pretendem levar a cabo as obras de reabilitação ou se é necessário avançar para a adopção de medidas de cariz autoritário e impositivo.

Nos termos do disposto no artigo 55º, a entidade gestora pode impor ao proprietário a obrigação de reabilitação do edifício ou fracção, impondo um prazo para a conclusão das obras ou trabalhos necessários à restituição das características de desempenho e segurança funcional, estrutural e construtiva, do edifício. Em caso de incumprimento, pode a entidade gestora tomar posse administrativa dos edifícios ou fracções para a execução daquelas obras em substituição, aplicando-se o disposto nos artigos 107º e 108º RJUE. A posse administrativa é determinada por acto administrativo do presidente da câmara municipal ou da entidade gestora se tiver havido delegação de poderes para o efeito, acto este que deve ser notificado ao proprietário e aos demais titulares de direitos reais sobre o imóvel por carta registada com aviso de recepção.

2. No caso de operações de reabilitação urbana sistemática a entidade gestora pode, em alternativa às obras coercivas, recorrer aos regimes de expropriação ou de venda forçada previstos nos artigos 61º e 62º, cumpridos que sejam os princípios fundamentais que regem a utilização destes instrumentos impositivos (designadamente os da necessidade e da proporcionalidade em sentido estrito). Não existe, por isso, uma verdadeira relação de alternatividade entre a realização coerciva de obras e a expropriação e a venda forçada, no caso da reabilitação urbana sistemática, ao contrário do que parece decorrer do artigo 55. nº 3. Estes últimos instrumentos só devem intervir quando, por exemplo, o valor das obras coercivas for muito elevado, próximo do valor da expropriação, e imóvel não estiver a ser utilizado e a utilização projectada para o mesmo não corresponder à pretendida pelo proprietário.

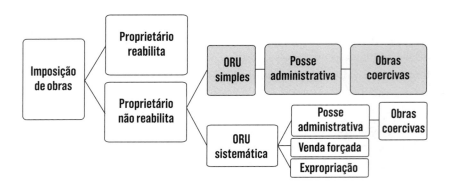

3. A obrigação prevista no artigo 55º deve ser lida em conjunto com a regulamentação do arrendamento forçado disposta no artigo 59º, no que se refere ao ressarcimento da entidade gestora. Terminada a obra pela entidade gestora no caso de incumprimento das obras impostas coercivamente ao proprietário, se este, no prazo máximo de quatro meses, não proceder ao ressar-

cimento integral das despesas incorridas pela entidade gestora, ou não der de arrendamento o edifício ou fracção por um prazo mínimo de cinco anos afectando as rendas ao ressarcimento daquelas despesas, pode a entidade gestora arrendá-lo, mediante concurso público, igualmente por um prazo de cinco anos, renovável nos termos do artigo 1096º do Código Civil.

O proprietário tem, contudo, o direito de se opor à celebração deste contrato de arrendamento forçado, requerendo a venda forçada ou a expropriação do edifício ou fracção em causa, deduzindo-se à quantia a entregar ao proprietário o valor das despesas com as obras realizadas. Neste caso, ao contrário do que parece decorrer da lei, a venda forçada e a expropriação são utilizadas ainda que apenas esteja em causa uma operação de reabilitação urbana simples, o que significa que apenas numa primeira linha se recusa a utilização dos instrumentos da venda forçada e da expropriações neste tipo de operações.

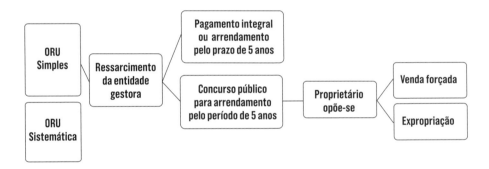

4. A Proposta de Lei nº 24/XII passa a estipular que a entidade gestora apenas pode impor ao respectivo proprietário a obrigação de o reabilitar no caso de edifícios ou fracções a que seja reconhecido um nível de conservação 1 ou 2, nos termos previstos no artigo 65º do RJRU. Esta limitação do recurso à obrigação de reabilitação às situações que se apresentam como mais gravosas não significa que os proprietários não mantenham a obrigação de adequação aos desígnios da reabilitação urbana (designadamente que sejam dispensados de dar cumprimento às exigências de conservação dos seus imóveis, nos termos do RJUE). Significa, não obstante, que o recurso, ainda que subsidiário à expropriação e venda forçada se passam a verificar apenas em situações limite, de clara violação dos interesses públicos urbanísticos.

ARTIGO 56º
Empreitada única

1. A entidade gestora de uma operação de reabilitação urbana pode promover a reabilitação de um conjunto de edifícios através de uma empreitada única.

2. Salvo oposição dos proprietários, a entidade gestora, em representação daqueles, contrata e gere a empreitada única, a qual pode incluir a elaboração do projecto e a sua execução, podendo igualmente constituir parte de um contrato de reabilitação.

3. No caso de os proprietários se oporem à representação pela entidade gestora, devem contratar com aquela as obrigações a que ficam adstritos no processo de reabilitação urbana, designadamente quanto à fixação de prazos para efeitos de licenciamento ou comunicação prévia e para execução das obras.

Comentário

Sumário:

1. Procedimento da empreitada única
2. Escolha do empreiteiro

1. Havendo acordo dos proprietários, a entidade gestora, em representação destes, pode contratar e gerir uma empreitada única para promover a reabilitação de um conjunto de edifícios, a qual pode incluir a elaboração do projecto e a sua execução (podendo constituir parte de um contrato de reabilitação). No âmbito desta empreitada única, a entidade gestora assume o papel de representante dos proprietários, podendo não ter sequer um imóvel seu incluído na área a reabilitar.

O lançamento da empreitada depende da não oposição à sua realização por parte dos proprietários (se se tratar de uma operação de reabilitação simples) e da não oposição à sua execução ou, ainda, da execução de um contrato de reabilitação urbana (no caso de uma operação de reabilitação sistemática). Mas, para o efeito, é necessário que a proposta de realização de uma empreitada única seja notificada ao proprietário e demais interessados (admitimos que conjuntamente com a notificação para realização de obras), e inclua os seguintes elementos: definição base do tipo de obras a realizar e dos custos previsíveis; definição dos tempos previsíveis de realização de obras e possibilidade de realojamento; e concessão de um prazo razoável para pronúncia.

No caso de os proprietários se oporem à representação pela entidade gestora, devem contratar com aquela as obrigações a que ficam adstritos no processo de reabilitação urbana, designadamente quanto à fixação de prazos para efeitos de licenciamento ou comunicação prévia e para execução das obras. No caso de aqueles recusarem contratar os termos da reabilitação ou a não levarem a cabo, aplica-se o regime das obras coercivas, se se tratar de uma operação de reabilitação simples, ou o regime das obras coercivas e, "alternativamente", o da venda forçada ou expropriação, se se tratar de uma operação de reabilitação sistemática (cfr. quadro seguinte).

2. Apesar de em causa estar, na sua essência, a realização de obra privada, a assunção pela entidade gestora de poderes de representação, implicando estes a melhor cura de interesses dos proprietários, aconselha que a entidade adjudicante lance mão dos procedimentos previstos no Código dos Contratos Públicos. Segundo Marleen Coreman, *cit.*, p. 84, a empreitada única permite economias de escala na medida em que reúne num só procedimento a realização de um conjunto de obras em vários edifícios o que poderá resultar em custos mais baixos, tempo de decisão e de execução das obras mais curto. Mas também há o reverso da medalha. Havendo menos concursos com vista à adjudicação da empreitada e valores de contrato mais elevados a litigiosidade poderá ser maior e resultar em processos judiciais que atrasam a execução das obras de reabilitação. Por outro lado, se algo correr mal com o empreiteiro, nomeadamente, se este se atrasar ou entrar em incumprimento, os danos estendem-se por uma área de intervenção mais ampla.

238 REGIME JURÍDICO DA REABILITAÇÃO URBANA

ARTIGO 57º
Demolição de edifícios

1. A entidade gestora pode ordenar a demolição de edifícios aos quais faltem os requisitos de segurança e salubridade indispensáveis ao fim a que se destinam e cuja reabilitação seja técnica ou economicamente inviável.

2. Aplica-se à demolição de edifícios, com as necessárias adaptações, o regime estabelecido nos artigos 89º a 92º do regime jurídico da urbanização e edificação, aprovado pelo Decreto-Lei nº 555/99, de 16 de Dezembro.

3. Tratando-se de património cultural imóvel classificado ou em vias de classificação, não pode ser efectuada a sua demolição total ou parcial sem prévia e expressa autorização da administração do património cultural competente, aplicando-se, com as devidas adaptações, as regras constantes do artigo 49º da Lei nº 107/2001, de 8 de Setembro.

4. A aplicação do regime de demolição regulado nos números anteriores não prejudica, caso se trate de imóvel arrendado, a aplicação do Decreto-Lei nº 157/2006, de 8 de Agosto.

Comentário
Sumário:

1. Demolição por ruína técnica e económica
2. Demolição por ruína urbanística
3. Regime aplicável à demolição
4. Regime aplicável à demolição de bens integrados no património cultural imóvel classificado ou em vias de classificação
5. Regime aplicável aos imóveis arrendados

1. O recurso à demolição, previsto e regulado no artigo 57º, é possível sempre que: faltem aos edifícios os requisitos de segurança e salubridade necessários ao fim a que se destinam e a reabilitação dos edifícios seja técnica ou economicamente inviável. O conceito de ruína técnica prende-se com a inutilização dos elementos fundamentais do edifício e o de ruína económica com as situações em que o custo da reparação do edifício, descontado o valor do terreno, é considerado como elevado em relação aos valores usualmente praticados no mercado relativos ao próprio imóvel. Na doutrina do país vizinho é comum a referência ao limiar dos 50%, percentagem esta (ou outra) que não foi acolhida pelo nosso legislador, uma vez que assim sempre poderão intervir considerações casuísticas relacionadas, por exemplo, com o tipo de edifício, seu valor cultural, e a sua localização.

2. O diploma não se refere, no entanto às hipóteses de ruína urbanística, i.e., de incompatibilidade do imóvel com o disposto no plano de pormenor de reabilitação urbana ou no instrumento próprio [cfr., por contraposição, o disposto no artigo 127º, alínea a) do Regime Jurídico dos Instrumentos de Gestão Territorial]. Pensamos, no entanto, ser de admitir, também neste caso, a demolição de imóveis de titulares privados, desde que enquadrados essencialmente no âmbito de operações de reabilitação sistemática e rodeados das devidas cautelas constitucionais e legais. Nesta situação poder-se-á sempre considerar que em causa estiveram motivos atinentes à ruína técnica dos edifícios, quando cotejados com a sua envolvente urbana.

3. Aplica-se, com as necessárias adaptações, à demolição o regime estabelecido nos artigos 89º a 92º do RJUE. Sucintamente, a decisão de demolição é precedida de uma vistoria a realizar por três técnicos a nomear pela entidade gestora. O proprietário tem o direito de participar na vistoria, por si e através de perito por si indicado, devendo para o efeito ser notificado da data da sua realização e dos fundamentos que a determinam por carta registada com aviso de recepção remetida, no mínimo, com sete dias de antecedência. O proprietário tem, ainda, o direito de formular quesitos. Da vistoria é lavrado auto do qual consta, para além das respostas aos quesitos, a identificação do imóvel, a descrição do estado do mesmo e a necessidade da sua demolição, as assinaturas dos técnicos e do perito que participaram na vistoria, ou a referência que algum não quis ou não pôde assinar. Quando exista risco iminente de desmoronamento do edifício ou grave perigo para a saúde pública estas formalidades podem ser preteridas. A decisão de demolição deve ser comunicada ao proprietário, por escrito, por carta registada com aviso de recepção, o qual deve cumprir a ordem no prazo indicado. Se o não fizer a entidade gestora pode tomar posse administrativa do imóvel para executar a demolição.

4. Estando em causa património cultural imóvel classificado ou em vias de classificação, é necessária a prévia autorização da administração do património cultural competente (aplicando-se com as devidas adaptações, o artigo 49º da Lei nº 107/2001), como, aliás, consta já do artigo 28º, nº 6. Caso vingue a Proposta de Lei nº 24/XII, que se propõe eliminar esta exigência de autorização no caso em que a demolição esteja prevista em Plano de pormenor de reabilitação urbana, deve ler-se este nº 3 do artigo 57º em consonância com aquela inovação.

5. Para além da legislação do património cultural, disposições há que são mais restritivas no que se refere à possibilidade de demolição de imóveis, como sucede com a legislação respeitante ao arrendamento urbano (artigo 57º, nº 4). Neste último caso, porém, as alterações motivadas pelo Decreto-Lei nº 306/2009, de 23 de Outubro de 2009, ao Decreto-Lei nº 157/2006, de 8 de Agosto, vieram alargar as causas justificativas da demolição de imóveis arrendados, de modo a ajustá-lo aos desideratos da reabilitação urbana.

Assim, ao artigo 7º, nº 2 do Decreto-Lei nº 157/2006. A faculdade de demolição tem lugar quando for necessária por força da degradação do prédio, incompatível tecnicamente com a sua reabilitação e geradora de risco para os respectivos ocupantes, a atestar pelo município, ouvida a comissão arbitral municipal ou quando decorra de plano de pormenor de reabilitação urbana –, vieram juntar-se novos fundamentos para recurso à demolição de prédios arrendados: nas situações em que a demolição seja considerada pelo município a solução tecnicamente mais adequada ou a demolição seja necessária à execução de plano municipal de ordenamento do território ou aprovação de área de reabilitação urbana.

ARTIGO 58º
Direito de preferência

1. A entidade gestora tem preferência nas transmissões a título oneroso, entre particulares, de terrenos, edifícios ou fracções situados em área de reabilitação urbana.

2. Tratando-se de património cultural imóvel classificado ou em vias de classificação ou de imóveis localizados nas respectivas zonas de protecção, o direito de preferência da entidade gestora não prevalece contra os direitos de preferência previstos no nº 1 do artigo 37º da Lei nº 107/2001, de 8 de Setembro.

3. O direito de preferência previsto no nº 1 apenas pode ser exercido caso a entidade gestora entenda que o imóvel deve ser objecto de intervenção no âmbito da operação de reabilitação urbana, discriminando na declaração de preferência, nomeadamente, a intervenção de que o imóvel carece e o prazo dentro do qual pretende executá-la.

4. O direito de preferência exerce-se nos termos previstos no regime jurídico dos instrumentos de gestão territorial, aprovado pelo Decreto-Lei nº 380/99, de 22 de Setembro, para o exercício do direito de preferência do município sobre terrenos ou edifícios situados nas áreas do plano com execução programada, podendo ser exercido com a declaração de não aceitação do preço convencionado.

5. Nos casos previstos na parte final do número anterior, assiste às partes do contrato, primeiro ao vendedor e depois ao comprador:

a) O direito de reversão do bem quando não seja promovida a intervenção constante da declaração de preferência, aplicando-se o disposto no Código das Expropriações, com as devidas adaptações;

b) O direito de preferência na primeira alienação do bem.

Comentário
Sumário:

1. Titulares do direito de preferência
2. Condições e procedimento para exercício do direito de preferência
3.Consequências resultantes do exercício do direito de preferência e garantias dos interessados

1. O direito de preferência tem origem no direito privado, no âmbito do qual alguém tem a obrigação de, em igualdade de condições, escolher determinada pessoa como contraente caso se decida a celebrar determinado negócio, podendo resultar tanto de um pacto, como da lei. Este instrumento, no entanto, tem vindo a ser aproveitado pelo direito administrativo, como o demonstra a ainda subsistente Lei dos Solos, como forma de conceder, por lei ou por decreto, um direito de preferência à Administração nas transmissões onerosas de terrenos ou de edifícios entre particulares localizados em zonas que, por razões fundamentadas, possam justificar a preferência a dar ao Estado, às Regiões Autónomas ou às autarquias locais.

No âmbito do RJRU, a entidade gestora tem direito de preferência nas transmissões a título oneroso, entre particulares, de imóveis situados em área de reabilitação urbana, que devam ser objecto de intervenção no âmbito da operação (a qual não prevalece, porém, sobre a preferência prevista no nº 1 do artigo 37º da Lei nº 107/2001 no caso de património cultural imóvel classificado ou em vias de classificação ou de imóveis localizados nas respectivas zonas de protecção).

2. Para ser exercido o *direito de preferência*, previsto no artigo 58º, não basta a delimitação de uma área de reabilitação urbana (como sucedia no âmbito das áreas críticas de recuperação e reconversão urbanísticas) e a intenção de vender, permutar ou dar em pagamento um imóvel nela localizado, já que o direito de preferência apenas pode ser exercido caso a entidade gestora entenda que aquele imóvel deve ser alvo de intervenção, discriminando, na declaração de preferência, a intervenção de que o imóvel carece e o prazo para a sua execução.

Aplica-se a esta preferência o disposto no artigo 126º do RJIGT, podendo esta ser exercida com a declaração de não-aceitação do preço convencionado (cfr. nº 4 do artigo 58º e nºs 3 e 4 do artigo 126º do RJIGT).

Assim, tem o proprietário de comunicar à entidade gestora qual o valor do negócio, quais são as condições de pagamento e quem é a pessoa interessada na aquisição. A entidade gestora deve responder no prazo de oito dias comunicando se pretende ou não exercer a preferência e indicar qual a intervenção que o imóvel carece e em que prazo pretende executá-la.

Se o direito de preferência se exercer através de declaração de não aceitação do preço convencionado, o preço a pagar é determinado nos termos previstos no código das expropriações para os processos de expropriação litigiosa, com as necessárias adaptações, se o particular não concordar com o oferecido pela entidade gestora (cfr. artigo 92º do Código das Expropriações). Nesta modalidade de exercício do direito de preferência, o direito só pode ser exercido se o valor for inferior em, pelo menos, 20 % ao preço convencionado, de acordo com a avaliação efectuada por perito da lista oficial de escolha do preferente. Nos termos daquele mesmo artigo 92º, qualquer das partes do negócio projectado pode desistir deste, podendo igualmente o preferente desistir do seu direito, mediante notificação às partes do negócio projectado. Não é, porém, possível, uma desistência em abstracto e genérica do exercício do direito de preferência em todos ou alguns imóveis inseridos em área de reabilitação urbana.

3. Na hipótese de exercício do direito de preferência, a mobilização do direito de reversão e a possibilidade de recurso ao direito de preferência em benefício do vendedor (e depois do "projectado" comprador do imóvel) existe apenas nas situações em que o direito de preferência seja exercido com a declaração de não aceitação do preço convencionado (cfr. a remissão do nº 5 do artigo 58º para a parte final do número anterior, que se refere precisamente, à não aceitação do preço convencionado). A razão que justifica esta distinção só pode prender-se com o facto de, neste caso, o preço a pagar se fixar nos termos do Código das Expropriações e não de acordo com o livre jogo de mercado.

No entanto, a diferenciação introduzida pelo RJRU é pouco razoável, sobretudo porque o pressuposto para recurso à reversão se liga tradicionalmente, em termos doutrinários e legislativos, à perda de utilidade pública do bem (i.e. ao facto de não ter sido promovida a intervenção de reabilitação pela entidade gestora), sendo indiferente aos instrumentos de ressarcimento da sua ablação.

ARTIGO 59º
Arrendamento forçado

1. Após a conclusão das obras realizadas pela entidade gestora nos termos do disposto no nº 2 do artigo 55º, se o proprietário, no prazo máximo de quatro meses, não proceder ao ressarcimento integral das despesas incorridas pela entidade gestora, ou não der de arrendamento o edifício ou fracção por um prazo mínimo de cinco anos afectando as rendas ao ressarcimento daquelas despesas, pode a entidade gestora arrendá-lo, mediante concurso público, igualmente por um prazo de cinco anos, renovável nos termos do artigo 1096º do Código Civil.

2. O proprietário tem o direito de se opor à celebração do contrato de arrendamento previsto na parte final do número anterior requerendo a venda forçada ou a expropriação do edifício ou fracção em causa, deduzindo-se à quantia a entregar ao proprietário o valor das despesas com as obras realizadas.

3. O arrendamento previsto neste artigo não afasta o disposto no nº 3 do artigo 73º

4. É correspondentemente aplicável à relação entre os titulares dos contratos de arrendamento e a entidade gestora o disposto no artigo 18º do Decreto-Lei nº 157/2006, de 8 de Agosto.

Comentário

Sumário:

1. Ressarcimento ou arrendamento pelo interessado
2. Arrendamento forçado
3. Relação entre os titulares do arrendamento e a entidade gestora

1. De acordo com o artigo 59º, se, após a conclusão das obras realizadas pela entidade gestora, o proprietário, no prazo máximo de quatro meses, não proceder ao ressarcimento integral das despesas incorridas pela entidade gestora, ou não der de arrendamento o edifício ou fracção por um prazo mínimo de cinco anos afectando as rendas ao ressarcimento daquelas despesas, pode a entidade gestora arrendá-lo, mediante concurso público, igualmente por um prazo de cinco anos, renovável nos termos da legislação civil. Note-se que a possibilidade que o proprietário tem de arrendar o bem corresponde a uma consignação de rendimentos, pelo qual o devedor assegura o pagamento da dívida através dos frutos civis da coisa. Todavia, essa consignação pode não saldar a dívida pois o valor das rendas pode ser inferior ao valor integral das despesas assumidas pela entidade gestora, caso em que a parte da dívida que não foi paga subsistirá.

2. O instituto do arrendamento forçado assentou arraiais entre nós no âmbito da legislação do arrendamento urbano e surge agora como instrumento de reabilitação urbana (seja directamente porque dele resulta o ressarcimento das despesas em que incorreu a entidade gestora; seja indirectamente porque promove o efectivo uso das áreas de reabilitação urbana). Este arrendamento, não obstante seja precedido de um procedimento público (necessariamente um concurso público, assente em critérios de adjudicação não discriminatórios), culmina na celebração de um contrato de arrendamento nos termos da legislação civil, sendo esta que rege as relações entre as partes. Por último, note-se que, não obstante o prazo de cinco anos referido no artigo 59º, o arrendamento a que se refere este artigo pode ser tanto habitacional como não habitacional, dependendo da autorização de utilização existente para o prédio ou fracção.

É, todavia, da legislação do arrendamento urbano (artigo 18º do Decreto-Lei nº 157/2006, de 8 de Agosto), que advêm as principais limitações à efectividade do arrendamento forçado, já que o senhorio pode levantar os depósitos no valor correspondente a 50 % da renda (não se aplicando sequer a limitação de que em causa está a renda vigente aquando do início das obras), acrescida das actualizações ordinárias anuais, revertendo apenas o restante para a entidade gestora, o que aumenta o período de retorno das despesas efectuadas.

3. A única forma de o proprietário se opor à celebração do contrato de arrendamento passa pela solicitação da venda forçada ou da expropriação do imóvel, deduzindo-se à quantia a entregar ao proprietário as despesas com as obras realizadas (ver quadro *infra*). Com a Proposta de Lei nº 24/XII esta possibilidade deixa de ter lugar, deixando de estar prevista, assim, expropriação ou venda forçada a solicitação do interessado.

Possibilidades de ressarcimento das obras coercivas realizadas	
Ressarcimento integral no prazo de 4 meses	Arrendamento pelo prazo mínimo de 5 anos, afectando as rendas ao ressarcimento das despesas com obras

Soluções de «segunda linha»	
Arrendamento pela entidade gestora precedido de concurso público, por prazo de 5 anos	Venda forçada ou expropriação a solicitação do proprirtário

ARTIGO 60º
Servidões

1. *Podem ser constituídas as servidões administrativas necessárias à reinstalação e funcionamento das actividades localizadas nas zonas de intervenção.*

2. *A constituição das servidões rege-se, com as necessárias adaptações, pelo disposto no artigo seguinte.*

Comentário

Sumário:

1. Servidões e princípio da proporcionalidade
2. Procedimento aplicável

1. Nos termos do artigo 60º, podem ser constituídas as servidões administrativas necessárias à reinstalação e funcionamento das actividades localizadas nas zonas de intervenção. As servidões administrativas são uma restrição à propriedade pois limitam a utilidade dos prédios sobre que recaem e, por essa razão, têm de estar fundamentadas numa concreta utilidade pública que se sobreponha ao interesse do proprietário, concreta utilidade pública que, no caso, corresponde tão-só à execução de uma operação de reabilitação urbana

Ainda assim, a formulação do artigo presentemente em anotação é equívoca, pois dela parecia resultar um "desprendimento" das servidões administrativas relativamente à prossecução de finalidades de interesse público. Porém, relembre-se, estas encontram-se presumidas de acordo com o disposto no artigo 32º do RJRU.

No entanto, a nosso ver, a imposição de servidões administrativas apenas se justifica quando as actividades em causa possam ser consideradas, em concreto, como revestindo interesse público, por exemplo para passagem de infra-estruturas ou para instalação de actividades económicas essenciais para a dinamização da área de reabilitação urbana (no caso de servidões definitivas) ou se relacionem com o realojamento ou funcionamento temporário de actividades no decurso das obras de reabilitação (servidões temporárias). De outra forma poderá ser lesado o princípio da proporcionalidade

Mesmo cotejando o instituto das expropriações com o da imposição de servidões, pensamos que o primeiro, em sede de reabilitação urbana, se revela, na maioria das situações, menos lesivo do que o segundo, uma vez que este impõe relações de convivência duradouras, quantas vezes indesejadas e potenciadoras de conflitos.

2. Nos termos do artigo 60º podem ser constituídas servidões administrativas necessárias à reinstalação e funcionamento das actividades localizadas nas zonas de intervenção, aplicando-se, com as necessárias adaptações o procedimento expropriativo, ou seja:

- É necessária a prática de um acto administrativo de individualização da servidão mesmo que em causa esteja uma servidão imposta por lei ou por um regulamento administrativo;
- É obrigatório o seu averbamento no registo predial;
- Há lugar ao pagamento de indemnização nos termos do artigo 8º do Código das Expropriações.

ARTIGO 61º
Expropriação

1. Na estrita medida em que tal seja necessário, adequado e proporcional, atendendo aos interesses públicos e privados em presença, os terrenos, os edifícios e as fracções que sejam necessários à execução da operação de reabilitação urbana podem ser expropriados, devendo a declaração de utilidade pública prevista no artigo 32º ser concretizada em acto administrativo que individualize os bens a expropriar.

2. A entidade gestora pode ainda promover a expropriação por utilidade pública de edifícios e de fracções se os respectivos proprietários não cumprirem a obrigação de promover a sua reabilitação, na sequência de notificação emitida nos termos do disposto no nº 1 do artigo 55º, ou responderem à notificação alegando que não podem ou não querem realizar as obras e trabalhos ordenados.

3. A expropriação por utilidade pública inerente à execução da operação de reabilitação urbana rege-se pelo disposto no Código das Expropriações, com as seguintes especificidades:

a) A competência para a emissão da resolução de expropriar é da entidade gestora;

b) A competência para a emissão do acto administrativo que individualize os bens a expropriar é da câmara municipal ou do órgão executivo da entidade gestora, consoante tenha havido ou não delegação do poder de expropriação;

c) As expropriações abrangidas pelo presente artigo possuem carácter urgente.

4. No caso de a expropriação se destinar a permitir a reabilitação de imóveis para a sua colocação no mercado, os expropriados têm direito de preferência sobre a alienação dos mesmos, mesmo que não haja perfeita identidade entre o imóvel expropriado e o imóvel colocado no mercado.

5. No caso da existência de mais que um expropriado a querer exercer a preferência, abre-se licitação entre eles, revertendo a diferença entre o preço inicial e o preço final para os expropriados, na proporção das respectivas indemnizações.

Comentário

Sumário:

1. Expropriação por utilidade pública
2. Expropriação no RJRU
3. Regime procedimental especial
4. Garantias dos expropriados

1. A expropriação apresenta-se, genericamente, como um procedimento de aquisição de bens, com vista à realização de um interesse público, estando em regra ancorada na prática de um acto ablatório do direito de propriedade ou de demais direitos sobre o objecto *expropriandi*: a declaração de utilidade pública.

Em termos tradicionais, esta figura é composta por dois momentos (ou sub-procedimentos), sendo o primeiro – o procedimento administrativo, tendente à prática da declaração de utilidade pública – "essencial" à caracterização da expropriação e o segundo – o processo jurisdicional – de ocorrência eventual (muito embora seja, na prática, mais comum do que seria desejável, em virtude das dificuldades na consecução de acordo quanto ao valor da indemnização devida). Sobre expropriações por utilidade pública *vide* Fernando Alves Correia, Manual de Direito do Urbanismo, Vol II., Coimbra, Almedina, Março 2010, pp. 124 e ss.

2. A expropriação de edifícios e fracções pode ser desencadeada, no âmbito do RJRU:

- Quando estes sejam necessários para operações de reabilitação urbana (nº 1 do artigo 61º)
- Por incumprimento pelos proprietários dos seus deveres de reabilitação (nº 2 do artigo 61º);
- A requerimento do proprietário no caso de se opor ao arrendamento forçado (artigo 59º, nº 2), sendo esta uma das poucas situações existentes no nosso ordenamento jurídico em que o procedimento expropriativo pode ser desencadeado a requerimento dos proprietários.

Um dos principais obstáculos que têm sido colocados ao recurso às expropriações – sempre que esta seja a via adequada, necessária e proporcional para a concretização de uma finalidade de utilidade pública –, prende-se com a necessidade de previsão e mobilização de meios financeiros (nem sempre previsíveis na sua globalidade, à data do início do procedimento) por parte da entidade beneficiária da expropriação que, no caso da reabilitação urbana, é a entidade gestora. No entanto, haverá sempre como prever uma adequada repartição do risco sempre que tenham sido estabelecidas parcerias com entidades privadas [artigo 43º, nº 4, alínea c)], para além de se permitir a alienação posterior do bem expropriado, sempre que se visar a sua colocação no mercado (com preferência do proprietário) ou a sua integração num fundo de investimento imobiliário em que participe a entidade gestora.

REGIME JURÍDICO DA REABILITAÇÃO URBANA

3. Especificamente quanto à *expropriação*, prevista no artigo 61º, esta obedece, em tudo o que não esteja expressamente regulado, às prescrições do Código das Expropriações. As principais especificidades deste regime residem no seguinte (cfr. quadro *infra*):

- A competência para a resolução de expropriar é da entidade gestora, o que comprova que o que está em causa no artigo 32º do RJRU não é a declaração de utilidade pública – já que, se assim fosse, não faria sentido haver uma resolução de expropriar, que deve ocorrer em momento anterior àquela declaração;
- A competência para a declaração por utilidade pública é da câmara municipal ou do órgão executivo da entidade gestora, se tiverem sido nela delegados estes poderes, o que constitui um claro desvio às regras de competência constantes do artigo 14º do Código das Expropriações.
- A expropriação tem sempre carácter urgente, prescindindo assim o legislador da tarefa de fundamentação da urgência que tem de ocorrer nas situações regra de expropriação e permitindo à entidade beneficiária da expropriação a posse administrativa imediata dos bens expropriados (porém, nos termos do Código das Expropriação, este carácter urgente caduca se as obras não se iniciarem no prazo fixado no programa de trabalhos, salvo motivo devidamente justificado).

Questões	Expropriação CE	Expropriação RJRU
Momento de intervenção	Intervenção a título principal (ainda em momento subsequente a uma tentativa de aquisição	Intervenção a título principal ou intervenção supletiva (nos casos em que as obras coercivas não sejam realizadas pelo proprietário
Utilidade pública	Utilidade pública que carece de ser fundamentada em concreto	Utilidade pública presumida (à luz do artigo 32º), ainda que se destine a colocar imóveis no mercado
Natureza	Em regra não urgente	Urgente [embora em casos do art. 43º, nº 4 al. *a*) e do art. 64º, nº 3 haja a obrigação de tentar adquirir o bem por via amigável]
Competência DUP	Ministro/Assembleias Municipais (PP e PU)	Câmara Municipal ou órgão executivo da entidade gestora
Garantias		Direito de preferência dos expropriados, mesmo no caso de afectação do imóvel ao fim a que se destina

4. Aplicando-se o Código das Expropriações a tudo o que não estiver especificamente regulado no RJRU, há que concluir que assistem ao expropriado todas as garantias que lhe são reconhecidas naquele Código: *maxime,* a impugnação judicial dos actos praticados no âmbito do procedimento expropriativo, a caducidade da declaração de utilidade pública e a reversão dos bens expropriados.

Assim, ainda que não decorra do RJRU a obrigação de o imóvel ser reabilitado, designadamente antes de ser alienado, ele não deixa de existir, uma vez que pode o expropriado exercer direito de reversão nos termos do artigo 5º do Código das Expropriações.

Adicionalmente, porém, no caso de a expropriação se destinar a permitir a reabilitação de imóveis para a sua colocação no mercado, os expropriados têm direito de preferência sobre a alienação dos mesmos, mesmo que não haja perfeita identidade entre o imóvel expropriado e o imóvel colocado no mercado. Nestes casos, havendo mais do que um expropriado a querer exercer a preferência, abre-se licitação entre eles, revertendo a diferença entre o preço inicial e o preço final para os expropriados, na proporção das respectivas indemnizações.

ARTIGO 62º
Venda forçada

1. Se os proprietários não cumprirem a obrigação de reabilitar nos termos do disposto no nº 1 do artigo 55º, ou responderem à respectiva notificação alegando que não podem ou não querem realizar as obras e trabalhos indicados, a entidade gestora pode, em alternativa à expropriação a que se alude no nº 2 do artigo anterior, proceder à venda do edifício ou fracção em causa em hasta pública a quem oferecer melhor preço e se dispuser a cumprir a obrigação de reabilitação no prazo inicialmente estabelecido para o efeito, contado da data da arrematação.

2. Caso haja que proceder à venda forçada de imóveis constituídos em propriedade horizontal, apenas podem ser objecto de venda forçada as fracções autónomas, ou partes passíveis de ser constituídas em fracções autónomas, necessárias à realização da obrigação de reabilitar, financiando-se as obras do imóvel com a venda forçada destas e mantendo o proprietário o direito de propriedade das demais.

3. A entidade gestora e o município dispõem de direito de preferência na alienação do imóvel em hasta pública.

4. Para efeitos do disposto no nº 1, a entidade gestora emite uma resolução de promoção de venda forçada, a qual deve ser fundamentada e notificada nos termos previstos no Código das Expropriações para a resolução de expropriar e requerimento da declaração de utilidade pública, com as devidas adaptações, devendo sempre indicar o valor base do edifício ou fracção resultante de avaliação promovida, nos termos ali previstos.

5. Ao proprietário assiste o direito de alienar o edifício ou fracção em causa a terceiro no prazo previsto no nº 5 do artigo 11º do Código das Expropriações, bem como o de dizer o que se lhe oferecer sobre a proposta de valor base apresentada, no mesmo prazo, podendo apresentar contraproposta fundamentada em relatório elaborado por perito da sua escolha.

6. Para efeitos do exercício do direito de alienação do bem, nos termos do número anterior:

a) O proprietário informa a entidade gestora da intenção de alienação e, antes de esta ocorrer, da identidade do possível adquirente;

b) A entidade gestora deve, no prazo de cinco dias contados a partir da recepção da informação prevista na parte final da alínea anterior, notificar o possível adquirente da obrigação de reabilitação do edifício ou fracção e do regime aplicável nos termos do presente decreto-lei;

c) A alienação do bem só pode ocorrer após o possível adquirente ter sido notificado nos termos da alínea anterior.

7. *A entidade gestora pode decidir iniciar o procedimento de venda em hasta pública, quando:*

a) Se verifiquem as circunstâncias previstas no n.º 6 do artigo 11.º do Código das Expropriações; ou

b) Aceite, total ou parcialmente, a contraproposta referida no n.º 5, revendo o valor mínimo de arrematação do bem.

8. *A decisão de início do procedimento de venda em hasta pública é:*

a) Notificada ao interessado, nos termos previstos no Código das Expropriações para a notificação da declaração de utilidade pública, com as devidas adaptações;

b) Publicitada, nos termos previstos no Decreto–Lei n.º 280/2007, de 7 de Agosto, para a venda de imóveis do Estado e dos institutos públicos em hasta pública, com as devidas adaptações.

9. *A venda em hasta pública referida no n.º 7 segue o procedimento previsto nos artigos 88.º e seguintes do Decreto-Lei n.º 280/2007, de 7 de Agosto, com as devidas adaptações.*

10. *A aquisição do bem em hasta pública, ao abrigo do disposto no presente artigo:*

a) É titulada pelo auto de arrematação, que constitui título bastante para a inscrição da aquisição em favor do adjudicatário no registo predial;

b) Obriga à inscrição, no registo predial, de um ónus de não alienação e oneração, que apenas pode ser cancelado através da exibição de certidão passada pela entidade gestora que ateste a conclusão das obras.

11. *Se o arrematante ou o adquirente, nos termos do n.º 5, não começar a reabilitação do edifício ou fracção no prazo de seis meses contado da arrematação ou da aquisição, ou, começando-a, não a concluir no prazo estabelecido:*

a) A entidade gestora deve proceder à expropriação do edifício ou fracção ou retomar o procedimento de venda forçada, dando-se conhecimento da decisão ao primitivo proprietário;

b) O arrematante ou o adquirente, nos termos do n.º 5, inadimplente não tem direito a receber um valor que exceda o montante que haja dispendido na aquisição do edifício ou fracção em causa, revertendo o excesso desse valor para o primitivo proprietário.

12. *Se, em qualquer das vendas em hasta pública, não comparecer licitante que arremate, a entidade gestora paga o preço em que o bem foi avaliado e reabilita-o por sua conta, no prazo inicialmente estabelecido para o efeito, contado da data da realização da hasta pública, sob pena de reversão para o primitivo proprietário, aplicando-se, com as devidas adaptações, o Código das Expropriações.*

Comentário

Sumário:

1. Caracterização da venda forçada
2. Constitucionalidade da solução
3. Procedimento de hasta pública
4. Proposta de Lei nº 24/XII
5. Obrigações decorrentes da venda forçada

1. A venda forçada é um instrumento de política urbanística que permite à entidade gestora vender em hasta pública edifícios ou fracções autónomas que carecem de ser reabilitados e cujos proprietários não cumpram com esta obrigação depois de notificados para o efeito. Este instrumento é outra forma de privação da propriedade privada, com os mesmos efeitos da expropriação, na medida em que o particular é desapropriado do seu bem, contra a sua vontade mediante o pagamento de um preço nunca inferior ao de uma justa indemnização, sendo o mesmo transmitido a título definitivo em hasta pública a quem fizer a melhor oferta e se obrigar a reabilitar o imóvel no prazo inicialmente fixado pela entidade gestora

A venda forçada, regulada nos artigos 62º e 63º, pretendeu, portanto, obviar às insuficiências da expropriação, por permitir a colocação directa no mercado de bens, sem prévio ingresso destes na esfera jurídica da entidade que promove a venda forçada.

A utilização da venda forçada só é possível no âmbito de operações de reabilitação sistemática constituindo uma alternativa ao regime de obras coercivas quando se manifeste como uma forma necessária, adequada e proporcional, isto é, quando o proprietário não reabilite o seu imóvel depois de notificado para o efeito, quando a realização de obras coercivas não se mostre viável e quando o interesse público da reabilitação se sobreponha ao direito de propriedade privada, sendo a venda forçada do edifício ou da fracção o meio mais adequado para realizar os fins da reabilitação urbana. Este princípio da proporcionalidade e da adequação está, ainda, presente no caso de um proprietário não cumpridor ser dono de um imóvel com várias fracções autónomas. Nesta circunstância, a entidade gestora apenas pode proceder à venda forçada das fracções necessárias para custear as obras de reabilitação do imóvel, mantendo o proprietário o direito de propriedade das restantes. A venda forçada é, ainda, possível, a requerimento do proprietário como forma de se opor ao arrendamento forçado, ocorrendo, por esta via, uma excepção à regra de uso exclusivo em operações de reabilitação urbana sistemática, utilizando-se a venda forçada mesmo que se esteja perante uma operação de reabilitação urbana simples. Neste sentido, cfr. Marleen Coreman, *cit.*, p. 84.

2. Quanto a este instituto, com raízes remotas, mas esquecidas, no nosso ordenamento jurídico – Cláudio Monteiro, "Escrever Direito por linhas rectas – legislação e planeamento urbanístico na Baixa de Lisboa (1755-1833)", AAFDL, Lisboa, 2009, pp. 44-47 refere que "o direito antigo português não configurava a expropriação como um instituto jurídico autónomo, nem previa qualquer outro acto jurídico-público capaz de, por si só, obter o efeito da extinção do direito de propriedade privada e a consequente transferência do bem para a esfera pública", devendo a aquisição de terrenos ser feita por contrato de compra e venda, pressupondo a aquisição forçada dos mesmos um acto de autoridade régia. Mais recentemente, foi a própria Lei n.º 6/2006, de 27 de Fevereiro, que estabeleceu um regime de venda forçada aos arrendatários, quando o senhorio, nos termos do artigo 48.º, não dê início às obras – colocam-se questões fracturantes relativas à sua constitucionalidade.

Esta foi já apreciada, em sede de fiscalização preventiva, pelo nosso Tribunal Constitucional, que no Acórdão n.º 421/2009 (publicado no *Diário da República*, II Série, N.º 170, de 2 de Setembro de 2009), decidiu pela não inconstitucionalidade deste instituto, pois, não obstante a ausência de referência constitucional à venda forçada no artigo 62.º da Constituição, entendeu aquela Alta Instância que não pode aquele artigo ser lido fora do contexto em que se insere. E próprio desse contexto é todo o domínio relativo à habitação e urbanismo, no qual se reconhece o princípio da conformação social do direito da propriedade, desde que se afirmem as garantias do proprietário, em especial as relativas à reposição do valor patrimonial perdido. Não obstante, Fernando Alves Correia considera que a legitimidade constitucional do instituto da venda forçada apenas pode ser fundamentada na consideração de que a mesma configura uma expropriação em sentido substancial, não sendo, assim, essencialmente distinta da expropriação (*Manual de Direito do Urbanismo*, Vol. II, p. 141). Luis Meneses Leitão, por seu turno, "O regime jurídico da reabilitação urbana e a garantia do direito de propriedade", *Revista Jurídica do Urbanismo e do Ambiente*, N.ºs 31-34, Jan/Dez, 2009/2010, pp. 135-143, continua a contestar a ausência de utilidade pública do imóvel, pois nada justifica, para o autor, que a lei permita, apenas com base no critério de quem se compromete a realizar obras de urbanização, uma transferência forçada da propriedade "dos mais pobre para os mais ricos, promovida pelas entidades gestoras, numa espécie de Robin dos Bosques ao contrário".

Outra questão, que também tem sido amiúde debatida, é a da (potencial) eficácia ou ineficácia deste instituto quando comparado com o instituto das expropriações.

No sentido da eficácia da venda forçada apontamos o facto de dispensar o dispêndio directo de recursos municipais e permitir, pelo exercício do direito de preferência ou pela aquisição em hasta pública, a alimentação directa de fundos de investimento imobiliário. Já no sentido da ineficácia ou, pelo menos, de uma falta de atractividade da venda forçada, há a assinalar o facto de apenas intervir no caso de recusa dos proprietários da obrigação de reabilitar; o facto de o procedimento pode ser travado pelo proprietário, sempre que pretenda alienar o prédio a terceiros; e de a entidade gestora poder ainda ter de indemnizar parcialmente o proprietário (artigo 63º, nº 4) ou reabilitar a suas custas o imóvel (artigo 62º, nº 12), o que impõe uma assunção de risco, ainda que supletiva, por parte daquela.

3. A venda forçada ocorre através de hasta pública e segue a seguinte tramitação (de acordo com, com as necessárias adaptações, o disposto no Código das Expropriações e no Decreto-Lei nº 280/2009, de 7 de Agosto, que regula o regime do património imobiliário do Estado e dos institutos públicos):

– Deve ser proferida resolução pela entidade gestora de requerer a promoção da venda forçada. A resolução deve estar fundamentada e mencionar expressa e claramente a causa da utilidade pública, a norma habilitante, os bens objecto da venda forçada, os proprietários abrangidos e uma previsão do preço de venda.

– Juntamente com a resolução da venda forçada, a entidade gestora requer a declaração de utilidade pública e notifica esse facto ao proprietário e demais interessados abrangidos.

– Recebida esta notificação, o proprietário pode alienar o edifício ou a fracção a terceiro no prazo de vinte dias a contar da sua recepção ou apresentar à entidade gestora, no mesmo prazo, uma contra-proposta acompanhada de relatório elaborado por perito da sua escolha.

– Antes de alienar o imóvel o proprietário deve notificar a entidade gestora desta sua intenção e identificar o interessado, pelo menos com nome e morada de forma a que a entidade gestora possa informá-lo, no prazo de cinco dias, da obrigação de reabilitação que tal aquisição acarreta e do regime que lhe é aplicável. Só depois destas comunicações pode ter lugar a alienação.

- Se o proprietário não responder à notificação da resolução da venda forçada e da sua declaração de utilidade pública ou a entidade gestora aceitar a contraproposta por aquele apresentada, pode dar início à hasta pública.

- O início do procedimento de venda em hasta pública é notificado ao interessado por carta registada com aviso de recepção e averbado no registo predial. Não sendo conhecido o proprietário e demais interessados ou sendo devolvidas as cartas registadas, o início do procedimento é publicitado através de editais a afixar nos locais de estilo do município e das juntas de freguesia do lugar do bem e, ainda, em dois jornais mais lidos na região, devendo um deles ser de âmbito nacional. O início do procedimento é ainda publicitado através de anúncio publicado no sítio da internet de acesso público e deve conter a identificação e a localização do imóvel, o valor base de licitação, os impostos e outros encargos e despesas devidos, as modalidades de pagamento admitidas, o local e a data limite para a apresentação de propostas, o local, a data e a hora da praça e ainda outros elementos considerados relevantes. Este anúncio pode, ainda, ser feito em jornais nacionais, diários ou semanários, de grande circulação ou em jornal local ou distrital, através da afixação de editais no serviço de finanças e na junta de freguesia da área de localização do imóvel, na morada do proprietário e outros locais que, em face das circunstâncias concretas, sejam considerados mais convenientes.

- As propostas devem ser apresentadas em sobrescrito fechado, contendo no exterior apenas a identificação do imóvel e do proponente. Este é guardado em segundo sobrescrito dirigido ao presidente da comissão. O seu interior deve conter a proposta com o valor da oferta, devendo esta ser superior ao preço base de licitação, acompanhado de um cheque de montante correspondente a 25% do valor da proposta. As propostas podem ser entregues pessoalmente ou enviadas por correio, sob registo. As propostas são ordenadas numa lista de acordo com a respectiva apresentação.

- Segue-se o momento de abertura das propostas e a licitação para adjudicação. A praça inicia-se com a abertura das propostas recebidas, havendo lugar a licitação a partir do valor da proposta mais elevada ou, se não existirem propostas ou não existirem propostas válidas, a partir do valor base de licitação anunciado.

– A licitação termina quando o presidente da comissão tiver anunciado por três vezes o lanço mais elevado e este não for coberto. Se os titulares de direito de preferência estiverem presentes devem apresentar-se a preferir. Se forem vários os titulares deste direito abre-se licitação entre eles.

– Terminada a licitação a comissão adjudica provisoriamente o imóvel a quem tenha oferecido o preço mais elevado, devendo este pagar de imediato 25% do valor da adjudicação, deduzindo-se se for o caso o cheque apresentado com a proposta escrita. A restante quantia deve ser paga no prazo de vinte dias a contar da notificação da adjudicação definitiva, salvo se estiver prevista a possibilidade de pagamento em prestações.

– No final da praça, é elaborado o respectivo auto de arrematação, que deve ser assinado pelos membros da comissão e pelo adjudicatário provisório, se estiver presente. A pessoa a quem a adjudicação foi feita não pode ter dívidas tributárias ou contributivas devendo fazer prova disso no prazo de dez dias a contar da data da adjudicação provisória, sob pena de perder a importância já paga bem como o direito de aquisição.

– No prazo de trinta dias terá lugar a decisão de adjudicação definitiva.

– Com o pagamento integral do valor da adjudicação é emitido o respectivo auto de arrematação que servirá de base ao registo predial do direito do adjudicatário e a sua obrigação de não alienação e oneração enquanto a entidade gestora não certificar que as obras foram concluídas.

Para maiores desenvolvimentos, cfr. Marleen Coreman, *cit.*, pp. 105 e ss.

4. A Proposta de Lei nº 24/XII tem como objecto parcial a alteração do nº 4 do artigo 62, pretendendo com o mesmo que a resolução de promoção de venda forçada, a qual deve ser fundamentada e notificada nos termos previstos no Código das Expropriações, indique sempre o valor base do edifício ou fracção resultante de avaliação promovida nos termos e de acordo com os critérios ali previstos. Assim se salvaguarda, na medida do possível, e por intermédio da intervenção de um perito constante da lista oficial – ainda que de escolha livre da entidade gestora –, que o valor oferecido ao interessado não é irrisório, antes se alinha com os critérios constitucional e legalmente previstos para a fixação da justa indemnização. Não obstante, pode mesmo discutir-se se esta norma será útil, isto é se não se deveria entender já anteriormente, por força da remissão para o Código das Expropriações, que a indicação do preço base em sede de hasta pública deveria revestir as garantias previstas no artigo 10º deste Código.

5. O incumprimento da obrigação de reabilitar confere à entidade gestora o direito e o dever de expropriar o imóvel ou retomar o procedimento de venda forçada. Se as vendas em hasta pública ficarem desertas a entidade gestora deve reabilitar ela própria o imóvel, a suas expensas, pagando ao proprietário o preço pelo qual o mesmo foi avaliado (pensamos que esta avaliação se refere à indicada em sede de resolução de promoção de venda forçada, único valor oficial até ao momento constante do processo administrativo). Neste caso, o prazo para concretização das obras de reabilitação é idêntico ao inicialmente previsto, contado da data da realização da hasta pública, sob pena de reversão para o primitivo proprietário. Apesar de a este direito de reversão se aplicar o Código das Expropriações, há que ajustar as previsões dele à venda forçada, designadamente quanto aos requisitos de tempo para solicitar a reversão do bem, que aqui se contam mediante a aplicação não de um prazo rígido (dois anos, por exemplo, a contar da não afectação do bem à utilidade pública que deveria revestir), mas do prazo que em momento prévio tenha sido definido para a reabilitação.

ARTIGO 63º
Determinação do montante pecuniário a entregar ao proprietário em caso de venda forçada

1. *Nos casos em que o proprietário esteja de acordo com o valor proposto pela entidade gestora ou tenha apresentado contraproposta de valor inferior ao da arrematação, a entidade gestora entrega-lhe o produto da hasta pública, terminado o respectivo procedimento.*

2. *Caso o proprietário tenha apresentado contraproposta nos termos previstos no nº 5 do artigo anterior com um valor superior ao resultante da venda em hasta pública, a entidade gestora promove uma tentativa de acordo sobre o montante pecuniário a entregar, nos termos previstos no Código das Expropriações para a expropriação amigável, com as necessárias adaptações, sem prejuízo de lhe ser imediatamente entregue o produto da hasta pública.*

3. *Na falta de acordo, nos termos do número anterior, é aplicável, com as necessárias adaptações, o disposto no Código das Expropriações para a expropriação litigiosa, designadamente sobre a arbitragem, a designação de árbitros, a arguição de irregularidades e o recurso da decisão arbitral.*

4. *Os prazos reportados no Código das Expropriações à declaração de utilidade pública consideram-se reportados à decisão de iniciar o procedimento de hasta pública, previsto no nº 7 do artigo anterior.*

5. *O proprietário beneficia, relativamente ao valor do bem sujeito a venda forçada, de todas as garantias conferidas ao expropriado, pelo Código das Expropriações, relativamente à justa indemnização, designadamente quanto às formas de pagamento, pagamento dos respectivos juros e atribuição desse valor aos interessados, com as necessárias adaptações.*

6. *Nos casos em que o valor do bem fixado nos termos do nº 2 ou do nº 3 é superior ao valor da arrematação, a entidade gestora é responsável pelo pagamento da diferença, devendo prestar as garantias previstas no Código das Expropriações, com as necessárias adaptações.*

7. *O início das obras de reabilitação do bem não pode ocorrer antes da realização da* vistoria ad perpetuam rei memoriam, *nos termos previstos no Código das Expropriações, com as necessárias adaptações.*

Comentário
Sumário:

1. Determinação por acordo do montante pecuniário a entregar ao proprietário em caso de venda forçada

2. Determinação litigiosa do montante pecuniário a entregar ao proprietário em caso de venda forçada
3. Vistoria *ad perpetuam rei memoriam*

1. Nos casos em que o proprietário esteja de acordo com o valor proposto pela entidade gestora ou tenha apresentado contraproposta de valor inferior ao da arrematação, a entidade gestora entrega-lhe o produto da hasta pública, terminado o respectivo procedimento. Caso o proprietário tenha apresentado contraproposta com um valor superior ao resultante da venda em hasta pública, a entidade gestora promove uma tentativa de acordo sobre o montante pecuniário a entregar, nos termos previstos no Código das Expropriações para a expropriação amigável, com as necessárias adaptações, sem prejuízo de lhe ser imediatamente entregue o produto da hasta pública.

2. Na falta de acordo é aplicável, com as necessárias adaptações, o disposto no Código das Expropriações para a expropriação litigiosa, designadamente sobre a arbitragem, a designação de árbitros, a arguição de irregularidades e o recurso da decisão arbitral. O procedimento de venda forçada é conformado, assim, de forma muito próxima ao da expropriação, consagrando-se as garantias equivalentes às previstas no Código das Expropriações e garantindo-se o pagamento ao proprietário de um valor nunca inferior ao de uma justa indemnização (cfr. preâmbulo do Decreto-Lei nº 307/2009).

O procedimento da venda forçada apresenta-se como complexo, com várias vias possíveis, mas podendo, no final, determinar a necessidade da entidade gestora *expropriar o bem* ou *pagar a diferença* entre o valor do bem definido na hasta pública (valor da arrematação) e aquele que venha a ser determinado nos termos do Código das Expropriações (cfr. nº 6 do artigo em anotação), no caso de o proprietário ter apresentado contraproposta de valor superior a esta e não chegue a acordo com a entidade gestora

3. A realização de quaisquer obras de reabilitação está dependente de realização de *vistoria ad perpetuam rei memoriam*, nos termos previstos no Código das Expropriações, com as necessárias adaptações. Ao impor o legislador a identificação antecipada das características do prédio que possam ser relevantes para a sua avaliação e que possam desaparecer ou ser seriamente afectadas com a execução das obras, assegura o legislador que não haverá desprotecção do proprietário inicial quanto ao auferimento da devida compensação.

ARTIGO 64º
Reestruturação da propriedade

1. A entidade gestora da operação de reabilitação urbana pode promover a reestruturação da propriedade de um ou mais imóveis, expropriando por utilidade pública da operação de reabilitação urbana, ao abrigo do disposto no artigo 61º, designadamente:

a) As faixas adjacentes contínuas, com a profundidade prevista nos planos municipais de ordenamento do território, destinadas a edificações e suas dependências, nos casos de abertura, alargamento ou regularização de ruas, praças, jardins e outros lugares públicos;

b) Os terrenos que, após as obras que justifiquem o seu aproveitamento urbano, não sejam assim aproveitados, sem motivo legítimo, no prazo de 12 meses a contar da notificação que, para esse fim, seja feita ao respectivo proprietário;

c) Os terrenos destinados a construção adjacentes a vias públicas de aglomerados urbanos quando os proprietários, notificados para os aproveitarem em edificações, o não fizerem, sem motivo legítimo, no prazo de 12 meses a contar da notificação;

d) Os prédios urbanos que devam ser reconstruídos ou remodelados, em razão das suas pequenas dimensões, posição fora do alinhamento ou más condições de salubridade, segurança ou estética, quando o proprietário não der cumprimento, sem motivo legítimo, no prazo de 12 meses, à notificação que, para esse fim, lhes seja feita.

2. Os prazos a que se referem as alíneas b), c) e d) do número anterior são suspensos com o início do procedimento de licenciamento ou de comunicação prévia, sempre que estes procedimentos sejam aplicáveis, cessando a suspensão caso a realização da operação urbanística não seja licenciada ou admitida.

3. Nos procedimentos de reestruturação da propriedade que abranjam mais que um edifício ou que um terreno, o procedimento de expropriação deve ser precedido da apresentação aos proprietários de uma proposta de acordo para estruturação da compropriedade sobre o ou os edifícios que substituírem os existentes, bem como de, relativamente aos bens a expropriar que revertam para o domínio público, uma proposta de aquisição por via do direito privado, sem prejuízo do seu carácter urgente.

Comentário
Sumário:
1. Reestruturação da propriedade
2. Procedimento aplicável

1. A reestruturação da propriedade é uma operação urbanística de transformação fundiária que altera a divisão inicial dos prédios e fracções existentes, cuja relevância se compreende por a política de reabilitação urbana poder implicar a necessidade de alinhar e alargar estradas, modificar outros lugares públicos, juntar num só dois ou mais edifícios ou fogos. A reestruturação da propriedade funda-se em motivos taxativos, previstos no artigo 64º, nº 1, mas que cobrem (com alguma amplitude) as situações mais recorrentes de necessidade de reordenamento urbano em áreas de reabilitação.

Nos termos do artigo 64º, a entidade gestora pode proceder à reestruturação da propriedade, expropriando por utilidade pública, ao abrigo do artigo 61º.

- *as faixas adjacentes contínuas, com a profundidade* prevista nos planos municipais de ordenamento do território, destinadas a edificações e suas dependências, nos casos de abertura, alargamento ou regularização de ruas, praças, jardins e outros lugares públicos;
- *os terrenos que, após as obras que justifiquem o seu* aproveitamento urbano, não sejam assim aproveitados, sem motivo legítimo, no prazo de 12 meses a contar da notificação que, para esse fim, seja feita ao respectivo proprietário;
- *os terrenos destinados a construção adjacentes a vias* públicas de aglomerados urbanos quando os proprietários, notificados para os aproveitarem em edificações, o não fizerem, sem motivo legítimo, no prazo de 12 meses a contar da notificação;
- *os prédios urbanos que devam ser reconstruídos* ou remodelados, em razão das suas pequenas dimensões, posição fora do alinhamento ou más condições de salubridade, segurança ou estética, quando o proprietário não der cumprimento, sem motivo legítimo, no prazo de 12 meses, à notificação que, para esse fim, lhes seja feita.

Os prazos referidos ficam suspensos com o início do procedimento de licenciamento ou de comunicação prévia, sempre que estes procedimentos sejam aplicáveis, cessando a suspensão caso a realização da operação urbanística não seja licenciada ou admitida.

2. O procedimento aplicável é, na base, o procedimento de expropriação por utilidade pública com as seguintes especificidades:

- A necessidade de os proprietários serem, previamente, instados a agir [salvo na alínea a) do nº 1], no prazo de 12 meses (com a cominação do recurso à reestruturação da propriedade), suspendendo-se este prazo com o início do procedimento de licenciamento e comunicação prévia

– A apresentação, no caso dos procedimentos de reestruturação que abranjam mais do que um edifício ou terreno, de uma proposta de acordo para estruturação da compropriedade sobre os edifícios que substituírem os existentes, de modo a promover a máxima concertação entre eles.

SECÇÃO III
OUTROS INSTRUMENTOS DE POLÍTICA URBANÍSTICA

ARTIGO 65º
Determinação do nível de conservação

1. A entidade gestora pode requerer a determinação do nível de conservação de um prédio urbano, ou de uma fracção, compreendido numa área de reabilitação urbana, ainda que não estejam arrendados, nos termos estabelecidos no Novo Regime do Arrendamento Urbano (NRAU), aprovado pela Lei nº 6/2006, de 27 de Fevereiro, e respectivos regimes complementares, com as necessárias adaptações.

2. Caso seja atribuído a um prédio um nível de conservação 1 ou 2, deve ser agravada a taxa do imposto municipal sobre imóveis, nos termos legalmente previstos para os edifícios degradados.

Comentário
Sumário:
1. Determinação do nível de conservação dos edifícios em prédios arrendados e não arrendados
2. Proposta de Lei nº 24/XII
3. Efeitos da determinação do nível de conservação

1. Supletivamente aos instrumentos de política urbanística já referidos, as entidades gestoras podem ainda requerer a determinação do nível de conservação de um prédio urbano, ou de uma fracção inseridos em área de reabilitação urbana, mesmo que estes não se encontrem arrendados.

Os níveis de conservação, de acordo com o artigo 5º do Decreto-Lei 156/2006, reflectem o estado de conservação de um prédio urbano e a existência nesse prédio de infra-estruturas básicas, consistindo em: nível 1 (péssimo), nível 2 (mau), nível 3 (médio), nível 4 (bom), nível 5 (excelente).

De acordo com a Portaria 1192-B/2006, a determinação do nível conservação do edifício ou fracção depende da inspecção realizada em princípio por arquitecto ou engenheiro (ou, subsidiariamente, por engenheiro técnico), no termo da qual é preenchida uma ficha de avaliação que integra os elementos do locado a avaliar. Este procedimento de determinação do nível de conservação depende de requerimento dirigido à Comissão Arbitral Municipal (CAM), constituída nos termos do Novo Regime do Arrendamento Urbano e do Decreto-Lei nº 161/2006, comissão esta que tem como principais funções:

a) Acompanhar a avaliação dos prédios arrendados;
b) Coordenar a verificação dos coeficientes de conservação dos prédios;
c) Estabelecer os coeficientes intermédios a aplicar nos termos do nº 4 do artigo 33º;
d) Arbitrar em matéria de responsabilidade pela realização de obras, valor das mesmas e respectivos efeitos no pagamento da renda;
e) Desempenhar quaisquer outras competências atribuídas por lei.

As Comissões de Arbitragem Municipal são, nos termos da lei, compostas por representantes da câmara municipal, do serviço de finanças competente, dos senhorios e dos inquilinos, sendo independentes do funcionamento dos municípios.

O funcionamento destas Comissões não tem sido fácil nem pacífico, não só porque envolvem membros de proveniências diversas, nem sempre facilmente acertáveis, como porque implicam consequências financeiras amplas para as entidades públicas envolvidas, *maxime* para os municípios, não apenas em virtude das senhas de presença que terá de despender, mas igualmente em virtude das taxas que terá de pagar para iniciar o procedimento de determinação do nível de conservação. Por isso mesmo, em muitos municípios as CAM nunca sairam do papel, inviabilizando a operacionalização tanto do Novo Regime Jurídico do Arrendamento Urbano, como das disposições que, no RJRU, estão dependentes da determinação do nível de conservação. Apenas exemplificativamente, segundo dados apresentados pela Associação Portuguesa de Empresas de Mediação Imobiliária (*in* revista *ComprarCasa – Rede Imobiliária da APEMIP Norte e Centro*, nº 1/2011, p. 15), nos primeiros quatro anos de vigência do NRAU apenas 0,6% das rendas antigas foram actualizadas, ou seja, apenas 2.614 das 429.000 rendas anteriores a 1990 sofreram actualizações em consequência da nova legislação.

2. Consciente da situação atrás exposta, a Proposta de Lei nº 24/XII, no seu artigo 6º, virá alterar o modo de funcionamento das CAM, na medida em que passa a prescrever que a determinação do nível de conservação prevista no número anterior compete à câmara municipal ou, em caso de delegação, à entidade gestora da área de reabilitação urbana, exercendo estas entidades os poderes inicialmente cometidos à CAM. Em qualquer dos casos, na medida em que o município terá de recorrer aos serviços de técnicos indicados e sorteados nos termos dos artigos 3º e 4º do Decreto-Lei nº 156/2006 (e não aos técnicos municipais), de modo a assegurar todas as garantias de imparcialidade da avaliação, continuará a ter de suportar o encargo da promoção destas avaliações (sempre que estas não sejam requeridas por terceiros).

3. Relativamente aos efeitos da determinação do nível de conservação conta-se a possibilidade de agravação da taxa do IMI, enquanto mecanismo de sanção para os prédios que tenham atingido um nível de conservação mau e péssimo. Aliás, é sobretudo para este tipo de prédios que estão pensadas as ordens de realização de obras de conservação previstas no RJUE e as ordens de reabilitação previstas no RJRU (aliás, a Proposta de Lei nº 24/XII, vem mesmo estipular que a mobilização do artigo 55º passa apenas a ser possível quando seja atribuído a um edifício ou fracção um nível de conservação 1 ou 2).

A nosso ver tão relevante como a determinação do nível de conservação do edifício ou fracção é definir qual o parâmetro de conservação adequado, ou seja qual o nível desejado de conservação a atingir com a intervenção: se o nível médio, se o nível bom ou o nível excelente. A este propósito, o artigo 3º, nº 1, alínea b) da Portaria nº 1192-B/2006, apenas refere que devem ser identificados os trabalhos para correcção da anomalia, o que parece apontar para um nível médio de conservação. Não obstante, nos termos do Decreto-Lei nº 157/2006, com as alterações decorrentes do Decreto-Lei nº 306/2009, a actualização de rendas apenas é possível quando com as obras de reabilitação se atinja um nível de conservação bom ou excelente.

Ora, se esta última exigência pode valer para os particulares, uma vez que o proprietário ao mesmo tempo que reabilita o locado, valoriza o que é seu, parece não dever funcionar de igual medida quando em causa está a intervenção das entidades gestoras, uma vez que estas se vêm a braços com a realização de obras de outrém para as quais avançam com dinheiro de todos. Ainda assim, pensamos que poderão a estratégia de reabilitação urbana ou o programa estratégico definir eles próprios, fundamentadamente, consoante o tipo de edifícios e sua localização, níveis diferenciados de conservação a atingir com as operações de reabilitação urbana.

ARTIGO 66º
Identificação de prédios ou fracções devolutos

A entidade gestora possui competência para identificar os prédios ou fracções que se encontram devolutos, para efeitos de aplicação do disposto no Decreto-Lei nº 159/2006, de 8 de Agosto.

Comentário
Sumário:
1. Critérios e procedimento para identificação das fracções devolutas
2. Efeitos da identificação das fracções devolutas

1. A noção de imóvel devoluto encontra-se prevista no Decreto-Lei nº 159/2006, de 8 de Agosto, assentando numa presunção de não utilização do mesmo, retirada da inexistência de contratos em vigor com empresas de telecomunicações e de fornecimento de água, gás e electricidade ou da inexistência de facturação relativa a consumos de água, gás, electricidade e telecomunicações. Elenca, no entanto, o diploma, no seu artigo 3º, um conjunto de situações, nas quais se considera que continua a haver utilização do imóvel, ainda que ocasional ou irregular, ou que o mesmo não se encontra há demasiado tempo desocupado para que se possa considerar devoluto.

Do ponto de vista procedimental, os municípios (ou, no âmbito do RJRU, as empresas do sector empresarial local nas áreas de reabilitação urbana pelas quais sejam responsáveis) são as entidades responsáveis pela identificação dos prédios urbanos ou fracções autónomas que se encontrem devolutos e notificam o sujeito passivo do imposto municipal sobre imóveis, para o domicílio fiscal, do projecto de declaração de prédio devoluto, para este exercer o direito de audição prévia e da decisão, nos termos e prazos previstos no Código do Procedimento Administrativo. Acresce que a decisão de declaração de prédio ou fracção autónoma devoluta é sempre susceptível de impugnação judicial, nos termos gerais previstos no CPTA.

2. Com a declaração de um imóvel como devoluto passa a ser aplicável o dobro da taxa de IMI. A inclusão desta disposição no RJRU é, no entanto, pouco adequada, uma vez que não há uma associação necessária (embora seja uma associação normal) entre prédios devolutos e prédios degradados. Pode, mesmo, haver prédios em excelente estado de conservação que estejam devolutos por não conseguirem ser alienados ou arrendados em função dos valores solicitados. O que significa, em bom rigor, que este agravamento do IMI, ao contrário do previsto no artigo anterior (65º), não tem uma função de reacção contra uma situação de degradação, mas uma função de promoção da colocação dos imóveis no mercado, de modo a que estes possam cumprir a sua função social.

SECÇÃO III
OUTROS INSTRUMENTOS DE POLÍTICA URBANÍSTICA

ARTIGO 67º
Taxas municipais e compensações

1. Pode ser estabelecido um regime especial de taxas municipais, constante de regulamento municipal, para incentivo à realização das operações urbanísticas ao abrigo do disposto no presente decreto-lei.

2. Pode também ser estabelecido um regime especial de taxas municipais, constante de regulamento municipal, para incentivo à instalação, dinamização e modernização de actividades económicas, com aplicação restrita a acções enquadradas em operações de reabilitação urbana sistemática.

3. Pode ainda ser estabelecido, em regulamento municipal, um regime especial de cálculo das compensações devidas ao município pela não cedência de áreas para implantação de infra-estruturas urbanas, equipamentos e espaços urbanos e verdes de utilização colectiva, nos termos do disposto nos n.os 4 e 5 do artigo 44º do regime jurídico da urbanização e da edificação, aprovado pelo Decreto-Lei nº 555/99, de 16 de Dezembro.

Comentário
Sumário:
1. Regime especial de taxas
2. Regime especial de compensações

1. A possibilidade de os municípios, no seus regulamentos municipais, criarem um regime especial de taxas urbanísticas com vista a incentivar a realização das operações urbanísticas que integrem operações de reabilitação urbana e/ou a incentivar a instalação, dinamização e modernização de actividades económicas, com aplicação restrita a acções enquadradas em operações de reabilitação urbana sistemática surge como um importante instrumento de política urbanística, que está, aliás, em consonância com o disposto na Lei nº 53-E/2006, de 29 de Dezembro (que aprovou o regime geral das taxas das autarquias locais), e que permite que estas possam ser utilizadas como instrumento para a promoção de finalidades sociais e de qualificação urbanística, territorial e ambiental.

2. Do mesmo modo, pode ainda ser estabelecido, em regulamento municipal, um regime especial de cálculo das compensações devidas ao município pelo não cumprimento dos parâmetros para a previsão de infra-estruturas urbanas, equipamentos e espaços verdes de utilização colectiva em operações de loteamento, operações com impacte semelhante a um loteamento e operações com impacte urbanístico relevante. Tal regime pode passar por estipular parâmetros de dimensionamento distintos dos gerais, que atentem na situação fáctica de consolidação da área, o que permite justificar o não cumprimento dos parâmetros regulamentares fixados para as situações correntes. Se a opção for a de estipular parâmetros de dimensionamento distintos, tal tarefa apenas poderá ser determinada por plano municipal (designadamente por via do plano de pormenor de reabilitação urbana), não bastando para o efeito, um mero regulamento municipal.

A opção pode também passar por estabelecer, ainda que se mantenham tais parâmetros de dimensionamento, uma formula de cálculo das compensações por não cumprimento de tais parâmetros que reduza substancialmente o valor destas, opção que pode ser concretizada em mero regulamento municipal cuja aprovação é da competência da assembleia municipal.

ARTIGO 68º
Fundo de compensação

1. Quando sejam adoptados mecanismos de perequação compensatória no âmbito das operações de reabilitação urbana, podem ser constituídos fundos de compensação com o objectivo de receber e pagar as compensações devidas pela aplicação daqueles mecanismos de compensação.

2. São delegáveis na entidade gestora, caso esta não seja o município, as competências para constituir e gerir os fundos de compensação a que se refere o número anterior.

Comentário
Sumário:
1. Perequação compensatória em reabilitação urbana
2. Fundos de compensação

1. Decorre do presente artigo, como aliás de outros ao longo do presente diploma, a possibilidade, ainda que a área de reabilitação urbana tenha sido delimitada por instrumento próprio, do funcionamento de mecanismos de perequação, embora estas apenas se justifiquem, a nosso ver, quando tenham sido delimitadas unidades de intervenção (no caso de delimitação da ARU por instrumento próprio) ou unidades de execução (no caso de a ARU ser delimitada por plano de pormenor de reabilitação urbana) já que é nesta situação que a associação entre os vários interessados mais apela para o seu funcionamento. Note-se que os mecanismos de perequação a adoptar nas áreas de reabilitação urbana podem ser diferenciados dos previstos no RJIGT, o que se justificará quase sempre por aqueles se encontrarem mais vocacionados para situações de expansão do que para situações de reabilitação urbana. Sobre um caso específico de perequação vocacionado para a reabilitação cfr. supra, comentário 1 ao artigo 6º, onde expusemos o mecanismo consagrado no Plano de Pormenor de Salvaguarda do Núcleo Pombalino de Vila Real de Santo António (Aviso nº 29326/2008, de 11 de Dezembro, Diário da República, 2ª série, Nº 239).

2. É para garantir o funcionamento dos mecanismos de perequação que podem ser constituídos fundos de compensação, com o objectivo de receber e pagar as compensações devidas pela aplicação daqueles mecanismos. Sobre os fundos de compensação cfr., ainda, o artigo 125º do RJIGT.

Sendo os fundos de compensação geridos pela câmara municipal com a participação dos interessados (artigo 125º, nº 2 do RJIGT), determina o artigo aqui em anotação a possibilidade de delegação nas entidades gestoras quer dos poderes para a sua constituição quer para a respectiva gestão. Na medida em que estes aspectos devem constar de regulamento municipal (cfr. parte final do nº 2 do artigo 125 do RJIT) consideramos que a delegação daqueles poderes tem implícita a delegação do poder regulamentar a eles referido. Sobre este tipo de regulamentos cfr. Fernanda Paula Oliveira e Dulce Lopes, "Os regulamentos municipais no âmbito da gestão urbanística", in *Estudos Em Homenagem ao Professor Doutor Aníbal de Almeida*, no prelo.

CAPÍTULO VII
PARTICIPAÇÃO E CONCERTAÇÃO DE INTERESSES

ARTIGO 69º
Interessados

1. Sem prejuízo das regras gerais relativas a legitimidade procedimental, previstas no Código do Procedimento Administrativo, consideram-se interessados, no âmbito de procedimentos a que alude o presente decreto-lei cujo objecto é uma fracção, um edifício ou um conjunto específico de edifícios, os proprietários e os titulares de outros direitos, ónus e encargos relativos ao edifício ou fracção a reabilitar.

2. São tidos por interessados, para efeitos de aplicação do disposto no número anterior, os que, no registo predial, na matriz predial ou em títulos bastantes de prova que exibam, figurem como titulares dos direitos a que se refere o número anterior ou, sempre que se trate de prédios omissos ou haja manifesta desactualização dos registos e das inscrições, aqueles que pública e notoriamente forem tidos como tais.

3. São ainda interessados no âmbito dos procedimentos a que se alude no nº 1 aqueles que demonstrem ter um interesse pessoal, directo e legítimo relativamente ao objecto do procedimento e que requeiram a sua intervenção como tal.

Comentário

Sumário:
1. Noção de interessados
2. Prova da qualidade de interessados
3. O Estado como proprietário

1. O presente normativo identifica os interessados para efeitos procedimentais, mais concretamente, para efeitos dos procedimentos que tenham como objecto uma fracção, um edifício ou um conjunto específico de edifícios. Para este efeito, interessados são todos os proprietários e os titulares de outros direitos, ónus e encargos relativos ao edifício ou fracção a reabilitar e ainda aqueles que demonstrem ter um interesse pessoal, directo e legítimo relativamente ao objecto do procedimento e que requeiram a sua intervenção como tal.

Não tem pois, esta norma, efeitos mais amplos, não definindo interessados designadamente para efeitos do direito de participação no procedimento de delimitação da área de reabilitação urbana (seja por instrumento próprio ou por via de plano de pormenor), que tem claramente um âmbito muito mais alargado. Julgamos, assim, que no âmbito da reabilitação urbana, como relevante política pública, se deverá fazer apelo para um conceito amplo de interessados tal como o que consta do artigo 6º do RJIGT: todos os cidadãos bem como associações representativas de interesses económicos, sociais, culturais e ambientais, ainda que a delimitação da ARU não seja feita pela via de plano de pormenor.

2. O nº 2 do presente artigo refere-se à prova da titularidade das posições referidas no nº 1. Julgamos porém, que ele não pode ser visto como limitador deste conceito, já que o facto de alguém ser detentor de um direito obrigacional sobre a fracção ou o prédio (v.g. o arrendamento, o contrato promessa com eficácia obrigacional, etc.) que, precisamente por esse facto, não consta do registo, não afasta a sua qualidade de interessado nestes procedimentos.

Sobre uma leitura, neste sentido, de uma norma equivalente à aqui em anotação constante do Código das Expropriações *vide* Fernanda Paula Oliveira, "Interessados na expropriação e interessados na impugnação da declaração de utilidade pública. Coincidência?", *in Cadernos de Justiça Administrativa*, nº 89, Setembro/Outubro

Esta leitura mais ampla do conceito de interessado decorre do facto de o artigo aqui em anotação remeter igualmente para o conceito de legitimidade procedimental constante no CPA, designadamente o disposto no artigo 53º

3. É consabido que as entidades públicas detêm património e que este, como o património dos privados, pode estar carecido de reabilitação ou estar integrado em áreas de reabilitação urbana. Para além destas situações, não há que olvidar o papel do Estado como "último" proprietário. O Estado é, de facto, herdeiro legítimo "com os mesmos direitos e obrigações de qualquer outro herdeiro" (artigo 2153º do Código Civil) depois de declarada a herança vaga em seu favor pelos tribunais (artigo 2145º do mesmo Código). E mesmo as coisas imóveis sem titular conhecido consideram-se património do Estado, nos termos do artigo 1345º do Código Civil, isto de modo a desencorajar-se o abandono de imóveis e prover à sua afectação. O que significa que em muitos casos, como tem vindo a ser reconhecido pela Provedoria Geral da República, se deve interpelar a Direcção-Geral do Tesouro e das Finanças por se dever considerar o imóvel como património do Estado, sempre que os proprietários, não obstante as *démarches* legais da Administração, permanecem desconhecidos. Cfr., neste sentido, André Folque, A montante da aplicação do novo regime jurídico da reabilitação urbana: intervenções do provedor de justiça, *Revista Jurídica do Urbanismo e do Ambiente*, Nºs 31-34, Jan/Dez, 2009/2010, pp. 43-55.

ARTIGO 70º
Representação de incapazes, ausentes ou desconhecidos

1. Havendo interessados incapazes, ausentes ou desconhecidos, sem que esteja organizada a respectiva representação, a entidade gestora pode requerer ao tribunal competente que lhes seja nomeado curador provisório, que é, quanto aos incapazes, na falta de razões ponderosas em contrário, a pessoa a cuja guarda estiverem entregues.

2. A intervenção do curador provisório cessa logo que se encontre designado o normal representante do incapaz ou do ausente ou passem a ser conhecidos os interessados cuja ausência justificara a curadoria.

Comentário

Sumário:

Representação de incapazes, ausentes ou desconhecidos

O presente normativo visa garantir, por um lado, a cabal participação nos procedimentos dos interessados incapazes, ausentes ou desconhecidos, e, por outro, evitar que as operações de reabilitação urbana não possam ser executadas por ausência de legitimidade destes proprietários ou titulares de outros direitos sobre o bem.

Não dispondo eles de normal representante, a entidade gestora pode pedir ao tribunal que lhe seja nomeado um curador provisório que será, quanto aos incapazes, na falta de razões ponderosas em contrário, a pessoa a cuja guarda estiverem entregues.

Sobre o regime aplicável à incapacidade e à ausência cfr. respectivamente artigos 122º e ss e artigos 89º e do Código Civil.

ARTIGO 71º
Organizações representativas dos interesses locais

A participação dos interessados nos procedimentos previstos no presente decreto-lei pode ser exercida através de organizações representativas de interesses locais, nomeadamente no âmbito da discussão pública de planos, programas e projectos.

Comentário

Sumário:

Participação de organizações representativas de interesses locais

A possibilidade de participação de organizações representativas de interesses locais decorre já do disposto no artigo 53º do CPA. A participação dos interessados por via destas instituições corresponde ao que a doutrina designa de participação indirecta e tem, de facto, a sua sede mais relevante no âmbito das fases de discussão ou, mais amplamente, de apreciação pública no âmbito dos planos de pormenor de reabilitação urbana e do procedimento de adopção do instrumento próprio.

Sobre esta forma de participação cfr. Fernando Alves Correia, *Manual de Direito do Urbanismo*, Vol. I, *cit.*, pp. 445 e ss.

ARTIGO 72º
Concertação de interesses

1. No âmbito dos procedimentos administrativos previstos no presente decreto-lei deve ser promovida a utilização de mecanismos de negociação e concertação de interesses, nomeadamente nos casos em que os interessados manifestem formalmente perante a entidade gestora vontade e disponibilidade para colaborar e concertar, nessa sede, a definição do conteúdo da decisão administrativa em causa.

2. A utilização de mecanismos de concertação de interesses deve privilegiar a obtenção de soluções que afectem os direitos dos interessados apenas na medida do que se revelar necessário à tutela dos interesses públicos subjacentes à reabilitação urbana e que permitam, na medida do possível, a manutenção dos direitos que os mesmos têm sobre os imóveis.

3. A entidade gestora deve informar os interessados a respeito dos respectivos direitos e deveres na operação de reabilitação urbana, nomeadamente sobre os apoios e incentivos financeiros e fiscais existentes.

Comentário
Sumário:
1. Ausência de reforço da participação dos interessados
2. Mecanismos de negociação e concertação de interesses

1. Apesar de o preâmbulo do Decreto-Lei nº 307/2009 referir um reforço das garantias de participação dos proprietários e dos demais interessados, quer ao nível das consultas promovidas aquando da delimitação da área de reabilitação e dos instrumentos de estratégia e programação das intervenções a realizar quer no âmbito da respectiva execução, não vislumbramos esse reforço nas suas disposições.

Assim, ao contrário do que sucede ao nível da execução com as parcerias com várias entidades privadas que se apresentam, sobretudo, como entidade terceiras (cfr. os contratos de concessão e de reabilitação urbana), não é visível no articulado deste diploma um ganho significativo em termos participativos. Pelo contrário, não obstante a referência flexível e abrangente à figura dos Programas de Acção Territorial (PAT) no artigo 16º e a inscrição de uma fase de discussão pública aquando da aprovação de uma área de reabilitação urbana por instrumento próprio, situações preocupantes há de desvalorização da participação e concertação de interesses, quais sejam a previsão no presente artigo de promoção de mecanismos de negociação e concertação de interesses mas com a precisão que tal ocorre "nomeadamente nos casos em que os interessados manifestem formalmente perante a entidade gestora vontade e disponibilidade para elaborar e concertar, nessa sede, a definição do conteúdo da decisão administrativa em causa", o que constitui uma abertura no sentido de limitar a abrangência da tarefa oficiosa de negociação municipal. Neste aspecto, o regime constante do Decreto-Lei nº 104/2004 cumpria de forma mais ampla este desiderato quer porque admitia que a totalidade dos proprietários (directamente ou através de um promotor) pudesse apresentar proposta do documento estratégico para a unidade de intervenção (cfr. nº 5 a 7 do artigo 15º), quer porque previa, nos casos em que tal não sucedesse, que fosse garantido o direito da sua participação no procedimento de elaboração daquele documento de uma forma mais directa e intensa do que por via da mera discussão pública, sendo a sua aprovação notificada àqueles (artigo 16º e 17º)

2. A previsão constante do presente artigo integra-se numa tendência mais ampla, de um urbanismo de concertação, pois aponta no sentido de que a reabilitação urbana deve corresponder a um processo amplamente participado, participação esta que deve começar mesmo antes do início formal do procedimento de delimitação de uma área de reabilitação urbana, uma vez que os pressupostos estratégicos desta e os estudos que os fundamentam não podem estar furtados ao debate público.

Por este motivo o *princípio da contratualização* encontra-se, assim, estritamente relacionado com o *princípio da participação*, correspondendo ao grau mais acentuado desta.

A realização de sessões de esclarecimento, a apresentação do projecto de delimitação da área de reabilitação urbana e a recolha de opiniões (participação-audição) devem ser apenas um primeiro passo, complementado por uma atitude mais intensa de troca de opiniões, de concertação e de contratualização dos interesses dos diversos agentes da operação projectada, criando um projecto comum que seja o resultado da convergência dos interesses privados e públicos em presença. Sobre os vários graus de participação dos interessados nos processos urbanísticos, cujo grau mais amplo é o da contratualização, *vide* Fernanda Paula Oliveira e Dulce Lopes, "O Papel dos Privados no Planeamento: Que Formas de Intervenção?", *cit.*, pp. 43-79.

ARTIGO 73º
Direitos dos ocupantes de edifícios ou fracções

1. Quem, de boa fé, habite em edifícios ou fracções que sejam objecto de obras coercivas, nos termos do presente decreto-lei, tem direito a realojamento temporário, a expensas do proprietário, excepto se dispuser no mesmo concelho ou em concelho limítrofe de outra habitação que satisfaça adequadamente as necessidades de habitação do seu agregado.

2. Quem, de boa fé, habite em edifícios ou fracções que sejam objecto de reestruturação da propriedade, expropriação ou venda forçada, nos termos do presente decreto-lei, tem direito a realojamento equivalente, devendo apenas ser constituído como interessado no procedimento de determinação de montante indemnizatório se prescindir desse realojamento.

3. Os sujeitos referidos nos números anteriores têm preferência nas posteriores alienações ou locações de edifício ou fracção objecto da acção de reabilitação realizada nos termos do presente decreto-lei.

4. O disposto nos números anteriores não prejudica os direitos dos arrendatários previstos na legislação aplicável.

Comentário
Sumário:
1. Noção de ocupantes de boa fé
2. Direito dos ocupantes de boa fé
3. Direitos dos arrendatários

1. Esta disposição alarga algumas das garantias previstas no âmbito da legislação do arrendamento urbano a quem "de boa fé, habite em edifícios ou fracções que sejam objecto de obras coercivas". Naturalmente que não se refere o legislador ao vínculo arrendatício (que se encontra previsto no nº 4 do artigo 73º), vínculo este que enquadra igualmente os arrendamentos irregulares, isto é, sem contrato de arrendamento, mas cuja existência é objecto de cabal prova (por exemplo, mediante recibo de renda). Referir-se-á, no entanto, a situações como as de existência de contrato promessa com *traditio* ou de comodato.

Não nos parece, porém, que nos casos de mera tolerância, em que o ocupante do imóvel apenas se encontra a usar o mesmo de forma precária se aplique este artigo (neste caso pretender o ocupante aproveitar-se da sua situação impondo encargos ao proprietário do imóvel ou à Administração violaria flagrantemente o princípio da boa-fé); não se aplicando igualmente às situações em que o ocupante do imóvel o use contra a autorização ou sem o conhecimento do proprietário deste.

2. Cumprindo-se o requisito anteriormente previsto (ocupante de boa fé), terá este direito a realojamento a expensas do proprietário ou da entidade gestora, consoante os casos. Apesar de os n$^{\circ}$s 1 e 2 destes artigos não serem muito claros quanto às condições desse realojamento, temos por firme a convicção que o mesmo terá de ser temporário, não devendo ultrapassar, em princípio, o prazo normal do direito anteriormente detido. Os mesmos limiares temporais valerão para o direito à indemnização concedida ao abrigo do n$^{\circ}$ 2 deste artigo, em razão do seu carácter subrogatório face ao direito ao realojamento. Não há, em qualquer caso, direito a reocupação do imóvel, mas apenas a uma preferência nas posteriores alienações ou locações de edifício ou fracção objecto da acção de reabilitação.

3. Os arrendatários continuam a merecer uma tutela mais ampla do que a prevista neste artigo, não obstante o facto de o Decreto-Lei n$^{\circ}$ 157/2006, alterado pelo Decreto-Lei n$^{\circ}$ 306/2009, incompreensivelmente remeter para este artigo 73° quanto a obra for realizada no âmbito do regime da reabilitação urbana (artigo 5°, n$^{\circ}$ 6). Sucintamente, ao abrigo do Decreto-Lei n$^{\circ}$ 157/2006, no caso de realização de obras de remodelação ou restauro profundos, pode haver lugar a denúncia do contrato (consequência prevista também para as situações de demolição) ou a suspensão do contrato de arrendamento.

Quando puder optar por denunciar o contrato, o senhorio fica obrigado, em alternativa, ao pagamento de uma indemnização (que deve abranger todas as despesas e danos, patrimoniais e não patrimoniais, suportados pelo arrendatário, incluindo o valor das benfeitorias realizadas e dos investimentos efectuados em função do locado, não podendo ser inferior ao de dois anos de renda) ou, quando haja acordo, à garantia do realojamento do arrendatário por período não inferior a cinco anos (feito no mesmo concelho e em condições análogas às que aquele já detinha, quer quanto ao local quer quanto ao valor da renda e encargos).

No caso de suspensão da execução do contrato para remodelação ou restauro profundos, pelo período de decurso das obras, o senhorio fica obrigado a assegurar o realojamento do arrendatário durante esse tempo, podendo, com a reactivação do arrendamento, actualizar a renda, nos termos do disposto no Novo Regime do Arrendamento Urbano.

CAPÍTULO VIII
FINANCIAMENTO

ARTIGO 74º
Apoios do Estado

1. O Estado pode, nos termos previstos na legislação sobre a matéria, conceder apoios financeiros e outros incentivos aos proprietários e a terceiros que promovam acções de reabilitação de edifícios e, no caso de operações de reabilitação urbana sistemática, de dinamização e modernização das actividades económicas.
2. O Estado pode também conceder apoios financeiros às entidades gestoras, nos termos previstos em legislação especial.
3. Em qualquer caso, os apoios prestados devem assegurar o cumprimento das normas aplicáveis a respeito de protecção da concorrência e de auxílios do Estado.

Comentário
Sumário:
Apoios financeiros do Estado

1. Não obstante a responsabilidade privada pela execução das operações de reabilitação urbana pressupor a responsabilidade pelo financiamento (privado) das mesmas, tal não invalida que, em face do interesse público naquela reabilitação, sejam desenhados instrumentos públicos de apoio e incentivo a tais intervenções. Trata-se, enfim, de conciliar, se e quando possível, imposição com promoção.

Os apoios do Estado podem ser agrupados num todo nem sempre coerente, nem sempre adequado e suficiente, de instrumentos de natureza fiscal e financeira. Para mais desenvolvimentos sobre cada um destes instrumentos cfr. comentário 2 ao artigo 17º.

Em sentido amplo os apoios a que se refere o presente normativo abrange também, estando em causa operações de reabilitação urbana sistemática, o apoio à dinamização e modernização das actividades económicas.

Especial relevo, num momento de acentuada crise económico-financeira, assume a este propósito o financiamento provindo da União Europeia:

 i. o Programa de Parcerias para a Regeneração Urbana da Política de Cidades,

 ii. a Iniciativa Merca, aplicável aos sectores do comércio, dos serviços e da restauração, através da inovação produtiva, requalificação e modernização das actividades económicas dos estabelecimentos localizados nas cidades abrangidas por Estratégias de Eficiência Colectiva reconhecidas como Acções de Regeneração e Desenvolvimento Urbanos,

iii. a já referida "Iniciativa Jessica"

iv. a iniciativa bairros críticos, que em Portugal abrange três áreas diferentes (Cova da Moura, Vale da Amoreira e Lagarteiro), que é financiada pelo Mecanismo Financeiro do Espaço Económico Europeu.

Estas iniciativas são particularmente relevantes, não apenas pelo apoio financeiro que concedem, mas sobretudo pelos pressupostos globais e integrados em que assentam e pela avaliação e monitorização que exigem.

Acresce que, para além de haver programas específicos de imputação comunitária, estas actuações de reabilitação urbana podem ser consideradas actividades de interesse económico geral e, portanto, sujeitas a regras de financiamento nacional especiais à luz do imperativo da livre concorrência na União Europeia.

ARTIGO 75º
Apoios do município

1. Os municípios podem, nos termos previstos em legislação e regulamento municipal sobre a matéria, conceder apoios financeiros a intervenções no âmbito das operações de reabilitação urbana.

2. Os apoios financeiros podem ser atribuídos aos proprietários, às entidades gestoras da operação de reabilitação urbana e a terceiros que promovam acções de reabilitação urbana, incluindo as que se destinam à dinamização e modernização das actividades económicas.

3. A legislação a que se refere o nº 1 e os apoios prestados devem assegurar o cumprimento das normas aplicáveis a respeito de protecção da concorrência e de auxílios do Estado.

Comentário
Sumário:
1. Concessão de apoios pelo Município
2. Um exemplo de apoio municipal à reabilitação urbana

1. Na linha da progressiva municipalização de competências em matéria de reabilitação urbana, o RJRU imputa aos municípios particulares responsabilidades no apoio à reabilitação urbana: desde logo, prevê que sejam definidos *obrigatoriamente*, com a delimitação de uma área de reabilitação urbana, os benefícios fiscais associados ao Imposto Municipal sobre Transacções e ao Imposto Municipal sobre Imóveis (artigo 17º, nº 2) Esta obrigação positiva é, porém, compensada pela possibilidade de agravamento para o dobro do IMI sobre prédios devolutos (de acordo com o previsto no Decreto-Lei nº 159/2006, de 8 de Agosto) ou de majoração em 30% do IMI de prédios urbanos degradados (que não cumpram a sua função ou façam perigar pessoas e bens).

Acresce a possibilidade de, em regulamentos municipais, ser reduzido ou dispensado o pagamento de taxas em virtude de operações de reabilitação (artigo 67º, nºs 1 e 2 do RJRU, mas que, a nosso ver, não pode invalidar a previsão naqueles regulamentos de regimes especiais de taxas municipais para outras situações de reabilitação, ainda que fora das áreas de reabilitação urbana (posto que cumpridos os critérios para o efeito previstos no Regulamento Geral das Taxas das Autarquias Locais, aprovado pela Lei nº 53-E/2006, de 29 de Dezembro).

Os apoios municipais podem inclusive não cessar por aqui, como o expressamente admite o artigo 75º do RJRU, o que é favorecido pela exclusão da reabilitação urbana dos limites do endividamento municipal [artigo 6º, alínea b) da Lei das Finanças Locais e artigo 76º, nº 1, do RJRU].

Os apoios a privados abrangem não apenas os dirigidos aos proprietários, mas também a a terceiros que promovam acções de reabilitação urbana, incluindo as que se destinam à dinamização e modernização das actividades económicas, muito embora em a estes relação últimos se exija o cumprimento das normas de protecção da concorrência e de auxílios do Estado.

Prevê igualmente o artigo aqui em anotação, desde que se cumpram as exigências acabadas de referir, a concessão de apoios a entidades gestoras.

2. O Plano Director Porto do Porto contém, nos seus artigos 80º a 83º (objecto de regulamentação no *Regulamento do Sistema de Informação Multicritério do Município do Porto*, publicado na *Separata ao Boletim Municipal* nº 3693, de 26 de Janeiro de 2007, o funcionamento de um sistema de incentivo à realização de obras de reabilitação na baixa da cidade, designado por Sistema de Informação Multicrédito da Cidade do Porto (SIM-Porto)

Com relevo naquilo que aqui interessa, o SIM-Porto determina as condições específicas a que devem obedecer as respectivas operações urbanísticas de reabilitação de prédios pré-existentes (apenas estas), norteadas pelas finalidades:

- da salvaguarda e da valorização do património que constitui elemento essencial da identidade urbana e cultural do Porto;
- da protecção dos direitos dos residentes, nomeadamente através da afectação de um rácio mínimo de 10% a habitação a custos controlados, nas unidades mais carenciadas;
- da qualidade do desempenho funcional do edifício; e
- do contributo da operação urbanística para a valorização do ambiente urbano do sítio em que se insere.

O SIM-Porto contém uma matriz do conjunto de todos estes parâmetros, cuja aplicação, para além de uma análise quantificada da realidade física e social sobre a qual se propõe a operação urbanística, obtida através da realização de uma vistoria integrada, determina uma análise quantificada da proposta, podendo esta ser aprovada desde que se atinja um nível percentual de melhoria do prédio urbano sobre o qual recai a operação urbanística e se cumpra a listagem de restrições e exigências taxativas resultante da vistoria e dos pareceres das entidades competentes exteriores à câmara municipal, cujo cumprimento é requisito essencial de aprovação.

Ou seja, embora sejam vários os parâmetros a que a apreciação da proposta deve ater-se, o projecto pode ser aprovado mesmo que não sejam todos cumpridos (por exemplo, a exigência de cumprimento da área máxima de impermeabilização admitida para a zona), bastando que o sejam apenas alguns deles desde que a operação, pela aplicação da matriz quantificada, atinja um certo nível percentual que permita afirmar existir uma melhoria acentuada do prédio urbano.

Trata-se de uma flexibilização das normas do plano, na medida em que os parâmetros urbanísticos a cumprir (no caso, relacionados com a protecção do património cultural, protecção dos direitos dos residentes, qualidade do desempenho funcional do edifício e contributo da operação para a valorização do ambiente urbano do sítio em que se insere) se apresentam como complementares dos que constam do Plano Director Municipal na apreciação dos projectos, embora sem se exigir que todos eles sejam cumpridos, mas apenas desde que se possa concluir pela melhoria do prédio urbano pelo facto de o mesmo cumprir uma determinada percentagem na avaliação daqueles parâmetros que se encontram quantificados.

Esta solução apresenta-se ainda como inovadora na medida em que permite incentivar operações de reabilitação urbana na área crítica de recuperação e reconversão urbanística ao prever a atribuição, aos promotores de operações deste tipo, de *direitos de construção* que podem ser utilizados em operações urbanísticas de edificação nova e em ampliações a realizar nas *Áreas de Edificação Isolada com Prevalência de Habitação Colectiva*, dentro e fora da área crítica de recuperação e reconversão urbanística. A atribuição deste direito é determinada pela aplicação de uma escala de mensuração do interesse público da operação de reabilitação realizada, que tem em conta o local da intervenção e o grau da melhoria introduzida no prédio urbano objecto da intervenção executada.

Os referidos direitos permitem aumentar em 0,2 a edificabilidade prevista nesta área, sendo obtidos com a emissão do alvará de licença ou autorização de utilização, salvo quando a intervenção não requeira tal emissão, caso em que a obtenção e o título dos direitos referidos dependem de vistoria que comprove o bom termo das obras, o que corresponde ao reconhecimento de majorações dos índices, já que, quem realize operações de reabilitação na área crítica de recuperação e reconversão urbanística, adquire direitos abstractos de construção que pode concretizar em determinadas categorias de solos, somando aos índices aí definidos.

Considerando concretamente a cidade do Porto, o SIM-Porto aplica-se:

- Obrigatoriamente nas Unidades de Intervenção delimitadas pela "Porto Vivo, SRU";
- Facultativamente, quando os requerentes o solicitem, na área restante da ACRRU.

Ainda no caso do Porto, foram criados mecanismos de incentivo à intervenção dos particulares por via de redução de taxas municipais:

Taxa	Descrição
Taxa de ocupação do dominio público	- na ACRRU; - redução de 80%, em empreitadas directamente relacionadas com obras de construção, reconstrução, conservação, recuperação ou reabilitação do parque edificado.
Taxa de licenciamento de publicidade	- na zip; - redução de 80% (na condição de alusivas às entidades que são parceiras o "programa viv'a baixa")
Taxa de operações urbanísticas	- na zip; - redução de 50% (licenciamento/autorização).
Taxa municipal de infra-estruturas	- no Centro Histórico; - redução de 25%.

Fontes: http://www.portovivosru.pt/

A Porto Vivo, SRU estabeleceu, protocolos de cooperação, com entidades bancárias, que asseguram condições especiais de financiamento destinadas a beneficiar todas as pessoas credenciadas pela Porto Vivo, SRU que adquiram ou façam obras em prédios ou fracções situadas dentro da Zona de Intervenção Prioritária.

ARTIGO 76º
Financiamento das entidades gestoras

1. As entidades gestoras podem contrair empréstimos a médio e longo prazos destinados ao financiamento das operações de reabilitação urbana, os quais, caso autorizados por despacho do ministro responsável pela área das finanças, não relevam para efeitos do montante da dívida de cada município.

2. A delimitação de uma área de reabilitação urbana confere ao município o poder de aceitar e sacar letras de câmbio, conceder avales cambiários, subscrever livranças, bem como conceder garantias pessoais e reais, relativamente a quaisquer operações de financiamento promovidas por entidades gestoras no âmbito de uma operação de reabilitação urbana.

Comentário

Sumário:
1. Possibilidade de contracção de empréstimos
2. Assunção pelo Município de uma função de garante

1. Em consonância com o artigo 6º, alínea b) da Lei das Finanças Locais, prevê o presente artigo que as entidades gestoras possam obter financiamento mediante empréstimos a médio e longo prazo, sem que tal conte para o cálculo do limite da dívida dos municípios. Para o efeito, necessário é obter a autorização do ministro responsável pela área das finanças, verdadeiro acto de controlo preventivo que, na actual conjuntura, se afigura de difícil obtenção.

2. Em qualquer caso, mesmo estando as operações de reabilitação urbana a cargo de empresas do sector empresarial local, poderá sempre o município cumprir uma função de garante dos encargos financeiros destas, designadamente pela concessão de garantias.

ARTIGO 77º
Fundos de investimento imobiliário

1. Para a execução das operações de reabilitação urbana, podem constituir-se fundos de investimento imobiliário, nos termos definidos em legislação especial.

2. A subscrição de unidades de participação nos fundos referidos no número anterior pode ser feita em dinheiro ou através da entrega de prédios ou fracções a reabilitar.

3. Para o efeito previsto no número anterior, o valor dos prédios ou fracções é determinado pela entidade gestora do fundo, dentro dos valores de avaliação apurados por um avaliador independente registado na Comissão do Mercado de Valores Mobiliários e por aquela designado.

4. A entidade gestora da operação de reabilitação urbana pode participar no fundo de investimento imobiliário.

Comentário
Sumário:
1. Fundos de investimento imobiliário e reabilitação urbana
2. Participação dos municípios e visto do tribunal de contas

1. No presente artigo prevê-se a possibilidade de constituição de fundos de investimentos imobiliário destinados a promover a execução das operações de reabilitação urbana.

Os fundos de investimento imobiliário são, nos termos do nº 2 do artigo 2º do Decreto-Lei nº 60/2002, de 20 de Março (diploma que aprova o regime jurídico dos fundos de investimento imobiliário) *um património autónomo*, pertencente, no regime especial de comunhão regulado naquele diploma, a uma pluralidade de pessoas singulares ou colectivas designadas «participantes», que não respondem, em caso algum, pelas dívidas destes ou das entidades que, nos termos da lei, asseguram a sua gestão.

Podem ser abertos – com um número de unidades de participação variável, tendo o investidor a possibilidade de em qualquer momento, realizar subscrições ou resgates, conferindo ao seu investimento uma elevada liquidez – ou fechados – constituídos por unidades de participação em número fixo, sendo o seu número determinado no montante de subscrição, podendo ser aumentado apenas nos exactos termos em que tal possibilidade se encontre predeterminada no respectivo Regulamento de Gestão. Neste último caso, o reembolso das unidades de participação deste tipo de Fundos só se poderá efectuar na data de liquidação do Fundo.

Os Fundos de Investimento Imobiliário em Reabilitação Urbana (FIIRU), surgiram no âmbito do Regime Extraordinário de Apoio à Reabilitação urbana, instituído pelo artigo 82º da Lei nº 67-A/2007 de 31 de Dezembro de 2007. Sobre os benefícios concedidos a estes Fundos cfr. comentário 2 ao artigo 17º

Para mais desenvolvimentos sobre a constituição de fundos de investimento imobiliário no âmbito da reabilitação urbana cfr. Ana Maria de Almeida, "Financiamento da Reabilitação Urbana. Os Fundos de Investimento Imobiliário da Reabilitação Urbana", in *O Novo Regime da Reabilitação Urbana, cit.* pp. 173 e ss.

2. Tem-se suscitados dúvidas quanto à sujeição a visto de Tribunal de Contas do acto de constituição, por um município, de uma unidade de participação, através de imóveis, num fundo de investimento imobiliário.

Nos termos dos artigos 44º e 45º da Lei nº 98/97, de 26 de Agosto (que aprova a organização e funcionamento do Tribunal de Contas), para além do requisito relativo ao montante financeiro de cada acto ou contrato, a sujeição à fiscalização prévia deste Tribunal pressupõe que, em concreto, se verifique qualquer um dos seguintes requisitos:

a) Que os actos ou contratos celebrados *sejam geradores de despesas ou representativos de responsabilidades financeiras* directas ou indirectas, *necessitando, por isso, os respectivos encargos de cabimentação em verba orçamental própria*;

b) Que *se trate de instrumentos geradores de dívida pública*, na medida em que está em causa a *observância dos limites legais do endividamento.*

Alguma doutrina tem defendido que na constituição de unidades de participação, *através de imóveis* em fundos de investimento imobiliário não se verificam os pressupostos legais referidos, pois:

a) Os fundos de investimento imobiliário são *um património autónomo* pertencente a uma pluralidade de pessoas singulares ou colectivas (participantes), que não respondem, em caso algum, pelas dívidas destes ou das entidades que, nos termos da lei, asseguram a sua gestão pelo que, embora exista uma transferência dos imóveis para a "dotação" do património autónomo, tal acto não deve ser considerado gerador de uma despesa para o Município ou que constitua um acto gerador de uma responsabilidade financeira necessitada de uma prévia cabimentação orçamental. Para além de que o Município, através daquela transferência, realiza uma espécie de "permuta" patrimonial, na medida em que, com a integração dos seus bens imóveis no património autónomo, assume a posição de contitular deste mesmo património. Aliás, pela própria natureza do fundo, a mencionada deslocação patrimonial constitui, *legalmente*, um investimento e não uma despesa ou uma operação de divida pública e, portanto, de endividamento;

b) As designadas entidades «participantes» não respondem, em caso algum, pelas dívidas dos fundos ou das entidades que, nos termos da lei, asseguram a sua gestão (cfr. o nº 2 do artigo 2º do Decreto-Lei nº 60/2002), ao que se associam as especiais limitações legais impostas à sociedade gestora (v. g., o artigo 11º do Decreto-Lei nº 60/2002).

PARTE III
DISPOSIÇÕES TRANSITÓRIAS E FINAIS
SECÇÃO I
DISPOSIÇÕES TRANSITÓRIAS

ARTIGO 78º
Áreas críticas de recuperação e reconversão urbanística

1. As áreas críticas de recuperação e reconversão urbanística criadas ao abrigo do Decreto-Lei nº 794/76, de 5 de Novembro, podem ser convertidas em uma ou mais áreas de reabilitação urbana, nos termos do presente decreto-lei.

2. A conversão das áreas críticas de recuperação e reconversão urbanística em áreas de reabilitação urbana opera-se por deliberação da assembleia municipal, sob proposta da câmara municipal, que deve englobar a aprovação da estratégia de reabilitação urbana ou do programa estratégico de reabilitação urbana, nos termos do procedimento previsto no presente decreto-lei.

3. A conversão pode ser feita através da aprovação de plano de pormenor de reabilitação urbana que inclua na sua área de intervenção a área crítica de recuperação e reconversão urbanística em causa.

4. A conversão das áreas críticas de recuperação e reconversão urbanística deve ocorrer no prazo de dois anos contado da data de entrada em vigor do presente decreto-lei.

5. Os decretos de classificação de áreas críticas de recuperação e reconversão urbanística, praticados ao abrigo do Decreto-Lei nº 794/76, de 5 de Novembro, caducam caso não venha a ser aprovada, nos termos e prazo previstos nos números anteriores, a conversão de área crítica de recuperação e reconversão urbanística em áreas de reabilitação urbana.

6. O disposto no número anterior não prejudica o exercício dos direitos aos benefícios fiscais, ou outros, entretanto adquiridos.

7. Nas áreas críticas de recuperação e reconversão urbanística, até à conversão prevista no presente artigo ou à caducidade dos respectivos decretos de classificação, é aplicável o regime previsto no Decreto-Lei nº 794/76, de 5 de Novembro.

Comentário
Sumário:
1. Áreas críticas de recuperação e reconversão urbanística: regime legal
2. Procedimento de conversão das ACCRU
3. Caducidade das ACCRU
4. Procedimentos de conversão em curso

1. O presente artigo estabelece um regime transitório para áreas críticas de recuperação e reconversão urbanística, criadas ao abrigo da Lei dos Solos, definido o procedimento para a sua conversão em áreas de reabilitação urbana.

O instrumento jus-urbanístico das *"áreas críticas de recuperação e reconversão urbanística"*, previsto já na Lei dos Solos (artigo 41º), pode apelidar-se de específico, já que permite a mobilização de um quadro extremamente oneroso para o particular e, em muitos aspectos, derrogatório do regime jurídico urbanístico normalmente aplicável.

A um nível de gestão do território, as "áreas críticas de recuperação e reconversão urbanística", foram uma figura direccionada para a recuperação do parque habitacional quer de centros históricos, ou zonas velhas das cidades, quer de zonas degradadas, cuja situação, de tal modo precária e gravosa (por falta ou insuficiência de infra-estruturas urbanísticas, de equipamento social, de áreas livres e espaços verdes, ou deficiências dos edifícios existentes), só por intermédio de uma actuação expedita e firme por parte da Administração pode ser revertida de forma eficaz.

Foi, então, a intenção de evitar o agravamento de processos de degradação urbana e a disponibilização de meios eficazes e imediatos para combater esta situação, que justificou a manutenção, quase inalterada, do mecanismo *dirigista* de intervenção das "áreas críticas de recuperação e reconversão urbanística", num quadro de renovação da legislação urbanística em Portugal, se não mesmo da mudança da sua matriz no sentido de evolução de uma política regulamentar e impositiva para uma política de urbanismo assente nos vectores da concertação e da integração.

A delimitação destas áreas, que passariam a ficar, *ipso facto*, sujeitas a um leque bastante amplo de poderes e faculdades susceptível de ser mobilizado pela Administração, competia às assembleias municipais, como decorria da alínea c) do artigo 29º da Lei nº 159/99, de 14 de Setembro, e do artigo 53º, nº 3, alínea b), da Lei nº 169/99, de 18 de Setembro, ainda que a sua declaração, por decreto, fosse da competência do Governo, devendo ser objecto de publicação no Diário da República.

Como efeito directo e imediato da delimitação e declaração destas áreas como sendo de recuperação e reconversão urbanística, encontrava-se a declaração de utilidade pública da expropriação, com carácter de urgência, dos imóveis de que a Administração necessitasse para a execução dos trabalhos de reconversão, bem como a faculdade de a Administração tomar posse administrativa de imóveis situados na área, seja como forma de ocupação temporária de terrenos para instalação de infra-estruturas ou equipamentos sociais, seja como meio de realização das obras de beneficiação ou reparação que revestissem carácter urgente e, se estas não fossem possíveis, de demolição de edifícios, que apresentaria carácter de urgência. Esta urgência poderia ser justificada por motivos de *ruína física*, em virtude da carência de condições de solidez, segurança ou salubridade, que representem perigo para os respectivos ocupantes ou para o público, ou de *ruína económica*, uma vez que também se admite a demolição sempre que estas situações não possam ser evitadas por meio de beneficiação ou reparação "economicamente justificável".

A Administração poderia, ainda, nos termos do artigo 46º da Lei dos Solos, proceder ao despejo administrativo dos prédios a demolir, bem como ao despejo temporário daqueles que careçam de obras que não possam ser realizadas sem a sua desocupação.

Por último, o Decreto-Lei nº 105/96, de 31 de Julho, que aprovou o Regime de Apoio à Recuperação Habitacional em Áreas Urbanas Antigas (REHABITA), modelou a faculdade, que já se encontrava prevista no artigo 27º da Lei dos Solos, de concessão do direito de preferência à Administração nas transmissões a título oneroso, na medida em que torna desnecessária a menção expressa, por decreto, da atribuição do direito de preferência à Administração, bastando, para tal, a declaração de "área crítica de recuperação e reconversão urbanística".

2. No que concerne ao procedimento de conversão das áreas críticas de recuperação e reconversão urbanística em áreas de reabilitação urbana (aquela pode dar origem a uma ou a várias desta), prevê a lei duas alternativas: ou tal conversão é efectuada através de plano de pormenor de reabilitação urbana (que inclua na sua área de intervenção a área crítica de recuperação e reconversão urbanística em causa) – nº 3 do presente artigo – ou por via de instrumento próprio. É esta, a nosso ver, a situação a que se refere o nº 2 do presente artigo, ao referir-se à deliberação da assembleia municipal, sob proposta da câmara municipal, a qual deve englobar a aprovação da estratégia de reabilitação urbana ou do programa estratégico de reabilitação urbana.

Trata-se, se bem atentarmos nos seus termos, de um procedimento relativamente complexo, na medida em que o procedimento de conversão da ACCRU corresponde, na íntegra, ao procedimento de delimitação inicial de uma área de reabilitação urbana.

Compreende-se, assim, que se pretendesse proceder a uma alteração a este normativo (projecto de alteração elaborado pelo XVIII Governo Constitucional) prevendo uma conversão automática das ACCRU numa área de reabilitação urbana, estabelecendo-se um regime especial para estas enquanto não forem aprovadas áreas de reabilitação urbana ou pelo prazo máximo de 15 anos – solução que, contudo, vislumbramos como complexa na medida em que permite a vigência simultânea de dois regimes distintos para a reabilitação urbana.

3. A conversão das áreas críticas de recuperação e reconversão urbanística, deve estar concluída no prazo de dois anos a contar da entrada em vigor do presente diploma [ou cinco anos, no caso de a ACCRU coincidir com a área de intervenção de uma Sociedade de Reabilitação Urbana constituída ao abrigo do Decreto-Lei nº 104/2004 (cfr. nº 5 do artigo 79º] Decorrido este prazo sem que tal conversão tenha operado, a ACCRU caduca (caducidade automática, o que não impede a delimitação posterior de uma ou várias ARUs para a área abrangida pelas ACCRUs que tenham caducado. Acresce que, nos termos do nº 6 do presente artigo, aquela caducidade não prejudica o exercício dos direitos aos benefícios fiscais, ou outros, entretanto adquiridos).

4. Dos exemplos de ARU publicados para respectiva discussão pública, onde se preconiza a conversão de ACRRU para ARU, podemos distinguir quatro tipos possíveis de situações:

a. a ARU coincide com a prévia delimitação de ACRRU (como sucede com a ARU PORTALEGRE e com a ARU FARO)
b. a ARU abrange, mas excedendo a área da ACRRU (como é o caso da ARU PONTE DE LIMA)
c. a ARU abrange várias ACRRUSs (é o caso da ARU LISBOA que abrange várias ACRRUs que haviam sido sucessivamente constituídas, sendo o limite da ARU coincidente com toda a área consolidada de Lisboa).
d. a área da ACRRU é convertida em várias ARUs que, no seu todo, são inferiores à área total abrangida pela ACRRU (é o caso das ARUs do PORTO).

Para uma visualização destas hipóteses, cfr. Anexo X.

ARTIGO 79º
Sociedades de reabilitação urbana constituídas ao abrigo do Decreto-Lei nº 104/2004, de 7 de Maio

1. As sociedades de reabilitação urbana criadas ao abrigo do Decreto-Lei nº 104/2004, de 7 de Maio, prosseguem o seu objecto social até ao momento da sua extinção, nos termos da legislação aplicável, podendo vir a ser designadas como entidades gestoras em operações de reabilitação urbana determinadas nos termos do presente decreto-lei.

2. As empresas a que se refere o número anterior regem-se pelo regime do sector empresarial local ou pelo regime do sector empresarial do Estado, consoante a maioria do capital social seja detido pelo município ou pelo Estado.

3. Para efeitos do presente decreto-lei, consideram se equiparadas às áreas de reabilitação urbana as zonas de intervenção das sociedades de reabilitação urbana, delimitadas nos termos do Decreto-Lei nº 104/2004, de 7 de Maio, equiparando-se as unidades de intervenção com documentos estratégicos aprovados ao abrigo do mesmo decreto-lei às unidades de intervenção reguladas no presente decreto-lei.

4. A reabilitação urbana nas zonas de intervenção referidas no número anterior é prosseguida pelas sociedades de reabilitação urbana já constituídas, que assumem a qualidade de entidade gestora nos termos e para os efeitos do regime aprovado pelo presente decreto-lei, com as seguintes especificidades:

a) A reabilitação urbana nas zonas de intervenção das sociedades de reabilitação urbana é enquadrada pelos instrumentos de programação e de execução aprovados de acordo com o Decreto-Lei nº 104/2004, de 7 de Maio, designadamente os documentos estratégicos das unidades de intervenção;

b) As sociedades de reabilitação urbana consideram se investidas nos poderes previstos no nº 1 do artigo 44º e nas alíneas a) e c) a e) do nº 1 do artigo 54º, para a totalidade da zona de intervenção, considerando-se ainda investidas nos poderes previstos nas alíneas b) e f) a i) do artigo 54º nas áreas das unidades de intervenção com documentos estratégicos aprovados;

c) Os contratos de reabilitação celebrados ao abrigo do Decreto-Lei nº 104/2004, de 7 de Maio, são equiparados aos contratos de reabilitação urbana regulados no presente decreto-lei.

5. Sem prejuízo do disposto no número anterior, os municípios devem, no prazo de cinco anos contados da entrada em vigor do presente decreto-lei, aprovar a estratégia de reabilitação urbana ou o programa estratégico de reabilitação urbana das zonas de intervenção referidas no nº 3, nos termos do procedimento previsto no presente decreto-lei, e dar o subsequente seguimento ao procedimento, convertendo a zona de intervenção das sociedades de reabilitação urbana constituídas nos termos do Decreto-Lei nº 104/2004, de 7 de Maio, em uma ou mais áreas de reabilitação urbana.

6. Sem prejuízo do termo do prazo estabelecido no número anterior, a conversão da zona de intervenção das sociedades de reabilitação urbana pode ser feita faseadamente, nos casos em que o município opte pela delimitação de mais de uma área de reabilitação urbana.

7. As áreas da zona de intervenção que, nos termos e prazo previstos no nº 5, não sejam objecto da decisão a que alude o mesmo número deixam de se reger pelo regime estabelecido no presente decreto-lei.

8. As sociedades de reabilitação urbana referidas no nº 1 podem ser encarregues pela câmara municipal de preparar o projecto de delimitação de áreas de reabilitação urbana, nos termos previstos no nº 2 do artigo 14º, ou de preparar o projecto de plano de pormenor e dos elementos que o acompanham, nos termos previstos no nº 3 do artigo 26º.

Comentário

Sumário:
1. Sociedades de reabilitação urbana criadas ao abrigo do DL 104/2004: regime
2. Regime transitório
3. Zonas de intervenção e áreas de reabilitação urbana
4. Poderes das Sociedades de Reabilitação Urbana

1. O regime de reabilitação urbana instituído ao abrigo do Decreto-Lei nº 104/2004 pressupunha a criação de um "instrumento empresarial" por via do qual se promoveria o procedimento de reabilitação urbana: as designadas Sociedades de Reabilitação Urbana.

Estas entidades podiam ser constituídas por capital exclusivamente municipal (integrando, por isso, o sector empresarial local) ou, em casos de excepcional interesse público, ser configuradas como sociedades anónimas de capitais exclusivamente públicos (do município, de pessoas colectivas da administração indirecta do Estado, quando devidamente autorizadas por despacho conjunto dos Ministros das Finanças e da tutela, e/ou de pessoas colectivas empresariais do Estado com participação municipal e estatal), integrando o sector empresarial do Estado.

As referidas Sociedades tinham como objecto social promover a reabilitação urbana das respectivas *zonas de intervenção*, devendo tal objecto social ser concretamente definido por referência àquelas zonas, com identificação do município a que respeitava, no caso de empresas municipais. O regime de criação, extinção e funcionamento destas sociedades encontrava-se regulado nos artigos 2º a 8º do Decreto-lei nº 104/2004.

2. O presente normativo estabelece um regime transitório aplicável às Sociedades de Reabilitação Urbana criadas ao abrigo do Decreto-Lei nº 104/2004. Com ele não se pretende apenas garantir a continuidade em funcionamento das Sociedades de Reabilitação Urbana do sector empresarial do Estado – garantia que não era necessária para as do sector empresarial local já o novo regime sempre permitira que estas pudessem assumir a qualidade de entidade gestora [artigo 10º, nº 1 alínea b) e nº 2], ao contrário daquelas –, mas, mais do que isso, permitir que as referidas Sociedades possam prosseguir o respectivo objecto social *"nos termos da legislação aplicável"* – isto é, nos termos do Decreto-Lei nº 104/2004. e, ainda, poderem ser designadas como entidades gestoras de operações de reabilitação urbana *"nos termos do presente diploma"* – isto é, do RJRU. Ou seja, admite-se que aquelas entidades possam continuar a laborar à luz do Decreto-Lei nº 104/2004 para procedimentos em curso, mas não impedindo que possam também funcionar, noutras situações, ao abrigo dos procedimentos do RJRU.

Esta explicação parece simples de perceber, correspondendo este artigo a uma norma transitória *formal* – que se limita a determinar qual das leis, a antiga ou a nova, é aplicável a determinadas situações – e não *material* – que visa estabelecer uma regulamentação própria, não coincidente nem com a lei antiga nem com a lei nova, para certas situações que se encontram na fronteira entre as duas.

3. Em face do afirmado no comentário anterior, consideramos que o disposto no nº 3 do presente normativo integra um factor de complexidade na interpretação da presente norma, gerando uma certa confusão que se estende ao longo de todo o artigo. Com efeito, interpretado o nº 1 do artigo 79º nos termos que referimos no comentário anterior, não se tornaria necessário proceder a qualquer equiparação entre unidades de intervenção do regime anterior e as áreas de reabilitação urbana do actual, já que, ou bem que a SRU, até à sua extinção, prossegue o respectivo objecto social nos termos do Decreto-Lei nº 104/2004 (onde só tem existência a *área de intervenção* e *unidades de intervenção* com ou sem *documentos estratégicos*) ou bem que é nomeada como entidade gestora de uma operação de reabilitação urbana nos termos do RJRU, nos termos do nº 1 e 8 deste artigo (onde apenas tem aplicação a *áreas de reabilitação urbana* e *unidades de intervenção* para efeitos do disposto nos artigos 34º e 35º).

Acresce que o nº 3 procede a uma equiparação entre duas realidades dificilmente equiparáveis, por serem formal e materialmente distintas: enquanto a área de intervenção de uma SRU corresponde à área dentro da qual pode funcionar o regime da reabilitação urbana do Decreto-Lei nº 104/2004, área dentro da qual a SRU irá, ao longo da sua existência, delimitar unidades de intervenção, para cada qual aprovará documentos estratégicos que concretizará de acordo com instrumentos legalmente previstos – a área de reabilitação urbana do RJRU corresponde a uma área devidamente delimitada já dotada de instrumentos estratégicos de programação (estratégia de reabilitação e programa estratégico de reabilitação urbana, consoante o tipo de ORU também já decidida), faltando-lhe apenas a respectiva execução.

Para demonstrar que se trata de situações distintas, vejamos um exemplo. A área de intervenção da SRU-Porto Vivo corresponde à área crítica de recuperação e reconversão urbanística da Cidade do Porto, que tem uma grande extensão. Dada esta extensão, a própria SRU delimitou, em momento posterior à sua criação, *zonas de intervenção prioritárias*, onde tem estado a aplicar o regime decorrente do Decreto-Lei nº 104/2004, assumindo que nunca o fará na área restante. Ora, fazer equiparar toda a área de intervenção da SRU a uma ARU, seria irrazoável e manifestamente desnecessário. Para além do mais, é o próprio artigo 78º que expressamente reconhece que uma ACCRU pode dar origem a uma ou várias ARUs e os nºs 5 a 7 do presente artigo estabelecem um prazo máximo para que a zona de intervenção de uma SRU seja convertida numa ou mais ARUs, como que caducando a zona de intervenção da SRU ao fim desse lapso de tempo, o que é contraditório com a sua equiparação automática, tal como parece decorrer do nº 3 do presente artigo.

Mais. Equiparando as unidades de *intervenção com documentos estratégicos* do Decreto-Lei nº 104/2004 às unidades de intervenção do RJRU, este nº 3 deixa sem enquadramento as *unidades de intervenção sem documento estratégico aprovado*, realidade que é relevante tendo em consideração que, à data da entrada em vigor do presente diploma, muitas SRUs estavam em fase adiantada de elaboração dos respectivos documentos estratégicos, sem que estes, contudo, tivessem sido aprovados. Se é certo que a situação fáctica de áreas de intervenção sem documento estratégico é um *minus* em relação às áreas de intervenção com documento estratégico aprovado, não deixam de ser claramente um avanço comparativamente às zonas de intervenção das SRUs, que o artigo aqui em anotação equipara a áreas de reabilitação urbana. E o que se pergunta é se tendo a SRU delimitada a sua *zona de intervenção* (e tem-no sempre, já que é no acto da sua criação que tal delimitação ocorre) se aplica já o novo regime, estando na fase de ter *área de reabilitação urbana delimitada?* Não poderem estas SRUs concluir a elaboração dos documentos estratégicos que tinham em curso não é o mesmo que criar um regime transitório que apenas o é na aparência, já que obriga a seguir, na íntegra o novo regime?

E não se diga que esta norma apenas pretende, em relação à actuação das SRUs enquadradas à luz do Decreto-Lei nº 104/2004, definir em que fase do processo de reabilitação as mesmas se encontram para efeitos de aplicação do presente diploma. Não só esta leitura não é compaginável com o disposto no nº 1 do presente diploma, como é de difícil aplicação prática, já que admite que todas as SRUs se encontram em situação de uma ter área de reabilitação urbana para efeitos do RJRU, quando lhe faltam, quase sempre, todos os elementos fundamentais que integram esta realidade.

A falta de correspondência entre os elementos que o artigo 79º pretende equiparar – ou uma sua equiparação para certos efeitos, mas já não para outros – está traduzida no seguinte quadro que já explicitamos supra no comentário ao artigo 13º

	Do ponto de vista dos objectivos	Do ponto de vista do conteúdo	Do ponto de vista da área geográfica
Decreto-Lei nº 104/2004	Zona de intervenção de uma SRU	Unidade de intervenção com documento estratégico aprovado	Unidade de intervenção
Decreto-Lei nº 307/2009	Área de reabilitação urbana (uma ou várias)	Área de Reabilitação Urbana	Unidade de intervenção

As dúvidas são acentuadas com o disposto no nº 4 do artigo 79º, ao determinar que nas zonas de intervenção das SURs, estas são consideradas entidades gestoras *"nos termos e para o efeito do presente diploma"*, o que está em contradição com o disposto no nº 1 e torna sem efeito o regime transitório que se pretendeu estabelecer, pois tal significaria admitir apenas que as SRUs criadas ao abrigo do Decreto-Lei nº 104/2004 passam a utilizar o novo regime, o que é contrariado pelas várias alíneas que integram o presente artigo.

Uma leitura normativamente adequada da presente regra (ainda que, reconhecemo-lo, a sua letra nem sempre ajude) leva-nos a defender uma sua interpretação que confira um efeito útil a uma norma com natureza transitória.

Assim, em relação a áreas que correspondam a zonas de intervenção de SRUs criadas ao abrigo do Decreto-Lei nº 104/2004, a reabilitação urbana deve guiar-se pelo estatuído neste diploma: deverão ser delimitadas as áreas de intervenção (se ainda não tiverem sido), ser aprovados (se ainda não tiverem sido) os documentos estratégicos, seguindo-se a tramitação procedimental definida naquele diploma) e utilizados os instrumentos de execução os previstos neste Decreto-Lei (nº 4 do artigo 79º). Nesta situação não existe uma alternatividade entre documentos estratégicos do Decreto-Lei nº 104/2004 e as áreas de reabilitação urbana ao abrigo do RJRU.

Nada impede que se opte por se seguir o novo regime, mas neste caso, terá de se seguir a tramitação nele definida. É neste caso que fará sentido fazer identificar a fase procedimental em que nos encontramos, apenas podendo equiparar-se, do ponto de vista material, a área de reabilitação urbana à unidade de intervenção com documento estratégico aprovado (não sendo possível converter os documentos estratégicos não aprovados na estratégia ou no programa estratégico de reabilitação urbana que integram a decisão de delimitação da ARU).

4. Uma outra perplexidade suscitada pelo presente artigo decorre da alínea b) do nº 4 do artigo aqui em anotação e que se prende com os poderes de que dispõem as SRUs ao abrigo do presente regime transitório. Para o efeito, torna-se relevante analisar os poderes de que estas entidades dispunham ao abrigo do Decreto-Lei nº 104/2004.

Nos termos do artigo 6º, compete às SRUs, no âmbito de procedimentos de reabilitação urbana regulados neste diploma:

a) licenciar e autorizar operações urbanísticas;
b) expropriar os bens imóveis e os direitos a eles inerentes destinados à reabilitação urbana, bem como constituir servidões administrativas para os mesmos fins;
c) proceder a operações de realojamento;
d) fiscalizar as obras de reabilitação urbana, exercendo, nomeadamente, as competências previstas na secção V do capítulo III do RJUE, com excepção da competência para aplicação de sanções administrativas por infracção contra-ordenacional, a qual se mantém como competência do município;

e) Exercer as competências previstas na alínea *b*) do n.o 1 do artigo 42º, no nº 2 do artigo 44º e no artigo 46º, todos da Lei dos Solos.

No entanto, e como decorria do nº 2 do referido artigo 6º, as referidas competências permaneciam nos municípios até à aprovação dos documentos estratégicos, apenas se considerando transferidas para aqueles com a aprovação destes documentos [com excepção da competência referida na alínea c), que teria de ser expressamente delegada].

Ora a alínea b) do nº 4 do presente artigo vem determinar que as sociedades de reabilitação urbana *consideram-se investidas nos poderes* previstos no nº 1 do artigo 44º e nas alíneas a) e c) a e) do nº 1 do artigo 54º, para a *totalidade da zona de intervenção* – licenciamento e admissão de comunicação prévia de operações urbanísticas e autorização de utilização; inspecções e vistorias; adopção de medidas de tutela da legalidade urbanística; cobrança de taxas e recepção das cedências ou compensações devidas, imposição da realização de obras coercivas, demolição de edifícios, direito de preferência e arrendamento forçado – e isto independentemente de terem ou não unidades de intervenção delimitadas e independentemente de terem ou não documentos estratégicos aprovados – considerando-se ainda investidas nos poderes previstos nas alíneas b) e f) a i) do artigo 54º – empreitada única, constituição de servidões, expropriação, venda forçada e reestruturação da propriedade – nas áreas das unidades de intervenção com documentos estratégicos aprovados.

Considerar-se as SRUs investidas nestes poderes na primeira situação referida – zona de intervenção da SRU, independentemente de ter ou não área de intervenção delimitada e de estar ou não aprovado documento estratégico – corresponde a uma solução que, quanto a nós, pode ser considerada violadora do princípio de autonomia local, se dela resultar que o legislador transfere para a esfera destas entidades um conjunto de poderes próprios dos municípios, quando tal transferência não está justificada em valores próprios da reabilitação urbana, em regra apenas definidos na sua estratégia.

A questão desta extensão dos poderes das SRUs mesmo quando não tivesse delimitado unidades de intervenção nem elaborado e aprovado documentos estratégicos colocou-se em algumas situações práticas assim que o presente diploma entrou em vigor. Foi o que sucedeu, por exemplo, na área de intervenção da SRU Porto Vivo. A sua zona de intervenção era é de tal forma extensa que, como referimos, foi a própria SRU que excluiu parte dela de qualquer intervenção com fitos de reabilitação. A posição que se adoptou para contornar esta previsão legal, que atribuía à SRU todos aqueles poderes nesta extensa área, foi a de se adoptar uma interpretação desta norma no sentido de ela conter uma *delegação tácita* (e não uma atribuição originária ou transferência daqueles poderes para as SRUs), donde o município, como titular daquelas competências, sempre podia revogar tal delegação, procedendo à respectiva delegação mais tarde, quando os elementos essenciais da reabilitação de uma determinada área estivessem aprovados. E foi isso que alguns municípios, como o do Porto, fizeram.

Sobre a figura da delegação tácita cfr. comentário 2 ao artigo 44º.

ARTIGO 80º
Áreas de reabilitação urbana para os efeitos previstos no Regime Extraordinário de Apoio à Reabilitação Urbana, aprovado pela Lei nº67-A/2007, de 31 de Dezembro, ou no artigo 71º do Estatuto dos Benefícios Fiscais

A entrada em vigor do presente decreto-lei não prejudica a aplicação do Regime Extraordinário de Apoio à Reabilitação Urbana, aprovado pela Lei nº 67-A/2007, de 31 de Dezembro, ou do disposto no artigo 71º do Estatuto dos Benefícios Fiscais.

Comentário
Sumário:

Áreas de reabilitação urbana para os efeitos previstos no Regime Extraordinário de Apoio à Reabilitação Urbana: efeitos

Como referimos no comentário ao artigo 17º, a delimitação de uma área de reabilitação urbana tem óbvios efeitos fiscais. Porém, não são apenas as áreas de reabilitação urbana delimitadas ao abrigo do presente diploma que beneficiam de um regime especial de benefícios fiscais, havendo outras consideradas como de reabilitação urbana para este efeito. É o que sucede com as definidas no Regime Extraordinário de Apoio à Reabilitação Urbana, aprovado pela Lei nº67-A/2007, de 31 de Dezembro, ou no artigo 71º do Estatuto dos Benefícios Fiscais a que se refere o presente artigo. Apenas a título de exemplo, no caso do primeiro normativo entende-se por área de reabilitação urbana a área territorialmente delimitada, caracterizada pela degradação ou obsolescência dos edifícios, das infra-estruturas urbanísticas, do equipamento social, das áreas livres e do espaço público e podendo abranger zonas históricas ou antigas, como tal qualificadas nos planos municipais de ordenamento do território, zonas de protecção de imóveis classificados nos termos da Lei de Bases do Património Cultural e outras zonas urbanas degradadas onde se verifique a predominância de edifícios com deficientes condições de solidez, segurança, salubridade e estética, em particular as classificadas como áreas críticas de recuperação e reconversão urbanística (ACRRU).

Para este efeito, a delimitação das referidas áreas é da competência da assembleia municipal, sob proposta da câmara municipal, obtido o parecer do Instituto da Habitação e da Reabilitação Urbana, I. P.

Por sua vez, para efeitos do artigo 71º do Estatuto dos Benefícios Fiscais as áreas de reabilitação urbana são áreas territorialmente delimitadas, compreendendo espaços urbanos caracterizados pela insuficiência, degradação ou obsolescência dos edifícios, das infra-estruturas urbanísticas, dos equipamentos sociais, das áreas livres e espaços verdes, podendo abranger designadamente áreas e centros históricos, zonas de protecção de imóveis classificados ou em vias de classificação, nos termos da Lei de Bases do Património Cultural, áreas urbanas degradadas ou zonas urbanas consolidadas.

O que se visa com o presente normativo é, precisamente, definir um regime transitório que permita que, mesmo que uma determinada área (com as características referidas) não tenha sido delimitada nos termos do presente Decreto-Lei, ainda assim possa obter os benefícios fiscais a que nos referimos no comentário ao artigo 17º. A fundamentação para esta opção está no facto de, estando em causa um regime anterior ao presente diploma, se pretender garantir as legitimas expectativas dos respectivos destinatários.

ARTIGO 81º
Planos de pormenor em elaboração

Os planos de pormenor em elaboração à data da entrada em vigor do presente decreto-lei podem ser aprovados sob a forma de planos de pormenor de reabilitação urbana, devendo a câmara municipal, para o efeito, adaptar o projecto de plano de pormenor às regras estabelecidas no presente decreto-lei.

Comentário

Sumário:
Regime transitório de elaboração de planos de pormenor

O presente artigo deixa ao critério da câmara municipal a escolha entre continuar a elaboração de um plano de pormenor generalista ou introduzir nesse plano as especificidades previstas no presente regime e convertê-lo num plano de pormenor de reabilitação urbana, de modo a beneficiar do regime jurídico estipulado neste diploma.

Nesta situação deverá, no entanto, proceder-se ao aproveitamento de todos os trâmites procedimentais que já tiverem sido cumpridos, por exemplo, a deliberação da câmara sobre a desnecessidade de sujeitar o plano de pormenor a avaliação ambiental Estratégica.

SECÇÃO II
DISPOSIÇÕES FINAIS

ARTIGO 82º
Regiões autónomas

O presente decreto-lei aplica-se às Regiões Autónomas dos Açores e da Madeira, com as devidas adaptações, nos termos da respectiva autonomia político-administrativa, cabendo a sua execução administrativa aos serviços e organismos das respectivas administrações regionais autónomas com atribuições e competências no âmbito da reabilitação urbana, sem prejuízo das atribuições das entidades de âmbito nacional.

Comentário
Sumário:
Adaptação às Regiões autónomas

Este regime, como aliás os constantes do RJIGT e do RJUE, aplica-se às Regiões autónomas, sofrendo aí as devidas adaptações do ponto de vista organizatório, mas também, em face da respectiva autonomia politico-administrativa.

Com efeito, as competências das Regiões Autónomas da Madeira e dos Açores em matéria de urbanismo, como as demais competências que por elas podem ser exercitadas, previstas em geral na CRP e concretizadas nos seus estatutos político-administrativos, resultaram claramente alteradas pela Lei Constitucional nº 1/2004, de 24 de Julho, no sentido do seu reforço. A sua competência passa apenas a estar limitada negativamente pelas matérias de reserva absoluta e relativa da Assembleia da República e pela reserva de competência legislativa do Governo [artigos 112º, nº 4, 227º, nº 1, alínea a), e 228º da CRP], podendo aquelas Regiões, para além de emanar diplomas próprios, desenvolver as bases dos diplomas de abrangência nacional e exercer competências de regulamentação e ser autorizadas legislativamente pela Assembleia da República a legislar em matéria de reserva relativa desta, designadamente no que se refere às "bases do ordenamento do território e do urbanismo" (*vide* para maiores desenvolvimentos, Fernando Alves CORREIA, *Manual de Direito do Urbanismo, cit.,* p. 128).

Não nos admiraria, por isso, tal como sucedeu com o Regime Jurídico dos Instrumentos de Gestão Territorial na Região Autónoma da Madeira (cfr. Decreto Legislativo Regional nº 43/2008/M de 23 de Dezembro de 2008), que este diploma fosse objecto de uma adaptação mais profunda.

ARTIGO 83º
Norma revogatória

Sem prejuízo do disposto no nº 7 do artigo 78º, são revogados:
a) O Decreto-Lei nº 104/2004, de 7 de Maio;
b) O capítulo XI do Decreto-Lei nº 794/76, de 5 de Novembro.

Comentário
Sumário:
Regime revogatório

O presente normativo procede à revogação do disposto no Decreto-Lei nº 104/2004, que previa o regime excepcional de reabilitação urbana, passando este, assim, a fazer parte da gestão urbanística normal dos municípios (embora possa ser delegada, no que concerne à reabilitação urbana, a empresas do sector empresarial local, ao contrário da restante gestão urbanística). Procede, ainda, à revogação da parte da Lei dos Solos referente às ACRRUs, sem prejuízo, quanto a estas, do regime transitório constante do artigo 78º.

ARTIGO 84º
Entrada em vigor
O presente decreto-lei entra em vigor 60 dias após a data da sua publicação.

Comentário
Sumário:
Eficácia e exequibilidade do diploma

Tendo o presente diploma entrado em vigor 60 dias após a respectiva publicação – a qual ocorreu em 22 de Dezembro de 2009 –, a sua plena exequibilidade, isto é, a aplicação prática e exclusiva do regime dele constante prevê-se para mais tarde, atento, por um lado, complexidade do procedimento (e do conteúdo) da delimitação de uma área de reabilitação urbana – que leva tempo a cumprir – e, por outro lado, a consagração do regime transitório constante do artigo 79º.

A aplicação do presente diploma tem sido feita de forma gradual dependendo em muito da capacidade técnica dos Municípios e do trabalho que tem vindo a ser desenvolvido por este, sendo este agora redireccionado para a aplicação do RJRU explorando as ferramentas que este disponibiliza. Se por um lado houve uma adequação imediata ao RJRU como é o caso da ARU Horta com a publicação do projecto de delimitação de ARU para discussão pública em 3 de Fevereiro de 2010 (*Diário da República*, II Série, Nº 23, Edital Nº 81/2010), a menos de 2 meses desde a entrada em vigor do diploma, por outro lado, outros municípios têm vindo gradualmente a aplicar o diploma.

ANEXOS

Quadro I: Análise comparada dos DL 104/2004, 7 de Maio e DL 307/2009, 23 de Outubro de 2009

	DL 104/2004, 07-05	DL 307/2009, 23-10
ENTIDADE	- Município - SRU	- Município - Empresa sector empresarial local (não necessariamente uma SRU)
ATRIBUIÇÃO DE COMPETÊNCIAS	Compete às SRU: - Licenciar e autorizar operações urbanísticas; - Expropriar os bens imóveis e os direitos a eles inerentes destinados à reabilitação urbana, bem como constituir servidões administrativas; - Proceder a operações de realojamento; - Fiscalizar obras de reabilitação urbana; - Posse administrativa de imóveis; - Posse administrativa para: demolições / reparação / beneficiação; - Despejo temporário / despejo para demolições.	Entidade Gestora para efeitos da execução da operação de reabilitação urbana pode exercer os seguintes poderes: - Licenciamento e admissão de comunicação prévia de operações urbanísticas e autorização de utilização; - Inspecções e vistorias; - Adopção de medidas de tutela da legalidade urbanística; - Cobrança de taxas; - Recepção de cedências ou compensações devidas. Instrumentos: - Empreitada Única (Instrumentos / tacitamente delegados): - Imposição da obrigação de reabilitar / obras coercivas; - Demolição de edifícios; - Direito de preferência; - Arrendamento Forçado; (Instrumentos / só nas operações de reabilitação urbana sistemática): - Servidões - Expropriação; - Venda forçada; - Reestruturação da propriedade.
FISCALIZAÇÃO	Remissão para a L 53-F/2006 (Regime Jurídico do sector empresarial local) Deveres especiais de informação: A Empresa apresenta à CM tendo em vista o seu acompanhamento e controlo: - planos de actividades anuais e plurianuais - projectos dos orçamentos anuais - documentos de prestação anual de contas - relatórios trimestrais de execução orçamental - outras informações e documentos solicitados. Fiscal Único: - Fiscaliza a acção do conselho de administração - Remeter informação semestral ao órgão executivo do município (...). Documentos de prestação de contas: As Empresas apresentam relatório anual do conselho de administração a ser publicado em Boletim Municipal.	Acresce à 53-F/2006, no âmbito do acompanhamento e avaliação da Operação de Reabilitação Urbana: **a)** A Entidade Gestora elabora anualmente um relatório de monitorização da operação de reabilitação em curso (submetido à AM) **b)** O Município a cada 5 anos submete à AM um relatório de avaliação da execução da Operação de Reabilitação Urbana).
TEMPO	A SRU extingue-se quando estiver concluída a reabilitação urbana da zona de intervenção.	a) A ARU delimitada em instrumento próprio vigora pelo prazo fixado na estratégia de reabilitação urbana ou no programa estratégico de reabilitação urbana, com possibilidade de prorrogação, não podendo, em qualquer caso, vigorar por prazo superior a 15 anos; b) A ARU definida em PPRU vigora pelo prazo de execução do mesmo, não podendo, em qualquer caso vigorar por prazo superior a 15 anos.
ÁREA DE INTERVENÇÃO	- Zona Urbana Histórica (PDM) - ACRRU (Lei dos Solos) (Definição de Unidades de Intervenção: quarteirão, pátio ou rua)	- ARU (delimitação através de instrumento próprio ou PPRU) - objecto muito amplo (artigo 12.º), mas que exclui operações de renovação urbana (A cada ARU corresponde uma Operação de Reabilitação Urbana)
INSTRUMENTOS	**a) Documento Estratégico** (Após delimitação da Unidade de Intervenção) (Com a definição de conteúdo próprio) **b) PP** (A SRU deve notificar a CM para que se pronuncie sobre se entende por conveniente ou necessária a elaboração de PP) Modalidade Simplificada/ DL380/99, Art.º91-A:	**a) Instrumento Próprio** (Quando são assumidas as disposições dos planos superiores vigentes) (São definidas Unidades de Intervenção **b) PPRU** (Quando são alteradas as disposições dos planos superiores vigentes) (São definidas Unidades de Execução) I) Modalidade Simplificada/ DL380/99, Art.º91- A:
OPERAÇÃO	Operações:	Operações:

314 REGIME JURÍDICO DA REABILITAÇÃO URBANA

	Operações de Reabilitação Urbana	**a)** Operações de Reabilitação Urbana Simples: Reabilitação Edificado (Devem ser realizadas preferencialmente pelos respectivos proprietários) **b)** Operações de Reabilitação Urbana Sistemática: intervenção integrada de reabilitação urbana de uma área. (Devem ser activamente promovidas pelas respectivas entidades gestoras)
OPERAÇÕES URBANÍSTICAS	Procedimento Especial de Licenciamento e Autorização - Redução dos prazos (conforme disposto no diploma e todos os demais prazos aplicáveis previsto no RJUE são reduzidos para metade); - Criação da Comissão Especial de Apreciação.	Remissão para o DL 555/99, com especificidades (artigo 44.º a 53.º).
EXPROPRIAÇÃO	- Caso tal se revele necessário, a SRU procederá à expropriação dos imóveis ou fracções a reabilitar nos termos do CE (intervenção forçada). - A expropriação prevista tem carácter de urgência podendo a SRU tomar posse administrativa imediata do bem expropriado.	A expropriação por utilidade pública inerente à execução da operação de reabilitação urbana rege-se pelo CE, com as seguintes especificidades: a) A competência para a emissão da resolução de expropriar é da entidade gestora; b) A competência para a emissão do acto administrativo que individualize os bens a expropriar é da câmara municipal ou do órgão executivo da entidade gestora, consoante tenha havido ou não delegação do poder de expropriação; c) As expropriações possuem carácter urgente.
Venda forçada	Não se encontra prevista	Prevista nos artigos 62.º e 63.º

Quadro II: Operações de Reabilitação Urbana

DL 307/2009 ESTRUTURA AS INTERVENÇÕES DE REABILITAÇÃO URBANA COM BASE EM DOIS CONCEITOS FUNDAMENTAIS:	
"ÁREA DE REABILITAÇÃO URBANA" (ARU)	OPERAÇÃO DE REABILITAÇÃO URBANA
ARU / OPERAÇÕES DE REABILITAÇÃO URBANA	
OPERAÇÃO DE REABILITAÇÃO URBANA SIMPLES	OPERAÇÃO DE REABILITAÇÃO URBANA SISTEMÁTICA
EXECUÇÃO DAS OPERAÇÕES	
EXECUÇÃO DAS OPERAÇÕES DE REABILITAÇÃO URBANA SIMPLES DEVEM SER REALIZADAS PREFERENCIALMENTE PELOS RESPECTIVOS PROPRIETÁRIOS E TITULARES DE OUTROS DIREITOS, ÓNUS E ENCARGOS. (ART.º29)	EXECUÇÃO DAS OPERAÇÕES DE REABILITAÇÃO URBANA SISTEMÁTICA DEVEM SER ACTIVAMENTE PROMOVIDAS PELAS RESPECTIVAS ENTIDADES GESTORAS. (ART.º31)
ESTRATÉGIA DE REABILITAÇÃO URBANA	PROGRAMA ESTRATÉGICO
AS OPERAÇÕES DE REABILITAÇÃO URBANA SIMPLES SÃO ORIENTADAS POR UMA ESTRATÉGIA DE REABILITAÇÃO URBANA. (ART.º30)	AS OPERAÇÕES DE REABILITAÇÃO URBANA SISTEMÁTICA SÃO ORIENTADAS POR UM PROGRAMA ESTRATÉGICO DE REABILITAÇÃO URBANA. (ART.º33)
A ESTRATÉGIA DE REABILITAÇÃO URBANA DEVE: (i) APRESENTAR AS OPÇÕES ESTRATÉGICAS DE REABILITAÇÃO DA ARU COMPATÍVEIS COM AS OPÇÕES DE DESENVOLVIMENTO DO MUNICÍPIO; (ii) ESTABELECER O PRAZO DE EXECUÇÃO DA OPERAÇÃO DE REABILITAÇÃO URBANA; (iii) DEFINIR AS PRIORIDADES E ESPECIFICAR OS OBJECTIVOS A PROSSEGUIR NA EXECUÇÃO DA OPERAÇÃO DE REABILITAÇÃO URBANA; (iv) DETERMINAR O MODELO DE GESTÃO DA ARU E DE EXECUÇÃO DA RESPECTIVA OPERAÇÃO DE REABILITAÇÃO URBANA; (v) APRESENTAR UM QUADRO DE APOIOS E INCENTIVOS ÀS ACÇÕES DE REABILITAÇÃO EXECUTADAS PELOS PROPRIETÁRIOS E DEMAIS TITULARES DE DIREITOS E PROPOR SOLUÇÕES DE FINANCIAMENTO DAS ACÇÕES DE REABILITAÇÃO; (vi) EXPLICITAR AS CONDIÇÕES DE APLICAÇÃO DOS INSTRUMENTOS DE EXECUÇÃO DE REABILITAÇÃO URBANA PREVISTO NO DL307/2009, 23-10; (vii) IDENTIFICAR, CASO O MUNICÍPIO NÃO ASSUMA DIRECTAMENTE AS FUNÇÕES DE ENTIDADE GESTORA DA ARU, QUAIS OS PODERES DELEGADOS NA ENTIDADE GESTORA, BEM COMO QUANDO AS FUNÇÕES DE ENTIDADE GESTORA SEJAM ASSUMIDAS POR UMA SRU, QUAIS OS PODERES QUE NÃO SE PRESUMEM DELEGADOS; (viii) MENCIONAR, SE FOR O CASO, A NECESSIDADE DE ELABORAÇÃO, REVISÃO OU ALTERAÇÃO DO PLANO DE PORMENOR DE REABILITAÇÃO URBANA E DEFINIR OS OBJECTIVOS ESPECÍFICOS A PROSSEGUIR ATRAVÉS DO MESMO. (ART.º30, Nº2)	O PROGRAMA ESTRATÉGICO DE REABILITAÇÃO URBANA DEVE: (i) APRESENTAR AS OPÇÕES ESTRATÉGICAS DE REABILITAÇÃO DA ARU COMPATÍVEIS COM AS OPÇÕES DE DESENVOLVIMENTO DO MUNICÍPIO; (ii) ESTABELECER O PRAZO DE EXECUÇÃO DA OPERAÇÃO DE REABILITAÇÃO URBANA; (iii) DEFINIR AS PRIORIDADES E ESPECIFICAR OS OBJECTIVOS A PROSSEGUIR NA EXECUÇÃO DA OPERAÇÃO DE REABILITAÇÃO URBANA; (iv) ESTABELECER O PROGRAMA DA OPERAÇÃO DE REABILITAÇÃO URBANA, IDENTIFICANDO AS ACÇÕES ESTRUTURANTES DE REABILITAÇÃO URBANA A ADOPTAR, DISTINGUINDO, NOMEADAMENTE, AS QUE TÊM POR OBJECTO OS EDIFÍCIOS, AS INFRA-ESTRUTURAS, OS EQUIPAMENTOS, OS ESPAÇOS URBANOS E VERDES DE UTILIZAÇÃO COLECTIVA, E AS ACTIVIDADES ECONÓMICAS; (v) DETERMINAR O MODELO DE GESTÃO DA ARU E DE EXECUÇÃO DA RESPECTIVA OPERAÇÃO DE REABILITAÇÃO URBANA; (vi) APRESENTAR UM QUADRO DE APOIOS E INCENTIVOS ÀS ACÇÕES DE REABILITAÇÃO EXECUTADAS PELOS PROPRIETÁRIOS E DEMAIS TITULARES DE DIREITOS E PROPOR SOLUÇÕES DE FINANCIAMENTO DAS ACÇÕES DE REABILITAÇÃO; (vii) DESCREVER UM PROGRAMA DE INVESTIMENTO PÚBLICO ONDE SE DISCRIMINE AS ACÇÕES DE INICIATIVA PÚBLICA NECESSÁRIAS AO DESENVOLVIMENTO DA OPERAÇÃO; (viii) DEFINIR O PROGRAMA DE FINANCIAMENTO DA OPERAÇÃO DE REABILITAÇÃO URBANA, O QUAL DEVE INCLUIR UMA ESTIMATIVA DOS CUSTOS TOTAIS DA EXECUÇÃO DA OPERAÇÃO E A IDENTIFICAÇÃO DAS FONTES DE FINANCIAMENTO; (ix) IDENTIFICAR, CASO O MUNICÍPIO NÃO ASSUMA DIRECTAMENTE AS FUNÇÕES DE ENTIDADE GESTORA DA ARU, QUAIS OS PODERES DELEGADOS NA ENTIDADE GESTORA, BEM COMO QUANDO AS FUNÇÕES DE ENTIDADE GESTORA SEJAM ASSUMIDAS POR UMA SRU, QUAIS OS PODERES QUE NÃO SE PRESUMEM DELEGADOS; (viii) MENCIONAR, SE FOR O CASO, A NECESSIDADE DE ELABORAÇÃO, REVISÃO OU ALTERAÇÃO DE PLANO DE PORMENOR DE REABILITAÇÃO URBANA E DEFINIR OS OBJECTIVOS ESPECÍFICOS A PROSSEGUIR ATRAVÉS DO MESMO. (ART.º33, Nº2)

UNIDADES DE EXECUÇÃO (UE) / UNIDADES DE INTERVENÇÃO	
PPRU	NO ÂMBITO DAS OPERAÇÕES DE REABILITAÇÃO URBANA SISTEMÁTICA EM ARU QUE CORRESPONDAM À ÁREA DE INTERVENÇÃO DE UM PLANO DE PORMENOR DE REABILITAÇÃO URBANA PODEM SER DELIMITADAS UE NOS TERMOS DO DL380/99, 22-09, COM AS ESPECIFICIDADES INTRODUZIDAS PELO DL307/2009,23-10.(ART.º34,Nº1)
INST.P	NO ÂMBITO DAS OPERAÇÕES DE REABILITAÇÃO URBANA SISTEMÁTICA EM ARU APROVADAS EM INSTRUMENTO PRÓPRIO PODEM SER DELIMITADAS UNIDADES DE INTERVENÇÃO (FIXAÇÃO EM PLANTA CADASTRAL DOS LIMITES FISICOS DO ESPAÇO URBANO A INTERVIR). (ART.º34,Nº2)

Quadro III: Regime das Áreas de Reabilitação Urbana

DL 307/2009 ESTRUTURA AS INTERVENÇÕES DE REABILITAÇÃO URBANA COM BASE EM DOIS CONCEITOS FUNDAMENTAIS:

"ÁREA DE REABILITAÇÃO URBANA" (ARU)	OPERAÇÃO DE REABILITAÇÃO URBANA

REGIME DAS ÁREAS DE REABILITAÇÃO URBANA

OBJECTO (ART.º12)	DELIMITAÇÃO / APROVAÇÃO	INSTRUMENTOS DE PROGRAMAÇÃO (ART.º13)
- AS ARU INCIDEM SOBRE ESPAÇOS URBANOS QUE, EM VIRTUDE DA INSUFICIÊNCIA, DEGRADAÇÃO OU OBSOLESCÊNCIA DOS EDIFÍCIOS, DAS INFRA-ESTRUTURAS URBANAS, DOS EQUIPAMENTOS OU DOS ESPAÇOS URBANOS E VERDES DE UTILIZAÇÃO COLECTIVA, JUSTIFIQUEM UMA INTERVENÇÃO INTEGRADA; - AS ARU PODEM ABRANGER ÁREAS E CENTROS HISTÓRICOS, PATRIMÓNIO CULTURAL IMÓVEL CLASSIFICADO OU EM VIAS DE CLASSIFICAÇÃO E RESPECTIVAS ZONAS DE PROTECÇÃO, ÁREAS URBANAS DEGRADADAS OU ZONAS URBANAS CONSOLIDADAS.	A REABILITAÇÃO URBANA É PROMOVIDA PELOS MUNICÍPIOS ATRAVÉS DA DELIMITAÇÃO DE ARU EM INSTRUMENTO PRÓPRIO OU ATRAVÉS DA APROVAÇÃO DE UM PLANO DE PORMENOR DE REABILITAÇÃO URBANA. (ART.º7, Nº1) A CADA ARU CORRESPONDERÁ UMA OPERAÇÃO DE REABILITAÇÃO URBANA. (ART.º7, Nº2)	A DEFINIÇÃO DE UMA ARU, ATRAVÉS DE INSTRUMENTO PRÓPRIO OU DE PLANO DE PORMENOR DE REABILITAÇÃO URBANA DEVE SER DEVIDAMENTE FUNDAMENTADACONTENDO: - O ENQUADRAMENTO NAS OPÇÕES DE DESENVOLVIMENTO URBANO DO MUNICÍPIO; - A DEFINIÇÃO DO TIPO DE OPERAÇÃO DE REABILITAÇÃO URBANA; A ESTRATÉGIA DE REABILITAÇÃO URBANA OU O PROGRAMA ESTRATÉGICO DE REABILITAÇÃO URBANA (CONSOANTE O TIPO DE OPERAÇÃO DE REABILITAÇÃO URBANA – SIMPLES OU SISTEMÁTICA)

INSTRUMENTO PRÓPRIO (ART.º14)	PLANO DE PORMENOR DE REABILITAÇÃO URBANA (ART.º15)
- A DELIMITAÇÃO DAS ARU EM INSTRUMENTO PRÓPRIO É DA COMPETÊNCIA DA ASSEMBLEIA MUNICIPAL, SOB PROPOSTA DA CÂMARA MUNICIPAL; - O PROJECTO DE DELIMITAÇÃO DA ARU E DA RESPECTIVA ESTRATÉGIA DE REABILITAÇÃO URBANA OU DO RESPECTIVO PROGRAMA ESTRATÉGICO DE REABILITAÇÃO URBANA SÃO SUBMETIDOS À APRECIAÇÃO DO IHRU; - APÓS A PONDERAÇÃO DO PARECER DO IHRU O PROJECTO DE DELIMITAÇÃO DA ARU OU DO PROGRAMA ESTRATÉGICO SÃO SUBMETIDOS A DISCUSSÃO PÚBLICA (DL380/99, 22-09) - O ACTO DE APROVAÇÃO DA DELIMITAÇÃO DA ARU É PUBLICITADO EM DR.	- A ARU PODE SER DEFINIDA ATRAVÉS DE UM PLANO DE PORMENOR DE REABILITAÇÃO URBANA, CORRESPONDENDO À RESPECTIVA ÁREA DE INTERVENÇÃO. - A CÂMARA MUNICIPAL PODE, NA DELIBERAÇÃO DE ELABORAÇÃO DE PLANO DE PORMENOR DE REABILITAÇÃO URBANA, ENCARREGAR A ENTIDADE GESTORA (DE ENTRE AS MENCIONADAS NA ALÍNEA b) DO Nº1 DO ART.10º) DA PREPARAÇÃO DO PROJECTO DO PLANO DE PORMENOR E DOS ELEMENTOS QUE O ACOMPANHAM. (ART.º26, Nº3)

EFEITOS DA APROVAÇÃO DE UMA ARU (ART.º17)	- OBRIGA A RESPECTIVA ENTIDADE GESTORA A PROMOVER A OPERAÇÃO DE REABILITAÇÃO URBANA; - OBRIGA À DEFINIÇÃO, PELO MUNICÍPIO, DOS BENEFÍCIOS FISCAIS ASSOCIADOS AOS IMPOSTOS MUNICIPAIS SOBRE O PATRIMÓNIO (IMI /IMT); - CONFERE AOS PROPRIETÁRIOS E TITULARES DE OUTROS DIREITOS, ÓNUS E ENCARGOS SOBRE OS EDIFÍCIOS OU FRACÇÕES NELA COMPREENDIDOS O DIREITO DE ACESSO AOS APOIOS E INCENTIVOS FISCAIS E FINANCEIROS À REABILITAÇÃO URBANA.	
ÂMBITO TEMPORAL DA ARU (ART.º18)	**ARU DELIMITADA EM INSTRUMENTO PRÓPRIO** - VIGORA PELO PRAZO FIXADO NA ESTRATÉGIA DE REABILITAÇÃO URBANA OU NO PROGRAMA ESTRATÉGICO DE REABILITAÇÃO URBANA COM A POSSIBILIDADE DE PRORROGAÇÃO, NÃO PODENDO, EM QUALQUER CASO, VIGORAR POR PRAZO SUPERIOR A 15 ANOS; - A PRORROGAÇÃO É APROVADA PELA ASSEMBLEIA MUNICIPAL SOB PROPOSTA DA CÂMARA MUNICIPAL. **ARU DEFINIDA EM PLANO DE PORMENOR DE REABILITAÇÃO URBANA** - VIGORA PELO PRAZO DE EXECUÇÃO DO MESMO, NÃO PODENDO, EM QUALQUER CASO, VIGORAR POR PRAZO SUPERIOR A 15 ANOS.	EM AMBOS OS CASOS, NÃO OBSTA A QUE FINDOS OS PRAZOS DEFINIDOS POSSA SER DETERMINADA NOVA OPERAÇÃO DE REABILITAÇÃO URBANA QUE ABRANJA A ÁREA EM CAUSA.
ALTERAÇÃO: - DELIMITAÇÃO DA ARU - TIPO DE OPERAÇÃO DE REABILITAÇÃO URBANA - INSTRUMENTOS DE PROGRAMAÇÃO (ART.º20 e 25)	ALTERAÇÃO DOS LIMITES DA ARU DELIMITADA EM INSTRUMENTO PRÓPRIO E DO TIPO DE OPERAÇÃO DE REABILITAÇÃO URBANA OBEDECE AO PROCEDIMENTO PREVISTO NO ART.º14.	-ALTERAÇÃO DO TIPO DE ORU DE SISTEMÁTICA PARA SIMPLES NÃO HÁ LUGAR A DISCUSSÃO PÚBLICA.
	OS INSTRUMENTOS DE PROGRAMAÇÃO PODEM SER ALTERADOS A TODO O TEMPO.	- A ALTERAÇÃO DOS INSTRUMENTOS DE PROGRAMAÇÃO É DA COMPETÊNCIA DA ASSEMBLEIA MUNICIPAL SOB PROPOSTA DA CÂMARA MUNICIPAL; - A APROVAÇÃO DA ALTERAÇÃO É PUBLICITADO EM DR.

Quadro IV: Diagrama da elaboração do instrumento próprio

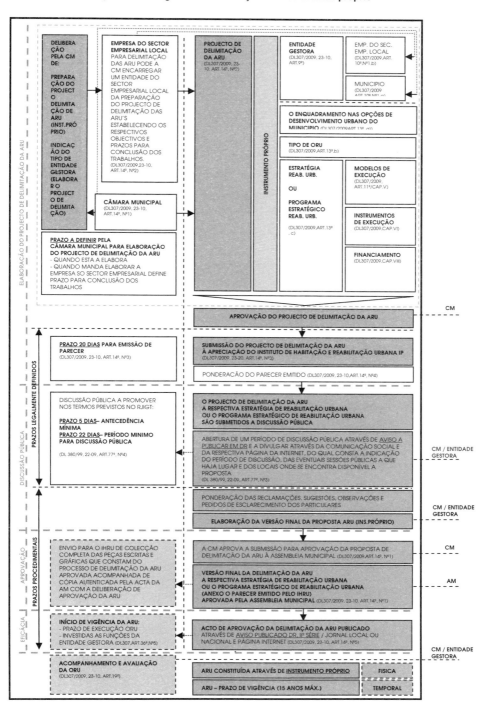

Quadro V: Diagrama do Plano de Pormenor de Reabilitação Urbana

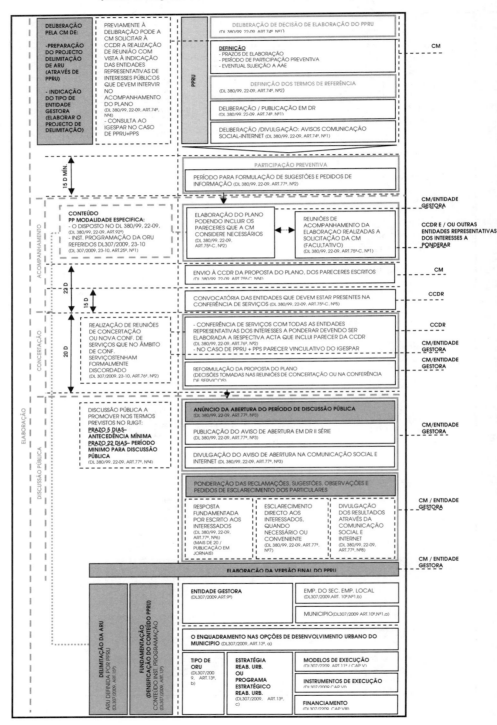

ANEXOS 319

(...)

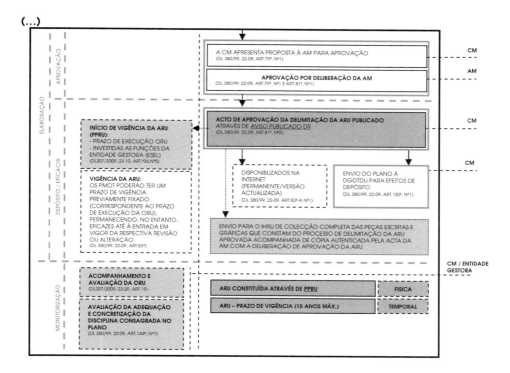

Quadro VI: Modelos de execução das operações de Reabilitação Urbana

MODELOS DE EXECUÇÃO DAS OPERAÇÕES DE REABILITAÇÃO URBANA

INICIATIVA DOS PARTICULARES

MODALIDADES
- (i) EXECUÇÃO PELOS PARTICULARES COM APOIO DA ENTIDADE GESTORA.
- (ii) EXECUÇÃO ATRAVÉS DA ADMINISTRAÇÃO CONJUNTA. (REGIME JURIDICO A APROVAR EM DR)

INICIATIVA DA ENTIDADE GESTORA

MODALIDADES
- (i) EXECUÇÃO DIRECTA DA ENTIDADE GESTORA.
- (ii) EXECUÇÃO ATRAVÉS DA ADMINISTRAÇÃO CONJUNTA. (REGIME JURIDICO A APROVAR EM DR)
- (ii) EXECUÇÃO ATRAVÉS DE PARCERIAS COM ENTIDADES PRIVADAS

CONCESSÃO DA REABILITAÇÃO

- PARA PROMOVER OPERAÇÕES DE REABILITAÇÃO URBANA SISTEMÁTICA O MUNICÍPIO PODE CONCESSIONAR A REABILITAÇÃO (DL 380/99, 22-09) PARA A EXECUÇÃO DE PMOT, QUER POR SUA INICIATIVA QUER A SOLICITAÇÃO DA ENTIDADE GESTORA.

- A CONCESSÃO DE REABILITAÇÃO URBANA É FEITA NO ÂMBITODAS UNIDADES DE INTERVENÇÃO OU DAS UNIDADES DE EXECUÇÃO.

- A CONCESSÃO É PRECEDIDA DE PROCEDIMENTO ADJUDICATÓRIO, DEVENDO O RESPECTIVO CADERNO DE ENCARGOS ESPECIFICAR AS OBRIGAÇÕES MÍNIMAS DO CONCEDENTE E DO CONCESSIONÁRIO OU OS RESPECTIVOS PARÂMETROS, A CONCRETIZAR NAS PROPOSTAS.

- A FORMAÇÃO E EXECUÇÃO DO CONTRATO DE CONCESSÃO REGEM -SE PELO DISPOSTO NO CÓDIGO DOS CONTRATOS PÚBLICOS.

CONTRATO DE REABILITAÇÃO URBANA

- A ENTIDADE GESTORA DE UMA OPERAÇÃO DE REABILITAÇÃO URBANA SISTEMÁTICA PODE CELEBRAR CONTRATOS DE REABILITAÇÃO URBANA COM ENTIDADES PÚBLICAS OU PRIVADAS, MEDIANTE OS QUAIS ESTAS SE OBRIGUEM A PROCEDER À ELABORAÇÃO, COORDENAÇÃO E EXECUÇÃO DE PROJECTOS DE REABILITAÇÃO NUMA OU EM VÁRIAS UNIDADES DE INTERVENÇÃO OU DE EXECUÇÃO.

- PODE PREVER A TRANSFERÊNCIA PARA A ENTIDADE CONTRATADA DOS DIREITOS DE COMERCIALIZAÇÃO DOS IMÓVEIS REABILITADOS E DE OBTENÇÃO DOS RESPECTIVOS PROVENTOS, BEM COMO, NOMEADAMENTE, A AQUISIÇÃO DO DIREITO DE PROPRIEDADE OU A CONSTITUIÇÃO DO DIREITO DE SUPERFÍCIE SOBRE OS BENS A REABILITAR POR ESTA, OU A ATRIBUIÇÃO DE UM MANDATO PARA A VENDA DESTES BENS POR CONTA DA ENTIDADE GESTORA.

- ESTÁ SUJEITO A REGISTO, DEPENDENDO O SEU CANCELAMENTO DA APRESENTAÇÃO DE DECLARAÇÃO, EMITIDA PELA ENTIDADE GESTORA, QUE AUTORIZE ESSE CANCELAMENTO.

- DEVE REGULAR:
A) A TRANSFERÊNCIA PARA A ENTIDADE CONTRATADA DA OBRIGAÇÃO DE AQUISIÇÃO DOS PRÉDIOS EXISTENTES NA ÁREA (SEMPRE VIA AMIGÁVEL);
B) A PREPARAÇÃO DOS PROCESSOS EXPROPRIATIVOS QUE SE REVELEM NECESSÁRIOS PARA AQUISIÇÃO DA PROPRIEDADE PELA ENTIDADE GESTORA;
C) A REPARTIÇÃO DOS ENCARGOS DECORRENTES DAS INDEMNIZAÇÕES DEVIDAS PELAS EXPROPRIAÇÕES;
D) A OBRIGAÇÃO DE PREPARAR OS PROJECTOS DE OPERAÇÕES URBANÍSTICAS A SUBMETER A CONTROLO PRÉVIO, DE OS SUBMETER A CONTROLO PRÉVIO, DE PROMOVER AS OPERAÇÕES URBANÍSTICAS COMPREENDIDAS NAS ACÇÕES DE REABILITAÇÃO E DE REQUERER AS RESPECTIVAS AUTORIZAÇÕES DE UTILIZAÇÃO;
E) OS PRAZOS EM QUE AS OBRIGAÇÕES DAS PARTES DEVEM SER CUMPRIDAS;
F) AS CONTRAPARTIDAS A PAGAR PELAS PARTES CONTRATANTES (PODEM SER EM ESPÉCIE);
G) O CUMPRIMENTO DO DEVER, IMPENDENTE SOBRE A ENTIDADE CONTRATADA, DE PROCURAR CHEGAR A ACORDO COM OS PROPRIETÁRIOS INTERESSADOS NA REABILITAÇÃO DO RESPECTIVO EDIFÍCIO OU FRACÇÃO, BEM COMO A CESSÃO DA POSIÇÃO CONTRATUAL DA ENTIDADE GESTORA A FAVOR DA ENTIDADE CONTRATADA, NO CASO DE AQUELA TER JÁ CHEGADO A ACORDO COM OS PROPRIETÁRIOS;
H) O DEVER DE A ENTIDADE GESTORA OU DA ENTIDADE CONTRATADA PROCEDER AO REALOJAMENTO TEMPORÁRIO OU DEFINITIVO DOS HABITANTES DOS EDIFÍCIOS OU FRACÇÕES A REABILITAR;
I) AS GARANTIAS DE BOA EXECUÇÃO DO CONTRATO A PRESTAR PELA ENTIDADE CONTRATADA.

- A FORMAÇÃO E A EXECUÇÃO DO CONTRATO DE REABILITAÇÃO URBANA REGEM -SE PELO DISPOSTO NO CÓDIGO DOS CONTRATOS PÚBLICOS.

- O RECURSO AO CONTRATO DE REABILITAÇÃO URBANA DEVE SER PRECEDIDO DE NEGOCIAÇÃO PRÉVIA, NA MEDIDA DO POSSÍVEL, COM TODOS OS INTERESSADOS ENVOLVIDOS DE MODO QUE ESTES POSSAM ASSUMIR UM COMPROMISSO COM A ENTIDADE GESTORA NO SENTIDO DA REABILITAÇÃO DOS SEUS IMÓVEIS.

Quadro VII: Instrumentos de execução – Controlo das Operações Urbanísticas

INSTRUMENTOS DE EXECUÇÃO DAS OPERAÇÕES DE REABILITAÇÃO URBANA			
CONTROLO DAS OPERAÇÕES URBANÍSTICA			
DL555/99, 16-12	**A ENTIDADE GESTORA DA OPERAÇÃO DE REABILITAÇÃO URBANA PODE EXERCER OS SEGUINTES PODERES:**		

CONTROLO PRÉVIO DE OPERAÇÕES URBANÍSTICAS
AOS PROCEDIMENTOS DE LICENCIAMENTO E DE COMUNICAÇÃO PRÉVIA DE OPERAÇÕES URBANÍSTICAS COMPREENDIDAS NAS ACÇÕES DE REABILITAÇÃO DE EDIFÍCIOS OU FRACÇÕES LOCALIZADOS EM ARU URBANA APLICA -SE, EM TUDO QUANTO NÃO SEJA ESPECIALMENTE PREVISTO NO DL307/2009, 23-10, O DL555/99, 16-12. (Nº1, ART.º45)

INSPECÇÕES E VISTORIAS
SÃO DELEGÁVEIS NA ENTIDADE GESTORA DA OPERAÇÃO DE REABILITAÇÃO URBANA, CASO ESTA NÃO SEJA O MUNICÍPIO, AS COMPETÊNCIAS PARA ORDENAR E PROMOVER, EM RELAÇÃO A IMÓVEIS LOCALIZADOS NA RESPECTIVA ARU, A REALIZAÇÃO DE INSPECÇÕES E VISTORIAS DE FISCALIZAÇÃO. (ART.º46)

COBRANÇA DE TAXAS E DE COMPENSAÇÕES
SÃO DELEGÁVEIS NA ENTIDADE GESTORA DA OPERAÇÃO DE REABILITAÇÃO URBANA, CASO ESTA NÃO SEJA O MUNICÍPIO, AS COMPETÊNCIAS PARA COBRAR AS TAXAS E RECEBER AS COMPENSAÇÕES PREVISTAS NOS REGULAMENTOS MUNICIPAIS. (ART.º48)

MEDIDAS DE TUTELA DA LEGALIDADE URBANÍSTICA
SÃO DELEGÁVEIS NA ENTIDADE GESTORA DA OPERAÇÃO DE REABILITAÇÃO URBANA, CASO ESTA NÃO SEJA O MUNICÍPIO, AS COMPETÊNCIAS PARA ORDENAR E PROMOVER, EM RELAÇÃO A IMÓVEIS LOCALIZADOS NA RESPECTIVA ARU, A ADOPÇÃO DE MEDIDAS DE TUTELA DA LEGALIDADE URBANÍSTICA, DL555/99, 16-12. (ART.º47)

ISENÇÃO DE CONTROLO PRÉVIO
AS OPERAÇÕES URBANÍSTICAS PROMOVIDAS PELA ENTIDADE GESTORA QUE SE RECONDUZAM À EXECUÇÃO DA OPERAÇÃO DE REABILITAÇÃO URBANA, INDEPENDENTEMENTE DO TIPO DE OPERAÇÃO DE REABILITAÇÃO URBANA, ENCONTRAM -SE ISENTAS DE CONTROLO PRÉVIO. (ART.º49)

INDEFERIMENTO DO PEDIDO DE LICENCIAMENTO OU REJEIÇÃO DA COMUNICAÇÃO PRÉVIA
OS REQUERIMENTOS DE LICENCIAMENTO OU AS COMUNICAÇÕES PRÉVIAS PARA A REALIZAÇÃO DE OPERAÇÕES URBANÍSTICAS EM ARU PODEM SER INDEFERIDOS OU REJEITADAS QUANDO ESTAS OPERAÇÕES SEJAM SUSCEPTÍVEIS DE CAUSAR UM PREJUÍZO MANIFESTO À REABILITAÇÃO DO EDIFÍCIO. (ART.º52)

ESTES PODERES DEVEM SER EXERCIDOS EM OBSERVÂNCIA NO QUE CONCERNE:		
CONSULTA A ENTIDADES EXTERNAS	A CONSULTA ÀS ENTIDADES QUE, NOS TERMOS DA LEI, DEVAM EMITIR PARECER, SEGUE O DISPOSTO NO DL555/99, 16-12 COM AS ESPECIFICIDADES INTRODUZIDAS PELO DL307/2009, 23-10. (ART.º50)	**COMISSÃO DE APRECIAÇÃO**
PROTECÇÃO DO EXISTENTE	A EMISSÃO DA LICENÇA OU A ADMISSÃO DE COMUNICAÇÃO PRÉVIA (RECONSTRUÇÃO OU ALTERAÇÃO) NÃO PODEM SER RECUSADAS COM FUNDAMENTO EM NORMAS LEGAIS OU REGULAMENTARES SUPERVENIENTES À CONSTRUÇÃO ORIGINÁRIA, DESDE QUE TAIS OPERAÇÕES NÃO ORIGINEM OU AGRAVEM A DESCONFORMIDADE COM AS NORMAS EM VIGOR OU TENHAM COMO RESULTADO A MELHORIA DAS CONDIÇÕES DE SEGURANÇA E DE SALUBRIDADE DA EDIFICAÇÃO. (ART.51)	
RES. E QUALIDADE DA CONSTRUÇÃO	A RESPONSABILIDADE E QUALIDADE DA CONSTRUÇÃO, DL555/99, 16-12. (ART.º53)	

Quadro VIII: Instrumentos de execução – operações de Reabilitação Urbana – Instrumentos de Política Urbanística

INSTRUMENTOS DE EXECUÇÃO DAS OPERAÇÕES DE REABILITAÇÃO URBANA

INSTRUMENTOS DE EXECUÇÃO (I)

EMPREITADA ÚNICA
A ENTIDADE GESTORA DE UMA OPERAÇÃO DE REABILITAÇÃO URBANA PODE PROMOVER A REABILITAÇÃO DE UM CONJUNTO DE EDIFÍCIOS ATRAVÉS DE UMA EMPREITADA ÚNICA. (ART.º56)

OBRIGAÇÃO DE REABILITAR E OBRAS COERCIVAS
A ENTIDADE GESTORA PODE IMPOR AO PROPRIETÁRIO DE UM EDIFÍCIO OU FRACÇÃO A OBRIGAÇÃO DE O REABILITAR, DETERMINANDO A REALIZAÇÃO E O PRAZO PARA A CONCLUSÃO DAS OBRAS OU TRABALHOS NECESSÁRIOS À RESTITUIÇÃO DAS SUAS CARACTERÍSTICAS DE DESEMPENHO E SEGURANÇA FUNCIONAL, ESTRUTURAL E CONSTRUTIVA, DE ACORDO COM CRITÉRIOS DE NECESSIDADE, ADEQUAÇÃO E PROPORCIONALIDADE. (ART.º55)

DEMOLIÇÃO DE EDIFÍCIOS
A ENTIDADE GESTORA PODE ORDENAR A DEMOLIÇÃO DE EDIFÍCIOS AOS QUAIS FALTEM OS REQUISITOS DE SEGURANÇA E SALUBRIDADE INDISPENSÁVEIS AO FIM A QUE SE DESTINAM E CUJA REABILITAÇÃO SEJA TÉCNICA OU ECONOMICAMENTE INVIÁVEL. (ART.º57)

DIREITO DE PREFERÊNCIA
A ENTIDADE GESTORA TEM PREFERÊNCIA NAS TRANSMISSÕES A TÍTULO ONEROSO, ENTRE PARTICULARES, DE TERRENOS, EDIFÍCIOS OU FRACÇÕES SITUADOS EM ÁREA DE REABILITAÇÃO URBANA. (ART.º58)

ARRENDAMENTO FORÇADO
APÓS A CONCLUSÃO DAS OBRAS REALIZADAS PELA ENTIDADE GESTORA (N.º 2, ART.º55) SE O PROPRIETÁRIO NÃO PROCEDER AO RESSARCIMENTO INTEGRAL DAS DESPESAS INCORRIDAS PELA ENTIDADE GESTORA, OU NÃO DER DE ARRENDAMENTO O EDIFÍCIO OU FRACÇÃO AFECTANDO AS RENDAS AO RESSARCIMENTO DAQUELAS DESPESAS, PODE A ENTIDADE GESTORA ARRENDÁ-LO, MEDIANTE CONCURSO PÚBLICO. (ART.º59)

SERVIDÕES
PODEM SER CONSTITUÍDAS AS SERVIDÕES ADMINISTRATIVAS NECESSÁRIAS À REINSTALAÇÃO E FUNCIONAMENTO DAS ACTIVIDADES LOCALIZADAS NAS ZONAS DE INTERVENÇÃO. (ART.º60)

EXPROPRIAÇÃO
PODEM NA ESTRITA MEDIDA EM QUE TAL SEJA NECESSÁRIO, ADEQUADO E PROPORCIONAL, ATENDENDO AOS INTERESSES PÚBLICOS E PRIVADOS, OS TERRENOS, OS EDIFÍCIOS E AS FRACÇÕES QUE SEJAM NECESSÁRIOS À EXECUÇÃO DA OPERAÇÃO DE REABILITAÇÃO URBANA SER EXPROPRIADOS.
A ENTIDADE GESTORA PODE AINDA PROMOVER A EXPROPRIAÇÃO POR UTILIDADE PÚBLICA DE EDIFÍCIOS E DE FRACÇÕES SE OS RESPECTIVOS PROPRIETÁRIOS NÃO CUMPRIREM A OBRIGAÇÃO DE PROMOVER A SUA REABILITAÇÃO, NA SEQUÊNCIA DE NOTIFICAÇÃO EMITIDA OU RESPONDEREM À NOTIFICAÇÃO ALEGANDO QUE NÃO PODEM OU NÃO QUEREM REALIZAR AS OBRAS E TRABALHOS ORDENADOS. (ART.º61)

VENDA FORÇADA
SE OS PROPRIETÁRIOS NÃO CUMPRIREM A OBRIGAÇÃO DE REABILITAR (N.º 1, ART.º55) OU RESPONDEREM À RESPECTIVA NOTIFICAÇÃO ALEGANDO QUE NÃO PODEM OU NÃO QUEREM REALIZAR AS OBRAS E TRABALHOS INDICADOS, A ENTIDADE GESTORA PODE, EM ALTERNATIVA À EXPROPRIAÇÃO, PROCEDER À VENDA DO EDIFÍCIO OU FRACÇÃO EM HASTA PÚBLICA A QUEM OFERECER MELHOR PREÇO E SE DISPUSER A CUMPRIR A OBRIGAÇÃO DE REABILITAÇÃO. (ART.º62)

RESTRUTURAÇÃO DA PROPRIEDADE
A ENTIDADE GESTORA DA OPERAÇÃO DE REABILITAÇÃO URBANA PODE PROMOVER A REESTRUTURAÇÃO DA PROPRIEDADE DE UM OU MAIS IMÓVEIS, EXPROPRIANDO POR UTILIDADE PÚBLICA DA OPERAÇÃO DE REABILITAÇÃO URBANA. (ART.º64)

INSTRUMENTOS DE EXECUÇÃO (II)

DETERMINAÇÃO DO NÍVEL DE CONSERVAÇÃO
A ENTIDADE GESTORA PODE REQUERER A DETERMINAÇÃO DO NÍVEL DE CONSERVAÇÃO DE UM PRÉDIO URBANO, OU DE UMA FRACÇÃO, COMPREENDIDO NUMA ARU, AINDA QUE NÃO ESTEJAM ARRENDADOS, NOS TERMOS ESTABELECIDOS NO NRAU (L 6/2006. 27-02 E RESPECTIVOS REGIMES COMPLEMENTARES). (ART.º65)

IDENTIFICAÇÃO DE PRÉDIOS OU FRACÇÕES DEVOLUTOS
A ENTIDADE GESTORA POSSUI COMPETÊNCIA PARA IDENTIFICAR OS PRÉDIOS OU FRACÇÕES QUE SE ENCONTRAM DEVOLUTOS (APLICAÇÃO DL N.º 159/2006, 08-08). (ART.º66)

TAXAS MUNICIPAIS E COMPENSAÇÕES
PODE SER ESTABELECIDO UM REGIME ESPECIAL DE TAXAS MUNICIPAIS, CONSTANTE DE REGULAMENTO MUNICIPAL, PARA INCENTIVO À REALIZAÇÃO DAS OPERAÇÕES URBANÍSTICAS. (ART.º67)

FUNDO DE COMPENSAÇÃO
QUANDO SEJAM ADOPTADOS MECANISMOS DE PEREQUAÇÃO COMPENSATÓRIA NO ÂMBITO DAS OPERAÇÕES DE REABILITAÇÃO URBANA, PODEM SER CONSTITUÍDOS FUNDOS DE COMPENSAÇÃO COM O OBJECTIVO DE RECEBER E PAGAR AS COMPENSAÇÕES DEVIDAS PELA APLICAÇÃO DAQUELES MECANISMOS DE COMPENSAÇÃO. (ART.º68)

INSTRUMENTOS DE POLÍTICA URBANÍSTICA — ORU – SISTEMÁTICA — ORU – SIMPLES

Quadro IX: ACRRU *versus* ARU

CONTEÚDOS	ACRRU DL 104/2004, 07-05 (Capítulo XI - Lei dos Solos)	ARU DL 307/200923-10
DEFINIÇÃO	Poderão ser declaradas ACRRU aquelas que em que a falta ou insuficiência de infra-estruturas urbanísticas, de equipamento social, de áreas livres e espaços verdes, ou as deficiências dos edifícios existentes no que se refere a condições de solidez, segurança ou salubridade.	Área territorialmente delimitada que, em virtude da insuficiência, degradação ou obsolescência dos edifícios, das infra-estruturas, dos equipamentos de utilização colectiva e dos espaços urbanos e verdes de utilização colectiva, designadamente no que se refere às suas condições de uso, solidez, segurança, estética ou salubridade, justifique uma intervenção integrada, podendo ser delimitada em instrumento próprio ou corresponder à área de intervenção de um plano de pormenor de reabilitação urbana.
COMPETÊNCIA PARA DEFINIÇÃO DOS LIMITES	Assembleia Municipal	Assembleia Municipal
APROVAÇÃO	Governo	Assembleia Municipal
FORMA	A delimitação da ACRRU será feita por decreto.	Através de instrumento próprio ou por via da aprovação do PPRU; precedida de parecer do IHRU. A esta delimitação é associada: **a)** A exigência da determinação dos objectivos e da estratégia de intervenção); **b)** Definição do tipo de operação de reabilitação urbana; **c)** Escolha da Entidade Gestora.
EFEITOS DA DELIMITAÇÃO	- DUP Declaração de Utilidade Pública para efeitos de expropriação urgente com autorização de investidura na posse administrativa dos imóveis nela existentes que a Administração necessite para a execução dos trabalhos a realizar; - A faculdade de a Administração tomar posse administrativa de quaisquer imóveis situados na área como meio destinado: **a)** Ocupação temporária (instalação transitória de infra-estruturas / ou equipamento social / realização de outros trabalhos necessários); **b)** Demolição de edifícios (que revista carácter urgente, em virtude de perigo para os respectivos ocupantes ou para o público por carência das condições de solidez, segurança ou salubridade, que não possa ser evitado por meio de beneficiação ou reparação); **c)** Realização de obras de beneficiação ou reparação de edifícios (revistam carácter de urgente, em virtude de os prédios não oferecerem condições de habitabilidade). - Aplicação do Estatuto dos Benefícios Fiscais sobre a área delimitada como ACRRU.	- A obrigação de definição dos benefícios fiscais associados aos impostos municipais sobre o património (IMI / IMT) -Confere ao proprietários e titulares de direitos de outros direitos, ónus ou encargos sobre os edifícios ou fracções nela compreendidos o direito de acesso aos apoios e incentivos fiscais e financeiros à reabilitação urbana; - Reconhecimento da Utilidade Pública para efeitos de expropriação ou venda forçada dos imóveis existentes ou da constituição de servidões necessárias à execução da operação de reabilitação urbana (sempre que no acto de delimitação da ARU se optar por uma operação de reabilitação urbana sistemática).

Quadro X: Conversão de ACRRUs em ARUs

CASO 1 ARU PORTALEGRE ARU FARO	Decorre do Projecto de Delimitação da ARU a "Conversão da ACRRU em ARU"	ARU=ACRRU
CASO 2 ARU PONTE DE LIMA	Decorre do Projecto de Delimitação da ARU a "Conversão da ACRRU em ARU"	ACRRU ARU
CASO 3 ARU LISBOA	Projecto de Delimitação da ARU para a área consolidada da cidade de Lisboa que implicará a "Conversão de ACRRU's"	ACRRU1 ACRRU2 ACRRU "n" ZIP ARU ÁREA DE ACTUAÇÃO SRU LISBOA OCIDENTAL
CASO 4 ARU PORTO	Não decorre do Programa Preliminar a conversão da ACRRU mas sim conversão da ZIP	ACRRU (=área da SRU) ZIP=7ARU's

Quadro XI: Tipos de entidades gestoras

	TIPOS	EXISTENTE	A CRIAR
MUNICÍPIO	**Unidade Orgânica** Estrutura dos serviços municipais CM DECRETO-LEI Nº305/2009, 23-10 Regime Jurídico da organização dos serviços das autarquias locais	Assumida pelo Município através de Unidade Orgânica existente. Proposto no âmbito da "Estratégia de reabilitação Urbana" respectiva: **ARU Cacilhas** CM / serviço responsável pela qualificação urbana	Assumida pelo Município através de Unidade Orgânica a ser indicada /criada.
	Equipa Projecto DECRETO-LEI Nº305/2009, 23-10 Regime Jurídico da organização dos serviços das autarquias locais	Assumida pelo Município através de Equipa de Projecto existente (em caso de adaptação deve ser objecto de verificação da respectiva denominação e competências - alteração pontual ao regulamento de organização dos serviços municipais da CM)	Assumida pelo Município através de Equipa de Projecto a ser indicada /criada.
	Equipa Multidisciplinar DECRETO-LEI Nº305/2009, 23-10 Regime Jurídico da organização dos serviços das autarquias locais	Assumida pelo Município através de Equipa Multidisciplinar existente (em caso de adaptação deve ser objecto de verificação da respectiva denominação e competências - alteração pontual ao regulamento de organização dos serviços municipais da CM)	Assumida pelo Município através de proposta de formação de Equipas Multidisciplinares no âmbito da "Estratégia de Reabilitação Urbana"/"Programa Estratégico de Reabilitação Urbana" respectiva: **ARU Sines** (coordenada pelo Presidente da CM) **ARU Portalegre** (coordenada pelo Presidente da CM)
SEL (sem objecto social exclusivo de gestão de operações de reabilitação urbana)	**Empresas maioritariamente municipais** LEI Nº53-F/2006.29-12 Regime Jurídico do Sector Empresarial Local	Existentes desempenhando outro tipo de funções de acordo com os respectivos estatutos podendo vir a integrar funções no âmbito da gestão de operações de reabilitação urbana. **SGU-VRSA, EM SA**	Criadas para desempenho de diversas funções incluindo funções de gestão de operações de reabilitação urbana - Investidas a partir da vigência da ARU
SRU's (com objecto social exclusivo a gestão de operações de reabilitação urbana) As SRU devem ser extintas sempre que: a)Estiverem concluídas todas as operações de reabilitação urbana a seu cargo. b)Ocorrer a caducidade da delimitação da área ou de todas as áreas de reabilitação urbana em que a SRU opera. (Decreto-Lei nº307/2009, 23-10, Art.38º)	**Empresas maioritariamente municipais** LEI Nº53-F/2006.29-12 Regime Jurídico do Sector Empresarial Local	Existentes a desempenhar funções de acordo com os respectivos estatutos. (criadas face ao enquadramento legal do Decreto-Lei nº104/2004, 7-5)	Criada especificamente para desempenho de funções no âmbito da gestão de operações de reabilitação urbana - Investidas a partir da vigência da ARU
	Empresas maioritariamente estatais **(constituídas de acordo com o DL 104/2004)** DECRETO-LEI Nº558/99, 17-12 Estabelece o regime jurídico do sector empresarial do Estado	Existentes a desempenhar funções de acordo com os respectivos estatutos. (criadas face ao enquadramento legal do Decreto-Lei nº104/2004, 7-5) **SRU Porto Vivo** (deliberação em reunião de CM 22 de Fev. /2011 de em incumbir a SRU Porto Vivo de "elaboração dos projectos de delimitação das ARU's em instrumento próprio")	

Quadro XII: Quadro das Áreas de Reabilitação Urbana delimitadas/em processo de delimitação

(Nota: Os dados constantes no presente quadro reportam-se a 29 de Setembro/2011 (data de aprovação em Conselho de Ministros da proposta de alteração ao Decreto-Lei nº307/2009, 23 de Outubro de 2009 que aprova o Regime Jurídico da Reabilitação Urbana).

ARU	DELIBERAÇÃO	ENTIDADE GESTORA	ARU						CONVERSÃO ACRRU / ARU	CONVERSÃO ÁREA SRU / ARU	PARECER/ IHRU	PUBLICAÇÃO /DR	APROVAÇÃO	PUBLICAÇÃO /DR	Obs.:
			DELIMITAÇÃO (Abrangência)	TIPO DE ORU	INST. DE PROGRAMAÇÃO	PRAZO DE EXECUÇÃO	MODELO DE EXECUÇÃO	FINANCIAMENTO (Apoios / Incentivos)				(Discussão Pública)	(Assembleia Municipal)	(Eficácia)	
ARU HORTA	Reunião de CM (26Nov./2009) - delegação à UrbeHorta EEM a competência de elaboração do projecto de delimitação da ARU nos termos do RJRU.	UrbHorta EEM	Corresponde à delimitação da ARU (REARU) do centro histórico da cidade da Horta. Nota: A área delimitada coincide com a ARU (REARU) que por sua vez coincide com a delimitação "Área Histórica" definida no PDM e no PU da Horta.	-	-	-	-	-	-	-	-	DR II SÉRIE Nº23, 03-02 Edital Nº81/2010	-	-	1) Existência prévia de ARU ao abrigo do REARU (L67-A/2008, 31-12) – aprovada em AM a 4Set./2009; 2) Actualmente a ARU HORTA, nos termos do RJRU, encontra-se em fase de reformulação.
ARU SINES	Reunião de CM (19Ago./2010) "aprovou a proposta de constituição da ARU de Sines".	Assumida pelo Município através de uma Equipa Multidisciplinar coordenada pelo Presidente da CM.	O limite da ARU é coincidente com a área definida no Programa de Acção para a Regeneração Urbana de Sines (acrescido da área correspondente ao Lar Prats).	ORU SIMPLES "Estratégia Reabilitação Urbana" (assumidas opções estratégicas idênticas às indicadas no Programa de Acção: -Reinventar o centro histórico; -Promover a revitalização económica e social)	INST. PRÓPRIO Nota: Em Maio/2010 a CM em reunião pública deliberou, ao abrigo do art.81º do RJRU, proceder à migração para PPRU da Zona Histórica de Sines do PPS da Zona Histórica de Sines que se encontra em elaboração.	5 anos	Iniciativa dos particulares com apoio da Entidade Gestora	- Apoio do Estado (natureza fiscal - EBF) - Apoio do Município (Isenção e redução de taxas municipais)			"Favorável" (Jul. /2010)	DR II SÉRIE Nº208, 26-10 Aviso Nº21610/2010	-	-	1) A CM de Sines e o IHRU, entre outros parceiros, assinaram em Março/2009 Protocolo de Parceria Local para a Regeneração Urbana de Sines, comprometendo-se a concretizar um Programa de Acção para o efeito; 2) O Programa de Acção foi objecto de candidatura ao Eixo 2 – Parcerias para a Regeneração Urbana do INALENTEJO 2007-2013 ("Programas integrados de valorização de áreas de excelência urbana nomeadamente centros históricos e

ARU	DELIBERAÇÃO	ENTIDADE GESTORA	ARU						CONVERSÃO ACRRU / ARU	CONVERSÃO ÁREA SRU / ARU	PARECER/ IHRU	PUBLICAÇÃO /DR (Discussão Pública)	APROVAÇÃO (Assembleia Municipal)	PUBLICAÇÃO /DR (Eficácia)	Obs.:
			DELIMITAÇÃO (Abrangência)	TIPO DE ORU	INST. DE PROGRAMAÇÃO	PRAZO DE EXECUÇÃO	MODELO DE EXECUÇÃO	FINANCIAMENTO (Apoios / Incentivos)							
															frentes ribeirinhas e marítimas") 3) O Programa da Acção é compatível com as exigências dos objectivos e da estratégia de intervenção que se pretendem para as ARU's.
ARU CACILHAS (ALMADA)	Reunião de CM (22Set./2010) aprovou o projecto de delimitação da ARU de Cacilhas e "deliberou submeter a discussão pública a estratégia de Reabilitação Urbana"	Assumida pelo Município através do serviço responsável pela qualificação urbana. (Unidade Orgânica)	A área delimitada abrange parte da área do centro histórico de Cacilhas, a área classificada como imóvel de interesse público da Fábrica Romana da Salga de Cacilhas e parte da sua zona de protecção. (Classificada pela PDM como "área urbana consolidada").	ORU SIMPLES "Estratégia Reabilitação Urbana"	INST. PRÓPRIO	10 anos (prorrogável por mais 5 anos)	Iniciativa dos particulares com apoio da Entidade Gestora Nota: Intervenção integrada de reabilitação integrada da área delimitada, dirigindo-se primacialm ente à reabilitação do edificado, num quadro articulado de coordenaç ão e apoio da respectiva execução.	- Vertente de natureza fiscal que decorrem dos benefícios do EBF; - Vertente de natureza financeira correspondente à atribuição de comparticipações pecuniárias (em função de casos tipificados); - Vertente regulamentar (medidas de apoio aos proprietários no sentido de encaminhamento dos processos e controlo do edificado) Nota: Não serão concedidos quaisquer incentivos de natureza financeira e fiscal à reabilitação do edificado a obras que resultem em intervenções de renovação urbana entendida como construção a edificar em lote vazio ou em lote resultante de demolição integral das preexistências.	-	-	"Favorável" (Out. /2010)	DR II SÉRIE Nº237, 09-12 Edital Nº1232/2010	Assembleia Municipal em reunião da Sessão Ordinária (25 Fevereiro/201 1) aprovou Proposta nº35/X-2ª de iniciativa da CM (aprovada em reunião camarária de 16Fevereiro/ 2011)	DR II SÉRIE Nº94, 16-05 Edital Nº446/2011	1) A CM tem assegurado até 2013 a execução dos investimentos públicos respeitantes à requalificação das infra-estruturas, dos equipamentos e dos espaços urbanos de utilização colectiva da zona (requalificação da Rua Cândido dos Reis) ao abrigo do instrumento de política "Parcerias para a Regeneração Urbana" (PRU) enquadrada no PORLisboa. 2) O PRU representou uma importante oportunidade de executar uma política de reabilitação do centro histórico e de melhorar a ligação à frente ribeirinha e sobretudo articular uma estratégia uma estratégia de intervenção (novos domínios/envolvim ento agentes locais/formação/ promoção de emprego/investig ação histórica e arqueológica/apo io acções e divulgação da

ARU	DELIBERAÇÃO	ENTIDADE GESTORA	ARU						CONVERSÃO ACRRU / ARU	CONVERSÃO ÁREA SRU / ARU	PARECER/ IHRU	PUBLICAÇÃO /DR (Discussão Pública)	APROVAÇÃO (Assembleia Municipal)	PUBLICAÇÃO /DR (Eficácia)	Obs.:
			DELIMITAÇÃO (Abrangência)	TIPO DE ORU	INST. DE PROGRAMAÇÃO	PRAZO DE EXECUÇÃO	MODELO DE EXECUÇÃO	FINANCIAMENTO (Apoios / Incentivos)							
															história local). 3) A reabilitação do edificado da responsabilidade dos particulares, decorrerá no prazo de vigência da ARU na sequência da iniciativa própria ou das notificações para reabilitar.
ARU VRSA	VRSA-SGU EM SA, em reunião de Conselho de Administração (3Jan./2011) "deliberou aprovar a proposta de constituição da Área de Reabilitação urbana de Vila Real de Santo António, constituída pela Unidades de Intervenção 01, 02 e 03".	Assumida pela VRSA Sociedade de Gestão Urbana EM SA	A área delimitada está inserida na área de delimitação do PPS do Núcleo Pombalino de VRSA (constituída por 3 Unidades de Intervenção).	ORU SISTEMÁTICA "Programa Estratégico Reabilitação Urbana" Nota: O Programa Estratégico de Reabilitação urbana enquadra a operação de reabilitação urbana no PDM e adopta o conteúdo do PPSNPVRSA.	INST. PRÓPRIO (3 Unidades de Intervenção caracterizadas)	7 anos -decorre do cronograma/3 Unidades Intervenção	Executar pela Entidade Gestora	O Programa Estratégico de Reabilitação Urbana apresenta um Plano de Financiamento e fixa o prazo de execução das operações. Nota: - Todos os novos promotores/proprietários que virem os seus imóveis reabilitados deverão aceder voluntariamente ao pagamento de uma contribuição para a Entidade Gestora que irá amortizar os investimentos efectuados ao nível dos equipamentos públicos (financiamento cooperativo); - Caberá à Entidade Gestora a catalização dos apoios disponíveis ao nível do IHRU.	-	-	"Favorável" (Nov. /2010)	DR II SÉRIE Nº13, 19-01 Aviso Nº2092/2011	-	-	1) PPS do Núcleo Pombalino de VRSA - DR II SÉRIE, Nº239, 11-12. Aviso nº29326/2008
ARU PORTALEGRE	Reunião de CM (21 Mar./2011) "aprovou o projecto de Estratégia de Reabilitação Urbana para a conversão da ACRRU do Centro Histórico de Portalegre". Nota: Aviso/DR – "depois de ouvidas as entidades	Assumida pelo Município através de uma Equipa Multidisciplinar coordenada pelo Presidente da CM (o qual poderá delegar a Direcção Executiva) Nota: - Equipa responsável pela concretização da estratégia de	O limite da ARU é coincidente com a área delimitada pela ACRRU.	ORU SIMPLES "Estratégia Reabilitação Urbana" Nota: Compatibilida de das opções da Estratégia de Reabilitação Urbana com as opções de desenvolvimento do	INST. PRÓPRIO Nota: Intenção de proceder à adaptação do PP de Conservação, Reconstrução e Reabilitação Urbana do Centro Histórico de Portalegre a PPRU, tendo para o efeito a CM deliberado ao abrigo do	15 anos	Iniciativa dos particulares com apoio da Entidade Gestora (ao nível da informação sobre legislação/identificação das opções de financiamento/acompanhamento das	- Quadro de apoios e incentivos às acções executadas pelos proprietários e demais titulares de direitos com identificação dos benefícios (aplicação do EBF); - Soluções de financiamento de acções de reabilitação que passam pelas candidaturas aos programas do IHRU;	Conversão da ACRRU: Decreto 2/99, 30-01 (ACRRU Centro Histórico de Portalegre)	-	"Favorável" (Abr. /2011)	DR II SÉRIE Nº90, 10-05 Aviso Nº10482/2011	-	-	1) Conclusões da Discussão Pública (Aviso 22Ago./2011) - Discussão pública decorreu entre 17-05-2011 e 16-06-2011; - "Não tendo sido recebidas quaisquer reclamações, observações ou sugestões." 2) Em reunião (13-06-2011) "deliberou a

ARU	DELIBERAÇÃO	ENTIDADE GESTORA	ARU						CONVERSÃO ACRRU / ARU	CONVERSÃO ÁREA SRU / ARU	PARECER/ IHRU	PUBLICAÇÃO /DR	APROVAÇÃO	PUBLICAÇÃO /DR	Obs.:
			DELIMITAÇÃO (Abrangência)	TIPO DE ORU	INST. DE PROGRAMAÇÃO	PRAZO DE EXECUÇÃO	MODELO DE EXECUÇÃO	FINANCIAMENTO (Apoios / Incentivos)				(Discussão Pública)	(Assembleia Municipal)	(Eficácia)	
•	representativas dos interesses a ponderar e o parecer do IHRU, em cumprimento da deliberação da CM reunida a 2Mai./2011 proceder-se à abertura do período de discussão.	reabilitação urbana, avaliação e monitorização das acções desenvolvidas e prestar o apoio às iniciativas dos particulares: - Organizar sistemas de informação à população e promover um atendimento mais próximos. (apresentação prévia dos projectos para informação das condicionantes aplicáveis e disposições a obedecer - iniciativas que tornem os processos menos demorados, p.ex exemplo de um protocolo com o IGESPAR.	Município, nomeadamente com o PDM. (Linhas de Orientação Estratégica / PDM que correspondem a objectivos globais aos quais o modelo de ordenamento atende, especificame nte "reposicionar a cidade de Portalegre no contexto do sistema urbano nacional, apostando na reconversão/ requalificação urbanística da cidade."	art.81º do RJRU, proceder à sua adaptação (reunião CM a 21Jan./2011). - PDM/ Delimitação do Centro histórico como uma UOPG (5) a concretizar através de PP.		obras/outra s) Nota: Instrumentos de execução 1)Imposição de reabilitar e obras coercivas; 2)Empreitad a única; 3)Demoliçã o de edifícios; 4)Direito de preferência; 5)Arrendam ento forçado.	- Estabelecido um regime especial de taxas municipais (isenção de taxas municipais desde que relacionadas com obras de reabilitação; - Possibilidade de atribuição de apoios financeiros a quem promova acções de reabilitação.							aceitação dos resultados do período de discussão pública, condicionada à análise posterior de eventuais reclamações, observações ou sugestões, a receber até ao final do período de discussão pública e ainda o envio à Assembleia Municipal." 3) Identificação do percurso do Município pelas diversas iniciativas de regeneração urbana: - Recuperação de edifícios notáveis - Programa POLIS - Programa PROHABITA - Rede de património de Portalegre - Candidatura às Parcerias para a Regeneração Urbana: - Empreitadas promovidas pela CM no centro histórico - Processos de reabilitação promovidos por particulares. 4) Referência ao "Estudo de Enquadramento Estratégico Portalegre – Cidade Re(i)novada" - PARQUEEXPO (2008). Estudo promovido pela Autarquia, constitui uma estratégia integrada de desenvolvimento da cidade, articulando as vertentes social/económica /ambiental.

ARU	DELIBERAÇÃO	ENTIDADE GESTORA	ARU							CONVERSÃO ACRRU / ARU	CONVERSÃO ÁREA SRU / ARU	PARECER/ IHRU	PUBLICAÇÃO /DR	APROVAÇÃO	PUBLICAÇÃO /DR	Obs.:
			DELIMITAÇÃO (Abrangência)	TIPO DE ORU	INST. DE PROGRAMAÇÃO	PRAZO DE EXECUÇÃO	MODELO DE EXECUÇÃO	FINANCIAMENTO (Apoios / Incentivos)					(Discussão Pública)	(Assembleia Municipal)	(Eficácia)	
ARU LISBOA	A CM em reunião (27 Abr./2011), de acordo com Proposta nº211/CM/2011 foi aprovada a Estratégia de Reabilitação Urbana e "deliberou proceder à abertura de um período de discussão pública do projecto de delimitação da ARU e da respectiva Estratégia de Reabilitação Urbana"	Entidade Gestora - Intervenção da CM na cidade através da sua única empresa municipal com este específico âmbito de acção: a SRU Lisboa Ocidental. (Empresa do sector empresarial local) - Este modelo, assenta no seguinte princípio: a) As operações de reabilitação urbana simples serão desenvolvidas ou acompanhadas pela CML, caso se tratem, respectivamente , de iniciativa municipal ou privada; b) As operações de reabilitação urbana sistemática serão coordenadas pela SRU.	Classificação de toda a área consolidada de Lisboa como ARU. Nota: Ao fazer corresponder a delimitação da ARU com a área consolidada da cidade esta vem englobar um conjunto de figuras e instrumentos juridicamente constituídos, designadament e: - As áreas definidas como ACRRU, propondo a conversão através da delimitação; - As áreas com instrumentos de gestão territorial vigentes; - A área de reabilitação urbana da SRU Lisboa Ocidental.	ORU SIMPLES "Estratégia Reabilitação Urbana" Nota: Propõe: -Classificar a área consolidada como ARU – ORU simples; -Classificar como ARU – ORU Sistemática à medida que forem elaborados os respectivos Programas Estratégicos de Reabilitação Urbana.	INST. PRÓPRIO Nota: Novos planos de Reabilitação e Salvaguarda (proposta incluída na Estratégia de Reabilitação Urbana): "Esta linha da acção tem como objectivo adaptar os planos eficazes e em elaboração para responder às exigências da defesa do património e aprovar PP de forma a transferir para a CM as competências relativamente aos procedimentos de autorização de operações urbanísticas nas respectivas áreas de intervenção." Elaboração de PP Salvaguarda: Colina do Castelo Bairro Alto, Bica S.Paulo Avenidas Novas -Adequar PU e PP's eficazes às exigências dos PP Salvaguarda Parque Mayer, Jardim Botânico, Edifícios da Politécnica Plano de Urbanização da Avenida da Liberdade e Zona Envolvente (PUALZE)	13 anos (prazo temporal indicado na estratégia de reabilitação urbana - 2011-2014)	ORU SIMPLES Coordenad a pela CM (iniciativa municipal/ privada) ORU SISTEMÁTICA Coordenad a pela SRU.	Para conseguir concretizar a estratégia de reabilitação urbana a CM prevê uma mobilização de meios que compreende: - Os financiamentos para o Programa de Investimentos Prioritários de Apoio à Reabilitação Urbana (PIPARU); - Verbas do Quadro de Referência Estratégico Nacional (QREN); - Verbas provenientes do jogo do Casino. Nota: A proposta para classificar todo o território consolidado de Lisboa como ARU vai desde logo permitir a extensão dos incentivos e benefícios a toda e qualquer obra de reabilitação (EBF).	Implicará a conversão de 14 ACRRU's.	Inclui-se na delimitação da ARU a área de actuação da Lisboa Ocidental SRU.	"Nada tem a opor" (Mai. /2011)	DR II SÉRIE Nº126, 04-07 Aviso Nº13640/2011	-	-	1) A estratégia assume-se como instrumento orientador assente no quadro legal existente, em alterações legislativas, à data, anunciadas mas ainda não regulamentadas e em novas propostas que se formulam ao actual quadro legislativo. 2) Refere-se a publicação/discus são pública: DR II SÉRIE Nº158, 16-08 Aviso nº16285/2010 Elaboração PPRU da Madragoa Aviso nº16286/2010 Alteração PU do Núcleo Histórico da Mouraria Aviso nº16287/2010 Alteração PU do Núcleo Histórico de Alfama e Colina do Castelo Aviso nº16288/2010 Alteração PU do Núcleo Histórico da Madragoa Aviso nº16289/2010 Elaboração PPRU do Bairro Alto e Bica Aviso nº16290/2010 Alteração PU do Núcleo Histórico do Bairro Alto e Bica Aviso nº16291/2010 Elaboração PPRU

ARU	DELIBERAÇÃO	ENTIDADE GESTORA	ARU						CONVERSÃO ACRRU / ARU	CONVERSÃO ÁREA SRU / ARU	PARECER/ IHRU	PUBLICAÇÃO /DR	APROVAÇÃO	PUBLICAÇÃO /DR	Obs.:
			DELIMITAÇÃO (Abrangência)	TIPO DE ORU	INST. DE PROGRAMAÇÃO	PRAZO DE EXECUÇÃO	MODELO DE EXECUÇÃO	FINANCIAMENTO (Apoios / Incentivos)				(Discussão Pública)	(Assembleia Municipal)	(Eficácia)	
															da Colina do Castelo
ARU FARO	Reunião de CM (20 Abr./2011) deliberou "submeter a proposta de Estratégia de Reabilitação Urbana necessária à conversão da ACRRU Vila Adentro do Centro Histórico de Faro em ARU, a discussão pública".	Assumida pelo Município: - Assegurará a gestão da ORU (Coordenação caberá ao Vereador do Pelouro do Urbanismo (que poderá delegar) - Conjunto de técnicos de diversas áreas constituindo um gabinete vocacionado	O limite da ARU é coincidente com a área delimitada pela ACRRU Núcleo Histórico Intra-muros ou Vila Adentro do Centro Histórico de Faro. Nota: Integrando a categoria de "Espaços urbanos históricos" – PDM. (núcleos históricos da cidade de Faro – área sujeita a regulamento próprio)	ORU SIMPLES "Estratégia Reabilitação Urbana" Nota: Linhas estratégicas: - Captação de investimento para reabilitação de imóveis destinados a equipamentos - Fomento e incentivo à conclusão de projectos iniciados; - Melhoria da oferta cultural; - Preservar e salvaguardar estruturas patrimoniais; - Criação de medidas de incentivo à recuperação de imóveis de habitação; - Requalificaçã o dos espaços verdes e melhoria da qualidade dos serviços urbanos; - Criação de condições tendentes à garantia das acessibilidade s para cidadão com mobilidade reduzida; - Fomento e incentivo de condições tendentes è eficiência energética.	INST. PRÓPRIO	10 anos (prorrogável por mais 5 anos)	Iniciativa dos particulares com apoio da Entidade Gestora (quadro articulado de coordenaç ão e apoio da respectiva execução). Nota: Instrumentos de execução 1)Imposição de reabilitar e obras coercivas; 2)Empreitad a única; 3)Demoliçã o de edifícios; 4)Direito de preferência; 5)Arrendam ento forçado.	Apoios: - Isenção taxas municipais relacionadas com obras de reabilitação - Redução da taxa municipal de urbanização; - Isenção Fiscal (IMI/IMT) Benefícios: Decorrentes da aplicação do EBF.	Conversão da ACRRU: Decreto 9/97, 13-02 (ACRRU Núcleo Histórico Intra-muros ou Vila Adentro do Centro Histórico de Faro)	-	(Não foi possível a respectiva consulta.)	DR II SÉRIE Nº129, 07-07 Aviso Nº13867/2011 DR II SÉRIE Nº290, 16-12 Aviso Nº10395/2002	-	-	1)Regulamento Municipal das Intervenções nos Núcleos Históricos de Faro - Visa definir e disciplinar as condições de actuação e intervenção quanto à ocupação para o espaço urbano histórico da cidade de Faro, designadamente, usos e condições gerais de edificação, quer para novas edificações, quer para transformação das existentes, caracterização de fachadas dos edifícios e arranjos dos espaços exteriores (articulação / PDM). - Aplica-se ao espaço urbano histórico da cidade de Faro, também denominado zona histórica de Faro ou centro histórico é constituído pelos núcleos da Vila Adentro ou Intra-muros, da Mouraria e do Bairro Ribeirinho 2)A Vila Adentro encontra-se abrangida por quatro áreas de servidão administrativa decorrentes da existência de

ARU	DELIBERAÇÃO	ENTIDADE GESTORA	ARU						CONVERSÃO ACRRU / ARU	CONVERSÃO ÁREA SRU / ARU	PARECER/ IHRU	PUBLICAÇÃO /DR (Discussão Pública)	APROVAÇÃO (Assembleia Municipal)	PUBLICAÇÃO /DR (Eficácia)	Obs.:
			DELIMITAÇÃO (Abrangência)	TIPO DE ORU	INST. DE PROGRAMAÇÃO	PRAZO DE EXECUÇÃO	MODELO DE EXECUÇÃO	FINANCIAMENTO (Apoios / Incentivos)							
															quatro imóveis classificados (Muralha/catedral /Antigo Convento de Nossa Senhora da Assunção/Arco da Vila).
ARU PONTE DE LIMA	Reunião de CM (8 Ago./2011) "deliberou proceder à abertura de um período de discussão pública do programa Estratégico de Reabilitação Urbana de Ponte de Lima – conversão da ACRRU em ARU".	Assumida pelo Município através de uma equipa técnica municipal multidisciplinar sendo acompanhada e coordenada pelo Executivo	O limite da ARU inclui a área delimitada pela ACRRU e a sua ampliação à zona urbana consolidada que envolve o centro histórico. A delimitação da ARU corresponde a uma área de 297ha incluindo 6 Unidades de Intervenção.	ORU SISTEMÁTICA "Programa Estratégico Reabilitação Urbana" Nota: Apresenta opções estratégicas de reabilitação e de revitalização da ARU e a sua compatibilidade com as opções de desenvolvimento do Município. Objectivos: - Reabilitar edifícios devolutos; - Executar acções integradas de valorização de áreas de excelência urbana; - Desenvolver operações integradas de requalificação e inserção urbana de bairros sociais; - Promover operações de recuperação e qualificação ambiental em áreas periféricas; - Refuncionalização de áreas	INST. PRÓPRIO (6 Unidades de Intervenção caracterizadas) Nota: - Identificação das acções estruturantes de reabilitação por Unidade de Intervenção; - Identifica as UI e caracteriza-as; - Definição dos critérios de delimitação; - Identificação dos objectivos a atingir bem como o respectivo programa de execução.	15 anos	Articula: - Iniciativa dos particulares com apoio da Entidade Gestora (reabilitação dos edifícios) - Iniciativa da Entidade Gestora (no que se refere às restantes acções no espaço urbano, nas infra-estruturas e equipamentos de utilização colectiva).	-Quadro de apoios e incentivos às acções de reabilitação executadas pelos proprietários e demais titulares de direitos: - Apoio técnico e financeiro; - Incentivos de natureza fiscal. - Proposta de soluções de financiamento para as acções de reabilitação que passam pela candidatura a programas do IHRU - Linhas de créditos existentes através de protocolos bancários; - Especificação das condições de aplicação dos apoios e dos incentivos às acções de reabilitação. - Programa de investimento público: Acções de iniciativa pública necessárias ao desenvolvimento da operação dando continuidade à estratégia definida para o centro histórico e sua envolvente que tem vindo a ser desenvolvida pelo Município.	Conversão da ACRRU: Decreto 2/98, 26-01 (ACRRU do Centro Histórico de Ponte de Lima)	-	"Favorável" (Jul. /2011)	DR II SÉRIE Nº158, 18-08 Aviso Nº16165/2011	-	-	1) Centrado no seu principal centro urbano desenvolve (desde o início da década de 80) diversos planos, programas ou projectos destinados à requalificação e valorização da Vila, como principal centro dinamizador da actividade turística, comercial e residencial: - Estudo de Preservação e Renovação Urbana de Ponte de Lima (1980-1982) - Projecto de Valorização das Margens do Lima (1994) - Projecto de Urbanismo Comercial PROCOM (1996) - PP de Salvaguarda e Reabilitação do Centro Histórico de Ponte de Lima (PPSRCHPL) (1996/1997) - Declaração da ACRRU (1998) - P de Salvaguarda e Reabilitação de Além Ponte (2000/2002) - Revitalização Comercial do Centro Histórico de Ponte de Lima – URBCOM (2001= - PDM de Ponte de Lima (2005)

ARU	DELIBERAÇÃO	ENTIDADE GESTORA	ARU						CONVERSÃO ACRRU / ARU	CONVERSÃO ÁREA SRU / ARU	PARECER/ IHRU	PUBLICAÇÃO /DR	APROVAÇÃO	PUBLICAÇÃO /DR	Obs.:
			DELIMITAÇÃO (Abrangência)	TIPO DE ORU	INST. DE PROGRAMAÇÃO	PRAZO DE EXECUÇÃO	MODELO DE EXECUÇÃO	FINANCIAMENTO (Apoios / Incentivos)				(Discussão Pública)	(Assembleia Municipal)	(Eficácia)	
			devolutas ou com usos obsoletos e desenvolver projectos/acções integradas de melhoria do ambiente e do espaço urbano.												- Projecto Ponte de Lima – Terra Rica da Humanidade 2005/2007 - Estudo Integrado de Mobilidade e Sistemas de Transportes no centro Histórico de Ponte de Lima (2007) - PU da Vila de Ponte de Lima (2008) (para onde devido à não eficácia do P de Salvaguarda e reabilitação Urbana de Ponte de Lima, foram vertidas para o regulamento do PU as suas disposições - Projecto Terra Reabilitar – Candidatura ON.2 - Política das Cidades – Parcerias para a Regeneração Urbana (2009).
ARU ODIVELAS	Reunião de CM (8 Set./2011) "deliberou proceder à abertura de um período de discussão pública o projecto de delimitação da Vertente Sul do Concelho de Odivelas como ARU"	Assumida pelo Município – liderado pelo Presidente da CM	A delimitação da ARU corresponde a uma área de 120ha e corresponde à ACRRU da "Área da encosta/vertente SUL de Odivelas". Nota: - Acções em curso para a área (implementação do Programa de Acção / "Parcerias para a Regeneração Urbana") Nota: ARU enquadra 5 bairros considerados	ORU SISTEMÁTICA "Programa Estratégico Reabilitação Urbana" Nota: Acções de Iniciativa Pública necessárias ao desenvolvimento da ORU: -(G1) Governança, ordenamento e sustentabilidade: - (G2) Equipamentos colectivos de identidade e referência urbana: - (G3)	INST. PRÓPRIO Nota: As acções de natureza material deverão ser concebidas de forma integrada e activamente combinadas na sua execução com intervenções de natureza social e económica, partindo de um diagnóstico síntese, à origem da ocupação, à sua ocupação actual, fazendo uma síntese da estratégia integrada de intervenção em curso para a área.	5 anos (poderá ser prorrogado até ao prazo máximo de 15 anos, ou outro que a lei venha determinar)	- Iniciativa da Entidade Gestora através da execução directa pela Entidade Gestora (podendo no entanto optar-se pela execução através de administração conjunta e parcerias com entidades gestoras).	Quadro der apoios e incentivos: - Aplicáveis às construções cuja regularidade urbanística seja conferida por via do licenciamento da sua construção/uso. - Após verificação da regularidade urbanística: Isenções Fiscais (IMI/IMT) Benefícios Fiscais (EBF) Previsão de um Programa de investimento público e as acções de iniciativa pública necessárias ao desenvolvimento da ORU / Fontes de	Conversão da ACRRU: Decreto 3/2008, 31-01 (ACRRU da "Área da encosta/vertente SUL de Odivelas").	-	(Não foi possível a respectiva consulta.)	DR II SÉRIE Nº180, 19-09 Aviso Nº18514/2011	-	-	1) Operação que integra um conjunto de intervenções destinadas à qualificação das infra-estruturas, dos equipamentos e dos espaços verdes e urbanos de utilização colectiva, visando a requalificação e revitalização do tecido urbano, associada a um programa de investimento público e subsidiado por fundos comunitários. 2) Dada a gravidade da situação (à qual a delimitação como AUGI não dava

ARU	DELIBERAÇÃO	ENTIDADE GESTORA	ARU						CONVERSÃO ACRRU / ARU	CONVERSÃO ÁREA SRU / ARU	PARECER/ IHRU	PUBLICAÇÃO /DR	APROVAÇÃO	PUBLICAÇÃO /DR	Obs.:
			DELIMITAÇÃO (Abrangência)	TIPO DE ORU	INST. DE PROGRAMAÇÃO	PRAZO DE EXECUÇÃO	MODELO DE EXECUÇÃO	FINANCIAMENTO (Apoios / incentivos)				(Discussão Pública)	(Assembleia Municipal)	(Eficácia)	
			AUGI pelo PDM área considera de "manutenção temporária"	Qualificação do ambiente, espaço público e infra-estruturas urbanas; - (G4) Inclusão social e valorização cultural; - (G5) Requalificaçã o do tecido económico e melhoria das condições socioeconomi cas da população; - (G6) Dinamização e Monitorização do Programa de Acção.	Nota: Em momento posterior poderá entender-se a necessidade de criação de Unidades de Intervenção e/ou PPRU's (o que se concretizará com a delimitação ou mesmo criação de novas ARU, nos termos do art.23º)			financiamento.							resposta) foi requerida a declaração de ACRRU (2008); nessa sequência foi considerado como fundamental dotar um conjunto de acções que invertessem a situação existente através da aprovação da candidatura no âmbito do Quadro de referência Estratégico Nacional (QREN) e do instrumento de "Política de Cidades - Parcerias para a Regeneração urbana", inscrito nos Eixos 2 – Sustentabilidade Territorial e 3 – Coesão Social do programa Operacional Regional de Lisboa (PORLisboa) do programa de Acção – Parcerias para a Regeneração da Vertente Sul do Município. (Este instrumento integra um conjunto de acções fundamentais para a regeneração urbana e requalificação ambiental)

PROPOSTA DE LEI Nº 24/XII

Exposição de Motivos

A presente proposta de lei concretiza as medidas vertidas nas alíneas *i)* e *iv)* do ponto 6.2. do *Memorandum* de Entendimento celebrado entre Portugal e a União Europeia, o Banco Central Europeu e o Fundo Monetário Internacional, bem como na parte III, relativa às «Finanças Públicas e Crescimento», do Programa do XIX Governo Constitucional, que prevêem a preparação de legislação para simplificar os procedimentos administrativos em matéria da reabilitação urbana.

A presente proposta de lei inscreve-se num amplo e profundo conjunto de reformas centrado na aposta clara do XIX Governo Constitucional na redução do endividamento das famílias e do desemprego, na promoção da mobilidade das pessoas, na requalificação e revitalização das cidades e na dinamização das actividades económicas associadas ao sector da construção.

Neste contexto abrangente, a reabilitação urbana e o mercado de arrendamento constituem domínios estratégicos e essenciais, cuja estreita conexão se afigura indiscutível e que, por isso, reclamam um tratamento integrado. Em decorrência, a presente iniciativa legislativa articula-se necessariamente com a adopção, a muito breve trecho, de medidas de carácter estrutural no domínio do arrendamento urbano.

O Decreto-Lei nº 307/2009, de 23 de Outubro, estabeleceu o regime jurídico da reabilitação urbana em áreas de reabilitação urbana.

Todavia, o procedimento de criação de áreas de reabilitação urbana revelou-se demasiado complexo, como a sua aplicação tem demonstrado.

Acresce que, de acordo com o referido diploma, apenas se consideram operações de reabilitação urbana aquelas que forem efectuadas no âmbito de uma área de reabilitação urbana.

Com a presente iniciativa legislativa, o Governo visa eliminar os constrangimentos que têm obstado à implementação de uma efectiva política de reabilitação urbana, imprimindo maior celeridade à realização das iniciativas de reabilitação e promovendo o investimento dos particulares.

Para a consecução destes objectivos, intervém-se em três domínios fundamentais.

Por um lado, flexibiliza-se e simplifica-se o procedimento de criação de áreas de reabilitação urbana.

Por outro lado, cria-se um procedimento simplificado de controlo prévio de operações urbanísticas.

Por outro lado ainda, incluem-se no conceito de reabilitação urbana determinadas operações urbanísticas «isoladas» que tenham por objecto edifícios ou fracções, ainda que localizados fora de áreas de reabilitação urbana, cuja construção tenha sido concluída há pelo menos 30 anos e que, em virtude da sua insuficiência, degradação ou obsolescência, justifiquem uma intervenção de reabilitação destinada a conferir adequadas características de desempenho e de segurança.

Assim, e no que respeita ao procedimento de criação de áreas de reabilitação urbana, enquanto o regime actual determina que para a criação de uma área de reabilitação urbana devem concorrer, simultaneamente, a respectiva delimitação territorial e a definição da operação a desenvolver, com a estruturação concreta das intervenções a efectuar no interior da área de reabilitação urbana, a presente proposta de lei vem consagrar a possibilidade de fasear o procedimento de criação de uma área de reabilitação urbana.

Com efeito, a aprovação da delimitação de áreas de reabilitação urbana passa a poder ter lugar em momento anterior à aprovação da operação de reabilitação urbana a desenvolver nessas áreas, sem prejuízo da admissibilidade da sua aprovação simultânea. O município pode, nesta medida, aprovar, num mesmo momento, uma ou várias delimitações de áreas de reabilitação urbana, em consonância com a diversidade urbanística, económica, social, cultural e ambiental das várias parcelas do seu território, com vista à ulterior aprovação das concretas operações de reabilitação a efectuar na área ou áreas delimitadas.

No que concerne ao controlo prévio de operações urbanísticas, cria-se um procedimento simplificado, marcado pela agilidade e linearidade, eliminando-se os obstáculos à realização de obras conformes com plano de pormenor de reabilitação urbana previamente aprovado e que, nos termos gerais, sigam o procedimento de comunicação prévia. Esta simplificação assenta na constatação de que as operações em apreço estão enquadradas num instrumento de gestão territorial que, por natureza, define detalhadamente a extensão das intervenções admitidas na área por ele abrangida.

Em primeiro lugar, este procedimento sujeita as operações urbanísticas a comunicação prévia, bastando ao particular comunicar ao município que pretende realizar a obra. Se, no prazo de 15 dias, o município não rejeitar a comunicação prévia, considera-se a mesma admitida, podendo o interessado dar início às obras.

Em segundo lugar, a decisão sobre a comunicação prévia passa a ser centralizada numa única entidade pública, que pode ser o próprio município ou uma entidade por este designada, permitindo-se, igualmente, que o município constitua, especialmente para apreciar o procedimento simplificado de controlo prévio, uma unidade orgânica flexível composta por técnicos com as competências funcionais adequadas. Pretende-se com esta medida que as câmaras municipais concentrem recursos na apreciação destes projectos, com ganhos de tempo e de eficiência na apreciação dos procedimentos.

Em terceiro lugar, é gizado um regime específico de protecção do existente, eliminando-se os obstáculos que, muitas vezes, impedem, sem ganho efectivo, a execução de obras de reabilitação. Na realidade, verifica-se que o cumprimento de algumas regras de construção torna a execução de uma obra de reabilitação difícil ou mesmo inexequível.

Em muitas situações, estarão em causas regras aprovadas muito tempo depois da construção original do edifício e que, por isso, se revelam desajustadas para construções antigas. Nesta medida, as obras de reabilitação de edifícios não devem deixar de ser realizadas por não ser possível cumprir integralmente as regras posteriores à respectiva construção, desde que aquela operação não origine ou agrave a desconformidade com as normas em vigor ou permita mesmo a melhoria generalizada do seu estado. Em todo o caso, a não observância de tais regras de construção deve ser identificada e fundamentada pelo técnico autor do projecto de reabilitação, mediante termo de responsabilidade.

Em coerência, prevê-se, ainda, que, nos casos em que o técnico autor do projecto assuma esta responsabilidade, a entidade competente para a apreciação do procedimento simplificado não deve ter em consideração as mencionadas regras. Em qualquer caso, a verificação da conformidade do procedimento e da execução das operações urbanísticas com as normas legais e regulamentares será assegurada pela entidade competente no exercício das suas competências de fiscalização e de tutela da legalidade urbanística.

Em quarto lugar, simplifica-se o procedimento de autorização de utilização dos imóveis que tenham sido objecto de operações urbanísticas realizadas ao abrigo do procedimento simplificado agora criado, quando a referida autorização seja exigida pelo regime jurídico da urbanização e edificação, aprovado pelo Decreto-Lei nº 555/99, de 16 de Dezembro, alterado pelo Decreto-Lei nº 177/2001, de 4 de Junho, pelas Leis nºs 15/2002, de 22 de Fevereiro, e 4-A/2003, de 19 de Fevereiro, pelo Decreto-Lei nº 157/2006, de 8 de Agosto, pela Lei nº 60/2007, de 4 de Setembro, pelos Decretos-Lei nºs 18/2008, de 29 de Janeiro, 116/2008, de 4 de Julho, e 26/2010, de 30 de Março, e pela Lei nº 28/2010, de 2 de Setembro. Assim, quando o município não ordene a realização da vistoria no prazo de 10 dias, o termo de responsabilidade, acompanhado do requerimento de autorização de utilização e do comprovativo da apresentação de ambos à entidade gestora, vale como autorização de utilização, substituindo o alvará de utilização. Pretende-se, desta forma, valorizar a competência e a responsabilidade dos técnicos, não descurando, porém, a possibilidade de o município intervir, em tempo útil, nas situações em que considere ser necessária vistoria.

A presente proposta de lei vem, ainda, regular as operações de reabilitação urbana «isoladas», assim incluindo no regime da reabilitação urbana as intervenções que incidam sobre edifícios ou fracções, ainda que localizados fora de áreas de reabilitação urbana, cuja construção tenha sido concluída há pelo menos 30 anos e que, em virtude da sua insuficiência, degradação ou obsolescência, justifiquem uma intervenção de reabilitação destinada a conferir adequadas características de desempenho e de segurança.

Neste domínio, atenta a tipificação legal das intervenções admitidas, afigura-se pertinente a aplicação do já referido procedimento simplificado de controlo prévio das operações urbanísticas. Com efeito, este procedimento é aplicável às obras que, cumulativamente, preservem as fachadas principais do edifício, mantenham os seus elementos arquitectónicos e estruturais de valor patrimonial, bem como o número de pisos e a configuração da cobertura, e, além disso, não reduzam a sua resistência estrutural. Em face das particularidades dos bens imóveis individualmente classificados ou em vias de classificação, considera-se adequado excluir do âmbito de aplicação do procedimento simplificado em apreço as operações urbanísticas que incidam sobre os mesmos.

As medidas de simplificação administrativa agora criadas visam encontrar uma solução de compromisso entre os princípios da confiança da Administração Pública nos particulares e da responsabilização destes no exercício das respectivas actividades. Em consonância, à simplificação e flexibilização dos procedimentos e das formalidades deve corresponder uma maior responsabilização, seja ao nível das sanções legalmente previstas, seja no domínio da fiscalização.

A título complementar, a presente proposta de lei consagra ainda outras medidas.

Por um lado, simplifica-se o procedimento de constituição da propriedade horizontal quando estejam em causa operações urbanísticas de reabilitação urbana, dispensando-se a intervenção do município. Nestas situações, o técnico habilitado pode certificar que estão reunidos os requisitos legais, o que valerá para efeitos de constituição da propriedade horizontal.

Por outro lado, prevê-se a alteração da maioria necessária para a realização de certas obras de valorização nas partes comuns de edifícios que tenham pelo menos oito fracções autónomas e cuja realização, em muitos casos, assume importância significativa sob a perspectiva da reabilitação urbana. Encontram-se nesta situação a colocação de ascensores e a instalação de gás canalizado.

Acresce que, em execução da tarefa constitucionalmente cometida ao Estado de protecção dos cidadãos portadores de deficiência, se consagra a possibilidade de qualquer condómino, que tenha no seu agregado familiar uma pessoa com mobilidade condicionada, colocar rampas de acesso e plataformas elevatórias, mediante comunicação nesse sentido ao administrador do condomínio e observância das normas técnicas legalmente previstas.

Por outro lado ainda, uniformizam-se os critérios para a determinação do estado de conservação dos imóveis, aplicando-se-lhes as regras de determinação do nível de conservação dos prédios e fracções autónomas arrendados.

Foram ouvidas as seguintes entidades: Associação Nacional de Municípios Portugueses, Comissão Nacional de Protecção de Dados, Conselho Superior do Ministério Público, Instituto da Construção e do Imobiliário, I. P., Instituto dos Registos e do Notariado, I. P., Ordem dos Arquitectos, Ordem dos Notários, bem como Associação de Empresas de Construção e Obras Públicas (AECOPS), Associação dos Profissionais e Empresas de Mediação Imobiliária de Portugal (APEMIP), Associação Lisbonense de Proprietários, Associação Portuguesa de Fundos de Investimento, Pensões e Patrimónios (APFIPP), Associação Portuguesa para a Defesa do Consumidor (DECO), Associação Profissional dos Urbanistas Portugueses (APROURB), Coimbra Viva – Sociedade de Reabilitação Urbana, S. A., Confederação do Comércio e Serviços Portugal (CCP), Confederação Empresarial de Portugal (CIP), Confederação Portuguesa da Construção e do Imobiliário (CPCI), Federação Portuguesa da Indústria de Construção e Obras Públicas (FEPICOP) e Porto Vivo, S.R.U. – Sociedade de Reabilitação Urbana da Baixa Portuense, S. A.

Atenta a matéria, em sede do processo legislativo a decorrer na Assembleia da República deverão ser ouvidos os órgãos de governo próprio das Regiões Autónomas.

Assim:

Nos termos da alínea *d)* do nº 1 do artigo 197º da Constituição, o Governo apresenta à Assembleia da República a seguinte proposta de lei:

ARTIGO 1º
Objecto

A presente lei aprova medidas destinadas a agilizar e a dinamizar a reabilitação urbana, nomeadamente:

a) Flexibilizando e simplificando os procedimentos de criação de áreas de reabilitação urbana;

b) Criando um procedimento simplificado de controlo prévio de operações urbanísticas;

c) Regulando a reabilitação urbana de edifícios ou fracções, ainda que localizados fora de áreas de reabilitação urbana, cuja construção tenha sido concluída há pelo menos 30 anos e em que se justifique uma intervenção de reabilitação destinada a conferir-lhes adequadas características de desempenho e de segurança.

COMENTÁRIO: **cfr. comentários 3 e 4 ao artigo 45º**

ARTIGO 2º
Alteração ao Decreto-Lei nº 307/2009, de 23 de Outubro

Os artigos 1º, 2º, 7º, 13º a 20º, 25º, 28º, 32º, 34º, 37º, 38º, 43º, 45º, 55º, 59º, 61º, 62º e 79º do Decreto-Lei nº 307/2009, de 23 de Outubro, passam a ter a seguinte redacção:

«Artigo 1º
[...]

O presente decreto-lei estabelece o regime jurídico da reabilitação urbana.

COMENTÁRIO: **cfr. comentário 4 ao artigo 1º**

Artigo 2º
[...]

[...]:

a) [...];

b) «Área de reabilitação urbana» a área territorialmente delimitada que, em virtude da insuficiência, degradação ou obsolescência dos edifícios, das infra-estruturas, dos equipamentos de utilização colectiva e dos espaços urbanos e verdes de utilização colectiva, designadamente no que se refere às suas condições de uso, solidez, segurança, estética ou salubridade, justifique uma intervenção integrada, através de uma operação de reabilitação urbana aprovada em instrumento próprio ou em plano de pormenor de reabilitação urbana;

c) [...];

d) [...];

e) [...];

f) [...];

g) [...];

h) [...];

i) [...];

j) [...];

l) Unidade de intervenção» a área geograficamente delimitada a sujeitar a uma intervenção específica de reabilitação urbana, no âmbito de uma operação de reabilitação urbana sistemática aprovada através de instrumento próprio, com identificação de todos os prédios abrangidos, podendo corresponder à totalidade ou a parte da área abrangida por aquela operação ou, em casos de particular interesse público, a um edifício.

COMENTÁRIO: **cfr. comentário 3 ao artigo 2º**

Artigo 7º
[...]

1. *A reabilitação urbana em áreas de reabilitação urbana é promovida pelos municípios, resultando da aprovação:*

a) Da delimitação de áreas de reabilitação urbana; e

b) Da operação de reabilitação urbana a desenvolver nas áreas delimitadas de acordo com a alínea anterior, através de instrumento próprio ou de um plano de pormenor de reabilitação urbana.

2. *A aprovação da delimitação de áreas de reabilitação urbana e da operação de reabilitação urbana pode ter lugar em simultâneo.*

3. *A aprovação da delimitação de áreas de reabilitação urbana pode ter lugar em momento anterior à aprovação da operação de reabilitação urbana a desenvolver nessas áreas.*

4. [Anterior n.º 2].

Comentário: cfr. comentário 3 ao artigo 7º e comentário 3 ao artigo 8º

Artigo 13º
Aprovação e alteração

1. A delimitação das áreas de reabilitação urbana é da competência da assembleia municipal, sob proposta da câmara municipal.

2. A proposta de delimitação de uma área de reabilitação urbana é devidamente fundamentada e contém:

a) A memória descritiva e justificativa, que inclui os critérios subjacentes à delimitação da área abrangida e os objectivos estratégicos a prosseguir;

b) A planta com a delimitação da área abrangida;

c) O quadro dos benefícios fiscais associados aos impostos municipais, nos termos da alínea a) do artigo 14º.

3. Para os efeitos previstos no número anterior, pode a câmara municipal encarregar uma entidade de entre as mencionadas na alínea b) do n.º 1 do artigo 10º da preparação do projecto de delimitação das áreas de reabilitação urbana, estabelecendo previamente os respectivos objectivos.

4. O acto de aprovação da delimitação da área de reabilitação urbana integra os elementos referidos no n.º 2 e é publicado através de aviso na 2ª série do Diário da República e divulgado na página electrónica do município.

5. Simultaneamente com o envio para publicação do aviso referido no número anterior, a câmara municipal remete ao Instituto da Habitação e da Reabilitação Urbana, I. P., por meios electrónicos, o acto de aprovação da delimitação da área de reabilitação urbana.

6. O disposto no presente artigo é aplicável à alteração da delimitação de uma área de reabilitação urbana.

Comentário: cfr. comentário 3 ao artigo 13º e n.º 1 ao artigo 30º

Artigo 14º
Efeitos

A delimitação de uma área de reabilitação urbana:

a) Obriga à definição, pelo município, dos benefícios fiscais associados aos impostos municipais sobre o património, designadamente o imposto municipal sobre imóveis

(IMI) e o imposto municipal sobre as transmissões onerosas de imóveis (IMT), nos termos da legislação aplicável;

b) Confere aos proprietários e titulares de outros direitos, ónus e encargos sobre os edifícios ou fracções nela compreendidos o direito de acesso aos apoios e incentivos fiscais e financeiros à reabilitação urbana, nos termos estabelecidos na legislação aplicável, sem prejuízo de outros benefícios e incentivos relativos ao património cultural.

COMENTÁRIO: **cfr. comentário 3 ao artigo 7º e nº 5 ao artigo 17º**

Artigo 15º
Âmbito temporal

No caso de a aprovação da delimitação de uma área de reabilitação urbana não ter lugar em simultâneo com a aprovação da operação de reabilitação urbana a desenvolver nessa área, aquela delimitação caduca se, no prazo de 3 anos, não for aprovada a correspondente operação de reabilitação.

COMENTÁRIO: **cfr. comentário 3 ao artigo 7º e nº 5 ao artigo 18º**

Artigo 16º
Aprovação das operações de reabilitação urbana

As operações de reabilitação urbana são aprovadas através de instrumento próprio ou de plano de pormenor de reabilitação urbana, que contêm:

a) A definição do tipo de operação de reabilitação urbana; e

b) A estratégia de reabilitação urbana ou o programa estratégico de reabilitação urbana, consoante a operação de reabilitação urbana seja simples ou sistemática.

COMENTÁRIO: **cfr. comentário 6 ao artigo 14º**

Artigo 17º
Aprovação de operações de reabilitação urbana
através de instrumento próprio

1. A aprovação de operações de reabilitação urbana através de instrumento próprio é da competência da assembleia municipal, sob proposta da câmara municipal.

2. A câmara municipal pode encarregar uma entidade de entre as mencionadas na alínea b) do nº 1 do artigo 10º da preparação do projecto de operação de reabilitação urbana, estabelecendo previamente os respectivos objectivos e os prazos para a conclusão dos trabalhos.

344 REGIME JURÍDICO DA REABILITAÇÃO URBANA

3. *O projecto de operação de reabilitação urbana é remetido ao Instituto da Habitação e da Reabilitação Urbana, I. P., por meios electrónicos, para emissão de parecer não vinculativo no prazo de 15 dias.*

4. *Simultaneamente com a remessa a que se refere o número anterior, o projecto de operação de reabilitação urbana é submetido a discussão pública, a promover nos termos previstos no RJIGT, para a discussão pública dos planos de pormenor.*

5. *O acto de aprovação de operação de reabilitação urbana integra os elementos previstos no artigo anterior e é publicado através de aviso na 2ª série do Diário da República e divulgado na página electrónica do município.*

6. *O procedimento previsto no presente artigo pode ocorrer simultaneamente com a elaboração, alteração ou revisão de instrumentos de gestão territorial de âmbito municipal, sendo, nessas circunstâncias, submetido ao respectivo processo de acompanhamento, participação e aprovação pela assembleia municipal.*

COMENTÁRIO: **cfr. comentário 6 ao artigo 14º**

Artigo 18º
Aprovação de operações de reabilitação urbana através de plano de pormenor de reabilitação urbana

A aprovação de operações de reabilitação urbana pode ter lugar através de um plano de pormenor de reabilitação urbana, nos termos regulados na secção seguinte.

COMENTÁRIO: **cfr. comentário 3 ao artigo 15º**

Artigo 19º
Efeito

A aprovação de uma operação de reabilitação urbana obriga a respectiva entidade gestora a promovê-la, no quadro do presente decreto-lei.

COMENTÁRIO: **cfr. comentário 5 ao artigo 17º**

Artigo 20º
Âmbito temporal

1. *A operação de reabilitação urbana aprovada através de instrumento próprio vigora pelo prazo fixado na estratégia de reabilitação urbana ou no programa estratégico de reabilitação urbana, com possibilidade de prorrogação, não podendo, em qualquer caso, vigorar por prazo superior a 15 anos a contar da data da referida aprovação.*

2. *[Anterior nº 2 do artigo 18º].*

3. A operação de reabilitação urbana aprovada através de plano de pormenor de rea-bilitação urbana vigora pelo prazo de execução do mesmo, não podendo, em qualquer caso, vigorar por prazo superior a 15 anos a contar da data da referida aprovação.

4. O disposto nos números anteriores não obsta a que, findos aqueles prazos, possa ser aprovada nova operação de reabilitação urbana que abranja a mesma área.

COMENTÁRIO: **cfr. comentário 5 ao artigo 18º**

Artigo 25º
[...]

1. [...].

2. Às alterações do tipo de operação de reabilitação urbana é aplicável o disposto no nº 1 do artigo 20º-B.

3. As alterações à estratégia de reabilitação urbana ou ao programa estratégico de reabilitação urbana que não impliquem alteração do plano de pormenor de reabilitação urbana seguem o procedimento regulado nos nºs 2, 3 e 4 do artigo 20º-B.

COMENTÁRIO: **cfr. comentário 2 ao artigo 20º**

Artigo 28º
[...]

1. [...].

2. [...].

3. [...].

4. [...].

5. [Revogado].

6. Em qualquer caso, não pode ser efectuada a demolição total ou parcial de patri-mónio cultural imóvel classificado ou em vias de classificação sem prévia e expressa autorização da administração do património cultural competente, aplicando-se as regras constantes do artigo 49º da Lei nº 107/2001, de 8 de Setembro, salvo quando esteja em causa património cultural imóvel cuja demolição total ou parcial tenha sido objecto de pronúncia favorável por parte da referida administração em sede de elaboração do correspondente plano de pormenor de reabilitação urbana.

COMENTÁRIO: **cfr. comentário 3 e 4 ao artigo 28º e comentário 4 ao artigo 57º**

REGIME JURÍDICO DA REABILITAÇÃO URBANA

Artigo 32º
Aprovação de operação de reabilitação urbana
como causa de utilidade pública

A aprovação de uma operação de reabilitação urbana sistemática constitui causa de utilidade pública para efeitos da expropriação ou da venda forçada dos imóveis existentes na área abrangida, bem como da constituição sobre os mesmos das servidões, necessárias à execução da operação de reabilitação urbana.

COMENTÁRIO: cfr. comentário 1 ao artigo 32º

Artigo 34º
[...]

1. [...].

2. No âmbito das operações de reabilitação urbana sistemática aprovadas através de instrumento próprio, podem ser delimitadas unidades de intervenção, que consistem na fixação em planta cadastral dos limites físicos do espaço urbano a sujeitar a intervenção, com identificação de todos os prédios abrangidos, podendo corresponder à totalidade ou a parte da área abrangida por aquela operação ou, em casos de particular interesse público, a um edifício.

3. [...].

4. [...].

5. [...].

6. [...].

COMENTÁRIO: cfr. comentário 3 ao artigo 2º

Artigo 37º
[...]

1. É aplicável às empresas do sector empresarial local a que se refere a alínea b) do nº 1 do artigo 10º o regime jurídico do sector empresarial local, aprovado pela Lei nº 53-F/2006, de 29 de Dezembro.

2. [...].

3. [...].

4. No caso de a câmara municipal pretender designar uma empresa municipal para assumir a qualidade de entidade gestora de uma operação de reabilitação urbana, deve proceder à respectiva designação aquando do acto de aprovação da operação de reabilitação urbana.

PROPOSTA DE LEI Nº 24/XII   347

5. *Se as obras de execução da operação de reabilitação urbana incidirem sobre bens do domínio municipal, público ou privado, o município é representado pela entidade gestora no que se respeita ao exercício dos direitos relativos àqueles bens.*

COMENTÁRIO: **cfr. comentário 1 ao artigo 37º**

Artigo 38º
[...]

[...]:

a) [...];

b) [...];

c) Ocorrer a caducidade da operação de reabilitação urbana ou de todas as operações de reabilitação urbana a seu cargo.

COMENTÁRIO: **cfr. comentário 1 ao artigo 38º**

Artigo 43º
[...]

1. *[...].*
2. *[...].*
3. *[...]*
4. *[...].*
5. *[...].*
6. [Revogado].
7. *[...].*

COMENTÁRIO: **cfr. comentário 3 ao artigo 43º**

Artigo 45º
[...]

1. *[...].*
2. *[...].*
3. *Quando a entidade gestora for uma de entre as mencionadas na alínea b) do nº 1 do artigo 10º, todos os elementos constantes dos processos relativos aos procedimentos de licenciamento e de comunicação prévia de operações urbanísticas e de autorização de utilização são disponibilizados ao município por meios electrónicos.*

COMENTÁRIO: **cfr. comentário 1 ao artigo 45º**

REGIME JURÍDICO DA REABILITAÇÃO URBANA

Artigo 55º
[...]

1. *Caso seja atribuído a um edifício ou fracção um nível de conservação 1 ou 2, a entidade gestora pode impor ao respectivo proprietário a obrigação de o reabilitar, determinando a realização e o prazo para a conclusão das obras ou trabalhos necessários à restituição das suas características de desempenho e segurança funcional, estrutural e construtiva, de acordo com critérios de necessidade, adequação e proporcionalidade.*

2. *[...].*

3. *[...].*

COMENTÁRIO: cfr. comentário 4 ao artigo 55º e comentário 3 ao artigo 65º.

Artigo 59º
[...]

1. *[...].*

2. *[Revogado].*

3. *[...]*

4. *[...].*

COMENTÁRIO: cfr. comentário 3 ao artigo 59º

Artigo 61º
[...]

1. *Na estrita medida em que tal seja necessário, adequado e proporcional, atendendo aos interesses públicos e privados em presença, podem ser expropriados os terrenos, os edifícios e as fracções que sejam necessários à execução da operação de reabilitação urbana.*

2. *[...].*

3. *[...].*

4. *[...].*

5. *[...].*

COMENTÁRIO: cfr. comentário 1 ao artigo 32º

Artigo 62º
[...]

1. *[...].*

2. *[...].*

3. *[...].*

4. Para efeitos do disposto no nº 1, a entidade gestora emite uma resolução de promoção de venda forçada, a qual deve ser fundamentada e notificada nos termos previstos no Código das Expropriações para a resolução de expropriar e requerimento da declaração de utilidade pública, com as devidas adaptações, devendo sempre indicar o valor base do edifício ou fracção resultante de avaliação promovida nos termos e de acordo com os critérios ali previstos.

5. [...].
6. [...].
7. [...].
8. [...].
9. [...].
10. [...].
11. [...].
12. [...].

COMENTÁRIO: **cfr. comentário 4 ao artigo 62º**

Artigo 79º
[...]

1. [...].
2. [...].
3. [...].
4. [...].
5. [...].
6. [...].
7. [...].
8. As sociedades de reabilitação urbana referidas no nº 1 podem ser encarregues pela câmara municipal de preparar o projecto de delimitação de áreas de reabilitação urbana, nos termos previstos no nº 3 do artigo 13º, ou de preparar o projecto de plano de pormenor e dos elementos que o acompanham, nos termos previstos no nº 3 do artigo 26º.»

Comentário

Sumário:
Alteração formal

A presente proposta de alteração limita-se a explicitar as consequências que o faseamento do procedimento de aprovação de uma operação de reabilitação urbana tem relativamente às competências técnicas que podem ser atribuídas às Sociedades de Reabilitação Urbana.

ARTIGO 3º
Aditamento ao Decreto-Lei nº 307/2009, de 23 de Outubro

São aditados ao Decreto-Lei nº 307/2009, de 23 de Outubro, os artigos 20º-A, 20º-B, 53º-A a 53º-G, 73º-A, 77º-A a 77º-G e 81º-A, com a seguinte redacção:

«Artigo 20º-A
Acompanhamento e avaliação da operação de reabilitação urbana

1. A entidade gestora elabora anualmente um relatório de monitorização de operação de reabilitação em curso, o qual deve ser submetido à apreciação da assembleia municipal.

2. A cada cinco anos de vigência da operação de reabilitação urbana, a câmara municipal deve submeter à apreciação da assembleia municipal um relatório de avaliação da execução dessa operação, acompanhado, se for caso disso, de uma proposta de alteração do respectivo instrumento de programação.

3. Os relatórios referidos nos números anteriores e os termos da sua apreciação pela assembleia municipal são obrigatoriamente objecto de divulgação na página electrónica do município.

COMENTÁRIO: cfr. comentário 3 ao artigo 19º

Artigo 20º-B
Alteração do tipo de operação de reabilitação urbana e dos instrumentos de programação

1. À alteração do tipo de operação de reabilitação urbana aprovada através de instrumento próprio é aplicável o disposto no artigo 17º, não havendo lugar a discussão pública se se tratar de alteração de operação de sistemática para simples.

2. Os instrumentos de programação podem ser alterados a todo o tempo.

3. A alteração dos instrumentos de programação é da competência da assembleia municipal, sob proposta da câmara municipal.

4. O acto de aprovação da alteração dos instrumentos de programação é publicado através de aviso na 2ª série do Diário da República e divulgado na página electrónica do município.

COMENTÁRIO: cfr. comentário 5 ao artigo 20º

Artigo 53º-A
Âmbito

Às operações urbanísticas de reabilitação urbana de edifícios ou fracções conformes com o previsto em plano de pormenor de reabilitação urbana e que, nos termos do regime jurídico da urbanização e da edificação, aprovado pelo Decreto-Lei nº 555/99, de 16 de Dezembro, estão sujeitas a comunicação prévia, aplica-se o disposto na subsecção anterior e no respectivo regime subsidiário para o procedimento de comunicação prévia, com as especialidades previstas na presente subsecção.

Comentário: cfr. comentário 4 ao artigo 45º

Artigo 53º-B
Unidade orgânica flexível

1. Quando a entidade gestora da operação de reabilitação urbana for o município, pode ser criada uma unidade orgânica flexível, interna ao município e constituída especialmente para apreciar o procedimento simplificado de controlo prévio, nos termos da alínea a) do artigo 7º e dos artigos 8º e 10º do Decreto-Lei nº 305/2009, de 23 de Outubro.

2. A unidade orgânica flexível deve integrar técnicos com as competências funcionais necessárias à apreciação de todo o procedimento de comunicação prévia, nomeadamente as necessárias para a análise da conformidade das operações urbanísticas com as normas legais e regulamentares aplicáveis.

3. O presidente da câmara municipal ou os vereadores, se houver delegação de competências nestes, podem delegar ou subdelegar, consoante os casos, no dirigente responsável pela unidade orgânica flexível a competência para admitir ou rejeitar a comunicação prévia.

Comentário: cfr. comentário 4 ao artigo 45º

Artigo 53º-C
Apresentação da comunicação prévia

1. A comunicação prévia é apresentada ao município e é acompanhada dos elementos referidos no nº 1 do artigo 35º do regime jurídico da urbanização e da edificação, aprovado pelo Decreto-Lei nº 555/99, de 16 de Dezembro.

2. Quando não assuma as funções de entidade gestora da área de reabilitação urbana, o município remete de imediato, por meios electrónicos, a comunicação referida no número anterior à respectiva entidade gestora, notificando o interessado desse facto no prazo de 5 dias úteis.

3. O modelo de comunicação prévia a que se refere o nº 1 é aprovado por portaria dos membros do Governo responsáveis pelas áreas das autarquias locais, da economia e do ordenamento do território.

Comentário: cfr. comentário 4 ao artigo 45º

Artigo 53º-D
Consultas

1. *Sem prejuízo do disposto no nº 6 do artigo 28º, é dispensada a realização de consultas e a solicitação de qualquer parecer, autorização ou aprovação a entidades externas ou a serviços da organização autárquica municipal.*

2. *A entidade gestora pode, a título meramente facultativo e não vinculativo, realizar consultas ou solicitar pareceres às entidades externas ou aos serviços da organização autárquica municipal que considere adequados, para obtenção de esclarecimentos.*

3. *O disposto no número anterior não suspende o prazo legalmente fixado para a admissão ou rejeição da comunicação prévia.*

COMENTÁRIO: **cfr. comentário 4 ao artigo 45º**

Artigo 53º-E
Rejeição da comunicação prévia

1. *No prazo de 15 dias úteis a contar da apresentação, ao município, da comunicação e demais elementos a que se refere o artigo 53º-C, a entidade gestora deve rejeitar a comunicação quando verifique que a obra viola as normas legais e regulamentares aplicáveis, bem como nos casos previstos no artigo 52º.*

2. *Decorrido o prazo previsto no número anterior sem que a comunicação prévia tenha sido rejeitada, considera-se a mesma admitida, devendo essa informação ser disponibilizada no sistema informático da entidade gestora, quando esta for o município, ou em sistema informático ou na página electrónica, se se tratar de uma entidade de entre as mencionadas na alínea b) do nº 1 do artigo 10º.*

3. *Na falta de rejeição da comunicação prévia, o interessado pode dar início às obras, efectuando previamente o pagamento das taxas devidas através de autoliquidação.*

4. *Sem prejuízo do disposto no nº 6 do artigo 28º, a comunicação prévia não pode ser rejeitada com fundamento na ausência de consulta, parecer, autorização ou aprovação de entidade externa ou dos serviços da organização autárquica municipal.*

5. *Quando a entidade gestora formular uma proposta de rejeição da comunicação prévia, deve indicar expressamente as normas legais ou regulamentares violadas e, sempre que possível, quais as alterações necessárias para a admissão da comunicação prévia.*

6. *No caso previsto do número anterior, o interessado pode, em sede de audiência dos interessados, apresentar à entidade gestora novos elementos elaborados nos termos por esta indicados como necessários para a admissão da comunicação prévia.*

7. *No prazo de 10 dias úteis a contar do exercício do direito de audiência dos interessados, a entidade gestora profere decisão sobre a comunicação prévia, não podendo*

rejeitá-la se as alterações indicadas tiverem sido integralmente observadas nem suscitar novas desconformidades com fundamento em projecto já anteriormente apreciado.

COMENTÁRIO: **cfr. comentário 4 ao artigo 45º**

Artigo 53º-F
Protecção do existente

1. À admissão da comunicação prévia de obras abrangidas pela presente subsecção é aplicável o disposto no nº 1 do artigo 51º.

2. Quando o técnico autor do projecto legalmente habilitado declare, através de termo de responsabilidade, que a desconformidade com as normas em vigor não é originada nem agravada pela operação de reabilitação urbana ou que esta melhora as condições de segurança e de salubridade da edificação, a apreciação pela entidade gestora no âmbito da comunicação prévia não incide sobre a desconformidade com as normas em vigor objecto daquela declaração.

3. O termo de responsabilidade subscrito pelo técnico autor do projecto legalmente habilitado, nos termos do número anterior, deve:

a) Indicar quais as normas legais ou regulamentares em vigor que o projecto não observa; e

b) Fundamentar a não observância dessas normas.

4. O disposto nos números anteriores não prejudica a possibilidade de a entidade gestora rejeitar a comunicação prévia com fundamento na não observância de normas legais e regulamentares em vigor não indicadas no termo de responsabilidade.

5. O modelo do termo de responsabilidade referido nos nºs 2 e 3 é aprovado por portaria dos membros do Governo responsáveis pelas áreas das autarquias locais, da economia e do ordenamento do território.

COMENTÁRIO: **cfr. comentário 3 ao artigo 51º e 4 ao artigo 45º.**

ARTIGO 53º-G
Autorização de utilização

1. Concluída a operação urbanística, no todo ou em parte, aplica-se à autorização de utilização de edifício ou sua fracção, quando legalmente exigida, o disposto nos artigos 62º a 64º do regime jurídico da urbanização e da edificação, aprovado pelo Decreto--Lei nº 555/99, de 16 de Dezembro, com as especialidades previstas no presente artigo.

2. O termo de responsabilidade a que se refere o nº 1 do artigo 63º do regime jurídico da urbanização e da edificação, aprovado pelo Decreto-Lei nº 555/99, de 16 de Dezembro, deve conter as declarações previstas naquela disposição legal, bem como:

a) *Identificar o titular da autorização de utilização;*

b) *Identificar o edifício ou a fracção autónoma a que respeita;*

c) *Indicar o uso a que se destina o edifício ou a fracção autónoma;*

d) *Declarar que estão cumpridos os requisitos legais para a constituição da propriedade horizontal, quando aplicável.*

3. *Não sendo determinada a realização da vistoria no prazo de 10 dias úteis a contar da recepção do requerimento de autorização de utilização instruído nos termos dos números anteriores, o termo de responsabilidade, acompanhado daquele requerimento e do comprovativo da apresentação de ambos à entidade gestora, vale como autorização de utilização, para os efeitos do disposto no artigo 62º do regime jurídico da urbanização e da edificação, aprovado pelo Decreto-Lei nº 555/99, de 16 de Dezembro, substituindo o alvará de utilização referido no nº 3 do artigo 74º do mesmo regime.*

4. *O modelo do termo de responsabilidade referido no nº 2 é aprovado por portaria dos membros do Governo responsáveis pelas áreas das autarquias locais, da economia e do ordenamento do território.*

Comentário: **cfr. comentário 6 ao artigo 45º**

Artigo 73º-A
Programa de acção territorial

A delimitação da área de reabilitação urbana, o programa estratégico de reabilitação urbana, o programa da unidade de intervenção, a elaboração, revisão ou alteração de plano de pormenor de reabilitação urbana, bem como os termos da sua execução, podem ser, conjunta ou isoladamente, objecto de programa de acção territorial, a celebrar nos termos previstos no RJIGT.

Comentário: **cfr. comentário 3 do artigo 16º.**

De forma a harmonizar com a redacção do restante diploma dever-se-ia substituir RJIGT por Decreto-Lei nº 380/99, de 22 de Setembro

Artigo 77º-A
Âmbito

1. *O regime estabelecido na presente parte aplica-se às operações urbanísticas de reabilitação que cumpram os requisitos previstos no número seguinte e tenham por objecto edifícios ou fracções, localizados ou não em áreas de reabilitação urbana:*

a) *Cuja construção, legalmente existente, tenha sido concluída há pelo menos 30 anos; e b)* Nos quais, em virtude da sua insuficiência, degradação ou obsolescência, designadamente no que se refere às suas condições de uso, solidez, segurança, estética ou salubridade, se justifique uma intervenção de reabilitação destinada a conferir adequadas características de desempenho e de segurança funcional, estrutural e construtiva.

2. As operações urbanísticas de reabilitação abrangidas pela presente parte devem, cumulativamente:

a) Preservar as fachadas principais do edifício com todos os seus elementos não dissonantes, com possibilidade de novas aberturas de vãos ou modificação de vãos existentes ao nível do piso térreo;

b) Manter os elementos arquitectónicos e estruturais de valor patrimonial do edifício, designadamente abóbadas, arcarias, estruturas metálicas ou de madeira;

c) Manter o número de pisos acima do solo e no subsolo, bem como a configuração da cobertura, sendo admitido o aproveitamento do vão da cobertura como área útil, com possibilidade de abertura de vãos para comunicação com o exterior, nos termos previstos nas normas legais e regulamentares e nos instrumentos de gestão territorial aplicáveis; e

d) Não reduzir a resistência estrutural do edifício, designadamente ao nível sísmico.

3. O regime estabelecido na presente parte não se aplica às operações urbanísticas realizadas em bens imóveis individualmente classificados ou em vias de classificação.

4. O regime estabelecido na presente parte aplica-se às operações urbanísticas realizadas em bens imóveis que se localizem em zonas de protecção e não estejam individualmente classificados nem em vias de classificação, salvo quando importem novas aberturas de vãos na fachada ou na cobertura.

COMENTÁRIO: **cfr. comentário 3 ao artigo 2º e comentário 4 ao artigo 45º**

Artigo 77º-B
Regime do controlo prévio de operações urbanísticas

Às operações urbanísticas abrangidas pela presente parte aplica-se o procedimento simplificado de controlo prévio, nos termos estabelecidos nos artigos 53º-A a 53º-G e no respectivo regime subsidiário, com as necessárias adaptações, salvo quando estiverem isentas de controlo prévio ao abrigo do presente decreto-lei e do regime jurídico da urbanização e da edificação, aprovado pelo Decreto-Lei nº 555/99, de 16 de Dezembro.

COMENTÁRIO: **cfr. comentário 3 ao artigo 2º e comentários 4 e 6 ao artigo 45º**

Artigo 77º-C
Contra-ordenações

1. Sem prejuízo da responsabilidade civil, criminal ou disciplinar, é punível como contra-ordenação:

a) *A realização de operação urbanística de reabilitação urbana sujeita a comunicação prévia sem que esta haja sido efectuada e admitida;*

b) *A realização de quaisquer operações urbanísticas de reabilitação de edifícios em desconformidade com o respectivo projecto ou com as condições da admissão da comunicação prévia;*

c) *A ocupação de edifícios ou das suas fracções autónomas objecto do presente diploma sem autorização de utilização, quando exigida, ou em desacordo com o uso nela fixado;*

d) *As falsas declarações dos autores e coordenadores de projectos no termo de responsabilidade relativamente à observância das normas técnicas gerais e específicas de construção, bem como das disposições legais e regulamentares aplicáveis ao projecto;*

e) *As falsas declarações dos autores e coordenador de projectos no termo de responsabilidade previsto nos n.ºs 2 e 3 do artigo 53º-F, incluindo quando o mesmo for apresentado ao abrigo das referidas disposições legais nos termos do artigo 77º-B;*

f) *As falsas declarações do director de obra, do director de fiscalização de obra e de outros técnicos no termo de responsabilidade previsto no n.º 2 do artigo 53º-G, incluindo quando o mesmo for apresentado ao abrigo da referida disposição legal nos termos do artigo 77º-B, relativamente:*

    i) *À conformidade da execução da obra com o projecto aprovado e com as condições da comunicação prévia admitida;*

    ii) *À conformidade das alterações efectuadas ao projecto com as normas legais e regulamentares aplicáveis;*

g) *As falsas declarações do técnico legalmente habilitado no termo de responsabilidade previsto no artigo 81º-A;*

h) *A subscrição de projecto da autoria de quem, por razões de ordem técnica, legal ou disciplinar, se encontre inibido de o elaborar.*

2. A contra-ordenação prevista na alínea a) do número anterior é punível com coima de € 500 a € 200 000, no caso de pessoa singular, e de € 1500 a € 450 000, no caso de pessoa colectiva.

3. A contra-ordenação prevista na alínea b) do n.º 1 é punível com coima de € 3 000 a € 200 000, no caso de pessoa singular, e de € 6 000 a € 450 000, no caso de pessoa colectiva.

4. A contra-ordenação prevista na alínea c) do n.º 1 é punível com coima de € 500 a € 100 000, no caso de pessoa singular, e de € 1500 a € 250 000, no caso de pessoa colectiva.

5. As contra-ordenações previstas nas alíneas d) a h) do nº 1 são puníveis com coima de € 3 000 a € 200 000.

6. A negligência é punível, sendo os limites mínimos e máximos das coimas reduzidos para metade.

7. A tentativa é punível com a coima aplicável à contra-ordenação consumada, especialmente atenuada.

Comentário

Sumário:

1. As contra-ordenações no RJUE e no RJRU
2. As coimas
3. negligência e tentativa

1. Não vemos a vantagem de esta norma repetir contra-ordenações que já o são por força do artigo 98º do RJUE. Apenas valeria a pena referir que para além das contra-ordenações, previstas no RJUE, são ainda puníveis como contra-ordenação...." os comportamentos previstos nas alíneas e), f) e g) do RJRU.

Com efeito, da forma como se encontra redigido este artigo ocorre aqui uma repetição (desnecessária) do disposto naquele outro regime jurídico. Senão vejamos comparando-os:

RJRU (artigo 77º, nº 1)	RJUE (artigo 98º, nº 1)
a) A realização de operação urbanística de reabilitação urbana sujeita a comunicação prévia sem que esta haja sido efectuada e admitida [alínea	r) A realização de operações urbanísticas sujeitas a comunicação prévia sem que esta haja sido efectuada e admitida;
b) A realização de quaisquer operações urbanísticas de reabilitação de edifícios em desconformidade com o respectivo projecto ou com as condições da admissão da comunicação prévia;	b) A realização de quaisquer operações urbanísticas em desconformidade com o respectivo projecto ou com as condições do licenciamento ou da admissão da comunicação prévia;
c) A ocupação de edifícios ou das suas fracções autónomas objecto do presente diploma sem autorização de utilização, quando exigida, ou em desacordo com o uso nela fixado;	d) A ocupação de edifícios ou suas fracções autónomas sem autorização de utilização ou em desacordo com o uso fixado no respectivo alvará ou na admissão de comunicação prévia, salvo se estes não tiverem sido emitidos no prazo legal por razões exclusivamente imputáveis à câmara municipal;

d) As falsas declarações dos autores e coordenadores de projectos no termo de responsabilidade relativamente à observância das normas técnicas gerais e específicas de construção, bem como das disposições legais e regulamentares aplicáveis ao projecto;	e) As falsas declarações dos autores e coordenador de projectos no termo de responsabilidade relativamente à observância das normas técnicas gerais e específicas de construção, bem como das disposições legais e regulamentares aplicáveis ao projecto;
e) As falsas declarações dos autores e coordenador de projectos no termo de responsabilidade previsto nos n.ºs 2 e 3 do artigo 53.º-F, incluindo quando o mesmo for apresentado ao abrigo das referidas disposições legais nos termos do artigo 77.º-B;	–
f) As falsas declarações do director de obra, do director de fiscalização de obra e de outros técnicos no termo de responsabilidade previsto no n.º 2 do artigo 53.º-G, incluindo quando o mesmo for apresentado ao abrigo da referida disposição legal nos termos do artigo 77.º-B, relativamente: i) À conformidade da execução da obra com o projecto aprovado e com as condições da comunicação prévia admitida; ii) À conformidade das alterações efectuadas ao projecto com as normas legais e regulamentares aplicáveis;	–
g) As falsas declarações do técnico legalmente habilitado no termo de responsabilidade previsto no artigo 81.º-A;	–
h) A subscrição de projecto da autoria de quem, por razões de ordem técnica, legal ou disciplinar, se encontre inibido de o elaborar.	g) A subscrição de projecto da autoria de quem, por razões de ordem técnica, legal ou disciplinar, se encontre inibido de o elaborar;

2. Nas situações em que há coincidência de contra-ordenações não existe idêntica coincidência das coimas (é o caso da contra-ordenação prevista nas alíneas b) do n.º 1 do artigo 77.º do RJRU (punível com coima de € 3 000 a € 200 000, no caso de pessoa singular, e de € 6 000 a € 450 000, no caso de pessoa colectiva) e do RJUE (punível com coima graduada de € 1500 até ao máximo de € 200 000, no caso de pessoa singular, e de € 3000 até € 450 000, no caso de pessoa colectiva). Seria adequado repensar-se este desfasamento, que pensamos não ter justificação bastante.

3. No caso de negligência os limites mínimos e máximos das coimas são reduzidos para metade. No caso de tentativa aplica-se a coima aplicável à contra-ordenação consumada, especialmente atenuada.

Artigo 77º-D
Sanções acessórias

1. Consoante a gravidade da contra-ordenação e a culpa do agente, podem ser aplicadas, simultaneamente com a coima, as seguintes sanções acessórias:

a) A perda a favor do Estado dos objectos pertencentes ao agente que serviram ou estavam destinados a servir para a prática da infracção, ou que por esta foram produzidos;

b) A interdição do exercício, até ao máximo de quatro anos, da profissão ou actividade conexas com a infracção praticada;

c) A privação, até ao máximo de quatro anos, do direito a subsídio ou benefício outorgado ou a outorgar por entidades ou serviços públicos.

2. As coimas e as sanções acessórias previstas no presente decreto-lei, quando aplicadas a empresário em nome individual ou a sociedade comercial habilitados a exercer a actividade da construção ou a representante legal desta, são comunicadas ao Instituto da Construção e do Imobiliário, I. P.

3. As sanções aplicadas ao abrigo do disposto nas alíneas d) a h) do nº 1 do artigo anterior aos autores de projecto, coordenadores de projectos, responsáveis pela direcção técnica da obra ou a quem subscreva o termo de responsabilidade previsto nos nºs 2 e 3 do artigo 53º-F, no nº 2 do artigo 53º-G, em qualquer dos casos incluindo quando o fizer ao abrigo das referidas disposições legais nos termos do artigo 77º-B, e no artigo 81º-A, são comunicadas à respectiva ordem ou associação profissional, quando exista.

4. A interdição de exercício de actividade prevista na alínea b) do nº 1, quando aplicada a pessoa colectiva, estende-se a outras pessoas colectivas constituídas pelos mesmos sócios.

Comentário

Sumário:

1. Sanções acessórias
2. A função da comunicação da aplicação de sanções acessórias
3. Agravamento da aplicação nas sanções acessórias

1. Complementarmente à aplicação de coimas, que são sanções pecuniárias, admite o presente artigo, como também o regime geral das contra-ordenações, a aplicação de sanções acessórias aos infractores. Assim, tanto a perda (que se distingue da apreensão por ter carácter definitivo) a favor do Estado dos objectos pertencentes ao agente que serviram ou estavam destinados a servir para a prática da infracção, ou que por esta foram produzidos, como a interdição do exercício de uma profissão ou a privação do direito a subsídios outorgados por entidades ou serviços públicos pelo período de 4 anos, pela sua onerosidade, apenas podem ser aplicadas quando a gravidade do ilícito ou a culpa do agente o imponha.

Discute-se, porém, se a configuração destas sanções como acessórias é a mais adequada pois, em muitas circunstâncias, são elas que cumprem melhor o interesse público cuja protecção se visa através da punição administrativa. Obrigar, nestes casos, a uma aplicação de uma coima para lhe aplicar uma sanção acessória pode reconduzir-se a uma dupla punição da mesma infracção. Neste sentido, *vide* Marcelo Madureira Prates, *Sanção Administrativa Geral: Anatomia e Autonomia*, Coimbra, Almedina, 2005, p. 148-155.

2. A comunicação da aplicação destas sanções prevista nos n.ᵒˢ 2 e 3 deste artigo serve essencialmente funções de participação de factos ilícitos para eventual desencadeamento do procedimento disciplinar por parte das entidades competentes.

3. É de sublinhar que, no caso de aplicação da sanção acessória de interdição da actividade a pessoa colectiva, tal sanção estende-se a outras pessoas colectivas constituídas pelo mesmo sócio, nos termos do nº 4 do artigo aqui em anotação, preceito que acompanha o previsto no RJUE, mas que, corresponde a um "levantamento do véu" das pessoas colectivas. Por outro lado, o legislador aumentou de dois para quatro anos o prazo máximo de interdição do exercício no município da profissão ou actividade conexa com a infracção praticada.

Artigo 77º-E
Instrução e decisão

Sem prejuízo das competências atribuídas por lei a outras autoridades policiais e fiscalizadoras, a competência para determinar a instauração dos processos de contra-ordenação, para designar o instrutor e para aplicar as coimas e as sanções acessórias pertence ao presidente da câmara municipal ou, se houver delegação de competências, aos vereadores.

Comentário

Sumário:
Competência

No que se refere à competência para determinar a instauração dos processos de contra-ordenações, eventualmente na sequência dos resultados dos processos de fiscalização, para designação do instrutor e para aplicar (e graduar) as coimas, esta pertence, nos termos do presente artigo, ao presidente da câmara municipal. Trata-se, porém, de uma competência delegável, mas apenas nos vereadores.

Da decisão de aplicação da coima, cabe recurso para os Tribunais Judiciais (comuns) – tribunal em cuja área territorial se tiver consumado a infracção (artigo 61º, nº 1, do Decreto-Lei nº 433/82, de 27 de Outubro, com as alterações introduzidas pelos seguintes diplomas: Decreto-Lei nº 356/89, de 17 de Outubro; Decreto-Lei nº 244/95, de 14 de Setembro; Decreto-Lei nº 323/2001, de 17 de Dezembro, e Decreto-Lei nº 109/2001, de 24 de Dezembro.

É de realçar que os tribunais têm jurisdição plena o que significa que podem não apenas anular ou declarar a nulidade da decisão administrativa, mas também absolver o arguido ou manter ou alterar a condenação (artigo 64º, n.ºs 3, 4, e 5 do Decreto-Lei nº 433/82, de 27 de Outubro). Por outro lado, segundo o disposto no artigo 72º-A do mesmo diploma, está proibida a *reformatio in pejus*.

Artigo 77º-F
Destino do produto das coimas

O produto da aplicação das coimas reverte a favor do município, inclusive quando as mesmas sejam cobradas em juízo.

Comentário

Sumário:
Destino das coimas

Talvez como forma de incentivar o desencadear destes procedimentos e o seu efectivo desfecho, determina o presente normativo que o produto das coimas reverte na íntegra para o município (o que não é a regra em sede de diplomas especiais, em que o produto das coimas é normalmente repartido por várias entidades). Mais, havendo lugar a recurso da decisão de aplicação de uma coima (recurso este que segue os seus trâmites nos tribunais judiciais) ou a cobrança judicial das mesmas, também o produto das coimas deve reverter para o município, situação esta que torna ainda mais estranha a solução legal, prevista no Regime Geral das Contraordenações e Coimas, de subtrair a capacidade de definição dos termos e do desfecho do recurso aos Municípios (estes apenas são ouvidos no processo judicial, correndo este integralmente por conta do Ministério Público).

Porém, o cenário mais difundido no plano municipal continua criticavelmente a ser o do não desencadeamento de processos de contra-ordenação, que acabam por prescrever, a deficiente instrução dos mesmos, a inércia quanto ao seu desenvolvimento e instrução e à respectiva tomada de decisões e a omissão de actos procedimentais essenciais ao desenrolar do processo (como sucede com a audiência prévia dos interessados).

Artigo 77º-G
Responsabilidade criminal

1. O desrespeito dos actos administrativos que determinem qualquer das medidas de tutela da legalidade urbanística previstas no presente decreto-lei é punível nos termos do artigo 348º do Código Penal.

2. As falsas declarações ou informações prestadas nos termos de responsabilidade ou no livro de obra pelos autores e coordenadores de projectos, directores de obra e de fiscalização de obra e outros técnicos, referidos nas alíneas d) a g) do nº 1 do artigo 77º-C, são puníveis nos termos do artigo 256º do Código Penal.

3. O disposto no número anterior não prejudica a aplicação do artigo 277º do Código Penal.

Comentário
Sumário:
Remissão

O presente artigo limita-se a repetir disposições que já constam do RJUE (cujas normas sempre seriam aqui mobilizáveis devido à sua aplicação supletiva) e do Código Penal. Consideramo-lo, por isso, dispensável, uma vez que, em nossa opinião, nenhum dos factos ilícitos-típicos aqui descritos se diferenciam dos que se encontram já dispostos no RJUE. O facto de este diploma introduzir algumas especificidades ao RJUE, mantendo-o como regime base, não invalida que o desvalor das condutas seja idêntico em ambos os casos.

Por outro lado este artigo não é exaustivo, já que não tomou em linha de conta os recentes crimes urbanísticos que são, naturalmente, aplicáveis também neste âmbito.

Para mais desenvolvimentos, cfr. Fernanda Paula Oliveira, Maria José Castanheira Neves, Dulce Lopes e Fernanda Maçãs, *Regime Jurídico da Urbanização e Edificação, cit.*, comentário ao artigo 100º. Especificamente sobre os crimes urbanísticos, Maria do Carmo Saraiva de Menezes da silva Lopes, "O Direito Penal e o Direito Administrativo: a propósito dos novos crimes previstos nos artigos 278º-A (violação de regras urbanísticas) e 382º-A (violação de regras urbanísticas por funcionário) do Código Penal", *in Revista Jurídica do Urbanismo e do Ambiente* – N.os 31/34. Jan. / Dez. 2009/2010, pp.

Artigo 81º-A
Constituição da propriedade horizontal

1. O termo de responsabilidade subscrito por técnico legalmente habilitado atestando que estão verificados os requisitos legais para a constituição da propriedade horizontal, acompanhado de comprovativo da sua apresentação ao município ou à entidade referida na alínea b) do nº 1 do artigo 10º, quando for aplicável, vale como documento comprovativo de que as fracções autónomas satisfazem os requisitos legais, para os efeitos do disposto no artigo 59º do Código do Notariado.

2. O termo de responsabilidade referido no número anterior deve:

a) Identificar o titular da autorização de utilização;

b) Identificar o edifício e as fracções autónomas, bem como as respectivas áreas;

c) Indicar o fim a que se destinam as fracções autónomas;

d) Declarar que estão cumpridos os requisitos legais para a constituição da propriedade horizontal.

3. O modelo do termo de responsabilidade referido nos números anteriores é aprovado por portaria dos membros do Governo responsáveis pelas áreas das autarquias locais, da economia e do ordenamento do território.

4. Quando a entidade gestora for uma de entre as mencionadas na alínea b) do nº 1 do artigo 10º, o termo de responsabilidade e o comprovativo da sua apresentação são disponibilizados ao município por meios electrónicos.»

COMENTÁRIO: **cfr. comentário 6 ao artigo 45º**

Artigo 4º
Alteração à organização sistemática do Decreto-Lei nº 307/2009, de 23 de Outubro

São introduzidas as seguintes alterações à organização sistemática do Decreto-Lei nº 307/2009, de 23 de Outubro:

a) A parte II passa a denominar-se «Regime da reabilitação urbana em áreas de reabilitação urbana»;

b) O capítulo II da parte II, cuja epígrafe se mantém, passa a ser composto:

i) Pela secção I, com a epígrafe «Disposição geral» e constituída pelo artigo 12º;

ii) Pela secção II, com a epígrafe «Delimitação de áreas de reabilitação urbana» e constituída pelos artigos 13º a 15º;

iii) Pela secção III, com a epígrafe «Operações de reabilitação urbana» e constituída pelos artigos 16º a 20º-B; e

iv) Pela secção IV, que corresponde à anterior secção II, mantendo a epígrafe «Planos de pormenor de reabilitação urbana» e continuando a ser constituída pelos artigos 21º a 28º;

c) O capítulo III da parte II passa a denominar-se «Planeamento das operações de reabilitação urbana»;

d) A secção I do capítulo VI da parte II passa a ser dividida, contendo uma Subsecção I, com a epígrafe «Regime geral» e constituída pelos artigos 44º a 53º, e uma Subsecção II, com a epígrafe «Procedimento simplificado de controlo prévio de operações urbanísticas» e constituída pelos artigos 53º-A a 53º-G;

e) O capítulo VII da parte II, cuja epígrafe se mantém, passa a ser composto pelos artigos 69º a 73º-A;

f) É aditada uma nova parte III, que tem como epígrafe «Regime especial da reabilitação urbana» e constituída pelos artigos 77º-A e 77º-B;

g) É, ainda, aditada uma nova parte IV, que tem como epígrafe «Disposições sancionatórias» e constituída pelos artigos 77º-C a 77º-G;

h) A anterior parte III passa a constituir a parte V, mantendo a epígrafe «Disposições transitórias e finais» e sendo composta:

i) Pela secção I, que mantém a epígrafe «Disposições transitórias» e continua a abranger os artigos 78º a 81º;

ii) Pela secção II, que mantém a epígrafe «Disposições finais» e passa a abranger os artigos 81º-A a 84º

Comentário
Sumário:
1. Remissão
2. Reflexões

1. Cfr. comentário 4 ao artigo 1º

2. Refira-se, a necessitar de ponderação, a existência de uma secção com um só artigo (Secção I do Capítulo II da Parte II). Por sua vez julgamos que seria mais adequado designar-se o capítulo III da parte II de Programação das operações de reabilitação urbana em vez de Planeamento das operações de reabilitação urbana

ARTIGO 5º
Alteração ao Código Civil

Os artigos 1424º a 1426º do Código Civil, aprovado pelo Decreto-Lei nº 47344, de 25 de Novembro de 1966, passam a ter a seguinte redacção:

Comentário

Sumário:
Sentido da norma

A presente proposta de alteração, que engloba em bloco os artigos 1424º, 1425º e 1426º do Código Civil, visa fornecer os meios necessários para que qualquer condómino com mobilidade condicionada possa ter acesso adequado à sua fracção ou, mesmo, às partes comuns do prédio, por intermédio de colocação de rampas de acesso e de plataformas elevatórias, sem se sujeitar aos mecanismos normais de formação da vontade no âmbito da propriedade horizontal.

Para o efeito, deve assumir os encargos correspondentes, podendo, nos termos previstos, levantar as benfeitorias realizadas.

Esta possibilidade, ainda que mereça a nossa concordância, poderia, no entanto, surgir apenas após uma primeira fase em que a colocação de tais meios seria colocada à consideração do condomínio e, portanto, perante a recusa deste em proceder à sua colocação e custeio. Caso contrário corre--se o risco de tornar individual um encargo que, em bom rigor, poderia ser repartido por todos, com ganhos sensíveis ao nível da dotação do prédio das adequadas condições para acolher quaisquer situações de mobilidade condicionada (assim se evitaria a necessidade de, em momento posterior, se estar a fazer compensações sobre despesas inicialmente assumidas por apenas um condómino, como o prevê o artigo 1426º, nº 5 na versão desta Proposta de Lei).

De aplaudir é a diminuição do nº de condóminos para aprovar as seguintes inovações: colocação de ascensores e instalação de gás condicionado, em virtude do manifesto interesse público das mesmas.

«Artigo 1424º

[...]
[...].
[...].
[...].
[...].

Nas despesas relativas às rampas de acesso e às plataformas elevatórias, quando colocadas nos termos do nº 3 do artigo seguinte, só participam os condóminos que tiverem procedido à referida colocação.

Artigo 1425º
[...]

1. Sem prejuízo do disposto nos números seguintes, as obras que constituam inovações dependem da aprovação da maioria dos condóminos, devendo essa maioria representar dois terços do valor total do prédio.

2. Havendo pelo menos oito fracções autónomas, dependem da aprovação por maioria dos condóminos que representem a maioria do valor total do prédio, as seguintes inovações:

a) Colocação de ascensores;

b) Instalação de gás canalizado.

3. No caso de um dos membros do respectivo agregado familiar ser uma pessoa com mobilidade condicionada, qualquer condómino pode, mediante prévia comunicação nesse sentido ao administrador e observando as normas técnicas de acessibilidade previstas em legislação específica, efectuar as seguintes inovações:

a) Colocação de rampas de acesso;

b) Colocação de plataformas elevatórias, quando não exista ascensor com porta e cabina de dimensões que permitam a sua utilização por uma pessoa em cadeira de rodas;

4 As inovações previstas nas alíneas a) e b) do número anterior podem ser levantadas pelos condóminos que as tenham efectuado ou que tenham pago a parte que lhes compete nas despesas de execução e manutenção da obra, desde que:

a) O possam fazer sem detrimento do edifício; e

b) Exista acordo entre eles.

5. Quando as inovações previstas nas alíneas a) e b) do nº 3 não possam ser levantadas, o condómino terá direito a receber o respectivo valor, calculado segundo as regras do enriquecimento sem causa.

6. A intenção de efectuar as inovações previstas no nº 3 ou o seu levantamento deve ser comunicada ao administrador com 15 dias de antecedência.

7. [Anterior nº 2].

Artigo 1426º
[...]

1. [...].

2. [...].

3. [...].

4. [...].

5. Qualquer condómino pode a todo o tempo participar nas vantagens da colocação de plataformas elevatórias, efectuada nos termos do nº 3 do artigo anterior, mediante o pagamento da parte que lhe compete nas despesas de execução e manutenção da obra.»

ARTIGO 6º
Determinação do nível de conservação

1. Para efeitos do exercício dos poderes previstos no artigo 89º do regime jurídico da urbanização e da edificação, aprovado pelo Decreto-Lei nº 555/99, de 16 de Dezembro, e nos artigos 55º e 57º do regime jurídico da reabilitação urbana, aprovado pelo Decreto-Lei nº 307/2009, de 23 de Outubro, a avaliação do estado de conservação de um prédio urbano ou fracção autónoma é efectuada através da determinação do seu nível de conservação, de acordo com o disposto no artigo 5º do Decreto-Lei nº 156/2006, de 8 de Agosto, e nos artigos 2º a 6º da Portaria nº 1192B/2006, de 3 de Novembro.

2. A determinação do nível de conservação prevista no número anterior compete à câmara municipal ou, em caso de delegação pelo município dos poderes conferidos pelos artigos 55º e 57º do Decreto-Lei nº 307/2009, de 23 de Outubro, à entidade gestora da área de reabilitação urbana.

3. À determinação do nível de conservação regulada no presente artigo aplica-se, com as necessárias adaptações, o disposto nos nºs 2 a 5 do artigo 3º e no artigo 4º do Decreto-Lei nº 156/2006, de 8 de Agosto, exercendo a câmara municipal ou a entidade gestora da área de reabilitação urbana, consoante os casos, as competências cometidas naquelas disposições legais às comissões arbitrais municipais.

Comentário: cfr. comentário 2 ao artigo 65º

ARTIGO 7º
Norma revogatória

São revogados o nº 5 do artigo 28º, o nº 6 do artigo 43º e o nº 2 do artigo 59º do Decreto-Lei nº 307/2009, de 23 de Outubro.

ARTIGO 8º
Republicação

É republicado em anexo à presente lei, da qual faz parte integrante, o Decreto-Lei nº 307/2009, de 23 de Outubro, com a redacção actual, procedendo-se às actualizações nos artigos 17º, 21º, 24º a 27º, 34º, 35º, 37º, 42º, 44º a 47º, 50º, 52º, 53º, 53º-A, 53º-C, 53º-G, 55º, 57º a 59º, 62º, 67º, 73º-A, 77º-B, 78º e 83º, decorrentes das alterações introduzidas:

a) Na Lei nº 53-F/2006, de 29 de Dezembro, pelas Leis nºs 67-A/2007, de 31 de Dezembro, e 64-A/2008, de 31 de Dezembro;

b) No Decreto-Lei nº 794/76, de 5 de Novembro, pelos Decretos-Lei nºs 313/80, de 19 de Agosto, e 400/84, de 31 de Dezembro;

c) No Decreto-Lei nº 380/99, de 22 de Setembro, pelos Decretos-Lei nºs 53/2000, de 7 de Abril, e 310/2003, de 10 de Dezembro, pelas Leis nºs 58/2005, de 29 de Dezembro, e 56/2007, de 31 de Agosto, pelos Decretos-Lei nºs 316/2007, de 19 de Setembro, 46/2009, de 20 de Fevereiro, 181/2009, de 7 de Agosto, e 2/2011, de 6 de Janeiro (RJIGT);

d) No Decreto-Lei nº 555/99, de 16 de Dezembro, pelo Decreto-Lei nº 177/2001, de 4 de Junho, pelas Leis nºs 15/2002, de 22 de Fevereiro, e 4-A/2003, de 19 de Fevereiro, pelo Decreto-Lei nº 157/2006, de 8 de Agosto, pela Lei nº 60/2007, de 4 de Setembro, pelos Decretos-Lei nºs 18/2008, de 29 de Janeiro, 116/2008, de 4 de Julho, e 26/2010, de 30 de Março, e pela Lei nº 28/2010, de 2 de Setembro (RJUE);

e) No DecretoLei nº 157/2006, de 8 de Agosto, pelo Decreto-Lei nº 306/2009, de 23 de Outubro; e

f) No Decreto-Lei nº 280/2007, de 7 de Agosto, pela Lei nº 55-A/2010, de 31 de Dezembro.

ARTIGO 9º
Entrada em vigor

A presente lei entra em vigor 30 dias após a sua publicação.

Sumário:
Ausência de norma transitória

Julgamos que seria adequado ponderar-se a introdução de uma norma transitória de forma a que se esclarecesse o que sucede aos procedimentos de reabilitação urbana iniciados ao abrigo da versão inicial do RJRU.

Visto e aprovado em Conselho de Ministros de 29 de Setembro de 2011

O Primeiro-Ministro
O Ministro Adjunto e dos Assuntos Parlamentares

ANEXO
Republicação do Decreto-Lei nº 307/2009, de 23 de Outubro
(a que se refere o artigo 8º)

PARTE I
DISPOSIÇÕES GERAIS

ARTIGO 1º
Objecto
O presente decreto-lei estabelece o regime jurídico da reabilitação urbana.

ARTIGO 2º
Definições
Para efeitos de aplicação do presente decreto-lei, entende-se por:

a) «Acessibilidade» o conjunto das condições de acesso e circulação em edifícios, bem como em espaços públicos, permitindo a movimentação livre, autónoma e independente a qualquer pessoa, em especial às pessoas com mobilidade condicionada;

b) «Área de reabilitação urbana» a área territorialmente delimitada que, em virtude da insuficiência, degradação ou obsolescência dos edifícios, das infra-estruturas, dos equipamentos de utilização colectiva e dos espaços urbanos e verdes de utilização colectiva, designadamente no que se refere às suas condições de uso, solidez, segurança, estética ou salubridade, justifique uma intervenção integrada, através de uma operação de reabilitação urbana aprovada em instrumento próprio ou em plano de pormenor de reabilitação urbana;

c) «Edifício» a construção permanente, dotada de acesso independente, coberta, limitada por paredes exteriores ou paredes meeiras que vão das fundações à cobertura, destinada a utilização humana ou a outros fins;

d) «Imóvel devoluto» o edifício ou a fracção que assim for considerado nos termos dos artigos 2º e 3º do Decreto-Lei nº 159/2006, de 8 de Agosto;

e) «Entidade gestora» a entidade responsável pela gestão e coordenação da operação de reabilitação urbana relativa a uma área de reabilitação urbana;

f) «Fracção» a parte autónoma de um edifício que reúna os requisitos estabelecidos no artigo 1415º do Código Civil, esteja ou não o mesmo constituído em regime de propriedade horizontal;

g) «Habitação» a unidade na qual se processa a vida de um agregado residente no edifício, a qual compreende o fogo e as suas dependências;

h) «Operação de reabilitação urbana» o conjunto articulado de intervenções visando, de forma integrada, a reabilitação urbana de uma determinada área;

i) «Reabilitação de edifícios» a forma de intervenção destinada a conferir adequadas características de desempenho e de segurança funcional, estrutural e construtiva a um ou a vários edifícios, às construções funcionalmente adjacentes incorporadas no seu logradouro, bem como às fracções eventualmente integradas nesse edifício, ou a conceder-lhes novas aptidões funcionais, determinadas em função das opções de reabilitação urbana prosseguidas, com vista a permitir novos usos ou o mesmo uso com padrões de desempenho mais elevados, podendo compreender uma ou mais operações urbanísticas;

j) «Reabilitação urbana» a forma de intervenção integrada sobre o tecido urbano existente, em que o património urbanístico e imobiliário é mantido, no todo ou em parte substancial, e modernizado através da realização de obras de remodelação ou beneficiação dos sistemas de infra-estruturas urbanas, dos equipamentos e dos espaços urbanos ou verdes de utilização colectiva e de obras de construção, reconstrução, ampliação, alteração, conservação ou demolição dos edifícios;

l) «Unidade de intervenção» a área geograficamente delimitada a sujeitar a uma intervenção específica de reabilitação urbana, no âmbito de uma operação de reabilitação urbana sistemática aprovada através de instrumento próprio, com identificação de todos os prédios abrangidos, podendo corresponder à totalidade ou a parte da área abrangida por aquela operação ou, em casos de particular interesse público, a um edifício.

ARTIGO 3º
Objectivos

A reabilitação urbana deve contribuir, de forma articulada, para a prossecução dos seguintes objectivos:

a) Assegurar a reabilitação dos edifícios que se encontram degradados ou funcionalmente inadequados;

b) Reabilitar tecidos urbanos degradados ou em degradação;

c) Melhorar as condições de habitabilidade e de funcionalidade do parque imobiliário urbano e dos espaços não edificados;

d) Garantir a protecção e promover a valorização do património cultural;

e) Afirmar os valores patrimoniais, materiais e simbólicos como factores de identidade, diferenciação e competitividade urbana;

f) Modernizar as infra-estruturas urbanas;

g) Promover a sustentabilidade ambiental, cultural, social e económica dos espaços urbanos;

h) Fomentar a revitalização urbana, orientada por objectivos estratégicos de desenvolvimento urbano, em que as acções de natureza material são concebidas de forma integrada e activamente combinadas na sua execução com intervenções de natureza social e económica;

i) Assegurar a integração funcional e a diversidade económica e sócio--cultural nos tecidos urbanos existentes;

j) Requalificar os espaços verdes, os espaços urbanos e os equipamentos de utilização colectiva;

l) Qualificar e integrar as áreas urbanas especialmente vulneráveis, promovendo a inclusão social e a coesão territorial;

m) Assegurar a igualdade de oportunidades dos cidadãos no acesso às infra-estruturas, equipamentos, serviços e funções urbanas;

n) Desenvolver novas soluções de acesso a uma habitação condigna;

o) Recuperar espaços urbanos funcionalmente obsoletos, promovendo o seu potencial para atrair funções urbanas inovadoras e competitivas;

p) Promover a melhoria geral da mobilidade, nomeadamente através de uma melhor gestão da via pública e dos demais espaços de circulação;

q) Promover a criação e a melhoria das acessibilidades para cidadãos com mobilidade condicionada;

r) Fomentar a adopção de critérios de eficiência energética em edifícios públicos e privados.

ARTIGO 4º
Princípios gerais

A política de reabilitação urbana obedece aos seguintes princípios:

a) Princípio da responsabilização dos proprietários e titulares de outros direitos, ónus e encargos sobre os edifícios, conferindo-se à sua iniciativa um papel preponderante na reabilitação do edificado e sendo-lhes, nessa medida, imputados os custos inerentes a esta actividade;

b) Princípio da subsidiariedade da acção pública, garantindo que as acções de reabilitação urbana relativas a espaços privados são directamente promovidas por entidades públicas apenas na medida em que os particulares, quer isoladamente quer em cooperação com aquelas, não as assegurem ou não possam assegurá-las;

c) Princípio da solidariedade intergeracional, assegurando a transmissão às gerações futuras de espaços urbanos correctamente ordenados e conservados;

d) Princípio da sustentabilidade, garantindo que a intervenção assente num modelo financeiramente sustentado e equilibrado e contribuindo para valorizar as áreas urbanas e os edifícios intervencionados através de soluções inovadoras e sustentáveis do ponto de vista sócio-cultural e ambiental;

e) Princípio da integração, preferindo a intervenção em áreas cuja delimitação permita uma resposta adequada e articulada às componentes morfológica, económica, social, cultural e ambiental do desenvolvimento urbano;

f) Princípio da coordenação, promovendo a convergência, a articulação, a compatibilização e a complementaridade entre as várias acções de iniciativa pública, entre si, e entre estas e as acções de iniciativa privada;

g) Princípio da contratualização, incentivando modelos de execução e promoção de operações de reabilitação urbana e de operações urbanísticas tendentes à reabilitação urbana baseados na concertação entre a iniciativa pública e a iniciativa privada;

h) Princípio da protecção do existente, permitindo a realização de intervenções no edificado que, embora não cumpram o disposto em todas as disposições legais e regulamentares aplicáveis à data da intervenção, não agravam a desconformidade dos edifícios relativamente a estas disposições ou têm como resultado a melhoria das condições de segurança e salubridade da edificação ou delas resulta uma melhoria das condições de desempenho e segurança funcional, estrutural e construtiva da edificação e o sacrifício decorrente do cumprimento daquelas disposições seja desproporcionado em face da desconformidade criada ou agravada pela realização da intervenção;

i) Princípio da justa ponderação, promovendo uma adequada ponderação de todos os interesses relevantes em face das operações de reabilitação urbana, designadamente os interesses dos proprietários ou de outros titulares de direitos sobre edifícios objecto de operações de reabilitação;

j) Princípio da equidade, assegurando a justa repartição dos encargos e benefícios decorrentes da execução das operações de reabilitação urbana.

ARTIGO 5º
Dever de promoção da reabilitação urbana

Incumbe ao Estado, às Regiões Autónomas e às autarquias locais assegurar, no quadro do presente decreto-lei e dos demais regimes jurídicos aplicáveis, a promoção das medidas necessárias à reabilitação de áreas urbanas que dela careçam.

ARTIGO 6º
Dever de reabilitação de edifícios

1. Os proprietários de edifícios ou fracções têm o dever de assegurar a sua reabilitação, nomeadamente realizando todas as obras necessárias à manutenção ou reposição da sua segurança, salubridade e arranjo estético, nos termos previstos no presente decreto-lei.

2. Os proprietários e os titulares de outros direitos, ónus e encargos sobre edifício ou fracções não podem, dolosa ou negligentemente, provocar ou agravar uma situação de falta de segurança ou de salubridade, provocar a sua deterioração ou prejudicar o seu arranjo estético.

PARTE II
REGIME DA REABILITAÇÃO URBANA EM ÁREAS DE REABILITAÇÃO URBANA

CAPÍTULO I
DISPOSIÇÕES GERAIS

ARTIGO 7º
Áreas de reabilitação urbana

1. A reabilitação urbana em áreas de reabilitação urbana é promovida pelos municípios, resultando da aprovação:

a) Da delimitação de áreas de reabilitação urbana; e

b) Da operação de reabilitação urbana a desenvolver nas áreas delimitadas de acordo com a alínea anterior, através de instrumento próprio ou de um plano de pormenor de reabilitação urbana.

2. A aprovação da delimitação de áreas de reabilitação urbana e da operação de reabilitação urbana pode ter lugar em simultâneo.

3. A aprovação da delimitação de áreas de reabilitação urbana pode ter lugar em momento anterior à aprovação da operação de reabilitação urbana a desenvolver nessas áreas.

4. A cada área de reabilitação urbana corresponde uma operação de reabilitação urbana.

ARTIGO 8º
Operações de reabilitação urbana

1. Os municípios podem optar pela realização de uma operação de reabilitação urbana:

a) Simples; ou
b) Sistemática.

2. A operação de reabilitação urbana simples consiste numa intervenção integrada de reabilitação urbana de uma área, dirigindo-se primacialmente à reabilitação do edificado, num quadro articulado de coordenação e apoio da respectiva execução.

3. A operação de reabilitação urbana sistemática consiste numa intervenção integrada de reabilitação urbana de uma área, dirigida à reabilitação do edificado e à qualificação das infra-estruturas, dos equipamentos e dos espaços verdes e urbanos de utilização colectiva, visando a requalificação e revitalização do tecido urbano, associada a um programa de investimento público.

4. As operações de reabilitação urbana simples e sistemática são enquadradas por instrumentos de programação, designados, respectivamente, de estratégia de reabilitação urbana ou de programa estratégico de reabilitação urbana.

5. O dever de reabilitação que impende sobre os proprietários e titulares de outros direitos, ónus e encargos sobre edifícios ou fracções compreendidos numa área de reabilitação urbana é densificado em função dos objectivos definidos na estratégia de reabilitação urbana ou no programa estratégico de reabilitação urbana.

ARTIGO 9º
Entidade gestora

As operações de reabilitação urbana são coordenadas e geridas por uma entidade gestora.

ARTIGO 10º
Tipos de entidade gestora

1. Podem revestir a qualidade de entidade gestora:

 a) O município;

 b) Uma empresa do sector empresarial local.

2. Quando a empresa referida na alínea *b)* do número anterior tenha por objecto social exclusivo a gestão de operações de reabilitação urbana, adopta a designação de sociedade de reabilitação urbana.

3. O tipo de entidade gestora é adoptado, de entre os referidos no nº 1, na estratégia de reabilitação urbana ou no programa estratégico de reabilitação urbana.

ARTIGO 11º
Modelos de execução das operações de reabilitação urbana

1. Para efeitos do presente regime, podem ser adoptados os seguintes modelos de execução das operações de reabilitação urbana:

 a) Por iniciativa dos particulares;

 b Por iniciativa das entidades gestoras.

2. Nos casos referidos na alínea *a)* do número anterior, a execução das operações de reabilitação urbana pode desenvolver-se através da modalidade de execução pelos particulares com o apoio da entidade gestora ou através da modalidade de administração conjunta.

3. Nos casos referidos na alínea *b)* do nº 1, a execução das operações de reabilitação urbana pode desenvolver-se através das seguintes modalidades:

 a) Execução directa pela entidade gestora;

 b) Execução através de administração conjunta;

 c) Execução através de parcerias com entidades privadas.

4. As parcerias com entidades privadas referidas na alínea *c)* do número anterior concretizam-se através de:

 a) Concessão da reabilitação;

 b) Contrato de reabilitação urbana.

5. As parcerias com entidades privadas só podem ser adoptadas no âmbito de operações de reabilitação urbana sistemática, no âmbito de unidade de intervenção ou de execução.

CAPÍTULO II
REGIME DAS ÁREAS DE REABILITAÇÃO URBANA
SECÇÃO I
DISPOSIÇÃO GERAL

ARTIGO 12º
Objecto das áreas de reabilitação urbana

1. As áreas de reabilitação urbana incidem sobre espaços urbanos que, em virtude da insuficiência, degradação ou obsolescência dos edifícios, das infra-estruturas urbanas, dos equipamentos ou dos espaços urbanos e verdes de utilização colectiva, justifiquem uma intervenção integrada.

2. As áreas de reabilitação urbana podem abranger, designadamente, áreas e centros históricos, património cultural imóvel classificado ou em vias de classificação e respectivas zonas de protecção, áreas urbanas degradadas ou zonas urbanas consolidadas.

SECÇÃO II
DELIMITAÇÃO DE ÁREAS DE REABILITAÇÃO URBANA

ARTIGO 13º
Aprovação e alteração

1. A delimitação das áreas de reabilitação urbana é da competência da assembleia municipal, sob proposta da câmara municipal.

2. A proposta de delimitação de uma área de reabilitação urbana é devidamente fundamentada e contém:

   a) A memória descritiva e justificativa, que inclui os critérios subjacentes à delimitação da área abrangida e os objectivos estratégicos a prosseguir;

   b) A planta com a delimitação da área abrangida;

   c) O quadro dos benefícios fiscais associados aos impostos municipais, nos termos da alínea *a)* do artigo 14º.

3. Para os efeitos previstos no número anterior, pode a câmara municipal encarregar uma entidade de entre as mencionadas na alínea *b)* do nº 1 do artigo 10º da preparação do projecto de delimitação das áreas de reabilitação urbana, estabelecendo previamente os respectivos objectivos.

4. O acto de aprovação da delimitação da área de reabilitação urbana integra os elementos referidos no nº 2 e é publicado através de aviso na 2ª série do *Diário da República* e divulgado na página electrónica do município.

5. Simultaneamente com o envio para publicação do aviso referido no número anterior, a câmara municipal remete ao Instituto da Habitação e da Reabilitação Urbana, I. P., por meios electrónicos, o acto de aprovação da delimitação da área de reabilitação urbana.

6. O disposto no presente artigo é aplicável à alteração da delimitação de uma área de reabilitação urbana.

ARTIGO 14º
Efeitos

A delimitação de uma área de reabilitação urbana:

a) Obriga à definição, pelo município, dos benefícios fiscais associados aos impostos municipais sobre o património, designadamente o imposto municipal sobre imóveis (IMI) e o imposto municipal sobre as transmissões onerosas de imóveis (IMT), nos termos da legislação aplicável;

b) Confere aos proprietários e titulares de outros direitos, ónus e encargos sobre os edifícios ou fracções nela compreendidos o direito de acesso aos apoios e incentivos fiscais e financeiros à reabilitação urbana, nos termos estabelecidos na legislação aplicável, sem prejuízo de outros benefícios e incentivos relativos ao património cultural.

ARTIGO 15º
Âmbito temporal

No caso da aprovação da delimitação de uma área de reabilitação urbana não ter lugar em simultâneo com a aprovação da operação de reabilitação urbana a desenvolver nessa área, aquela delimitação caduca se, no prazo de 3 anos, não for aprovada a correspondente operação de reabilitação.

SECÇÃO III
OPERAÇÕES DE REABILITAÇÃO URBANA

ARTIGO 16º
Aprovação das operações de reabilitação urbana

As operações de reabilitação urbana são aprovadas através de instrumento próprio ou de plano de pormenor de reabilitação urbana, que contêm:

a) A definição do tipo de operação de reabilitação urbana; e

b) A estratégia de reabilitação urbana ou o programa estratégico de reabilitação urbana, consoante a operação de reabilitação urbana seja simples ou sistemática.

ARTIGO 17º
Aprovação de operações de reabilitação urbana através de instrumento próprio

1. A aprovação de operações de reabilitação urbana através de instrumento próprio é da competência da assembleia municipal, sob proposta da câmara municipal.

2. A câmara municipal pode encarregar uma entidade de entre as mencionadas na alínea *b*) do nº 1 do artigo 10º da preparação do projecto de operação de reabilitação urbana, estabelecendo previamente os respectivos objectivos e os prazos para a conclusão dos trabalhos.

3. O projecto de operação de reabilitação urbana é remetido ao Instituto da Habitação e da Reabilitação Urbana, I. P., por meios electrónicos, para emissão de parecer não vinculativo no prazo de 15 dias.

4. Simultaneamente com a remessa a que se refere o número anterior, o projecto de operação de reabilitação urbana é submetido a discussão pública, a promover nos termos previstos no regime jurídico dos instrumentos de gestão territorial, aprovado pelo Decreto-Lei nº 380/99, de 22 de Setembro, alterado pelos Decretos-Lei nºs 53/2000, de 7 de Abril, e 310/2003, de 10 de Dezembro, pelas Leis nºs 58/2005, de 29 de Dezembro, e 56/2007, de 31 de Agosto, pelos Decretos-Lei nºs 316/2007, de 19 de Setembro, 46/2009, de 20 de Fevereiro, 181/2009, de 7 de Agosto, e 2/2011, de 6 de Janeiro (RJIGT), para a discussão pública dos planos de pormenor.

5. O acto de aprovação de operação de reabilitação urbana integra os elementos previstos no artigo anterior e é publicado através de aviso na 2ª série do *Diário da República* e divulgado na página electrónica do município.

6. O procedimento previsto no presente artigo pode ocorrer simultaneamente com a elaboração, alteração ou revisão de instrumentos de gestão territorial de âmbito municipal, sendo, nessas circunstâncias, submetido ao respectivo processo de acompanhamento, participação e aprovação pela assembleia municipal.

ARTIGO 18º
Aprovação de operações de reabilitação urbana através de plano de pormenor de reabilitação urbana

A aprovação de operações de reabilitação urbana pode ter lugar através de um plano de pormenor de reabilitação urbana, nos termos regulados na secção seguinte.

ARTIGO 19º
Efeito

A aprovação de uma operação de reabilitação urbana obriga a respectiva entidade gestora a promovê-la, no quadro do presente decreto-lei.

ARTIGO 20º
Âmbito temporal

1. A operação de reabilitação urbana aprovada através de instrumento próprio vigora pelo prazo fixado na estratégia de reabilitação urbana ou no programa estratégico de reabilitação urbana, com possibilidade de prorrogação, não podendo, em qualquer caso, vigorar por prazo superior a 15 anos a contar da data da referida aprovação.

2. A prorrogação prevista no número anterior é aprovada pela assembleia municipal, sob proposta da câmara municipal.

3. A operação de reabilitação urbana aprovada através de plano de pormenor de reabilitação urbana vigora pelo prazo de execução do mesmo, não podendo, em qualquer caso, vigorar por prazo superior a 15 anos a contar da data da referida aprovação.

4. O disposto nos números anteriores não obsta a que, findos aqueles prazos, possa ser aprovada nova operação de reabilitação urbana que abranja a mesma área.

ARTIGO 20º-A
Acompanhamento e avaliação da operação de reabilitação urbana

1. A entidade gestora elabora anualmente um relatório de monitorização de operação de reabilitação em curso, o qual deve ser submetido à apreciação da assembleia municipal.

2. A cada cinco anos de vigência da operação de reabilitação urbana, a câmara municipal deve submeter à apreciação da assembleia municipal um relatório de avaliação da execução dessa operação, acompanhado, se for caso disso, de uma proposta de alteração do respectivo instrumento de programação.

3. Os relatórios referidos nos números anteriores e os termos da sua apreciação pela assembleia municipal são obrigatoriamente objecto de divulgação na página electrónica do município.

ARTIGO 20º-B
Alteração do tipo de operação de reabilitação urbana e dos instrumentos de programação

1. À alteração do tipo de operação de reabilitação urbana aprovada através de instrumento próprio é aplicável o disposto no artigo 17º, não havendo lugar a discussão pública se se tratar de alteração de operação de sistemática para simples.

2. Os instrumentos de programação podem ser alterados a todo o tempo.

3. A alteração dos instrumentos de programação é da competência da assembleia municipal, sob proposta da câmara municipal.

4. O acto de aprovação da alteração dos instrumentos de programação é publicado através de aviso na 2ª série do *Diário da República* e divulgado na página electrónica do município.

SECÇÃO IV
PLANOS DE PORMENOR DE REABILITAÇÃO URBANA

ARTIGO 21º
Regime jurídico aplicável aos planos de pormenorde reabilitação urbana

1. O plano de pormenor de reabilitação urbana obedece ao disposto no RJIGT, com as especificidades introduzidas pelo presente decreto-lei.

2. Sempre que a área de intervenção do plano de pormenor de reabilitação urbana contenha ou coincida com património cultural imóvel classificado ou em vias de classificação, e respectivas zonas de protecção, que determine, nos termos da Lei nº 107/2001, de 8 de Setembro, a elaboração de um plano de pormenor de salvaguarda do património cultural, cabe ao plano de pormenor de reabilitação urbana a prossecução dos seus objectivos e fins de protecção, dispensando a elaboração daquele.

3. Nos casos previstos no número anterior e na parte que respeita ao património cultural imóvel classificado ou em vias de classificação e respectivas zonas de protecção, o plano de pormenor de reabilitação urbana obedece ainda ao disposto nos nºs 1 e 3 do artigo 53º da Lei nº 107/2001, de 8 de Setembro.

ARTIGO 22º
Objecto dos planos de pormenor de reabilitação urbana

O plano de pormenor de reabilitação urbana estabelece a estratégia integrada de actuação e as regras de uso e ocupação do solo e dos edifícios necessárias para promover e orientar a valorização e modernização do tecido urbano e a revitalização económica, social e cultural na sua área de intervenção.

ARTIGO 23º
Âmbito territorial dos planos de pormenor de reabilitação urbana

1. O plano de pormenor de reabilitação urbana incide sobre uma área do território municipal que, em virtude da insuficiência, degradação ou obsolescência dos edifícios, das infra-estruturas, dos equipamentos de utilização colectiva e dos espaços urbanos e verdes de utilização colectiva, designadamente no que se refere às suas condições de uso, solidez, segurança, estética ou salubridade, justifique uma intervenção integrada.

2. Caso a área de intervenção do plano de pormenor de reabilitação urbana contenha ou coincida, ainda que parcialmente, com área previamente delimitada como área de reabilitação urbana em instrumento próprio, esta considera-se redelimitada de acordo com a área de intervenção do plano.

3. No caso previsto no número anterior, quando a área de intervenção do plano de pormenor não abranger integralmente a área previamente delimitada como área de reabilitação urbana em instrumento próprio, deve proceder-se à redelimitação ou revogação da área não abrangida pela área de intervenção do plano em simultâneo com o acto de aprovação deste instrumento de gestão territorial.

ARTIGO 24º
Conteúdo material dos planos de pormenor de reabilitação urbana

1. Além do conteúdo material próprio dos planos de pormenor nos termos do artigo 91º do RJIGT, o plano de pormenor de reabilitação urbana deve adoptar um conteúdo material específico adaptado à finalidade de promoção da reabilitação urbana na sua área de intervenção, estabelecendo nomeadamente:

   a) A delimitação das unidades de execução, para efeitos de programação da execução do plano;

   b) A identificação e articulação, numa perspectiva integrada e sequenciada, dos principais projectos e acções a desenvolver em cada unidade de execução;

   c) Os princípios e as regras de uso do solo e dos edifícios, com vista à:

   i) Valorização e protecção dos bens patrimoniais, culturais, naturais e paisagísticos existentes na sua área de intervenção;

ii) Sua adequação à estratégia de revitalização económica, social e cultural da sua área de intervenção, em articulação com as demais políticas urbanas do município;

d) A identificação e classificação sistemática dos edifícios, das infra-estruturas urbanas, dos equipamentos e dos espaços urbanos e verdes de utilização colectiva de cada unidade de execução, estabelecendo as suas necessidades e finalidades de reabilitação e modernização ou prevendo a sua demolição, quando aplicável.

2. Sem prejuízo do disposto na alínea *a)* do número anterior, a delimitação ou a redelimitação das unidades de execução, mesmo que constantes do plano de pormenor de reabilitação urbana, pode ser feita na fase de execução do plano, por iniciativa da entidade gestora ou dos proprietários.

3. Os planos de pormenor de reabilitação urbana cuja área de intervenção contenha ou coincida com património cultural imóvel classificado ou em vias de classificação, e respectivas zonas de protecção, prosseguem os objectivos e fins dos planos de pormenor de salvaguarda de património cultural, tendo também para aquelas áreas o conteúdo deste plano, consagrando as regras e os princípios de salvaguarda e valorização do património classificado ou em vias de classificação e respectivas zonas de protecção estabelecidos na Lei nº 107/2001, de 8 de Setembro, e respectiva legislação de desenvolvimento.

ARTIGO 25º
Conteúdo documental dos planos de pormenor de reabilitação urbana

1. Para além do disposto no artigo 92º do RJIGT, o plano de pormenor de reabilitação urbana é acompanhado pelos instrumentos de programação da operação de reabilitação urbana a que se refere o nº 4 do artigo 8º.

2. Às alterações do tipo de operação de reabilitação urbana é aplicável o disposto na parte final do nº 1 do artigo 20º-B.

3. As alterações à estratégia de reabilitação urbana ou ao programa estratégico de reabilitação urbana que não impliquem alteração do plano de pormenor de reabilitação urbana seguem o procedimento regulado nos nºs 2, 3 e 4 do artigo 20º-B.

ARTIGO 26º
Elaboração dos planos de pormenor de reabilitação urbana

1. A elaboração do plano de pormenor de reabilitação urbana compete à câmara municipal, por iniciativa própria ou mediante proposta apresentada

pelos interessados, sendo determinada por deliberação, a publicar e divulgar nos termos do nº 1 do artigo 74º do RJIGT.

2. Na deliberação referida no número anterior, a câmara municipal define os termos de referência do plano de pormenor, os quais integram, sempre que a prevista área de intervenção do plano abranja uma área de reabilitação urbana já delimitada em instrumento próprio, a estratégia de reabilitação urbana ou o programa estratégico de reabilitação urbana em causa.

3. A câmara municipal pode, na deliberação referida no nº 1, encarregar uma entidade de entre as mencionadas na alínea b) do nº 1 do artigo 10º da preparação do projecto do plano de pormenor e dos elementos que o acompanham.

4. Nas situações em que já exista estratégia de reabilitação urbana ou programa estratégico de reabilitação urbana em vigor, que abranjam a totalidade da área de intervenção do plano, e se mantenham os objectivos e acções neles definidos, não há lugar a participação pública preventiva prevista no nº 2 do artigo 77º do RJIGT.

ARTIGO 27º
Acompanhamento da elaboração dos planos de pormenor de reabilitação urbana

1. Ao acompanhamento dos planos de pormenor de reabilitação urbana aplica-se o disposto no artigo 75º-C do RJIGT.

2. Na conferência de serviços, as entidades da administração central, directa e indirecta, que devam pronunciar-se sobre o plano de pormenor de reabilitação urbana em razão da localização ou da tutela de servidões administrativas e de restrições de utilidade pública devem indicar expressamente, sempre que se pronunciem desfavoravelmente, as razões da sua discordância e quais as alterações necessárias para viabilização das soluções do plano.

3. A pronúncia favorável das entidades referidas no número anterior ou o acolhimento das suas propostas de alteração determinam a dispensa de consulta dessas entidades em sede de controlo prévio das operações urbanísticas conformes com o previsto no plano.

ARTIGO 28º
Regime dos planos de pormenor de reabilitação urbana em áreas que contêm ou coincidem com património cultural imóvel classificado ou em vias de classificação e respectivas zonas de protecção

1. No caso previsto no nº 2 do artigo 21º, a administração do património cultural competente colabora, em parceria, com o município na elaboração do plano de pormenor de reabilitação urbana, nos termos do nº 1 do artigo

53º da Lei nº 107/2001, de 8 de Setembro, devendo ser ouvida na definição dos termos de referência do plano no que diz respeito ao património cultural imóvel classificado ou em vias de classificação, e respectivas zonas de protecção, e devendo prestar o apoio técnico necessário nos trabalhos de preparação e concepção do projecto do plano para as mesmas áreas.

2. Os termos da colaboração da administração do património cultural podem ser objecto de um protocolo de parceria a celebrar com a câmara municipal competente, sem prejuízo do acompanhamento obrigatório do plano de pormenor de reabilitação urbana.

3. A pronúncia da administração do património cultural no que diz respeito ao património cultural imóvel classificado ou em vias de classificação, e respectivas zonas de protecção, é obrigatória e vinculativa, devendo, em caso de pronúncia desfavorável, ser indicadas expressamente as razões da sua discordância e, sempre que possível, quais as alterações necessárias para viabilização das soluções do plano de pormenor de reabilitação urbana.

4. A vigência do plano de pormenor de reabilitação urbana determina a dispensa de consulta da administração do património cultural em sede de controlo prévio das operações urbanísticas conformes com o previsto no plano, nos termos do nº 2 do artigo 54º da Lei nº 107/2001, de 8 de Setembro.

5. [Revogado].

6. Em qualquer caso, não pode ser efectuada a demolição total ou parcial de património cultural imóvel classificado ou em vias de classificação sem prévia e expressa autorização da administração do património cultural competente, aplicando-se as regras constantes do artigo 49º da Lei nº 107/2001, de 8 de Setembro, salvo quando esteja em causa património cultural imóvel cuja demolição total ou parcial tenha sido objecto de pronúncia favorável por parte da referida administração em sede de elaboração do correspondente plano de pormenor de reabilitação urbana.

CAPÍTULO III
PLANEAMENTO DAS OPERAÇÕES DE REABILITAÇÃO URBANA
SECÇÃO I
OPERAÇÕES DE REABILITAÇÃO URBANA SIMPLES

ARTIGO 29º
Execução das operações de reabilitação urbana simples
Sem prejuízo dos deveres de gestão cometidos à entidade gestora, nos termos do presente decreto-lei, as acções de reabilitação de edifícios tendentes à

execução de uma operação de reabilitação urbana simples devem ser realizadas preferencialmente pelos respectivos proprietários e titulares de outros direitos, ónus e encargos.

ARTIGO 30º
Estratégia de reabilitação urbana

1. As operações de reabilitação urbana simples são orientadas por uma estratégia de reabilitação urbana.

2. A estratégia de reabilitação urbana deve, sem prejuízo do tratamento de outras matérias que sejam tidas como relevantes:

a) Apresentar as opções estratégicas de reabilitação da área de reabilitação urbana, compatíveis com as opções de desenvolvimento do município;

b) Estabelecer o prazo de execução da operação de reabilitação urbana;

c) Definir as prioridades e especificar os objectivos a prosseguir na execução da operação de reabilitação urbana;

d) Determinar o modelo de gestão da área de reabilitação urbana e de execução da respectiva operação de reabilitação urbana;

e) Apresentar um quadro de apoios e incentivos às acções de reabilitação executadas pelos proprietários e demais titulares de direitos e propor soluções de financiamento das acções de reabilitação;

f) Explicitar as condições de aplicação dos instrumentos de execução de reabilitação urbana previstos no presente decreto-lei;

g) Identificar, caso o município não assuma directamente as funções de entidade gestora da área de reabilitação urbana, quais os poderes delegados na entidade gestora, juntando cópia do acto de delegação praticado pelo respectivo órgão delegante, bem como, quando as funções de entidade gestora sejam assumidas por uma sociedade de reabilitação urbana, quais os poderes que não se presumem delegados;

h) Mencionar, se for o caso, a necessidade de elaboração, revisão ou alteração de plano de pormenor de reabilitação urbana e definir os objectivos específicos a prosseguir através do mesmo.

SECÇÃO II
OPERAÇÕES DE REABILITAÇÃO URBANA SISTEMÁTICA
SUBSECÇÃO I
DISPOSIÇÕES GERAIS

ARTIGO 31º
Execução das operações de reabilitação urbana sistemática

Sem prejuízo dos deveres de reabilitação de edifícios que impendem sobre os particulares e da iniciativa particular na promoção da reabilitação urbana, nos termos do presente decreto-lei, as intervenções tendentes à execução de uma operação de reabilitação urbana sistemática devem ser activamente promovidas pelas respectivas entidades gestoras.

ARTIGO 32º
Aprovação de operação de reabilitação urbana como causa de utilidade pública

A aprovação de uma operação de reabilitação urbana sistemática constitui causa de utilidade pública para efeitos da expropriação ou da venda forçada dos imóveis existentes na área abrangida, bem como da constituição sobre os mesmos das servidões, necessárias à execução da operação de reabilitação urbana.

SUBSECÇÃO II
PLANEAMENTO E PROGRAMAÇÃO

ARTIGO 33º
Programa estratégico de reabilitação urbana

1. As operações de reabilitação urbana sistemáticas são orientadas por um programa estratégico de reabilitação urbana.

2. O programa estratégico de reabilitação urbana deve, sem prejuízo do tratamento de outras matérias que sejam tidas como relevantes:

   a) Apresentar as opções estratégicas de reabilitação e de revitalização da área de reabilitação urbana, compatíveis com as opções de desenvolvimento do município;

   b) Estabelecer o prazo de execução da operação de reabilitação urbana;

   c) Definir as prioridades e especificar os objectivos a prosseguir na execução da operação de reabilitação urbana;

d) Estabelecer o programa da operação de reabilitação urbana, identificando as acções estruturantes de reabilitação urbana a adoptar, distinguindo, nomeadamente, as que têm por objecto os edifícios, as infra-estruturas urbanas, os equipamentos, os espaços urbanos e verdes de utilização colectiva, e as actividades económicas;

e) Determinar o modelo de gestão da área de reabilitação urbana e de execução da respectiva operação de reabilitação urbana;

f) Apresentar um quadro de apoios e incentivos às acções de reabilitação executadas pelos proprietários e demais titulares de direitos e propor soluções de financiamento das acções de reabilitação;

g) Descrever um programa de investimento público onde se discriminem as acções de iniciativa pública necessárias ao desenvolvimento da operação;

h) Definir o programa de financiamento da operação de reabilitação urbana, o qual deve incluir uma estimativa dos custos totais da execução da operação e a identificação das fontes de financiamento;

i) Identificar, caso não seja o município a assumir directamente as funções de entidade gestora da área de reabilitação urbana, quais os poderes que são delegados na entidade gestora, juntando cópia do acto de delegação praticado pelo respectivo órgão delegante, bem como, quando as funções de entidade gestora sejam assumidas por uma sociedade de reabilitação urbana, quais os poderes que não se presumem delegados;

j) Mencionar, se for o caso, a necessidade de elaboração, revisão ou alteração de plano de pormenor de reabilitação urbana e definir os objectivos específicos a prosseguir através do mesmo.

3. O programa estratégico de reabilitação urbana pode prever unidades de execução ou intervenção da operação de reabilitação urbana e definir os objectivos específicos a prosseguir no âmbito de cada uma delas.

ARTIGO 34º
Unidades de execução ou de intervenção

1. No âmbito das operações de reabilitação urbana sistemática em áreas de reabilitação urbana que correspondem à área de intervenção de plano de pormenor de reabilitação urbana podem ser delimitadas unidades de execução, nos termos previstos no RJIGT, com as especificidades introduzidas pelo presente decreto-lei.

2. No âmbito das operações de reabilitação urbana sistemática aprovadas através de instrumento próprio, podem ser delimitadas unidades de intervenção, que consistem na fixação em planta cadastral dos limites físicos do espaço urbano a sujeitar a intervenção, com identificação de todos os prédios abrangidos, podendo corresponder à totalidade ou a parte da área abrangida por aquela operação ou, em casos de particular interesse público, a um edifício.

3. A delimitação de unidades de intervenção é facultativa, não sendo condição da execução da operação de reabilitação urbana, sem prejuízo de poder constituir, nos termos definidos no presente decreto-lei, um pressuposto do recurso a determinadas modalidades de execução de operações de reabilitação urbana sistemática em parceria com entidades privadas.

4. As unidades de intervenção devem ser delimitadas de forma a assegurar um desenvolvimento urbano harmonioso, a justa repartição de benefícios e encargos pelos proprietários abrangidos e a coerência na intervenção, bem como a possibilitar uma intervenção integrada em vários imóveis que permita uma utilização racional dos recursos disponíveis e a criação de economias de escala.

5. O acto de delimitação de unidades de intervenção inclui um programa de execução, que deve, nomeadamente:

a) Explicar sumariamente os fundamentos subjacentes à ponderação dos diversos interesses públicos e privados relevantes;

b) Identificar os edifícios a reabilitar, o seu estado de conservação e a extensão das intervenções neles previstas;

c) Identificar os respectivos proprietários e titulares de outros direitos, ónus e encargos, ou mencionar, se for o caso, que os mesmos são desconhecidos;

d) Definir e calendarizar as várias acções de reabilitação urbana a adoptar no âmbito da unidade de intervenção, distinguindo, nomeadamente, as que têm por objecto os edifícios, as infra-estruturas urbanas, os equipamentos, os espaços urbanos e verdes de utilização colectiva e as actividades económicas;

e) Concretizar o financiamento da operação de reabilitação urbana no âmbito da unidade de execução;

f) Especificar o regime de execução da operação de reabilitação urbana a utilizar na unidade de intervenção.

6. A delimitação de unidades de intervenção é da competência:

a) Da entidade gestora, no caso de se pretender efectuar a delimitação de unidades de intervenção nos termos previstos no programa estratégico de reabilitação urbana;

b) Da câmara municipal, sob proposta da entidade gestora se esta for distinta do município, nos demais casos.

ARTIGO 35º
Iniciativa dos proprietários na delimitação de unidades de intervenção ou de execução

1. Os proprietários de edifícios ou fracções inseridos em área de reabilitação urbana, no âmbito de operações de reabilitação urbana sistemáticas, podem propor a delimitação de unidades de intervenção ou de execução relativamente à área abrangida pelos edifícios ou fracções de que são titulares, através da apresentação, ao órgão competente para a aprovação da delimitação, de requerimento instruído com o projecto de delimitação da unidade de intervenção ou de execução e com o projecto de programa de execução.

2. A delimitação das unidades de execução, no caso previsto no número anterior, segue o procedimento estabelecido no RJIGT, com as necessárias adaptações.

3. A delimitação das unidades de intervenção, no caso previsto no nº 1, segue o procedimento estabelecido no artigo anterior, com as necessárias adaptações.

4. A delimitação de unidades de intervenção ou de execução por iniciativa dos proprietários constitui a entidade gestora no dever de ponderar a execução da operação nos termos do regime da administração conjunta.

CAPÍTULO IV
ENTIDADE GESTORA

ARTIGO 36º
Poderes das entidades gestoras

1. O município, nos termos do nº 1 do artigo 10º, pode optar entre assumir directamente a gestão de uma operação de reabilitação urbana ou definir como entidade gestora uma empresa do sector empresarial local.

2. No caso de a entidade gestora ser uma empresa do sector empresarial local, tal como previsto na alínea b) do nº 1 do artigo 10º, o município delega nesta poderes que lhe são cometidos, nos termos do presente decreto-lei.

3. Os actos de delegação de poderes previstos no número anterior devem acompanhar a estratégia de reabilitação urbana ou do programa estratégico de reabilitação urbana, sem prejuízo do disposto no número seguinte.

4. Se a entidade gestora revestir a natureza de sociedade de reabilitação urbana, presumem-se delegados os poderes previstos no nº 1 do artigo 45º e nas alíneas *a)* e *c)* a *e)* do nº 1 do artigo 54º, salvo indicação em contrário constante da estratégia de reabilitação urbana ou do programa estratégico de reabilitação urbana.

5. As empresas do sector empresarial local delegatárias consideram-se investidas nas funções de entidade gestora e nos poderes que lhes sejam delegados, nos termos do presente artigo, a partir do início da vigência da área de reabilitação urbana.

6. A empresa do sector empresarial local delegatária está sujeita ao poder da entidade delegante de emitir directrizes ou instruções relativamente às operações de reabilitação urbana, bem como de definir as modalidades de verificação do cumprimento das ordens ou instruções emitidas.

7. Nos casos de participação do Estado no capital social de sociedade de reabilitação urbana, nos termos do nº 2 do artigo seguinte, os poderes previstos no número anterior são exercidos em termos a estabelecer em protocolo entre o Estado e o município em causa.

8. O disposto no nº 1 não prejudica a aplicação do nº 1 do artigo 79º.

ARTIGO 37º
Entidades gestoras de tipo empresarial

1. É aplicável às empresas do sector empresarial local a que se refere a alínea *b)* do nº 1 do artigo 10º o regime jurídico do sector empresarial local, aprovado pela Lei nº 53F/2006, de 29 de Dezembro, alterada pelas Leis nºs 67-A/2007, de 31 de Dezembro, e 64-A/2008, de 31 de Dezembro.

2. Em caso de excepcional interesse público, é admitida a participação de capitais do Estado nas sociedades de reabilitação urbana.

3. As empresas a que se referem os números anteriores podem assumir as funções de entidade gestora em mais do que uma operação de reabilitação urbana sistemática e cumular a gestão de uma ou mais operações de reabilitação urbana simples.

4. No caso de a câmara municipal pretender designar uma empresa municipal para assumir a qualidade de entidade gestora de uma operação de rea-

bilitação urbana, deve proceder à respectiva designação aquando do acto de aprovação da operação de reabilitação urbana.

5. Se as obras de execução da operação de reabilitação urbana incidirem sobre bens do domínio municipal, público ou privado, o município é representado pela entidade gestora no que se respeita ao exercício dos direitos relativos àqueles bens.

ARTIGO 38º
Extinção das sociedades de reabilitação urbana

As sociedades de reabilitação urbana devem ser extintas sempre que:

- *a*) Estiverem concluídas todas as operações de reabilitação urbana a seu cargo;
- *b*) Ocorrer a caducidade da delimitação da área ou de todas as áreas de reabilitação urbana em que a sociedade de reabilitação urbana opera;
- *c*) Ocorrer a caducidade da operação de reabilitação urbana ou de todas as operações de reabilitação urbana a seu cargo.

CAPÍTULO V
MODELOS DE EXECUÇÃO DAS OPERAÇÕES DE REABILITAÇÃO URBANA

ARTIGO 39º
Execução por iniciativa dos particulares

1. A execução da operação de reabilitação urbana, na componente da reabilitação do edificado, deve ser promovida pelos proprietários ou titulares de outros direitos, ónus ou encargos relativos aos imóveis existentes na área abrangida pela operação.

2. Para o efeito do disposto no número anterior, podem ser utilizadas as modalidades previstas no nº 2 do artigo 11º.

ARTIGO 40º
Administração conjunta

1. A entidade gestora pode executar a operação de reabilitação urbana, ou parte dela, em associação com os proprietários e titulares de outros direitos, ónus e encargos relativos aos imóveis existentes na área abrangida pela operação de reabilitação urbana.

2. O regime jurídico aplicável à administração conjunta é aprovado através de decreto regulamentar, no prazo máximo de 90 dias contado da data de entrada em vigor do presente decreto-lei.

ARTIGO 41º
Execução por iniciativa da entidade gestora

1. A execução da operação de reabilitação urbana pode ser promovida pela entidade gestora, nos termos do nº 3 do artigo 11º.

2. As entidades gestoras podem recorrer a parcerias com entidades privadas, nomeadamente sob as seguintes formas:

a) Concessão de reabilitação urbana;

b) Contrato de reabilitação urbana.

ARTIGO 42º
Concessão de reabilitação urbana

1. Para promover operações de reabilitação urbana sistemática o município pode concessionar a reabilitação nos termos previstos no RJIGT, para a execução de planos municipais de ordenamento do território, quer por sua iniciativa quer a solicitação da entidade gestora.

2. A concessão de reabilitação urbana é feita no âmbito das unidades de intervenção ou das unidades de execução.

3. A concessão é precedida de procedimento adjudicatório, devendo o respectivo caderno de encargos especificar as obrigações mínimas do concedente e do concessionário ou os respectivos parâmetros, a concretizar nas propostas.

4. A formação e execução do contrato de concessão regem-se pelo disposto no Código dos Contratos Públicos.

ARTIGO 43º
Contrato de reabilitação urbana

1. A entidade gestora de uma operação de reabilitação urbana sistemática pode celebrar contratos de reabilitação urbana com entidades públicas ou privadas, mediante os quais estas se obriguem a proceder à elaboração, coordenação e execução de projectos de reabilitação numa ou em várias unidades de intervenção ou de execução.

2. O contrato de reabilitação urbana pode prever a transferência para a entidade contratada dos direitos de comercialização dos imóveis reabilita-

dos e de obtenção dos respectivos proventos, bem como, nomeadamente, a aquisição do direito de propriedade ou a constituição do direito de superfície sobre os bens a reabilitar por esta, ou a atribuição de um mandato para a venda destes bens por conta da entidade gestora.

3. O contrato de reabilitação urbana está sujeito a registo, dependendo o seu cancelamento da apresentação de declaração, emitida pela entidade gestora, que autorize esse cancelamento.

4. O contrato de reabilitação urbana deve regular, designadamente:

a) A transferência para a entidade contratada da obrigação de aquisição dos prédios existentes na área em questão sempre que tal aquisição se possa fazer por via amigável;

b) A preparação dos processos expropriativos que se revelem necessários para aquisição da propriedade pela entidade gestora;

c) A repartição dos encargos decorrentes das indemnizações devidas pelas expropriações;

d) A obrigação de preparar os projectos de operações urbanísticas a submeter a controlo prévio, de os submeter a controlo prévio, de promover as operações urbanísticas compreendidas nas acções de reabilitação e de requerer as respectivas autorizações de utilização;

e) Os prazos em que as obrigações das partes devem ser cumpridas;

f) As contrapartidas a pagar pelas partes contratantes, que podem ser em espécie;

g) O cumprimento do dever, impendente sobre a entidade contratada, de procurar chegar a acordo com os proprietários interessados na reabilitação do respectivo edifício ou fracção sobre os termos da reabilitação dos mesmos, bem como a cessão da posição contratual da entidade gestora a favor da entidade contratada, no caso de aquela ter já chegado a acordo com os proprietários;

h) O dever de a entidade gestora ou da entidade contratada proceder ao realojamento temporário ou definitivo dos habitantes dos edifícios ou fracções a reabilitar, atento o disposto no artigo 73º;

i) As garantias de boa execução do contrato a prestar pela entidade contratada.

5. A formação e a execução do contrato de reabilitação urbana regem-se pelo disposto no Código dos Contratos Públicos.

6. [*Revogado*].

7. O recurso ao contrato de reabilitação urbana deve ser precedido de negociação prévia, na medida do possível, com todos os interessados envolvidos de modo que estes possam assumir um compromisso com a entidade gestora no sentido da reabilitação dos seus imóveis.

CAPÍTULO VI
INSTRUMENTOS DE EXECUÇÃO DE OPERAÇÕES DE REABILITAÇÃO URBANA
SECÇÃO I
CONTROLO DAS OPERAÇÕES URBANÍSTICAS
SUBSECÇÃO I
REGIME GERAL

ARTIGO 44º
Poderes relativos ao controlo de operações urbanísticas

1. A entidade gestora da operação de reabilitação urbana pode exercer, para efeitos de execução da operação de reabilitação urbana e nos termos do disposto nos artigos seguintes, os seguintes poderes:

a) Licenciamento e admissão de comunicação prévia de operações urbanísticas e autorização de utilização;
b) Inspecções e vistorias;
c) Adopção de medidas de tutela da legalidade urbanística;
d) Cobrança de taxas;
e) Recepção das cedências ou compensações devidas.

2. Quando não seja o município a assumir as funções de entidade gestora da área de reabilitação urbana, a entidade gestora apenas exerce os poderes delegados pelo município, sem prejuízo de poder requerer directamente ao órgão municipal competente, quando tal se revele necessário, o exercício dos demais.

3. No caso da delegação de poderes prevista no número anterior, o órgão executivo da entidade gestora pode subdelegar no seu presidente as competências que, de acordo com o disposto no regime jurídico da urbanização e da edificação, aprovado pelo Decreto-Lei nº 555/99, de 16 de Dezembro, alterado pelo Decreto-Lei nº 177/2001, de 4 de Junho, pelas Leis nºs 15/2002, de 22 de Fevereiro, e 4-A/2003, de 19 de Fevereiro, pelo Decreto-Lei nº 157/2006, de 8 de Agosto, pela Lei nº 60/2007, de 4 de Setembro, pelos

Decretos-Lei nºs 18/2008, de 29 de Janeiro, 116/2008, de 4 de Julho, e 26/2010, de 30 de Março, e pela Lei nº 28/2010, de 2 de Setembro (RJUE), são directamente cometidas ao presidente da câmara municipal ou neste delegáveis pela câmara municipal.

4. Os poderes referidos no nº 1 devem ser exercidos em observância do disposto nos artigos constantes da presente secção, nomeadamente no que concerne a consulta a entidades externas, protecção do existente e responsabilidade e qualidade da construção.

ARTIGO 45º
Controlo prévio de operações urbanísticas

1. Aos procedimentos de licenciamento e de comunicação prévia de operações urbanísticas compreendidas nas acções de reabilitação de edifícios ou fracções localizados em área de reabilitação urbana aplica-se, em tudo quanto não seja especialmente previsto no presente decreto-lei, o disposto no RJUE.

2. São delegáveis na entidade gestora da operação de reabilitação urbana, caso esta não seja o município, as competências para a prática, em relação a imóveis localizados na respectiva área de reabilitação urbana, dos actos administrativos inseridos nos procedimentos de licenciamento e de comunicação prévia de operações urbanísticas, e ainda de autorização de utilização, que, nos termos do disposto no RJUE, sejam da competência da câmara municipal ou do seu presidente.

3. Quando a entidade gestora for uma de entre as mencionadas na alínea *b*) do nº 1 do artigo 10º, todos os elementos constantes dos processos relativos aos procedimentos de licenciamento e de comunicação prévia de operações urbanísticas e de autorização de utilização são disponibilizados ao município por meios electrónicos.

ARTIGO 46º
Inspecções e vistorias

1. São delegáveis na entidade gestora da operação de reabilitação urbana, caso esta não seja o município, as competências para ordenar e promover, em relação a imóveis localizados na respectiva área de reabilitação urbana, a realização de inspecções e vistorias de fiscalização, nos termos previstos no RJUE.

2. A entidade gestora tem o dever de comunicar os factos de que toma conhecimento e que sejam puníveis como contra-ordenação às entidades competentes para aplicar as respectivas coimas.

ARTIGO 47º
Medidas de tutela da legalidade urbanística
São delegáveis na entidade gestora da operação de reabilitação urbana, caso esta não seja o município, as competências para ordenar e promover, em relação a imóveis localizados na respectiva área de reabilitação urbana, a adopção de medidas de tutela da legalidade urbanística, nos termos previstos no RJUE.

ARTIGO 48º
Cobrança de taxas e de compensações
São delegáveis na entidade gestora da operação de reabilitação urbana, caso esta não seja o município, as competências para cobrar as taxas e receber as compensações previstas nos regulamentos municipais em vigor, sem prejuízo do disposto no artigo 67º.

ARTIGO 49º
Isenção de controlo prévio
1. As operações urbanísticas promovidas pela entidade gestora que se reconduzam à execução da operação de reabilitação urbana, independentemente do tipo de operação de reabilitação urbana, encontram-se isentas de controlo prévio.

2. A entidade gestora, quando diferente do município, deve informar a câmara municipal até 20 dias antes do início da execução das operações urbanísticas a que se refere o número anterior.

3. A realização das operações urbanísticas, nos termos do presente artigo, deve observar as normas legais e regulamentares que lhes sejam aplicáveis, designadamente as constantes de instrumentos de gestão territorial, do regime jurídico de protecção do património cultural, do regime jurídico aplicável à gestão de resíduos de construção e demolição e as normas técnicas de construção.

ARTIGO 50º
Consulta a entidades externas
1. A consulta às entidades que, nos termos da lei, devam emitir parecer, autorização ou aprovação sobre o pedido formulado em procedimentos de licenciamento e comunicação prévia de operações urbanísticas ou de autorização de utilização de edifícios segue o disposto no RJUE, com as especificidades introduzidas pelo presente decreto-lei.

2. Para efeitos dos procedimentos de licenciamento e comunicação prévia de operações urbanísticas e de autorização de utilização de edifícios, a entidade gestora pode constituir uma comissão de apreciação, composta pelas entidades que, nos termos da lei, devem pronunciar-se sobre os pedidos formulados naqueles procedimentos.

3. A entidade gestora e o município, quando diferente daquela, podem participar nas reuniões da comissão de apreciação.

4. A constituição da comissão de apreciação é precedida de solicitação escrita dirigida ao presidente do órgão executivo daquelas entidades, ou ao dirigente máximo do serviço, no caso do Estado, para que designe o respectivo representante.

5. A competência para emissão, no âmbito da comissão de apreciação, das pronúncias legais a que se alude no nº 1 considera-se delegada no representante designado nos termos do disposto no número anterior.

6. Os pareceres, autorizações e aprovações que as entidades representadas na comissão de apreciação devam prestar são consignados na acta da reunião da comissão, que os substitui para todos os efeitos, e deve ser assinada por todos os membros presentes na reunião com menção expressa da respectiva qualidade.

7. A falta de comparência de um dos membros da comissão de apreciação não obsta à apreciação do pedido e à elaboração da acta, considerando-se que as entidades cujo representante tenha faltado nada têm a opor ao deferimento do pedido, salvo se parecer escrito em sentido contrário seja emitido no prazo de 10 dias após a reunião da comissão de apreciação.

8. Em caso de pronúncia desfavorável, as entidades referidas no nº 1 devem indicar expressamente as razões da sua discordância e, sempre que possível, quais as alterações necessárias para a viabilização do projecto.

ARTIGO 51º
Protecção do existente

1. A emissão da licença ou a admissão de comunicação prévia de obras de reconstrução ou alteração de edifício inseridas no âmbito de aplicação do presente decreto-lei não podem ser recusadas com fundamento em normas legais ou regulamentares supervenientes à construção originária, desde que tais operações não originem ou agravem a desconformidade com as normas em vigor ou tenham como resultado a melhoria das condições de segurança e de salubridade da edificação.

2. As obras de ampliação inseridas no âmbito de uma operação de reabilitação urbana podem ser dispensadas do cumprimento de normas legais ou regulamentares supervenientes à construção originária, sempre que da realização daquelas obras resulte uma melhoria das condições de desempenho e segurança funcional, estrutural e construtiva da edificação e o sacrifício decorrente do cumprimento das normas legais e regulamentares vigentes seja desproporcionado em face da desconformidade criada ou agravada pela realização daquelas.

3. O disposto no número anterior é aplicável ao licenciamento ou à admissão de comunicação prévia de obras de construção que visem a substituição de edifícios previamente existentes.

4. Os requerimentos de licenciamento ou as comunicações prévias devem conter sempre declaração dos autores dos projectos que identifique as normas técnicas ou regulamentares em vigor que não foram aplicadas e, nos casos previstos no nº 2 e no número anterior, a fundamentação da sua não observância.

ARTIGO 52º
Indeferimento do pedido de licenciamento ou rejeição da comunicação prévia

1. Sem prejuízo do disposto no artigo anterior, e para além dos fundamentos previstos no RJUE, os requerimentos de licenciamento ou as comunicações prévias para a realização de operações urbanísticas em área de reabilitação urbana podem, ainda, ser indeferidos ou rejeitadas quando estas operações sejam susceptíveis de causar um prejuízo manifesto à reabilitação do edifício.

2. No caso de edifícios compreendidos em área de reabilitação urbana sujeita a operação de reabilitação urbana sistemática, os requerimentos de licenciamento ou as comunicações prévias para a realização de operações urbanísticas podem ainda ser indeferidos ou rejeitadas quando estas operações sejam susceptíveis de causar um prejuízo manifesto à operação de reabilitação urbana da área em que o mesmo se insere.

ARTIGO 53º
Responsabilidade e qualidade da construção

As operações urbanísticas incluídas numa operação de reabilitação urbana devem respeitar o disposto no RJUE, relativamente a responsabilidade e qualidade da construção, nomeadamente no seu artigo 10º, sem prejuízo do disposto no presente decreto-lei e nos regimes jurídicos que regulam a qualificação exigível aos técnicos responsáveis pela coordenação, elaboração e subscrição de projecto, pelo desempenho das funções de direcção de fiscalização de obra e de direcção de obra, incluindo os deveres e responsabilidades a que estão sujeitos, e ainda o exercício da actividade de construção ou de outras actividades ou profissões envolvidas nas operações urbanísticas de reabilitação urbana.

SUBSECÇÃO II
PROCEDIMENTO SIMPLIFICADO DE CONTROLO PRÉVIO DE OPERAÇÕES URBANÍSTICAS

ARTIGO 53º-A
Âmbito
Às operações urbanísticas de reabilitação urbana de edifícios ou fracções conformes com o previsto em plano de pormenor de reabilitação urbana e que, nos termos do RJUE, estão sujeitas a comunicação prévia, aplica-se o disposto na subsecção anterior e no respectivo regime subsidiário para o procedimento de comunicação prévia, com as especialidades previstas na presente subsecção.

ARTIGO 53º-B
Unidade orgânica flexível
1. Quando a entidade gestora da operação de reabilitação urbana for o município, pode ser criada uma unidade orgânica flexível, interna ao município e constituída especialmente para apreciar o procedimento simplificado de controlo prévio, nos termos da alínea *a*) do artigo 7º e dos artigos 8º e 10º do Decreto-Lei nº 305/2009, de 23 de Outubro.

2. A unidade orgânica flexível deve integrar técnicos com as competências funcionais necessárias à apreciação de todo o procedimento de comunicação prévia, nomeadamente as necessárias para a análise da conformidade das operações urbanísticas com as normas legais e regulamentares aplicáveis.

3. O presidente da câmara municipal ou os vereadores, se houver delegação de competências nestes, podem delegar ou subdelegar, consoante os casos, no dirigente responsável pela unidade orgânica flexível a competência para admitir ou rejeitar a comunicação prévia.

ARTIGO 53º-C
Apresentação da comunicação prévia

1. A comunicação prévia é apresentada ao município e é acompanhada dos elementos referidos no nº 1 do artigo 35º do RJUE.

2. Quando não assuma as funções de entidade gestora da área de reabilitação urbana, o município remete de imediato, por meios electrónicos, a comunicação referida no número anterior à respectiva entidade gestora, notificando o interessado desse facto no prazo de 5 dias úteis.

3. O modelo de comunicação prévia a que se refere o nº 1 é aprovado por portaria dos membros do Governo responsáveis pelas áreas das autarquias locais, da economia e do ordenamento do território.

ARTIGO 53º-D
Consultas

1. Sem prejuízo do disposto no nº 6 do artigo 28º, é dispensada a realização de consultas e a solicitação de qualquer parecer, autorização ou aprovação a entidades externas ou a serviços da organização autárquica municipal.

2. A entidade gestora pode, a título meramente facultativo e não vinculativo, realizar consultas ou solicitar pareceres às entidades externas ou aos serviços da organização autárquica municipal que considere adequados, para obtenção de esclarecimentos.

3. O disposto no número anterior não suspende o prazo legalmente fixado para a admissão ou rejeição da comunicação prévia.

ARTIGO 53º-E
Rejeição da comunicação prévia

1. No prazo de 15 dias úteis a contar da apresentação, ao município, da comunicação e demais elementos a que se refere o artigo 53º-C, a entidade gestora deve rejeitar a comunicação quando verifique que a obra viola as normas legais e regulamentares aplicáveis, bem como nos casos previstos no artigo 52º.

2. Decorrido o prazo previsto no número anterior sem que a comunicação prévia tenha sido rejeitada, considera-se a mesma admitida, devendo essa informação ser disponibilizada no sistema informático da entidade gestora, quando esta for o município, ou em sistema informático ou na página electrónica, se se tratar de uma entidade de entre as mencionadas na alínea b) do nº 1 do artigo 10º.

ANEXO   403

3. Na falta de rejeição da comunicação prévia, o interessado pode dar início às obras, efectuando previamente o pagamento das taxas devidas através de autoliquidação.

4. Sem prejuízo do disposto no nº 6 do artigo 28º, a comunicação prévia não pode ser rejeitada com fundamento na ausência de consulta, parecer, autorização ou aprovação de entidade externa ou dos serviços da organização autárquica municipal.

5. Quando a entidade gestora formular uma proposta de rejeição da comunicação prévia, deve indicar expressamente as normas legais ou regulamentares violadas e, sempre que possível, quais as alterações necessárias para a admissão da comunicação prévia.

6. No caso previsto do número anterior, o interessado pode, em sede de audiência dos interessados, apresentar à entidade gestora novos elementos elaborados nos termos por esta indicados como necessários para a admissão da comunicação prévia.

7. No prazo de 10 dias úteis a contar do exercício do direito de audiência dos interessados, a entidade gestora profere decisão sobre a comunicação prévia, não podendo rejeitá-la se as alterações indicadas tiverem sido integralmente observadas nem suscitar novas desconformidades com fundamento em projecto já anteriormente apreciado.

ARTIGO 53º-F
Protecção do existente

1. À admissão da comunicação prévia de obras abrangidas pela presente subsecção é aplicável o disposto no nº 1 do artigo 51º.

2. Quando o técnico autor do projecto legalmente habilitado declare, através de termo de responsabilidade, que a desconformidade com as normas em vigor não é originada nem agravada pela operação de reabilitação urbana ou que esta melhora as condições de segurança e de salubridade da edificação, a apreciação pela entidade gestora no âmbito da comunicação prévia não incide sobre a desconformidade com as normas em vigor objecto daquela declaração.

3. O termo de responsabilidade subscrito pelo técnico autor do projecto legalmente habilitado, nos termos do número anterior, deve:

a) Indicar quais as normas legais ou regulamentares em vigor que o projecto não observa; e

b) Fundamentar a não observância dessas normas.

4. O disposto nos números anteriores não prejudica a possibilidade de a entidade gestora rejeitar a comunicação prévia com fundamento na não observância de normas legais e regulamentares em vigor não indicadas no termo de responsabilidade.

5. O modelo do termo de responsabilidade referido nos nºs 2 e 3 é aprovado por portaria dos membros do Governo responsáveis pelas áreas das autarquias locais, da economia e do ordenamento do território.

ARTIGO 53º-G
Autorização de utilização

1. Concluída a operação urbanística, no todo ou em parte, aplica-se à autorização de utilização de edifício ou sua fracção, quando legalmente exigida, o disposto nos artigos 62º a 64º do RJUE, com as especialidades previstas no presente artigo.

2. O termo de responsabilidade a que se refere o nº 1 do artigo 63º do RJUE, deve conter as declarações previstas naquela disposição legal, bem como:

a) Identificar o titular da autorização de utilização;
b) Identificar o edifício ou a fracção autónoma a que respeita;
c) Indicar o uso a que se destina o edifício ou a fracção autónoma;
d) Declarar que estão cumpridos os requisitos legais para a constituição da propriedade horizontal, quando aplicável.

3. Não sendo determinada a realização da vistoria no prazo de 10 dias úteis a contar da recepção do requerimento de autorização de utilização instruído nos termos dos números anteriores, o termo de responsabilidade, acompanhado daquele requerimento e do comprovativo da apresentação de ambos à entidade gestora, vale como autorização de utilização, para os efeitos do disposto no artigo 62º do RJUE, substituindo o alvará de utilização referido no nº 3 do artigo 74º do mesmo regime.

4. O modelo do termo de responsabilidade referido no nº 2 é aprovado por portaria dos membros do Governo responsáveis pelas áreas das autarquias locais, da economia e do ordenamento do território.

ANEXO 405

SECÇÃO II
Instrumentos de política urbanística

ARTIGO 54º
Instrumentos de execução de política urbanística
1. A entidade gestora pode utilizar, consoante o tipo da respectiva operação de reabilitação urbana, os seguintes instrumentos de execução:

  a) Imposição da obrigação de reabilitar e obras coercivas;
  b) Empreitada única;
  c) Demolição de edifícios;
  d) Direito de preferência;
  e) Arrendamento forçado;
  f) Servidões;
  g) Expropriação;
  h) Venda forçada;
  i) Reestruturação da propriedade.

2. Quando não seja o município a assumir directamente as funções de entidade gestora da área de reabilitação urbana, a entidade gestora apenas pode utilizar os instrumentos de execução cujos poderes hajam sido expressa ou tacitamente delegados pelo município, sem prejuízo de poder requerer directamente ao órgão municipal competente, quando tal se revele necessário, o exercício dos demais.

3. Os instrumentos de execução previstos nas alíneas *f)* a *i)* do nº 1 apenas podem ser utilizados nas operações de reabilitação urbana sistemática.

ARTIGO 55º
Obrigação de reabilitar e obras coercivas
1. Caso seja atribuído a um edifício ou fracção um nível de conservação 1 ou 2, a entidade gestora pode impor ao respectivo proprietário a obrigação de o reabilitar, determinando a realização e o prazo para a conclusão das obras ou trabalhos necessários à restituição das suas características de desempenho e segurança funcional, estrutural e construtiva, de acordo com critérios de necessidade, adequação e proporcionalidade.

2. Quando o proprietário, incumprindo a obrigação de reabilitar, não iniciar as operações urbanísticas compreendidas na acção de reabilitação que foi determinada, ou não as concluir dentro dos prazos que para o efeito sejam

fixados, pode a entidade gestora tomar posse administrativa dos edifícios ou fracções para dar execução imediata às obras determinadas, aplicando-se o disposto nos artigos 107º e 108º do RJUE.

3. No âmbito de operações de reabilitação urbana sistemática, a entidade gestora pode, em alternativa à aplicação do regime de obras coercivas previsto no número anterior e na estrita medida em que tal seja necessário, adequado e proporcional, atendendo aos interesses públicos e privados em presença, recorrer aos regimes de expropriação ou de venda forçada previstos nos artigos 61º e 62º.

ARTIGO 56º
Empreitada única

1. A entidade gestora de uma operação de reabilitação urbana pode promover a reabilitação de um conjunto de edifícios através de uma empreitada única.

2. Salvo oposição dos proprietários, a entidade gestora, em representação daqueles, contrata e gere a empreitada única, a qual pode incluir a elaboração do projecto e a sua execução, podendo igualmente constituir parte de um contrato de reabilitação.

3. No caso de os proprietários se oporem à representação pela entidade gestora, devem contratar com aquela as obrigações a que ficam adstritos no processo de reabilitação urbana, designadamente quanto à fixação de prazos para efeitos de licenciamento ou comunicação prévia e para execução das obras.

ARTIGO 57º
Demolição de edifícios

1. A entidade gestora pode ordenar a demolição de edifícios aos quais faltem os requisitos de segurança e salubridade indispensáveis ao fim a que se destinam e cuja reabilitação seja técnica ou economicamente inviável.

2. Aplica-se à demolição de edifícios, com as necessárias adaptações, o regime estabelecido nos artigos 89º a 92º do RJUE.

3. Tratando-se de património cultural imóvel classificado ou em vias de classificação, não pode ser efectuada a sua demolição total ou parcial sem prévia e expressa autorização da administração do património cultural competente, aplicando-se, com as devidas adaptações, as regras constantes do artigo 49º da Lei nº 107/2001, de 8 de Setembro.

4. A aplicação do regime de demolição regulado nos números anteriores não prejudica, caso se trate de imóvel arrendado, a aplicação do Decreto-Lei nº 157/2006, de 8 de Agosto, alterado pelo Decreto-Lei nº 306/2009, de 23 de Outubro.

ARTIGO 58º
Direito de preferência

1. A entidade gestora tem preferência nas transmissões a título oneroso, entre particulares, de terrenos, edifícios ou fracções situados em área de reabilitação urbana.

2. Tratando-se de património cultural imóvel classificado ou em vias de classificação ou de imóveis localizados nas respectivas zonas de protecção, o direito de preferência da entidade gestora não prevalece contra os direitos de preferência previstos no nº 1 do artigo 37º da Lei nº 107/2001, de 8 de Setembro.

3. O direito de preferência previsto no nº 1 apenas pode ser exercido caso a entidade gestora entenda que o imóvel deve ser objecto de intervenção no âmbito da operação de reabilitação urbana, discriminando na declaração de preferência, nomeadamente, a intervenção de que o imóvel carece e o prazo dentro do qual pretende executá-la.

4. O direito de preferência exerce-se nos termos previstos no RJIGT, para o exercício do direito de preferência do município sobre terrenos ou edifícios situados nas áreas do plano com execução programada, podendo ser exercido com a declaração de não aceitação do preço convencionado.

5. Nos casos previstos na parte final do número anterior, assiste às partes do contrato, primeiro ao vendedor e depois ao comprador:

   a) O direito de reversão do bem quando não seja promovida a intervenção constante da declaração de preferência, aplicando-se o disposto no Código das Expropriações, com as devidas adaptações;
   b) O direito de preferência na primeira alienação do bem.

ARTIGO 59º
Arrendamento forçado

1. Após a conclusão das obras realizadas pela entidade gestora nos termos do disposto no nº 2 do artigo 55º, se o proprietário, no prazo máximo de quatro meses, não proceder ao ressarcimento integral das despesas incorridas pela entidade gestora, ou não der de arrendamento o edifício ou fracção por um

prazo mínimo de cinco anos afectando as rendas ao ressarcimento daquelas despesas, pode a entidade gestora arrendá-lo, mediante concurso público, igualmente por um prazo de cinco anos, renovável nos termos do artigo 1096º do Código Civil.

2. [Revogado].

3. O arrendamento previsto neste artigo não afasta o disposto no nº 3 do artigo 73º

4. É correspondentemente aplicável à relação entre os titulares dos contratos de arrendamento e a entidade gestora o disposto no artigo 18º do Decreto-Lei nº 157/2006, de 8 de Agosto, alterado pelo Decreto-Lei nº 306/2009, de 23 de Setembro.

ARTIGO 60º
Servidões

1. Podem ser constituídas as servidões administrativas necessárias à reinstalação e funcionamento das actividades localizadas nas zonas de intervenção.

2. A constituição das servidões rege-se, com as necessárias adaptações, pelo disposto no artigo seguinte.

ARTIGO 61º
Expropriação

1. Na estrita medida em que tal seja necessário, adequado e proporcional, atendendo aos interesses públicos e privados em presença, podem ser expropriados os terrenos, os edifícios e as fracções que sejam necessários à execução da operação de reabilitação urbana.

2. A entidade gestora pode ainda promover a expropriação por utilidade pública de edifícios e de fracções se os respectivos proprietários não cumprirem a obrigação de promover a sua reabilitação, na sequência de notificação emitida nos termos do disposto no nº 1 do artigo 55º, ou responderem à notificação alegando que não podem ou não querem realizar as obras e trabalhos ordenados.

3. A expropriação por utilidade pública inerente à execução da operação de reabilitação urbana rege-se pelo disposto no Código das Expropriações, com as seguintes especificidades:

   a) A competência para a emissão da resolução de expropriar é da entidade gestora;

b) A competência para a emissão do acto administrativo que individualize os bens a expropriar é da câmara municipal ou do órgão executivo da entidade gestora, consoante tenha havido ou não delegação do poder de expropriação;

c) As expropriações abrangidas pelo presente artigo possuem carácter urgente.

4. No caso de a expropriação se destinar a permitir a reabilitação de imóveis para a sua colocação no mercado, os expropriados têm direito de preferência sobre a alienação dos mesmos, mesmo que não haja perfeita identidade entre o imóvel expropriado e o imóvel colocado no mercado.

5. No caso da existência de mais que um expropriado a querer exercer a preferência, abre-se licitação entre eles, revertendo a diferença entre o preço inicial e o preço final para os expropriados, na proporção das respectivas indemnizações.

ARTIGO 62º
Venda forçada

1. Se os proprietários não cumprirem a obrigação de reabilitar nos termos do disposto no nº 1 do artigo 55º, ou responderem à respectiva notificação alegando que não podem ou não querem realizar as obras e trabalhos indicados, a entidade gestora pode, em alternativa à expropriação a que se alude no nº 2 do artigo anterior, proceder à venda do edifício ou fracção em causa em hasta pública a quem oferecer melhor preço e se dispuser a cumprir a obrigação de reabilitação no prazo inicialmente estabelecido para o efeito, contado da data da arrematação.

2. Caso haja que proceder à venda forçada de imóveis constituídos em propriedade horizontal, apenas podem ser objecto de venda forçada as fracções autónomas, ou partes passíveis de ser constituídas em fracções autónomas, necessárias à realização da obrigação de reabilitar, financiando-se as obras do imóvel com a venda forçada destas e mantendo o proprietário o direito de propriedade das demais.

3. A entidade gestora e o município dispõem de direito de preferência na alienação do imóvel em hasta pública.

4. Para efeitos do disposto no nº 1, a entidade gestora emite uma resolução de promoção de venda forçada, a qual deve ser fundamentada e notificada nos termos previstos no Código das Expropriações para a resolução de expropriar e requerimento da declaração de utilidade pública, com as devidas adapta-

ções, devendo sempre indicar o valor base do edifício ou fracção resultante de avaliação promovida nos termos e de acordo com os critérios ali previstos.

5. Ao proprietário assiste o direito de alienar o edifício ou fracção em causa a terceiro no prazo previsto no nº 5 do artigo 11º do Código das Expropriações, bem como o de dizer o que se lhe oferecer sobre a proposta de valor base apresentada, no mesmo prazo, podendo apresentar contraproposta fundamentada em relatório elaborado por perito da sua escolha.

6. Para efeitos do exercício do direito de alienação do bem, nos termos do número anterior:

a) O proprietário informa a entidade gestora da intenção de alienação e, antes de esta ocorrer, da identidade do possível adquirente;

b) A entidade gestora deve, no prazo de cinco dias contados a partir da recepção da informação prevista na parte final da alínea anterior, notificar o possível adquirente da obrigação de reabilitação do edifício ou fracção e do regime aplicável nos termos do presente decreto-lei;

c) A alienação do bem só pode ocorrer após o possível adquirente ter sido notificado nos termos da alínea anterior.

7. A entidade gestora pode decidir iniciar o procedimento de venda em hasta pública, quando:

a) Se verifiquem as circunstâncias previstas no nº 6 do artigo 11º do Código das Expropriações; ou

b) Aceite, total ou parcialmente, a contraproposta referida no nº 5, revendo o valor mínimo de arrematação do bem.

8. A decisão de início do procedimento de venda em hasta pública é:

a) Notificada ao interessado, nos termos previstos no Código das Expropriações para a notificação da declaração de utilidade pública, com as devidas adaptações;

b) Publicitada, nos termos previstos no Decreto-Lei nº 280/2007, de 7 de Agosto, alterado pela Lei nº 55-A/2010, de 31 de Dezembro, para a venda de imóveis do Estado e dos institutos públicos em hasta pública, com as devidas adaptações.

9. A venda em hasta pública referida no nº 7 segue o procedimento previsto nos artigos 88º e seguintes do Decreto-Lei nº 280/2007, de 7 de Agosto, alterado pela Lei nº 55A/2010, de 31 de Dezembro, com as devidas adaptações.

10. A aquisição do bem em hasta pública, ao abrigo do disposto no presente artigo:

a) É titulada pelo auto de arrematação, que constitui título bastante para a inscrição da aquisição em favor do adjudicatário no registo predial;

b) Obriga à inscrição, no registo predial, de um ónus de não alienação e oneração, que apenas pode ser cancelado através da exibição de certidão passada pela entidade gestora que ateste a conclusão das obras.

11. Se o arrematante ou o adquirente, nos termos do nº 5, não começar a reabilitação do edifício ou fracção no prazo de seis meses contado da arrematação ou da aquisição, ou, começando-a, não a concluir no prazo estabelecido:

a) A entidade gestora deve proceder à expropriação do edifício ou fracção ou retomar o procedimento de venda forçada, dando-se conhecimento da decisão ao primitivo proprietário;

b) O arrematante ou o adquirente, nos termos do nº 5, inadimplente não tem direito a receber um valor que exceda o montante que haja dispendido na aquisição do edifício ou fracção em causa, revertendo o excesso desse valor para o primitivo proprietário.

12. Se, em qualquer das vendas em hasta pública, não comparecer licitante que arremate, a entidade gestora paga o preço em que o bem foi avaliado e reabilita-o por sua conta, no prazo inicialmente estabelecido para o efeito, contado da data da realização da hasta pública, sob pena de reversão para o primitivo proprietário, aplicando-se, com as devidas adaptações, o Código das Expropriações.

ARTIGO 63º
Determinação do montante pecuniário a entregar ao proprietário em caso de venda forçada

1. Nos casos em que o proprietário esteja de acordo com o valor proposto pela entidade gestora ou tenha apresentado contraproposta de valor inferior ao da arrematação, a entidade gestora entrega-lhe o produto da hasta pública, terminado o respectivo procedimento.

2. Caso o proprietário tenha apresentado contraproposta nos termos previstos no nº 5 do artigo anterior com um valor superior ao resultante da venda em hasta pública, a entidade gestora promove uma tentativa de acordo sobre o montante pecuniário a entregar, nos termos previstos no Código das Expropriações para a expropriação amigável, com as necessárias adaptações, sem prejuízo de lhe ser imediatamente entregue o produto da hasta pública.

412   REGIME JURÍDICO DA REABILITAÇÃO URBANA

3. Na falta de acordo, nos termos do número anterior, é aplicável, com as necessárias adaptações, o disposto no Código das Expropriações para a expropriação litigiosa, designadamente sobre a arbitragem, a designação de árbitros, a arguição de irregularidades e o recurso da decisão arbitral.

4. Os prazos reportados no Código das Expropriações à declaração de utilidade pública consideram-se reportados à decisão de iniciar o procedimento de hasta pública, previsto no nº 7 do artigo anterior.

5. O proprietário beneficia, relativamente ao valor do bem sujeito a venda forçada, de todas as garantias conferidas ao expropriado, pelo Código das Expropriações, relativamente à justa indemnização, designadamente quanto às formas de pagamento, pagamento dos respectivos juros e atribuição desse valor aos interessados, com as necessárias adaptações.

6. Nos casos em que o valor do bem fixado nos termos do nº 2 ou do nº 3 é superior ao valor da arrematação, a entidade gestora é responsável pelo pagamento da diferença, devendo prestar as garantias previstas no Código das Expropriações, com as necessárias adaptações.

7. O início das obras de reabilitação do bem não pode ocorrer antes da realização da vistoria *ad perpetuam rei memoriam*, nos termos previstos no Código das Expropriações, com as necessárias adaptações.

ARTIGO 64º
Reestruturação da propriedade

1. A entidade gestora da operação de reabilitação urbana pode promover a reestruturação da propriedade de um ou mais imóveis, expropriando por utilidade pública da operação de reabilitação urbana, ao abrigo do disposto no artigo 61º, designadamente:

a) As faixas adjacentes contínuas, com a profundidade prevista nos planos municipais de ordenamento do território, destinadas a edificações e suas dependências, nos casos de abertura, alargamento ou regularização de ruas, praças, jardins e outros lugares públicos;

b) Os terrenos que, após as obras que justifiquem o seu aproveitamento urbano, não sejam assim aproveitados, sem motivo legítimo, no prazo de 12 meses a contar da notificação que, para esse fim, seja feita ao respectivo proprietário;

c) Os terrenos destinados a construção adjacentes a vias públicas de aglomerados urbanos quando os proprietários, notificados para os aproveitarem em edificações, o não fizerem, sem motivo legítimo, no prazo de 12 meses a contar da notificação;

d) Os prédios urbanos que devam ser reconstruídos ou remodelados, em razão das suas pequenas dimensões, posição fora do alinhamento ou más condições de salubridade, segurança ou estética, quando o proprietário não der cumprimento, sem motivo legítimo, no prazo de 12 meses, à notificação que, para esse fim, lhes seja feita.

2. Os prazos a que se referem as alíneas b), c) e d) do número anterior são suspensos com o início do procedimento de licenciamento ou de comunicação prévia, sempre que estes procedimentos sejam aplicáveis, cessando a suspensão caso a realização da operação urbanística não seja licenciada ou admitida.

3. Nos procedimentos de reestruturação da propriedade que abranjam mais que um edifício ou que um terreno, o procedimento de expropriação deve ser precedido da apresentação aos proprietários de uma proposta de acordo para estruturação da compropriedade sobre o ou os edifícios que substituírem os existentes, bem como de, relativamente aos bens a expropriar que revertam para o domínio público, uma proposta de aquisição por via do direito privado, sem prejuízo do seu carácter urgente.

SECÇÃO III
Outros instrumentos de política urbanística

ARTIGO 65º
Determinação do nível de conservação

1. A entidade gestora pode requerer a determinação do nível de conservação de um prédio urbano, ou de uma fracção, compreendido numa área de reabilitação urbana, ainda que não estejam arrendados, nos termos estabelecidos no Novo Regime do Arrendamento Urbano (NRAU), aprovado pela Lei nº 6/2006, de 27 de Fevereiro, e respectivos regimes complementares, com as necessárias adaptações.

2. Caso seja atribuído a um prédio um nível de conservação 1 ou 2, deve ser agravada a taxa do imposto municipal sobre imóveis, nos termos legalmente previstos para os edifícios degradados.

ARTIGO 66º
Identificação de prédios ou fracções devolutos
A entidade gestora possui competência para identificar os prédios ou fracções que se encontram devolutos, para efeitos de aplicação do disposto no Decreto-Lei nº 159/2006, de 8 de Agosto.

ARTIGO 67º
Taxas municipais e compensações
1. Pode ser estabelecido um regime especial de taxas municipais, constante de regulamento municipal, para incentivo à realização das operações urbanísticas ao abrigo do disposto no presente decreto-lei.

2. Pode também ser estabelecido um regime especial de taxas municipais, constante de regulamento municipal, para incentivo à instalação, dinamização e modernização de actividades económicas, com aplicação restrita a acções enquadradas em operações de reabilitação urbana sistemática.

3. Pode ainda ser estabelecido, em regulamento municipal, um regime especial de cálculo das compensações devidas ao município pela não cedência de áreas para implantação de infra-estruturas urbanas, equipamentos e espaços urbanos e verdes de utilização colectiva, nos termos do disposto nos nºs 4 e 5 do artigo 44º do RJUE.

ARTIGO 68º
Fundo de compensação
1. Quando sejam adoptados mecanismos de perequação compensatória no âmbito das operações de reabilitação urbana, podem ser constituídos fundos de compensação com o objectivo de receber e pagar as compensações devidas pela aplicação daqueles mecanismos de compensação.

2. São delegáveis na entidade gestora, caso esta não seja o município, as competências para constituir e gerir os fundos de compensação a que se refere o número anterior.

CAPÍTULO VII
PARTICIPAÇÃO E CONCERTAÇÃO DE INTERESSES

ARTIGO 69º
Interessados
1. Sem prejuízo das regras gerais relativas a legitimidade procedimental, previstas no Código do Procedimento Administrativo, consideram-se interessados, no âmbito de procedimentos a que alude o presente decreto-lei cujo objecto é uma fracção, um edifício ou um conjunto específico de edifícios, os proprietários e os titulares de outros direitos, ónus e encargos relativos ao edifício ou fracção a reabilitar.

2. São tidos por interessados, para efeitos de aplicação do disposto no número anterior, os que, no registo predial, na matriz predial ou em títulos bastantes de prova que exibam, figurem como titulares dos direitos a que se refere o número anterior ou, sempre que se trate de prédios omissos ou haja manifesta desactualização dos registos e das inscrições, aqueles que pública e notoriamente forem tidos como tais.

3. São ainda interessados no âmbito dos procedimentos a que se alude no nº 1 aqueles que demonstrem ter um interesse pessoal, directo e legítimo relativamente ao objecto do procedimento e que requeiram a sua intervenção como tal.

ARTIGO 70º
Representação de incapazes, ausentes ou desconhecidos
1. Havendo interessados incapazes, ausentes ou desconhecidos, sem que esteja organizada a respectiva representação, a entidade gestora pode requerer ao tribunal competente que lhes seja nomeado curador provisório, que é, quanto aos incapazes, na falta de razões ponderosas em contrário, a pessoa a cuja guarda estiverem entregues.

2. A intervenção do curador provisório cessa logo que se encontre designado o normal representante do incapaz ou do ausente ou passem a ser conhecidos os interessados cuja ausência justificara a curadoria.

ARTIGO 71º
Organizações representativas dos interesses locais
A participação dos interessados nos procedimentos previstos no presente decreto-lei pode ser exercida através de organizações representativas de

interesses locais, nomeadamente no âmbito da discussão pública de planos, programas e projectos.

ARTIGO 72º
Concertação de interesses

1. No âmbito dos procedimentos administrativos previstos no presente decreto-lei deve ser promovida a utilização de mecanismos de negociação e concertação de interesses, nomeadamente nos casos em que os interessados manifestem formalmente perante a entidade gestora vontade e disponibilidade para colaborar e concertar, nessa sede, a definição do conteúdo da decisão administrativa em causa.

2. A utilização de mecanismos de concertação de interesses deve privilegiar a obtenção de soluções que afectem os direitos dos interessados apenas na medida do que se revelar necessário à tutela dos interesses públicos subjacentes à reabilitação urbana e que permitam, na medida do possível, a manutenção dos direitos que os mesmos têm sobre os imóveis.

3. A entidade gestora deve informar os interessados a respeito dos respectivos direitos e deveres na operação de reabilitação urbana, nomeadamente sobre os apoios e incentivos financeiros e fiscais existentes.

ARTIGO 73º
Direitos dos ocupantes de edifícios ou fracções

1. Quem, de boa fé, habite em edifícios ou fracções que sejam objecto de obras coercivas, nos termos do presente decreto-lei, tem direito a realojamento temporário, a expensas do proprietário, excepto se dispuser no mesmo concelho ou em concelho limítrofe de outra habitação que satisfaça adequadamente as necessidades de habitação do seu agregado.

2. Quem, de boa fé, habite em edifícios ou fracções que sejam objecto de reestruturação da propriedade, expropriação ou venda forçada, nos termos do presente decreto-lei, tem direito a realojamento equivalente, devendo apenas ser constituído como interessado no procedimento de determinação de montante indemnizatório se prescindir desse realojamento.

3. Os sujeitos referidos nos números anteriores têm preferência nas posteriores alienações ou locações de edifício ou fracção objecto da acção de reabilitação realizada nos termos do presente decreto-lei.

4. O disposto nos números anteriores não prejudica os direitos dos arrendatários previstos na legislação aplicável.

ARTIGO 73º-A
Programa de acção territorial

A delimitação da área de reabilitação urbana, o programa estratégico de reabilitação urbana, o programa da unidade de intervenção, a elaboração, revisão ou alteração de plano de pormenor de reabilitação urbana, bem como os termos da sua execução, podem ser, conjunta ou isoladamente, objecto de programa de acção territorial, a celebrar nos termos previstos no RJIGT.

CAPÍTULO VIII
FINANCIAMENTO

ARTIGO 74º
Apoios do Estado

1. O Estado pode, nos termos previstos na legislação sobre a matéria, conceder apoios financeiros e outros incentivos aos proprietários e a terceiros que promovam acções de reabilitação de edifícios e, no caso de operações de reabilitação urbana sistemática, de dinamização e modernização das actividades económicas.

2. O Estado pode também conceder apoios financeiros às entidades gestoras, nos termos previstos em legislação especial.

3. Em qualquer caso, os apoios prestados devem assegurar o cumprimento das normas aplicáveis a respeito de protecção da concorrência e de auxílios do Estado.

ARTIGO 75º
Apoios dos municípios

1. Os municípios podem, nos termos previstos em legislação e regulamento municipal sobre a matéria, conceder apoios financeiros a intervenções no âmbito das operações de reabilitação urbana.

2. Os apoios financeiros podem ser atribuídos aos proprietários, às entidades gestoras da operação de reabilitação urbana e a terceiros que promovam acções de reabilitação urbana, incluindo as que se destinam à dinamização e modernização das actividades económicas.

3. A legislação a que se refere o nº 1 e os apoios prestados devem assegurar o cumprimento das normas aplicáveis a respeito de protecção da concorrência e de auxílios do Estado.

ARTIGO 76º
Financiamento das entidades gestoras

1. As entidades gestoras podem contrair empréstimos a médio e longo prazos destinados ao financiamento das operações de reabilitação urbana, os quais, caso autorizados por despacho do ministro responsável pela área das finanças, não relevam para efeitos do montante da dívida de cada município.

2. A delimitação de uma área de reabilitação urbana confere ao município o poder de aceitar e sacar letras de câmbio, conceder avales cambiários, subscrever livranças, bem como conceder garantias pessoais e reais, relativamente a quaisquer operações de financiamento promovidas por entidades gestoras no âmbito de uma operação de reabilitação urbana.

ARTIGO 77º
Fundos de investimento imobiliário

1. Para a execução das operações de reabilitação urbana, podem constituir-se fundos de investimento imobiliário, nos termos definidos em legislação especial.

2. A subscrição de unidades de participação nos fundos referidos no número anterior pode ser feita em dinheiro ou através da entrega de prédios ou fracções a reabilitar.

3. Para o efeito previsto no número anterior, o valor dos prédios ou fracções é determinado pela entidade gestora do fundo, dentro dos valores de avaliação apurados por um avaliador independente registado na Comissão do Mercado de Valores Mobiliários e por aquela designado.

4. A entidade gestora da operação de reabilitação urbana pode participar no fundo de investimento imobiliário.

PARTE III
REGIME ESPECIAL DA REABILITAÇÃO URBANA

ARTIGO 77º-A
Âmbito

1. O regime estabelecido na presente parte aplica-se às operações urbanísticas de reabilitação que cumpram os requisitos previstos no número seguinte e tenham por objecto edifícios ou fracções, localizados ou não em áreas de reabilitação urbana:

ANEXO 419

a) Cuja construção, legalmente existente, tenha sido concluída há pelo menos 30 anos; e

b) Nos quais, em virtude da sua insuficiência, degradação ou obsolescência, designadamente no que se refere às suas condições de uso, solidez, segurança, estética ou salubridade, se justifique uma intervenção de reabilitação destinada a conferir adequadas características de desempenho e de segurança funcional, estrutural e construtiva.

2. As operações urbanísticas de reabilitação abrangidas pela presente parte devem, cumulativamente:

a) Preservar as fachadas principais do edifício com todos os seus elementos não dissonantes, com possibilidade de novas aberturas de vãos ou modificação de vãos existentes ao nível do piso térreo;

b) Manter os elementos arquitectónicos e estruturais de valor patrimonial do edifício, designadamente abóbadas, arcarias, estruturas metálicas ou de madeira;

c) Manter o número de pisos acima do solo e no subsolo, bem como a configuração da cobertura, sendo admitido o aproveitamento do vão da cobertura como área útil, com possibilidade de abertura de vãos para comunicação com o exterior, nos termos previstos nas normas legais e regulamentares e nos instrumentos de gestão territorial aplicáveis; e

d) Não reduzir a resistência estrutural do edifício, designadamente ao nível sísmico.

3. O regime estabelecido na presente parte não se aplica às operações urbanísticas realizadas em bens imóveis individualmente classificados ou em vias de classificação.

4. O regime estabelecido na presente parte aplica-se às operações urbanísticas realizadas em bens imóveis que se localizem em zonas de protecção e não estejam individualmente classificados nem em vias de classificação, salvo quando importem novas aberturas de vãos na fachada ou na cobertura.

ARTIGO 77º-B
Regime do controlo prévio de operações urbanísticas

Às operações urbanísticas abrangidas pela presente parte aplica-se o procedimento simplificado de controlo prévio, nos termos estabelecidos nos artigos 53º-A a 53º-G e no respectivo regime subsidiário, com as necessárias adaptações, salvo quando estiverem isentas de controlo prévio ao abrigo do presente decreto-lei e do RJUE.

PARTE IV
DISPOSIÇÕES SANCIONATÓRIAS

ARTIGO 77º-C
Contra-ordenações

1. Sem prejuízo da responsabilidade civil, criminal ou disciplinar, é punível como contra-ordenação:

a) A realização de operação urbanística de reabilitação urbana sujeita a comunicação prévia sem que esta haja sido efectuada e admitida;

b) A realização de quaisquer operações urbanísticas de reabilitação de edifícios em desconformidade com o respectivo projecto ou com as condições da admissão da comunicação prévia;

c) A ocupação de edifícios ou das suas fracções autónomas objecto do presente diploma sem autorização de utilização, quando exigida, ou em desacordo com o uso nela fixado;

d) As falsas declarações dos autores e coordenadores de projectos no termo de responsabilidade relativamente à observância das normas técnicas gerais e específicas de construção, bem como das disposições legais e regulamentares aplicáveis ao projecto;

e) As falsas declarações dos autores e coordenador de projectos no termo de responsabilidade previsto nos nºs 2 e 3 do artigo 53º-F, incluindo quando o mesmo for apresentado ao abrigo das referidas disposições legais nos termos do artigo 77º-B;

f) As falsas declarações do director de obra, do director de fiscalização de obra e de outros técnicos no termo de responsabilidade previsto no nº 2 do artigo 53º-G, incluindo quando o mesmo for apresentado ao abrigo da referida disposição legal nos termos do artigo 77º-B, relativamente:

i) À conformidade da execução da obra com o projecto aprovado e com as condições da comunicação prévia admitida;

ii) À conformidade das alterações efectuadas ao projecto com as normas legais e regulamentares aplicáveis;

g) As falsas declarações do técnico legalmente habilitado no termo de responsabilidade previsto no artigo 81º-A;

h) A subscrição de projecto da autoria de quem, por razões de ordem técnica, legal ou disciplinar, se encontre inibido de o elaborar.

ANEXO 421

2. A contra-ordenação prevista na alínea *a)* do número anterior é punível com coima de € 500 a € 200 000, no caso de pessoa singular, e de € 1500 a € 450 000, no caso de pessoa colectiva.

3. A contra-ordenação prevista na alínea *b)* do nº 1 é punível com coima de € 3 000 a € 200 000, no caso de pessoa singular, e de € 6 000 a € 450 000, no caso de pessoa colectiva.

4. A contra-ordenação prevista na alínea *c)* do nº 1 é punível com coima de € 500 a € 100 000, no caso de pessoa singular, e de € 1500 a € 250 000, no caso de pessoa colectiva.

5. As contra-ordenações previstas nas alíneas *d)* a *h)* do nº 1 são puníveis com coima de € 3 000 a € 200 000.

6. A negligência é punível, sendo os limites mínimos e máximos das coimas reduzidos para metade.

7. A tentativa é punível com a coima aplicável à contra-ordenação consumada, especialmente atenuada.

ARTIGO 77º-D
Sanções acessórias

1. Consoante a gravidade da contra-ordenação e a culpa do agente, podem ser aplicadas, simultaneamente com a coima, as seguintes sanções acessórias:

a) A perda a favor do Estado dos objectos pertencentes ao agente que serviram ou estavam destinados a servir para a prática da infracção, ou que por esta foram produzidos;

b) A interdição do exercício, até ao máximo de quatro anos, da profissão ou actividade conexas com a infracção praticada;

c) A privação, até ao máximo de quatro anos, do direito a subsídio ou benefício outorgado ou a outorgar por entidades ou serviços públicos.

2. As coimas e as sanções acessórias previstas no presente decreto-lei, quando aplicadas a empresário em nome individual ou a sociedade comercial habilitados a exercer a actividade da construção ou a representante legal desta, são comunicadas ao Instituto da Construção e do Imobiliário, I. P..

3. As sanções aplicadas ao abrigo do disposto nas alíneas *d)* a *h)* do nº 1 do artigo anterior aos autores de projecto, coordenadores de projectos, responsáveis pela direcção técnica da obra ou a quem subscreva o termo de responsabilidade previsto nos n.ºs 2 e 3 do artigo 53º-F, no nº 2 do artigo 53º-G, em qualquer dos casos incluindo quando o fizer ao abrigo das refe-

ridas disposições legais nos termos do artigo 77º-B, e no artigo 81º-A, são comunicadas à respectiva ordem ou associação profissional, quando exista.

4. A interdição de exercício de actividade prevista na alínea *b*) do nº 1, quando aplicada a pessoa colectiva, estende-se a outras pessoas colectivas constituídas pelos mesmos sócios.

ARTIGO 77º-E
Instrução e decisão

Sem prejuízo das competências atribuídas por lei a outras autoridades policiais e fiscalizadoras, a competência para determinar a instauração dos processos de contra-ordenação, para designar o instrutor e para aplicar as coimas e as sanções acessórias pertence ao presidente da câmara municipal ou, se houver delegação de competências, aos vereadores.

ARTIGO 77º-F
Destino do produto das coimas

O produto da aplicação das coimas reverte a favor do município, inclusive quando as mesmas sejam cobradas em juízo.

ARTIGO 77º-G
Responsabilidade criminal

1. O desrespeito dos actos administrativos que determinem qualquer das medidas de tutela da legalidade urbanística previstas no presente decreto-lei é punível nos termos do artigo 348º do Código Penal.

2. As falsas declarações ou informações prestadas nos termos de responsabilidade ou no livro de obra pelos autores e coordenadores de projectos, directores de obra e de fiscalização de obra e outros técnicos, referidos nas alíneas *d*) a *g*) do nº 1 do artigo 77ºC, são puníveis nos termos do artigo 256º do Código Penal.

3. O disposto no número anterior não prejudica a aplicação do artigo 277º do Código Penal.

PARTE V
DISPOSIÇÕES TRANSITÓRIAS E FINAIS
SECÇÃO I
DISPOSIÇÕES TRANSITÓRIAS

ARTIGO 78º
Áreas críticas de recuperação e reconversão urbanística

1. As áreas críticas de recuperação e reconversão urbanística criadas ao abrigo do DecretoLei nº 794/76, de 5 de Novembro, alterado pelos Decretos-Lei nºs 313/80, de 19 de Agosto, e 400/84, de 31 de Dezembro, podem ser convertidas em uma ou mais áreas de reabilitação urbana, nos termos do presente decreto-lei.

2. A conversão das áreas críticas de recuperação e reconversão urbanística em áreas de reabilitação urbana opera-se por deliberação da assembleia municipal, sob proposta da câmara municipal, que deve englobar a aprovação da estratégia de reabilitação urbana ou do programa estratégico de reabilitação urbana, nos termos do procedimento previsto no presente decreto-lei.

3. A conversão pode ser feita através da aprovação de plano de pormenor de reabilitação urbana que inclua na sua área de intervenção a área crítica de recuperação e reconversão urbanística em causa.

4. A conversão das áreas críticas de recuperação e reconversão urbanística deve ocorrer no prazo de dois anos contado da data de entrada em vigor do presente decreto-lei.

5. Os decretos de classificação de áreas críticas de recuperação e reconversão urbanística, praticados ao abrigo do Decreto-Lei nº 794/76, de 5 de Novembro, alterado pelos Decretos-Lei nºs 313/80, de 19 de Agosto, e 400/84, de 31 de Dezembro, caducam caso não venha a ser aprovada, nos termos e prazo previstos nos números anteriores, a conversão de área crítica de recuperação e reconversão urbanística em áreas de reabilitação urbana.

6. O disposto no número anterior não prejudica o exercício dos direitos aos benefícios fiscais, ou outros, entretanto adquiridos.

7. Nas áreas críticas de recuperação e reconversão urbanística, até à conversão prevista no presente artigo ou à caducidade dos respectivos decretos de classificação, é aplicável o regime previsto no Decreto-Lei nº 794/76, de 5 de Novembro, alterado pelos Decretos-Lei nºs 313/80, de 19 de Agosto, e 400/84, de 31 de Dezembro.

ARTIGO 79º
Sociedades de reabilitação urbana constituídas ao abrigo do Decreto-Lei nº 104/2004, de 7 de Maio

1. As sociedades de reabilitação urbana criadas ao abrigo do Decreto-Lei nº 104/2004, de 7 de Maio, prosseguem o seu objecto social até ao momento da sua extinção, nos termos da legislação aplicável, podendo vir a ser designadas como entidades gestoras em operações de reabilitação urbana determinadas nos termos do presente decreto-lei.

2. As empresas a que se refere o número anterior regem-se pelo regime do sector empresarial local ou pelo regime do sector empresarial do Estado, consoante a maioria do capital social seja detido pelo município ou pelo Estado.

3. Para efeitos do presente decreto-lei, consideram-se equiparadas às áreas de reabilitação urbana as zonas de intervenção das sociedades de reabilitação urbana, delimitadas nos termos do Decreto-Lei nº 104/2004, de 7 de Maio, equiparando-se as unidades de intervenção com documentos estratégicos aprovados ao abrigo do mesmo decreto-lei às unidades de intervenção reguladas no presente decreto-lei.

4. A reabilitação urbana nas zonas de intervenção referidas no número anterior é prosseguida pelas sociedades de reabilitação urbana já constituídas, que assumem a qualidade de entidade gestora nos termos e para os efeitos do regime aprovado pelo presente decreto-lei, com as seguintes especificidades:

   a) A reabilitação urbana nas zonas de intervenção das sociedades de reabilitação urbana é enquadrada pelos instrumentos de programação e de execução aprovados de acordo com o Decreto-Lei nº 104/2004, de 7 de Maio, designadamente os documentos estratégicos das unidades de intervenção;

   b) As sociedades de reabilitação urbana consideram-se investidas nos poderes previstos no nº 1 do artigo 44º e nas alíneas a) e c) a e) do nº 1 do artigo 54º, para a totalidade da zona de intervenção, considerando-se ainda investidas nos poderes previstos nas alíneas b) e f) a i) do artigo 54º nas áreas das unidades de intervenção com documentos estratégicos aprovados;

   c) Os contratos de reabilitação celebrados ao abrigo do Decreto-Lei nº 104/2004, de 7 de Maio, são equiparados aos contratos de reabilitação urbana regulados no presente decreto-lei.

5. Sem prejuízo do disposto no número anterior, os municípios devem, no prazo de cinco anos contados da entrada em vigor do presente decreto-lei, aprovar a estratégia de reabilitação urbana ou o programa estratégico de reabilitação urbana das zonas de intervenção referidas no nº 3, nos termos do procedimento previsto no presente decreto-lei, e dar o subsequente seguimento ao procedimento, convertendo a zona de intervenção das sociedades de reabilitação urbana constituídas nos termos do Decreto-Lei nº 104/2004, de 7 de Maio, em uma ou mais áreas de reabilitação urbana.

6. Sem prejuízo do termo do prazo estabelecido no número anterior, a conversão da zona de intervenção das sociedades de reabilitação urbana pode ser feita faseadamente, nos casos em que o município opte pela delimitação de mais de uma área de reabilitação urbana.

7. As áreas da zona de intervenção que, nos termos e prazo previstos no nº 5, não sejam objecto da decisão a que alude o mesmo número deixam de se reger pelo regime estabelecido no presente decreto-lei.

8. As sociedades de reabilitação urbana referidas no nº 1 podem ser encarregues pela câmara municipal de preparar o projecto de delimitação de áreas de reabilitação urbana, nos termos previstos no nº 3 do artigo 13º, ou de preparar o projecto de plano de pormenor e dos elementos que o acompanham, nos termos previstos no nº 3 do artigo 26º.

ARTIGO 80º
Áreas de reabilitação urbana para os efeitos previstos no Regime Extraordinário de Apoio à Reabilitação Urbana, aprovado pela Lei nº 67-A/2007, de 31 de Dezembro, ou no artigo 71º do Estatuto dos Benefícios Fiscais

A entrada em vigor do presente decreto-lei não prejudica a aplicação do Regime Extraordinário de Apoio à Reabilitação Urbana, aprovado pela Lei nº 67-A/2007, de 31 de Dezembro, ou do disposto no artigo 71º do Estatuto dos Benefícios Fiscais.

ARTIGO 81º
Planos de pormenor em elaboração

Os planos de pormenor em elaboração à data da entrada em vigor do presente decreto-lei podem ser aprovados sob a forma de planos de pormenor de reabilitação urbana, devendo a câmara municipal, para o efeito, adaptar o projecto de plano de pormenor às regras estabelecidas no presente decreto-lei.

SECÇÃO II
DISPOSIÇÕES FINAIS

ARTIGO 81º-A
Constituição da propriedade horizontal

1. O termo de responsabilidade subscrito por técnico legalmente habilitado atestando que estão verificados os requisitos legais para a constituição da propriedade horizontal, acompanhado de comprovativo da sua apresentação ao município ou à entidade referida na alínea *b*) do nº 1 do artigo 10º, quando for aplicável, vale como documento comprovativo de que as fracções autónomas satisfazem os requisitos legais, para os efeitos do disposto no artigo 59º do Código do Notariado.

2. O termo de responsabilidade referido no número anterior deve:

a) Identificar o titular da autorização de utilização;

b) Identificar o edifício e as fracções autónomas, bem como as respectivas áreas;

c) Indicar o fim a que se destinam as fracções autónomas;

d) Declarar que estão cumpridos os requisitos legais para a constituição da propriedade horizontal.

3. O modelo do termo de responsabilidade referido nos números anteriores é aprovado por portaria dos membros do Governo responsáveis pelas áreas das autarquias locais, da economia e do ordenamento do território.

4. Quando a entidade gestora for uma de entre as mencionadas na alínea *b*) do nº 1 do artigo 10º, o termo de responsabilidade e o comprovativo da sua apresentação são disponibilizados ao município por meios electrónicos.

ARTIGO 82º
Regiões autónomas

O presente decreto-lei aplica-se às Regiões Autónomas dos Açores e da Madeira, com as devidas adaptações, nos termos da respectiva autonomia político-administrativa, cabendo a sua execução administrativa aos serviços e organismos das respectivas administrações regionais autónomas com atribuições e competências no âmbito da reabilitação urbana, sem prejuízo das atribuições das entidades de âmbito nacional.

ARTIGO 83º
Norma revogatória

Sem prejuízo do disposto no nº 7 do artigo 78º, são revogados:

a) O Decreto-Lei nº 104/2004, de 7 de Maio;
b) O capítulo XI do Decreto-Lei nº 794/76, de 5 de Novembro, alterado pelos Decretos-Lei nºs 313/80, de 19 de Agosto, e 400/84, de 31 de Dezembro.

ARTIGO 84º
Entrada em vigor

O presente decreto-lei entra em vigor 60 dias após a data da sua publicação.

BIBLIOGRAFIA

ADELINO MANUEL DOS SANTOS Gonçalves,
- "Questões de pormenor no planeamento de salvaguarda", *Revista do CEDOUA*, Nº 17, 2006
- "Questões de pormenor no planeamento de salvaguarda", *Revista do CEDOUA*, Nº 17, 2006

ALEXANDRE FERNANDES, "Certificação Energética e Reabilitação Urbana", *in. Reabilitação Urbana*, Vida Imobiliária/ Uria Menendez, Proença de Carvalho, 2010, p. 21 a 24.

ANA ALMEIDA,
- "O Regime Jurídico Excepcional da Reabilitação Urbana (Decreto-Lei 104/2004, de 7 de Maio), *Revista do CEDOUA*, nº 21, 2008
- "Financiamento da Reabilitação Urbana. Os Fundos de Investimento Imobiliário da Reabilitação Urbana", in *O Novo Regime da Reabilitação Urbana*, Temas CEDOUA, Coimbra, Almedina, 2010

ANA PINHO e JOSÉ AGUIAR, "Reabilitação em Portugal. A mentira denunciada pela verdade dos números!", *Arquitecturas*, nº 5, 2005

ANDRÉ FOLQUE,
- *Curso de Direito da Urbanização e da Edificação*, Coimbra Editora, Coimbra, 2007
- A montante da aplicação do novo regime jurídico da reabilitação urbana: intervenções do provedor de justiça, *Revista Jurídica do Urbanismo e do Ambiente*, Nºs 31-34, Jan/Dez, 2009/2010

CARLA AMADO GOMES, "Direito do Património Cultural, Direito do Urbanismo, Direito do Ambiente: O que os Une e o que os Separa", Revista da Faculdade de Direito da Universidade de Lisboa, Vol XLII, Nº 1, 2001

CARLOS PINTO LOPES e JORGE SILVA SAMPAIO, "A reabilitação urbana e o património cultural imóvel: reconciliação após uma relação problemática?, *Revista do CEDOUA*, nº 26, 2.2010

CASALTA NABAIS, *Introdução ao Património Cultural*, Coimbra, Almedina, 2004

CLÁUDIO MONTEIRO, "Escrever Direito por linhas rectas – legislação e planeamento urbanístico na Baixa de Lisboa (1755-1833)", AAFDL, Lisboa, 2009

DULCE LOPES,
- "Medidas de tutela da legalidade urbanística", *Revista do CEDOUA*, nº 14 Ano VII, 2-2004,
- "Planos de pormenor, unidades de execução e outras figuras de programação urbanística em Portugal", *in Direito Regional e Local*, Nº 3, Julho/Setembro 2008).
- "Mandado, por quem? Ac. do Tribunal Constitucional nº 145/2009, de 24.3.2009, P. 558/08", Cadernos de Justiça Administrativa, nº 78, Novembro/Dezembro, 2009

- DULCE LOPES, "Reabilitação Urbana em Portugal: evolução e caracterização", *in O Novo Regime da Reabilitação Urbana*, Temas CEDOUA, Coimbra, Almedina, 2010
- "Proporcionalidade, um instrumento fraco ou forte ao serviço do direito do urbanismo?", *Estudos em Homenagem ao Prof. Doutor J. J. Gomes Canotilho*, no prelo

FERNANDA PAULA OLIVEIRA e DULCE LOPES,
- "O Papel dos Privados no Planeamento: Que Formas de Intervenção?", *in Número Comemorativo do 10º Aniversário da Revista Jurídica do Urbanismo e do Ambiente*, Dezembro de 2003, nº 20
- "Reabilitação Urbana: Uma Noção e uma Via de Concretização", Em Cima do Joelho (ECDJ), nº 9, 2005
- "Os regulamentos municipais no âmbito da gestão urbanística", in *Estudos Em Homenagem ao Professor Doutor Aníbal de Almeida*, no prelo

FERNANDA PAULA OLIVEIRA, MARIA JOSÉ CASTANHEIRA NEVES, DULCE LOPES e FERNANDA MAÇÃS, *Regime Jurídico da Urbanização e Edificação, Comentado*, em parceria com, 3ª edição, Coimbra, Almedina, 2011

FERNANDA PAULA OLIVEIRA,
- "Repetição Devida ou Indevida", Comentário ao Acórdão do Supremo Tribunal Administrativo de 9 de Julho de 1998, Proc. Nº 43867, *in Revista do Centro de Estudos do Direito do Ordenamento, do Urbanismo e do Ambiente*, nº 14, Ano VII_2.04, p. 115-124, Coimbra Editora
- «Os Caminhos "a Direito" para um Urbanismo Operativo», *in Revista do Centro de Estudos do Direito do Ordenamento, do Urbanismo e do Ambiente*, nº 14, Ano VII_2.04,
- "A alteração legislativa ao Regime Jurídico da Urbanização e Edificação: uma lebre que saiu gato...?", *in Direito Regional e Local*, 00, 2007
- "As Virtualidades das Unidades de Execução num Novo Modelo de Ocupação do Território: Alternativa aos Planos de Pormenor ou Outra Via de Concertação de Interesses no Direito do Urbanismo?" *in Direito Regional e Local*, nº 2, Abril/Junho, 2008,
- "As dúvidas e as dificuldades da comunicação prévia de operações urbanísticas", *in Revista de Direito Regional e Local*, nº 14, Abril /Junho de 2011
- O Regime Jurídico dos Instrumentos de Gestão Territorial, O Regime Jurídico dos Instrumentos de Gestão Territorial: as alterações do Decreto-Lei nº 316/2007 de 19 de Setembro, Coimbra, Almedina, 2008.
- *Nulidades Urbanísticas, Casos e Coisas*, Coimbra, Almedina, 2011
- *A Discricionariedade de Planeamento Urbanístico Municipal na Dogmática Geral da Discricionariedade Administrativa*, Colecção Teses, Coimbra, Almedina, 2011
- *Novas tendências do direito do urbanismo. De um urbanismo de expansão e de segregação a um urbanismo de contenção, de reabilitação urbana e de coesão social*, Coimbra, Almedina, 2011
- "Interessados na expropriação e interessados na impugnação da declaração de utilidade pública. Coincidência?", in *Cadernos de Justiça Administrativa*, nº 89, Setembro/Outubro, 2011

FERNANDO ALVES CORREIA,
- "Principais Instrumentos de Tutela do Ambiente Urbano em Portugal", *A Tutela Jurídica do Meio Ambiente – Presente e Futuro*, Coimbra Editora, Coimbra, 2005
- *Manual de Direito do Urbanismo*, Vol. I, Coimbra, Almedina, 2008
- *Manual de Direito do Urbanismo*, Vol. II, Coimbra, Almedina, 2010,
- *Manual de Direito do Urbanismo*, Vol. III, Coimbra, Almedina, 2010

GLÓRIA TEIXEIRA e SÉRGIO SILVA, "Direito do Património Cultural", *Revista da Faculdade de Direito da Universidade do Porto*, 2008

Guia de Termos de Referência para o Desempenho Energético e Ambiental realizado em parceria entre Porto Vivo – Sociedade de Reabilitação Urbana da Baixa Portuense, a Agência de Energia do Porto e a Direcção Regional de Cultura do Norte

Guidance on Urban Rehabilitation Council of Europe Publishing, Estrasburgo, 2004

JOANA MENDES, "Programa Polis – programa ou falta de programa para a requalificação das cidades", *Revista do CEDOUA*, nº 7, 2001

JOÃO PAULO ZBYSZEWSKI, *Regime Jurídico da Reabilitação urbana. Anotado e comentado e Legislação Complementar*, Lisboa, QuidJuris, Sociedade Editora, 2010

JOÃO TORROAES VALENTE e JOSÉ COSTA PINTO, "O Novo Regime da Reabilitação Urbana," *in Reabilitação Urbana*, Vida Económica/Uria Menendez, Proença de Carvalho, 2010

JORGE ALVES CORREIA, "Concertação, Contratação e Instrumentos Financeiros na Reabilitação Urbana", in *O novo Regime da Reabilitação Urbana, cit.*,

JOSÉ EDUARDO FIGUEIREDO DIAS e FERNANDA PAULA OLIVEIRA, *Noções Fundamentais de Direito Administrativo*, Coimbra, Almedina

LUÍS FILIPE COLAÇO ANTUNES, *Direito Urbanístico – Um outro Paradigma: A Planificação Modesto-Situacional*, Coimbra, Almedina, 2002

LUIS MENESES LEITÃO "O regime jurídico da reabilitação urbana e a garantia do direito de propriedade", *Revista Jurídica do Urbanismo e do Ambiente*, Nºs 31-34, Jan/Dez, 2009/2010

LUÍS PEREIRA COUTINHO, "Controlo de Operações Urbanísticas em áreas de reabilitação urbana", in Revista de Direito Regional e Local, nº 11, 2010

MANUEL LOPES BATISTA SILVA, *A Função da Monitorização em Planeamento ao Nível Municipal – MAPA, um Modelo para Apoio à Programação de Acções por Objectivos*, Universidade Técnica de Lisboa, Instituto Superior Técnico, 1998

MARIA ADELAIDE TELES DE MENEZES CORREIA Leitão, *in* "O Planeamento Administrativo e a Tutela do Ambiente", *in Revista da Ordem dos Advogados*, Ano 56, Janeiro de 1996

MARLEEN COOREMAN, O Regime Jurídico da Reabilitação Urbana – A resposta necessária para um novo paradigma de urbanismo?, dissertação de Mestrado, Universidade do Minho, policopiada, 2011

PEDRO GONÇALVES, *Regime Jurídico das Empresas Municipais*, Almedina, Coimbra, 2007

RUI CUNHA MARQUES e Duarte Silva, *"As Parcerias Público-Privadas em Portugal. Lições e Recomendações"*, Revista de Estudos Politécnicos, 2008, Vol. VI, nº 10

RUI MANUEL AMARO ALVES, *Políticas de Planeamento e Ordenamento do Território no Estado Português,* Fundação Calouste Gulbenkian para a Ciência e Tecnologia, 2007

SANTIAGO GONZÁLEZ-VARAS IBÁÑEZ
- "La rehabilitación urbanística. Legislación, problemas, líneas de futuro", *Revista de Derecho Urbanístico y Medio Ambiente,* Ano XXXIII, nº 172
- La Rehabilitación Urbanística, Aranzadi Editorial, 1998

SUZANA TAVARES DA SILVA,
- "Reabilitação urbana e valorização do património cultural – dificuldades na articulação dos regimes jurídicos", Boletim da Faculdade de Direito, Vol. LXXXII, 2006
- "Reabilitação Urbana: Conceitos e Princípios", *in O Novo Regime da Reabilitação Urbana,* Temas CEDOUA, Coimbra, Almedina, 2010,
- *Um Novo Direito Administrativo,* Coimbra: Imprensa da Universidade de Coimbra, 2010

VÍTOR REIS "Montagem de operações de reabilitação urbana", *Habitação e Reabilitação Urbana,* Urbe, 2005

ÍNDICE GERAL

NOTA DAS AUTORAS	5
ABREVIATURAS	7

REGIME JURIDICO DA REABILITAÇÃO URBANA — 9

Preâmbulo	9
PARTE I – Disposições Gerais	15
ARTIGO 1º – Objecto	15
ARTIGO 2º – Definições	23
ARTIGO 3º – Objectivos	30
ARTIGO 4º – Princípios gerais	42
ARTIGO 5º – Dever de promoção da reabilitação urbana	56
ARTIGO 6º – Dever de reabilitação de edifícios	58
PARTE II – Regime Jurídico da Reabilitação Urbana	63
CAPÍTULO I – Disposições gerais	63
ARTIGO 7º – Áreas de reabilitação urbana	63
ARTIGO 8º – Operações de reabilitação urbana	67
ARTIGO 9º – Entidade gestora	71
ARTIGO 10º – Tipos de entidade gestora	73
ARTIGO 11º – Modelos de execução das operações de reabilitação urbana	76
CAPÍTULO II – Regime das áreas de reabilitação urbana	78
SECÇÃO I – Disposições gerais	78
ARTIGO 12º – Objecto das áreas de reabilitação urbana	78
ARTIGO 13º – Instrumentos de programação das áreas de reabilitação urbana	83
ARTIGO 14º – Aprovação de áreas de reabilitação urbana em instrumento próprio	89
ARTIGO 15º – Aprovação de áreas de reabilitação urbana em plano de pormenor de reabilitação urbana	95
ARTIGO 16º – Programa de acção territorial	99
ARTIGO 17º – Efeitos da aprovação de uma área de reabilitação urbana	102
ARTIGO 18º – Âmbito temporal da área de reabilitação urbana	115
ARTIGO 19º – Acompanhamento e avaliação da operação de reabilitação urbana	117
ARTIGO 20º – Alteração da delimitação de área de reabilitação urbana, do tipo de operação de reabilitação urbana e dos instrumentos de programação	119
SECÇÃO II – Planos de pormenor de reabilitação urbana	121

ARTIGO 21º – Regime jurídico aplicável aos planos de pormenor de
reabilitação urbana 121
ARTIGO 22º – Objecto dos planos de pormenor de reabilitação urbana 127
ARTIGO 23º – Âmbito territorial dos planos de pormenor de reabilitação
urbana 128
ARTIGO 24º – Conteúdo material dos planos de pormenor de reabilitação
urbana 130
ARTIGO 25º – Conteúdo documental dos planos de pormenor de reabilitação
urbana 134
ARTIGO 26º – Elaboração dos planos de pormenor de reabilitação urbana 136
ARTIGO 27º – Acompanhamento da elaboração dos planos de pormenor de
reabilitação urbana 139
ARTIGO 28º – Regime dos planos de pormenor de reabilitação urbana
em áreas que contêm ou coincidem com património cultural imóvel
classificado ou em vias de classificação e respectivas zonas de protecção 142
CAPÍTULO III – Operações de reabilitação urbana 147
SECÇÃO I – Operações de reabilitação urbana simples 147
ARTIGO 29º – Execução das operações de reabilitação urbana simples 147
ARTIGO 30º – Estratégia de reabilitação urbana 149
SECÇÃO II – Operações de reabilitação urbana sistemática 152
SUBSECÇÃO I – Disposições gerais 152
ARTIGO 31º – Execução das operações de reabilitação urbana sistemática 152
ARTIGO 32º – Declaração de utilidade pública como efeito de delimitação
de área de reabilitaçãourbana 153
SUBSECÇÃO II – Planeamento e programação 156
ARTIGO 33º – Programa estratégico de reabilitação urbana 156
ARTIGO 34º – Unidades de execução ou de intervenção 158
ARTIGO 35º – Iniciativa dos proprietários na delimitação de unidades de
intervenção ou de execução 164
CAPÍTULO IV – Entidade gestora 166
ARTIGO 36º – Poderes das entidades gestoras 166
ARTIGO 37º – Entidades gestoras do tipo empresarial 169
ARTIGO 38º – Extinção das sociedades de reabilitação urbana 171
CAPÍTULO V – Modelos de execução das operações de reabilitação urbana 172
ARTIGO 39º – Execução por iniciativa dos particulares 172
ARTIGO 40º – Administração conjunta 175
ARTIGO 41º – Execução por iniciativa da entidade gestora 177
ARTIGO 42º – Concessão de reabilitação urbana 180
ARTIGO 43º – Contrato de reabilitação urbana 186

CAPÍTULO VI – Instrumentos de execução de operações de reabilitação urbana 191
SECÇÃO I – Controlo das operações urbanísticas 191
ARTIGO 44º – Poderes relativos ao controlo de operações urbanísticas 191
ARTIGO 45º – Controlo prévio de operações urbanísticas 195
ARTIGO 46º – Inspecções e vistorias 210
ARTIGO 47º – Medidas de tutela da legalidade urbanística 213
ARTIGO 48º – Cobrança de taxas e de compensações 215
ARTIGO 49º – Isenção de controlo prévio 217
ARTIGO 50º – Consulta a entidades externas 219
ARTIGO 51º – Protecção do existente 222
ARTIGO 52º – Indeferimento do pedido de licenciamento ou rejeição
    da comunicação prévia 227
ARTIGO 53º – Responsabilidade e qualidade da construção 230
SECÇÃO II – Instrumentos de política urbanística 231
ARTIGO 54º – Instrumentos de execução de política urbanística 231
ARTIGO 55º – Obrigação de reabilitar e obras coercivas 233
ARTIGO 56º – Empreitada única 236
ARTIGO 57º – Demolição de edifícios 238
ARTIGO 58º – Direito de preferência 241
ARTIGO 59º – Arrendamento forçado 244
ARTIGO 60º – Servidões 246
ARTIGO 61º – Expropriação 248
ARTIGO 62º – Venda forçada 252
ARTIGO 63º – Determinação do montante pecuniário a entregar ao
    proprietário em caso de venda forçada 260
ARTIGO 64º – Reestruturação da propriedade 262
SECÇÃO III – Outros instrumentos de política urbanística 265
ARTIGO 65º – Determinação do nível de conservação 265
ARTIGO 66º – Identificação de prédios ou fracções devolutos 268
SECÇÃO III – Outros instrumentos de política urbanística 270
ARTIGO 67º – Taxas municipais e compensações 270
ARTIGO 68º – Fundo de compensação 272
CAPÍTULO VII – Participação e concertação de interesses 274
ARTIGO 69º – Interessados 274
ARTIGO 70º – Representação de incapazes, ausentes ou desconhecidos 276
ARTIGO 71º – Organizações representativas dos interesses locais 277
ARTIGO 72º – Concertação de interesses 278
ARTIGO 73º – Direitos dos ocupantes de edifícios ou fracções 280
CAPÍTULO VIII – Financiamento 282
ARTIGO 74º – Apoios do Estado 282

REGIME JURÍDICO DA REABILITAÇÃO URBANA

ARTIGO 75º – Apoios do município   284
ARTIGO 76º – Financiamento das entidades gestoras   288
ARTIGO 77º – Fundos de investimento imobiliário   289
PARTE III – Disposições transitórias e finais   292
SECÇÃO I – Disposições transitórias   292
ARTIGO 78º – Áreas críticas de recuperação e reconversão urbanística   292
ARTIGO 79º – Sociedades de reabilitação urbana constituídas ao abrigo do
Decreto-Lei nº 104/2004,
de 7 de Maio   296
ARTIGO 80º – Áreas de reabilitação urbana para os efeitos previstos no
Regime Extraordinário de Apoio à Reabilitação Urbana, aprovado
pela Lei nº67-A/2007, de 31 de Dezembro, ou no ARTIGO 71º do
Estatuto dos Benefícios Fiscais   304
ARTIGO 81º – Planos de pormenor em elaboração   306
SECÇÃO II – Disposições finais   307
ARTIGO 82º – Regiões autónomas   307
ARTIGO 83º – Norma revogatória   308
ARTIGO 84º – Entrada em vigor   309

ANEXOS

Quadro I: Análise comparada dos DL 104/2004, 7 de Maio e DL 307/2009,
23 de Outubro de 2009   313
Quadro II: Operações de Reabilitação Urbana   315
Quadro III: Regime das Áreas de Reabilitação Urbana   316
Quadro IV: Diagrama da elaboração do instrumento próprio   317
Quadro V: Diagrama do Plano de Pormenor de reabilitação urbana   318
Quadro VI: Modelos de execução das operações de reabilitação urbana   320
Quadro VII: Instrumentos de execução – Controlo das Operações Urbanísticas   321
Quadro VIII: Instrumentos de execução – operações de reabilitação urbana
– Instrumentos de Política Urbanística   322
Quadro IX: ACRRU *versus* ARU   323
Quadro X: Conversão de ACRRUs em ARUs   324
Quadro XI: Tipos de entidades gestoras   325
Quadro XII: Quadro das Áreas de Reabilitação Urbana delimitadas/em processo
de delimitação   326

PROPOSTA DE LEI Nº 24/XII   335

BIBLIOGRAFIA   429